고객감동

품질경영솔루션

고객감동
품질경영솔루션

세상에 하나밖에 없는 실전 품질의 정석

대표저자 **이득중**
공동 **은상호 · 류지수**

사원에서 임원까지 품질 한 우물
38년 대기업 품질경험 실전 노하우

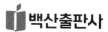 백산출판사

대학 졸업 후 새내기로 처음 금성사에 입사하여 품질 업무를 시작한 지 어느덧 38년이 지났습니다. 그동안 품질 부서에서만 오로지 한 우물만 파며, 곁눈질 없이 직무에 전념해 왔기에 나 자신에게 수고의 박수를 보냅니다. 그룹의 여러 계열사를 거치며 사원에서 임원까지 품질 업무를 맡아온 시간 동안, 많은 배움과 과오를 경험했습니다. 그 경험들을 그냥 두기엔 아쉬움이 컸습니다.

동료와 후배들의 권유도 있었고 함께 집필을 도와주신 은상호 님, 류지수 님 외 많은 분들이 있었기에 이 책이 세상에 나올 수 있었습니다. 주변에는 이미 품질 관련 서적들이 많이 있고, 학생들을 가르치는 교수님들의 전문 교과서도 존재하기에 망설임도 많았습니다. 그러나 아직도 현업에서 실제로 품질 업무를 하면서 어려움을 직면할 때 해결책을 다룬 지침서나 이렇다 할 품질 교재가 부족한 것이 현실입니다.

이에 품질관련 가이드나 선배들의 경험과 지식이 꼭 필요하다고 느끼고 있었기에 용기를 내어 실제 현업과 현장에서 직접 품질을 경험했던 성공과 실패의 내용을 후배들에게 물려주고자, 틈틈이 집필을 시작했습니다.

이 책은 품질의 정의와 품질인이 갖추어야 할 마인드, 품질인의 DNA 등 품질의 사상과 철학을 다루고 있습니다. 또한 비즈니스 플로를 따라 품질 업무의 역할을 상세히 정의하며, 실제 기업에서 겪는 개발 단계부터 부품 협력사, 공정 품질, 출하 및 고객 품질까지의 품질 업무 실행 가이드를 단계별로 나누어 기술했습니다. 가능하면 많은 성공과 실패 사례를 담으려고 노력했지만, 여전히 부족한 부분이 있을 수 있습니다.

이 책은 품질인뿐만 아니라 개발, 공정기술, 생산 분야, 구매, 협력사 등, 현업 엔지니어분들에게도 도움이 될 것으로 기대합니다.

이 책을 통해 후배들과 필요한 모든 분께 조금이라도 도움이 된다면 저의 기쁨과 감사함은 더할 나위 없겠습니다.

끝으로 다시 한번 집필을 함께 해 주신 은상호 님, 류지수 님, 자료 정리에 도움을 주신 제부관 님, 이신재 님, 조경관 님, 오정택 님, 박규형 님, 이만식 님, 이승배 님께 지면을 빌려 감사를 드립니다.

품질은 제조업에서 사업을 지탱하는 근간입니다. 또한 품질은 투입한 정성과 노력에 비례하는 정직한 지표이며, 사업 성공의 핵심입니다. 기업의 품질 수준은 기업에 대한 고객의 신뢰 수준과 동일합니다. 고객 기준 이상의 품질을 확보하지 못하면 고객으로부터 선택될 수 없고, 차별화된 품질 수준을 확보하지 못하면 사업의 성장을 이룰 수 없습니다.

저자인 이득중 전무의 첫인상은 기준과 원칙, 프로세스에 철저한 품질 전문가였습니다. 그로부터 20여 년이 지난 지금까지도 그는 여전히 그 모습 그대로입니다. 가전 사업뿐만 아니라 부품산업인 디스플레이와 배터리 등 IT기술 발전과 더불어 성장해 온 여러 분야를 두루 거치면서도 그는 38년 이상을 오롯이 품질이라는 한 분야에 매진해 온 최고의 전문가이자 리더입니다. 저자로부터 품질 관련한 책을 쓰고 있다는 이야기를 들었을 때, 그간 축적해온 품질 경영의 현장 경험이 응축된 훌륭한 책이 나오리라는 것을 믿어 의심치 않았습니다.

이 책은 저자가 업무로 바쁜 와중에 틈틈이 시간을 내어 썼을 텐데, 품질인이라면 반드시 알아야 할 품질 관련 기본 지식부터, 품질 전문가로 성장하는 데 결정적 도움이 될 만한 품질 경영기법과 실무에 바로 적용할 수 있는 노하우까지 각 장이 알차게 채워져 있습니다. 무엇보다 저자의 품질에 관한 사상과 철학을 따라가다 보면, 품질의 본질적인 면을 이해할 수 있을 것입니다.

국내에는 현장 중심의 품질경영 서적이 부족합니다. 이 책은 품질경영을 이해하고자 하는 경영자, 현재 개발과 제조 분야에 몸담은 모든 품질인, 그리고 미래 대한민국의 제조업을 이끌어갈 젊은 엔지니어와 현장 전문가분께 큰 도움이 될 것입니다.

정철동(LG Display, CEO)

이득중 전무님은 38년 동안 LG에서 품질업무만을 해 오셨으며 자타가 공인하는 LG 최고의 품질경영 전문가입니다.

이 책은 제조업에서 품질이 사업에 미치는 중요성을 이해하기 쉽게 설명했으며, 품질에 왜 '경영'이라는 단어를 붙여서 사용해야 하는지 풍부한 실전경험을 녹여서 전달했습니다. 품질부서의 엔지니어와 리더, 그리고 개발과 생산 엔지니어와 리더들이 일독하기를 권하며, 제조업에 종사하는 경영진 또한 읽어보면 경영에 많은 도움이 될 것으로 확신합니다.

문혁수 (LG이노텍, CEO)

 품질경영의 중요성은 이제 더 강조할 필요가 없습니다. 우리나라가 선진국 대열에 진입하게 된 원동력은 품질을 적극적으로 향상한 데 있으며, 그 결과 우리의 삶의 질, 즉 삶의 품질도 비약적으로 좋아졌습니다. 이제 기업에서 품질은 공기와 같습니다. 과거에 품질은 늘 강조되어야 할 목표였지만, 지금은 우리가 하는 일은 항상 품질 안에 있습니다. 품질은 기업의 모든 활동에서 체화(體化)되어 있습니다. 품질을 별도로 추구하지 않아도 모든 제품과 일은 품질이 달성되는 방향으로 나아가고 있습니다. 그러한 결과는 저자와 같은 산업화 역군들이 미국이나 일본, 유럽에서 비롯된 품질경영의 제 방법론을 우리에게 적합하도록 보완하여 적용하면서도 한편으로는 새로운 기법을 연구하고 개발하여 온 노력으로 나타나게 된 것입니다.

 품질경영 서적은 많이 발간되었습니다. 미국이나 일본에서 발간된 교재들을 보면 품질경영의 도구나 기법에 대한 이론적 설명을 중시했거나, 품질경영의 철학이나 개념을 설명한 교재들로 구성되어 있습니다. 일부는 ISO 9000 등의 품질 시스템을 다루거나 6시그마의 품질개선 방법을 다룬 경우도 있습니다. 이러한 경향은 우리나라에서 동일하게 찾아볼 수 있습니다. 그러나 실제 기업에서 품질을 추구하고 향상시키기 위해서는 머리에 해당하는 품질경영의 철학과 개념의 바탕 위에 실제 활동을 할 수 있는 절차가 마련되어야 합니다. 이러한 절차를 수행함에 있어서는 손과 발에 해당하는 적절한 기법과 도구를 잘 이해하고 활용할 수 있어야 합니다. 다시 말하면 품질경영 철학과 개념을 기업활동에 펼칠 수 있는 절차 즉 시스템이 있어야 한다는 것입니다. 경영학에서는 이를 관리(management)라고 부릅니다. 그런데 이러한 시스템을 설명하기 위해서는 실제 기업이 수행하고 있는 일들을 잘 이해하고 있어야 합니다. 특히 품질은 품질인들만의 일은 아니므로 개발과 설계, 제조, 출하, 마케팅 등 다양한 분야와 어떤 일들을 어떻게 조화롭게 수행할 것인가에 따라 달라지게 됩니다. 이러한 이유로 그동안의 품질경영교재가 철학이나 도구만을 설명하고 시스템에 대한 설명은 매우 부족했던 것입니다. 머리와 손과 발 등은 설명하였는데 몸통을 알지 못하게 된 것입니다.

이 책은 실제 제조의 일선에서 38년 이상을 품질 한 길을 걸어온 이득중 박사의 역작입니다. 특히 이 박사는 품질경영의 철학과 기법보다는 실제 기업에서 수행해야 하는 품질 업무 전반 즉 품질의 몸통을 상세하게 설명했습니다. 특히 그러한 업무들을 수행하는 절차를 본인의 경험과 이론을 바탕으로 다각적으로 제시했으며, 특히 품질부서가 어떻게 이러한 업무들을 기획하고 수행하며 조정할 수 있는가를 논의했습니다. 교재에서는 또한 품질인이 갖추고 있어야 할 자세나 능력에 대하여도 알아보고, 품질인이 어떻게 일을 수행하여야 하는지도 밝혔습니다. 최고경영자를 위시한 기업의 모든 부서의 인원들이 품질을 위해 노력하는 것이 상식인 시대가 되었습니다. 품질부서는 그러한 활동이 원활하게 수행될 수 있도록 리더십을 발휘할 수 있어야 합니다. 그러기 위해서는 품질 업무에 실무적인 이해가 있어야 합니다. 이 책은 품질 업무를 하고자 하는 인원들에게 기업이 어떤 품질 업무를 어떻게 해야 하는지를 밝혀주는 실무지침서입니다. 품질 전공자이건 비전공자이건 실무에서 품질을 향상하고자 한다면 일독을 강력하게 추천하는 바입니다.

장중순(아주대학교 산업공학과 명예교수)

품질관리(Quality Management, QM)의 역사는 산업 혁명과 함께 시작되었습니다. 산업 혁명이 일어나면서 대량 생산이 가능해졌고, 생산 과정에서 품질의 중요성이 점차 인식되기 시작했지만, 품질관리가 체계적으로 이루어지지 않았고, 생산량과 비용 절감이 우선시되었습니다. Edwards Deming과 Joseph Juran에 의해 시작된 통계적 품질관리를 통해서 점차 전 세계적으로 품질관리의 중요성이 인식되기 시작했고, 2차대전 패전 후의 일본 경제를 부흥하는 데에도 큰 역할을 했습니다.

1987년, 국제표준화기구(ISO)는 ISO 9000 시리즈를 개발하며 전 세계적으로 품질관리의 기준을 제시하고 품질 보증 활동을 공식화함으로써 품질관리의 역사에 중요한 전환점을 마련했습니다. 이어 1990년대 제너럴 일렉트릭(GE)에서Six Sigma 방법론을 도입한 이후 품질 향상은 더욱 주목받게 되었고, 현대에 들어와서는 빅데이터 분석과 머신러닝을 통해 품질 문제를 예방하고, 품질 향상을 위한 실시간 모니터링이 가능한 수준에까지 이르렀습니다.

저자인 이득중 박사는 품질관리 분야에서 38년간 한 우물을 파온 대한민국 품질관리의 선구자입니다. 대학 졸업 후 금성사에 신입사원으로 입사하면서 품질 업무를 시작한 이래, LG디스플레이, LG이노텍, LG에너지솔루션 등 LG그룹의 여러 계열사에서 품질관리 센터장, 임원 등을 역임하며 품질 향상과 혁신에 기여해 왔습니다. 그는 현업에서의 실무 경험과 지식의 폭을 넓히기 위해 끊임없이 노력했고, 이러한 열정은 그의 학문적 성장으로도 이어졌습니다. 회사 재직 중 박사 학위까지 취득하며 학문과 실무를 병행해 온 그는 품질관리 분야의 전문성을 한층 더 심화시켰으며, 그의 학위 논문은 저명한 산업공학 저널에 게재될 만큼 높은 연구 가치를 인정받았습니다.

이득중 박사는 품질관리에 대한 깊은 이해를 바탕으로, 제품 개발부터 협력사 관리, 양산 및 고객 품질 대응에 이르는 전 과정에서 발생하는 품질 문제를 해결하고, 개선하기 위한 다양한 방법론을 연구하고 실천해 왔습니다. 그의 경력은 단순한 이론을 넘어 현장에서 즉시 적용 가능한 실전 품질관리 기술에 대한 폭넓은 이해와 경험을 바탕으로 하고 있습니다. 특히, 그의 경영 철학과 품질 업무에 대한 진지한 태도는 후배와 동료들로부터 큰 존경을 받았으며, 품질 경영 체계 수립, 선행 품질 예방 체계 구축, 품질 이슈의 재발 방지 및 Error Proof 시스템 등 품질 혁신 활동을 선도해 온 이력이 있습니다.

이 책은 단순한 품질 이론서가 아닌, 품질에 대한 정의와 철학, 품질 담당자가 가져야 할 마인드셋과 DNA, 그리고 품질 경영과 혁신을 아우르는 체계적이고 실무적인 지침서입니다. 품질 경영의 목표와 전략 수립부터 선행 품질 예방 체계, Closed Loop Quality System 등 현실적인 품질관리 프로세스를 자세히 설명하며, 비즈니스 플로 전반에서의 품질 역할을 단계별로 정의하여, 현장에서 발생할 수 있는 다양한 품질 문제를 사전에 방지하고, 문제가 발생했을 때 신속하게 대처할 수 있는 구체적인 가이드를 제공합니다.

이 책은 대기업과 중소기업, 협력사에서 품질관리를 담당하는 현장 실무자들 뿐 아니라 제품개발, 엔지니어, 생산 관리자 등 회사 전 구성원들에게도 유익할 것입니다. 또한, 산업공학과 경영학을 전공하는 학생들에게도 품질관리의 전 과정을 이해하고 실무에 응용할 수 있는 좋은 교본이 될 것입니다.

문일경(서울대학교 산업공학과 교수)

실질적으로 도움이 되는 책입니다.

세계적인 대기업들의 경영자는 하나같이 품질경영을 강조해왔으나 관련 전문서적은 이상하리만큼 부족한 것이 사실이고, 있다고 하더라도 대부분 고전적이고 학술적인 내용을 다루고 있습니다.

한국 대기업에서 사원에서 임원까지 '품질'이라는 한 우물만 판 사례도 드문데, 38년간 쌓은 경험을 책으로 엮어낸 것 자체만으로도 의미가 크고 박수를 보내고 싶습니다.

단순히 이론과 지식에만 얽매이지 않고 개발, 양산, 출하, 고객품질 등 단계별 실무영역에서 발생하는 다양한 고민과 실패를 담아, 현업에서 외롭게 고군분투하고 있는 품질인에게는 '선배의 따뜻한 조언 같은 책'입니다.

김종필 (LG전자, 품질센터장)

대표 저자가 대기업 사원에서 임원에 이르기까지 38년간의 품질 분야 업무를 수행하면서 경험한 품질에 대한 Know-how와 철학이 고스란히 담겨 있어서 품질 업무를 시작하는 실무자들에게는 입문서로, 경력직 실무자들에게는 지침서로서 큰 도움이 될 것입니다.

품질 관련한 많은 서적이 있지만, 이 책은 이론과 실무를 겸한 품질 전문가인 저자들이 핵심을 제대로 짚어 내고 정리하여, 저처럼 제품개발을 비품질 분야에서 품질 업무로 전환한 사람에게 아주 권장하고 싶은 책입니다. 품질 부문뿐만 아니라, 개발·제조 분야의 실무자와 관리자들도 품질 업무에 대한 이해도를 높이고 품질 관점에서 업무를 수행하는 데 많은 도움을 줄 수 있을 것입니다.

특히 "품질담당자들이 가져야 할 Way of Working 10가지"는 업무를 하는 데 있어서 판단하고 실행하는 훌륭한 지침이 될 것입니다.

또한, "Closed Loop Quality System"은 개발 품질관리부터 양산 품질관리에 이르는 제품설계, 공정설계, 양산이관, 품질관리, 품질개선, 최적화를 선순환하는 품질체계에 대한 내용으로 기업에서 수행되는 품질 전반의 업무를 이해하는 데 큰 도움이 될 것입니다.

하용민 (LG Display, 품질경영센터장)

저는 2019년, 개발에서 품질로 이동한 후 참석한 LG그룹 '품질협의회'에서 이득중 전무님을 처음 만났습니다. 품질 상향 평준화를 위한 논의 중, 카랑카랑한 목소리로 "그건 그렇게 하는 것보다는 이렇게 해야 합니다!"라고 말씀하신 분이 바로 이 책의 저자이신 이득중 전무님이셨습니다. 그때부터 제 머릿속에 그는 '바른 소리 하는 깐깐한 품질 전문가'로 깊이 남게 되었습니다.

그러던 중 이득중 님의 은퇴 소식을 접하게 되었고, 품질 분야에 도움이 절실하게 필요했던 저는 직접 찾아가 함께 일해줄 것을 부탁드렸습니다. 그 후 이득중 님은 자사에 합류하여 품질과 개발 간의 충돌과 갈등을 해결하며 품질의 고도화를 이루는 데 큰 기여를 하셨습니다.

이 책은 이득중 님의 38년 품질 경험과 철학을 담고 있습니다. 이론과 실제를 넘나드는 깊이 있는 내용으로 품질 전문가나 품질에 관심이 있는 사람이라면 누구나 읽어볼 만한 가치가 있습니다. 품질에 대한 이득중 님의 깊은 애정과 신념이 녹아있는 이 책을 강력히 추천드리고 싶습니다.

품질에 대한 진지한 고민과 실천을 배우고 싶다면 이 책을 꼭 읽어보시기 바랍니다.

김수령(LG에너지솔루션, CQO)

　이 책은 산업의 모든 영역에서 품질 실무를 맡고 있는 리더와 구성원들에게 좋은 지침서가 될뿐더러, 사업 경영자로서 품질에 대한 이해도를 높이고 품질 경영을 통한 사업 성공의 디딤돌이 되도록 하는 실제적인 활용 지침서로 추천해 드립니다. 저자께서 40년 가까이 LG그룹의 여러 계열사에서 품질경영 활동을 추진하고 경험하시면서 정리한 내용이기에, 다른 어떤 이론적 품질 서적보다 더 공감되고 실무에 즉시 적용할 수 있는 내용이 담겨 있습니다. 특히 품질을 담당하는 리더와 구성원들이 본인의 역할에 대한 중요성을 깨닫고, 보다 주도적이고 Smart한 품질 리더십을 발휘할 수 있는 철학과 실무 응용 방법이 자세히 정리되어 있습니다. 제품 개발단계부터 구축해야 할 품질체계와 양산 및 출하 후 고객 사용 품질 관리의 모든 제품생애주기 안에서 미연/예방 활동과 재발 방지를 위해 품질 프로세스를 어떻게 구축해야 할지를 실제 있었던 사례를 포함하여 잘 설명되어 있습니다. 저자께서 후배 품질인들에게 꼭 전하고자 하는 진심 어린 조언과 경험적인 노하우가 품질경영과 품질 리더십에 대해 많은 고민을 하고 있는 분들께 큰 도움이 되리라 기대합니다.

조성환 (LG이노텍, 품질경영센터장)

차 례

제 **1** 장

품질개념

고객감동
품질경영솔루션

고객감동
품질경영솔루션

품질개념

Ⅰ. 품질의 정의

오랜 기간 품질업무를 해온 사람들에게 "품질을 한 단어로 정의해보세요."라고 하면 정말 다양한 표현들이 나온다.

품질은 "표준", "규격", "기준", "경영", "고객", "완벽", "생명", "예방", "미연", "데이터" 등 평소 업무나 생각에 따라 각양각색으로 표현될 것이다.

표준국어대사전을 활용하여 품질의 사전적 의미를 살펴보면, "물건의 성질과 바탕"이라고 나온다. 맞는 듯하지만 크게 와닿지는 않는다.

네이버 지식백과에 나오는 용어해설을 인용하면, "제품이나 서비스가 사용 목적 혹은 사용자의 요구를 만족시키고 있는지를 결정하는 경우에 평가의 대상이 되는 고유의 성질 및 성능의 총칭"이라고 나와 있다. 하지만 고객 요구 사항의 평가 대상만으로 품질을 정의할 수 있을까?

20세기 품질경영의 3대 석학의 사상을 들여다보면 다음과 같다.

현대품질운동의 아버지라 불리는 데밍(W.Edwards Deming)은 품질을 근본적으로 고객 관점에서의 "적합성과 성능의 일관성(Consistency of Conformance and Performance)"으로 정의하였고, 파레토 법칙을 품질관리에 적용한 쥬란(J.M. Juran)

은 품질은 고객이 정한 "사용상의 적합도(Fitness for use)"라고 하였으며, 무결점 원칙의 크로스비(P.B Crosby)는 "우아함이 아니라, 요구에의 적합성(Conformance to Requirements)"이라고 정의하였다.

세 명의 품질 대가들의 품질 사상의 공통점은 내부 관점이 아닌, 고객 관점에서 품질을 만족해야 하는 것으로 요약이 된다.

LG 창업주인 故구인회 회장님의 유명한 어록에서도 고객 관점의 품질 사상을 엿볼 수 있다. 고객에게 신용을 쌓는 일이 중요하다는 것은 고객 관점의 품질을 만족해야 한다는 점이다. 당시가 1947년이라고 하니, LG의 품질사상은 세계 품질 석학들의 사상보다 앞선 아주 자랑스러운 철학이라고 할 수 있겠다.

"보래이. 가령 백 개 가운데 한 개만 불량품이 섞여있다면 다른 아흔 아홉 개도 모두 불량품이나 마찬가진 기라. 아무거나 많이 팔면 장땡이 아니라 한 통을 팔더라도 좋은 물건 팔아서 신용 쌓는 일이 더 중요하다는 것을 느그들은 와 모르나."

우리의 업무와 연결해서, 고객 관점의 품질 만족을 단순히 생각해 보면, 고객이 요청한 QCD, 즉 고객이 요구한 성능의 제품을 값싸고, 적기에 공급하는 모든 제반활동이라고 생각할 수 있을 것이다. 하지만, 생각해 보자.

동일한 제품을 A고객과 B고객에게 동시에 공급을 한다고 가정해보자. 분명 두 고객 모두의 요구사항에 맞게 제품을 공급했음에도 A고객은 만족하는 반면 B고객은 만족하지 않는 경우가 있다. 이런 상황은 실무에서도 한 번씩 경험은 있었을 것이다.

그렇다면 이 경우는 품질에 문제가 없다고 할 수 있을까? 품질에 문제가 있다고 생각한다면, 그러면 품질의 정의를 어떻게 내려야 할까?

앞서 세계 품질의 석학들과 故구인회 회장님의 품질 사상에서 알 수 있듯이, 품질은 고객관점에서 생각해야 하며, 고객에 대한 신용이라고 할 수 있다.

다시 정리해 보면 **고객이 요청한 제품 관점이 아니라, 고객이 사용하는 제품 관점에서 품질을 만족시켜야 하는 것이다.**

따라서, 우리는 항상 고객의 요구사항은 물론이고, 미처 요구하지 못한 기대까지 고민하여 고객을 만족시키는 것이 품질이라고 생각해야 한다.

Ⅱ. 품질의 역할

앞에서 품질은 고객의 요구사항은 물론이고, 고객이 미처 생각하지 못한 부분까지 만족시키는 것이라고 정의하였다.

하지만, 정작 품질부서에서는 고객 요구사항에 대해 직접적으로 협의를 하지도 않고, 필요한 부품을 사오지도 않고, 제품을 개발하거나, 생산하지도 않는다. 그럼에도 불구하고 고객 요구사항에 불만족이 발생하거나, 부품과 제품에 문제가 생기거나, 생산한 제품에 불량이 발생하면 품질부서에서 책임을 져야 한다. 뿐만 아니라, 고객 사용 중에 이슈가 발생하더라도 품질부서에서 주관이 되어 이슈를 해결해야 한다.

품질의 진정한 역할은 무엇일까?

고객 만족을 위해 제품을 개발할 때부터 양산 단종이 될 때까지 어떠한 품질 이슈도 발생하지 않도록 사전에 예방하고 관리하는 것이 진정한 품질의 역할이 아닐까 생각한다.

기획단계에서는 고객 요구와 사용환경을 제대로 분석하여 예상되는 모든 품질 Risk를 사전관리 할 수 있도록 철저히 품질계획을 수립하여 추진해야 한다. 개발 단계에서는 설계된 부품과 제품, 공정에 대해 철저히 점검 · 평가하고, 제품개발 완성도를 확보하여 신모델 양산 이관이 될 수 있도록 해야 한다. 양산단계는 제품에 문제가 발생하지 않도록 공정의 변동 · 변경을 주기적 모니터링하고, 혹시 불량 제품이 발생하더라도 고객에게 유출되지 않도록 점검 · 관리해야 하며, 마지막으로 고객 공정과 최종소비자 사용에 문제는 없는지 초기 유동관리를 포함하여 완벽한 고객서비스를 해야 한다.

[표 1-1]은 제품을 개발하고 고객까지 인도되는 Process상에서 품질이 실시하는 주요 Activity를 정리하였다.

흔히 품질은 검사를 하고, 불량을 잡고, 출하를 막고, 불량원인을 찾고, 대책을 수립하는 업무를 하고 있다고 타 부서에서 생각할 수도 있으나, 사실 품질의 역할은 개발, 협력사, 생산기술, 제조 및 고객과 밀접한 관계가 있으며, 굉장히 다양한 일을 하고 있는 것을 알 수 있다.

가만히 들여다보면, 문제가 터지고 난 후에 대책을 마련하는 일보다, 이슈가 발생하기 전에 예방하는 선행 관리 업무 영역이 훨씬 넓으며, 이는 고객 만족을 위해 전체 Business Flow 전반에 걸쳐져 있음을 알 수 있다.

[표 1-1] 프로세스 단계별 품질업무 주요 활동

Process	기획	개발	부품(협력사)	제조	고객
조직	개발품질	개발품질	IQA(SQA)	OQA	CS
주요활동	• 고객요구사항 명확화(RFI, RFQ) • FMEA준비 (팀구성, 변경사항, 신규 4M 내용) • Base 모델 & 신모델 비교 • 인증/신뢰성/ 수명/ART 시험 준비(장비, 인원, 절차, 방법) • 검사/시험 기준 설계 • 제품/부품개발 Process	• FMEA • 특별특성관리 (CTQ/CTP) • 설계 spec 합의 • 개발 4M 변경관리 • 개발신뢰성/수명 시험 • Control Plan작성 • Q - Gate • 작업표준/검사 표준 • 양산 Readiness 점검 • 개발샘플 빌드 및 평가 • 설비 품질관리	• 협력사 역량 평가 • 부품신뢰성 평가 • 부품인정/승인시험 • 협력사 4M 변경 관리 • 부품 이상 LOT관리 • 협력사 Process/ System 안정화 • 부품이슈 문제해결 및 예방 • 검사기 및 분석장비 확보 • 개발부품 PPAP 승인 • 협력사 Pain Point 해결	• 양산 초기 유동관리 • 자공정 완결형 품질체계 구축 • 양산 신뢰성 평가 (ORT/정기보증 시험) • 양산 변경(4M)/ 변동관리(SPC) • 이상 LOT관리 • 부적합(NCR) 개선 • 출하검사체계 구축 (장비/AQL/검사 원 등) • 공정/고객 이슈 개선/예방 • Global 해외 법인 품질 • 작업표준(SOP)	• 고객품질계약 • 고객정기미팅 • 고객 Pain Point/ Claim관리 • 고객공정/field 불량관리 • EF-Cost관리 • 경쟁사 분석 • Global 고객품질 현황관리 • 고객 RMA 분석/ 개선 • 고객 만족도 조사

여기서, 유의해야 할 사항은 우리 회사 중심의 Business Flow 안에서만 품질 역할을 하는 함정에 빠지지 말아야 한다.

부품을 공급하는 협력사는 물론이고, 외주 협력사를 통해 생산을 하게 되면, 우리의 품질기준으로 외주협력사가 동등한 Performance를 낼 수 있도록 지원하고 평가하고 관리해야 하며 해외 생산법인을 활용할 경우는 국내 생산 Site와 동일한 품질의 제품이 나올 수 있도록 품질의 역할을 다해야 한다.

이렇듯 사내뿐만 아니라, 해외법인, 협력사, 그리고 고객 간의 전체 Business Flow 관점에서 품질의 역할을 수행해야 하는 것이다.

하지만, "사업의 전 영역에서 품질부서만 선행 관리 활동을 충분히 추진한다고 해서 고객을 만족시킬 수 있을까?"라고 물어 본다면, 필요조건이긴 하나 충분조건 이라고 하기에는 무리가 있다.

결코, 품질부서만으로 고객의 요구와 기대사항을 전부 만족시킬 수 없기 때문 이다.

여기서 우리는 품질부서 역할의 확장성에 대해 생각해 봐야 한다.

실제 제품을 설계하는 사람은 개발부서이고, 생산하는 사람은 생산부서이다.

그들이 애초에 고객의 품질 관점에서 개발하거나 생산하지 않는다면, 품질에 서 아무리 선행 관리를 한다고 해도 고객 만족을 위한 제품을 만들 수 없으며, 혹 여 만들 수 있다고 해도 개선 활동에 오랜 시간을 투자해야 할 것이다.

다시 말하면, 전사적 전 구성원이 동참하여 고객의 관점에서 업무를 수행할 때, 진정으로 고객이 원하고 기대하는 품질 만족을 이룰 수가 있을 것이다.

그러므로 품질부서는 품질의 본연의 업무로서 개발부서, 생산부서, 또는 유관부서의 사람들이 고객관점, 품질관점으로 설계하고 생산할 수 있도록 **명확한 원칙과 기준을 정하고, 업무 Process와 System을 구축하여, 일하는 방식과 기본 준수 문화가 내재화될 수 있도록** 구성원들을 유도해야 한다.

　전 구성원은 물론이고, 우리와 협력하는 모든 협력사 구성원까지 고객 관점에서 품질 Risk를 사전에 점검하고, 예방하는 활동이야 말로 진정한 품질 역할이며, 고객가치 실현을 위한 발걸음이므로, 품질부서에서 주도적으로 앞장서서 리딩하는 것이 품질 본연의 중요한 역할이라 하겠다.

Ⅲ. 품질 인재상

앞에서 품질 구성원들의 진정한 역할은 전체 Business flow에서 어떠한 품질 이슈도 발생하지 않도록 사전에 관리를 하고, 그 역할 수행을 잘하기 위해서 기준과 원칙을 세우고, 업무 Process 및 System 기반으로 전 구성원들이 참여하여 일할 수 있도록 Leading 해야 한다고 하였다.

그럼 품질에서 어떤 자질을 갖추어야 품질의 역할을 충실히 수행할 수 있는지 생각해 보면, 크게 Leadership과 전문성, 두가지로 생각할 수 있다.

먼저 Leadership부터 보자. 고객과 협의가 되어 Project를 진행할 때 우리는 크게 Quality/Cost/Delivery 세 가지 항목을 관리하게 된다.

경험적으로 관리가 미흡하여 비용이나 납기 이슈가 발생한 경우, 서둘러 대응하면 별 탈 없이 넘어간 적도 많았고, 문제가 심각하여 고객이 설사 떠난다고 하더라도 결국은 품질을 찾아서 빠르게 돌아오는 것을 알 수 있었다. 하지만, 품질관리에 이슈가 발생하면 문제가 간단하지 않다.

품질의 문제는 고객 신뢰가 바탕에 깔려 있기 때문에 품질 이슈로 고객과의 신뢰가 무너진 경우는 신뢰 회복에만 많은 비용과 오랜 시간이 소요되고, 자칫 신뢰를 잃어 고객과의 거래가 중단되는 위기가 발생하기도 한다. 통상 품질이슈로 떠난 고객은 적어도 수년간의 긴 시간과 정성이 있어야, 다시 거래를 재개할 수 있다.

따라서, 품질을 하는 사람들은 특히 품질이슈로 고객과의 신뢰에 문제가 생기지 않도록 각별히 신경을 써야 하고, 품질 예방을 위해 사명감을 가지고 유관부문과 협업하여 사전에 Risk를 관리할 수 있도록 전체 Project 과정을 잘 이끌어 나가야 한다. 이때, 품질인의 Leadership이 필요하다.

여기서 말하는 Leadership은 조직 지도자의 능력이나 통솔력을 이야기하는 것이 아니라, 고객만족을 위한 최고의 품질을 위해 구성원들의 자발적인 동기를 유발하여 원칙과 기준을 바탕으로 업무를 수행하게 하고, 함께 품질이슈를 사전에 예방할 수 있도록 만드는 주도적인 역할을 말한다.

    품질의 환경은 고객에 따라 항상 변하고, 개발단계별로 요구되는 품질완성도 역시 다르기 때문에 구성원들의 참여를 잘 유도하고 이끌기 위해서는 Leadership 도 상황에 맞게 달라져야만 한다. 예를 들어보면, 나라를 새로이 건국할 때는 용맹한 장수의 Leadership이 필요한 반면에 안정된 나라를 치국할 때는 용장, 맹장보다는 덕장이나, 지장의 Leadership이 빛을 발하게 된다.

    품질을 하는 사람도 때로는 용장이나 맹장의 Leadership으로 원칙과 기준을 앞세워 Data를 기반으로 유관부서와 논쟁을 벌여 품질 확보에 힘써야 할 때도 있고, 때로는 덕장, 지장의 Leadership으로 기지를 발휘하여 유관부서의 주장을 최대한 이해하고 필요시 새로운 대안을 제시하거나 현실적인 최선책에 대해 논의하여 협의점을 찾아 나가야 할 경우도 있다.

    상황에 따라 변하는 Leadership을 갖추기 위해서는, 가장 중요한 요소가 분명 유관부서와의 소통일 것이다.

    Business Flow 전반에서 품질 업무를 추진하다 보면, 사람들 간의 입장 및 견해 차이로 논쟁을 벌이게 되고, 이럴 때마다 함께 소통을 하고 Consensus해서 유관부서 담당자들을 설득해야 하므로 쉽지 않은 경우가 많다.

    실무에서 많은 경험을 해봤겠지만, 품질은 고객과 이슈 중심으로 이야기하고 유관부서는 일정, 역량, 업무량 관점에서 생각하기 때문에, 기본적으로 유관부서 담당자들은 품질의 말을 귀 기울여 듣지 않거나, 논리적이고, Data 기반인 경우도 쉽게 동의하지 않는 경우가 많다.

    또한 품질부서에서는 이슈로 계속 스트레스를 받다 보니, "그러면 잘못되면 네가 책임질래?"라는 부정적인 마인드와 어투로 소통하기 일쑤다.

결국 이런 문제들을 해소하기 위해서는 그 사람 말을 들어 주기도 하고, 때로는 설득을 해서 공감하게 만드는 소통의 Skill이 필요한 것이다.

소통을 잘하기 위한 7가지 법칙에 대해서는 제2장의 '소통의 Skill'에서 설명하도록 하겠다.

두 번째로 품질인이 갖추어야 하는 자질은 **전문성**이다.

아무리 소통 Skill이 뛰어나고, Process 과정을 잘 Leading 한다고 해도, 실력이 바탕이 되지 않은 Leadership은 진정성 없이 그저 말 잘하는 사람으로 인식될 수 있다. 유관부서와 잘 소통하여 원칙과 기준에 맞춰 업무를 했음에도 내부 공정 불량률이 크게 올라가거나, 때로는 불량이 유출될 때 품질 입장에서는 난감할 것이다.

이런 경우는 Process 안에서 제품 또는 공정 문제를 제대로 파악하지 않고, 표면적으로 드러난 이슈에 대해서만 수박 겉핥기식으로 조치를 하다 보니, 이런 문제들이 생기기 마련이다.

따라서 고객이 요구하는 제품의 품질을 보증하기 위해서는 고객 요구사항과 제품 및 공정 설계의 핵심 내용을 깊이 이해하고, 과거 불량사례들을 되돌아보면서 예상되는 이슈의 근본원인을 도출하여 검증, 검사, 관리 계획을 제대로 수립할 수 있는 전문성을 갖춰야 하며, 이를 바탕으로 Risk를 하나둘씩 제거해 나가야 한다. 품질 전문가로서 업무 Skill과 중요한 역할 부문은 제2장의 '품질 전문가 육성'에서 다루도록 하겠다.

그리고 품질은 앞에서 말한 바와 같이, 이슈에 따라 뜻하지 않게 회사의 영속 여부가 결정될 수도 있기 때문에, 리더나 담당자를 선정함에 있어 적성, 사명감, 책임감 등을 고려하여 신중히 결정해야 한다.

큰 돌과 작은 돌, 둥근 돌, 각진 돌 등 여러 형태의 돌들이 모여야 견고한 돌담을 쌓을 수 있듯이 품질도 구성원의 성향과 능력을 파악하여 업무가 적성에 맞는지, 필요한 과제를 해 나갈 수 있는지에 대해 고민을 한 후에 여러 품질 업무 가운데에서 적재적소로 배치되어 역량을 키워 나가는 것이 중요하다.

요약해 보면, 품질의 인재상은 고객만족을 위해 품질 및 제품 전문적인 지식을 바탕으로 Business Flow상의 유관부문과 협업 및 소통을 잘하는 품질 DNA를 가진 사람으로서 우리는 Leadership과 전문성을 갖춘 인재를 그림 1-1 과 같이 비유하여 "T자형 인재"라고 한다.

〈그림 1-1〉 T자형 인재

제품개발 단계부터 최종 고객이 사용하는 Field까지 전체 비즈니스 프로세스 안에서 넓은 시야와 지식을 갖추고 유관부서와 함께 이슈가 발생하지 않도록 소통과 협업을 통해 과정을 주도적으로 수행해 나가는 Leadership을 가로로 표현하였다.

지켜야 할 원칙과 기준을 수립하고, Process와 시스템을 구축하고, 예상 Risk의 본질을 파악하여 철저한 예방 계획을 세울 수 있는 능력의 전문성을 세로로 나타냈다.

둘 중 하나만 잘해서는 품질의 역할을 제대로 수행할 수 없기 때문에 결국 소통 잘하고 실력 있는 사람을 품질의 일등 DNA를 갖춘 사람이라고 할 수 있으며, T자형 인재야말로 기업에서 원하는 인재상인 것이다.

따라서, 품질인은 T자형 인재가 되도록 끊임없이 노력하여 품질 전문가로 성장해 나가야 하며, 유관부서와 함께 성과를 창출하는 사람이 되어야 한다.

Ⅳ. 품질의 본질

개발 및 양산업무 절차에 따라 업무수행 중 각 Event에서 품질 미흡사항이 발생하면 다음 Event로 넘어가지 못하도록 품질부서에서 막는 일이 종종 있다.

그래서 보통 "품질하는 사람들은 완장을 찼다"라는 표현을 많이 쓴다.

아마 개발부서 또는 기술부서 등으로부터 고객 일정을 준수하기 위해 품질 Gate를 통과시켜 달라고 요청하는 일로 품질부서에서는 곤욕을 치를 때도 있고, 품질부서의 횡포로 Gate 통과를 하지 못했다며 타 부서로부터 비난을 받을 때도 있다.

하지만, 품질업무 자체가 잘하면 본전, 자칫 잘못하면 책임을 져야 하므로 실제 품질을 하는 사람들은 누구보다 더 스트레스를 받는다.

예를 들어, 사업을 중요시하는 리더가 오면 약간의 내부 Risk가 있더라도 매출과 고객일정 중심으로 모든 품질 기준이 바뀌길 원하고, 다시 품질을 중요시하는 리더로 변경되면, Tight한 품질 기준으로 바뀌게 된다.

고객이 공정 점검에서 문제를 지적하면 품질검사가 강화되고, 고객이 협력사 점검 활동을 하지 않으면 품질검사 기준이 완화된다.

그러다 품질 사고가 터지면 고객의 질책에 시달리며, 진단을 받게 되고 다시 보수적인 품질검사를 하게 된다.

이렇듯 품질은 중심을 잡지 못하고 상황에 따라 판단 기준이 달라지는 경우가 발생하기 때문에 원칙과 기준을 바로 세우고, 올바른 판단을 위하여 치우침이 없도록 중심을 잘 잡아야 한다.

그럼 이와 같은 품질의 본질적 문제를 해결하기 위해 어떻게 하는 것이 가장 합리적이고 맞는 방법인지 알아보자.

우리는 양품을 불량으로 판단하는 잘못을 제1종 오류(α Risk, 생산자 위험)라 하고, 불량을 양품으로 판단하는 잘못을 제2종 오류(β Risk, 소비자 위험)라고 한다.

당연히 α(알파) Risk가 증가하면 양품을 불량으로 판단하게 되고, 일정과 비용에 쫓기는 개발/생산 등 유관부서가 힘들어지고, β(베타) Risk가 증가하면 불량을 양품으로 판단하여 다량의 불량 유출사고 발생 시 고객의 질책으로 품질부서가 힘들어지게 되는 것이다.

표1-2는 품질의 올바른 판정으로 양품을 양품으로 판단할 때 신뢰도(1-α)라고 하며 불량품을 불량으로 판정할 수 있는 능력을 검출력(1-β)이라고 표현한다.

[표 1-2] 생산자 위험(α), 소비자 위험(β) 신뢰도(1-α), 검출력(1-β)

제품＼판정	양품	불량품
양품	신뢰도 (1-α)	제1종 오류 생산자 위험 (α)
불량품	제2종 오류 소비자 위험 (β)	검출력 (1-β)

만약 양품과 불량이 명확히 구분되는 평가항목에 대해 "정량적 수치의 Data로 평가한다면 무슨 문제가 있겠어."라고 생각할 수도 있지만,

첫째, 우리는 고객들이 요구한 평가항목 이외에 어떤 항목을 평가해야 사용자 관점에서 명확히 불량이 발생하지 않는지 모르는 경우가 비일비재하다.

둘째, 검토 과정이 불충분하여 평가항목에 대한 관리 규격, 즉 공차를 모호하게 설정하는 경우도 많다.

셋째, 정량화되지 않는 외관 불량과 같은 평가항목의 경우, 평가자의 수준과 관점에 따라 판정이 달라지는 오류가 발생할 수밖에 없다.

따라서 양품인지, 불량인지 판단하는 기준이 모호해지는 것이다.

다음 <u>그림 1-2</u> 판단기준을 보면, 양품과 불량으로 판정된 제품의 영역을 표현하였고, 그 사이에 판단 기준을 어떻게 하였는지 구분하였다.

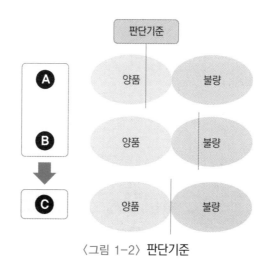

〈그림 1-2〉 판단기준

Ⓐ는 평가항목에 대해 과도한 관리 마진을 부여하여 판단이 모호하면 불량으로 간주하는, 까다로운 검사 · 평가를 실시하여 α(알파) Risk가 증가하는 모습이고, Ⓑ는 느슨한 검출 규격을 적용하여 β(베타) Risk가 증가하는 모습이다.

두 경우 모두, 판단 기준이 모호하여 기준선이 한쪽으로 치우쳐 문제가 발생하는 모습이라고 할 수 있다.

품질에서는 이와 같은 일이 발생하지 않도록 명확한 판단기준을 수립하여 Ⓒ

처럼 α Risk와 β Risk 사이에서 Balance가 잘 유지되도록, 신뢰도$(1-\alpha)$와 검출력 $(1-\beta)$을 최적화하는 합리적인 기준선을 찾아서 중심을 잘 잡아야 한다.

따라서, 품질은 어떠한 외압이나, 환경이 변하더라도 그림 1-3 의 저울과 같이 흔들리지 않는 중심을 잡아야 하고 이를 위해서는 결국, 실력을 키워 판단기준에 대한 타당성과 논리를 가지고 이야기해야 비로소 이 모든 문제를 해결할 수 있다.

항상 합리적이고 일관된 기준을 근거로 판단을 하게 된다면 당연한 결과로 인지되어 결코 유관부서로부터 나쁜 소리를 듣지도 않을 것이다.

"품질의 흔들리지 않는 중심은 곧 실력이다"라는 사실을 명심하고, 실력을 키워 판단 기준을 잡아야 한다.

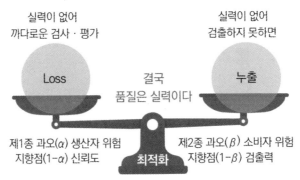

〈그림 1-3〉 품질 신뢰도와 검출력의 균형

품질 본질적 업무의 시작은 실력으로 품질기준을 세워 신뢰도와 검출력 사이에서 중심을 잘 잡는 것이다.

더 나아가, 선행 품질을 확보하는 활동을 추진하여 내부적으로는 품질 Loss가 발생하지 않도록 신뢰도$(1-\alpha)$ 100% 확보를 위해 힘쓰고, 외부적으로는 불량 유출이 하나도 없도록 검출력$(1-\beta)$ 100%를 달성할 수 있다면, 우리의 근본적 품질 경쟁력이 확보되어, 비로소 품질이 사업의 기반이 되고 고객에게 감동품질을 제공할 수 있게 된다.

이것이 우리 품질의 본질적 역할이다.

여기서는 품질인의 일하는 방법과 자세에 대해 이야기하고자 하며, 설명에 앞서 예전에 실제 겪었던 사례를 하나 소개하고자 한다.

10년 전 제품 외관의 스크래치 및 찍힘 이슈로 꾸준히 고객 불량률 2,000ppm 정도가 발생하던 모델이 있었다.

고객 입고 불량률을 개선하기 위해, 당시 품질 담당자로서 내부 외관검사 강화 활동을 통해 고객 불량률을 800ppm까지 개선할 수 있었다.

800ppm도 많다고 생각하여 포기하지 않고 5명의 검사원들의 눈높이를 맞추기 위해 지속적으로 강도 높은 훈련과 교육을 실시하였음에도 불구하고 고객과의 눈높이 차이가 있었는지 개선 효과는 더 이상 진척이 없었다. 운이 좋을 때는 600ppm 까지의 개선이 고작이었다.

하지만, 문제는 강화된 검사 기준으로 내부 공정불량이 약 5,000ppm 정도 증가가 된 것이다. 불량은 수율로 직결되는 문제였기 때문에 불량으로 판별된 5,000 ppm 제품들이 정말 불량이 맞는지 엔지니어와 재확인한 결과, 98% 이상이 고객 기준에 맞지 않는 불량임을 확인하였다.

여기서 생각해보자. 지금까지 내부 공정에서 불량률 5,000ppm 정도가 발생했어야 하는데, 외관 검사 미흡으로 자연스레 고객 측으로 유출이 되고 있었단 이야기가 된다. 재미있는 건, 5,000ppm 정도의 불량을 지속적으로 공급하고 있었음에도 불구하고 고객은 매번 2,000ppm 수준만 불량이라고 회신을 줬고, 다시 말해,

우리가 불량제품을 제공하더라도 일부는 고객 공정으로 투입되어 다음 공정으로 넘어간다는 말이다.

　여기서 이상과 현실에 대한 문제에 직면하게 된다.

　원래대로 발생하던 고객 불량률 2,000ppm 수준으로 외관검사를 실시하고 고객이 요청할 때마다 그냥 RMA(Return Material Analysis: 고객 불량 반품)로 처리를 하는 것이 회사를 위해 나은 방법인지, 아니면 수율이 떨어지더라도 고객을 위해 내부 검사를 강화하고 내부 5,000ppm에 대한 불량을 폐기하는 것이 좋은 방법인지, 과연 어떤 선택이 맞다고 할 수 있을까?

　회사는 이윤 추구를 최고의 목적으로 하는 단체이므로 기존 검사 방법대로 진행하여 이익을 남겨야 한다고 생각할 수도 있고, 품질은 고객 중심으로 판단해야 하므로 내부 폐기 비용이 증가하더라도 고객 불량률을 낮춰주는 게 맞다고 생각할 수도 있다.

　하지만, 본질적인 개선의 접근방법부터 잘못되었다.

　문제가 생겨 설비/인원을 더 투입하여 품질검사를 강화하는 방법으로 접근을 할 경우, 일정 수준까지 개선되고 나면, 더 이상 좋은 결과를 기대하기 어렵다. 이 경우의 올바른 개선 방법은 스크래치와 찍힘 등의 외관불량이 애초에 발생하지 않도록 근본적인 원인을 찾아 설계를 변경하거나, 공정을 변경하여 개선하는 것뿐이다.

　현재 발생하는 고객 불량률 2,000ppm을 유지할지, 내부 5,000ppm의 Loss를 감수할지에 대한 결정은 처음부터 해결 방법이 아닌 것이다.

　그러면 우리 품질에서는 현장의 고질불량에 대해 이런 사고방식으로 문제를 해결하고자 하는 사람이 과연 몇 명이나 될까?

우리는 이렇게 단편적인 개선만을 고집하는 꼰대 같은 품질 Mind를 과감히 버리고, 진정으로 고객을 위하고, 회사를 위하는 일이 무엇인지 생각하여 새로운 방법을 찾고 개선해 나갈 수 있는 자세가 필요하다.

V. 품질인의 Ways of Working

앞의 사례와 같이 그럼 품질인은 어떻게 일하고 어떤 자세로 업무에 임해야 하는지에 대해 일하는 방법 10가지를 제안하고자 한다.

하나, 품질은 정해진 원칙과 기준에 따라 일해야 한다.

국가에는 반드시 지키고 따라야 하는 헌법과 법률, 명령, 조례, 규칙 등이 있듯이, 어떤 조직이든지 조직 안에서 지켜야 하는 원칙과 기준이 존재한다.

만약 원칙과 기준이 없다면 조직 내 크고 작은 갈등과 다툼이 발생하기 때문에 구성원들의 원만한 조직 생활을 위해 지켜야 하는 원칙과 기준이 필요한 것이다. 우리 회사도 예외는 아니다.

우리 회사에서도 업무는 무엇을 해야 하는지, 어떻게 해야 하는지, 누가해야 하는지, 언제까지 해야 하는지에 대해 **그림 1-4** 와 같이 명확한 원칙과 기준을 수립하여 지키고 있다.

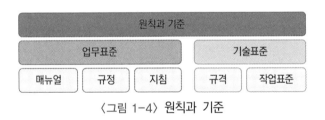

〈그림 1-4〉 원칙과 기준

그럼에도 불구하고, 우리는 상급자 지시 또는 본인의 즉흥적인 판단으로 알게 모르게 원칙과 기준을 준수하지 않고, 업무를 행하는 일이 빈번하게 발생한다.

만약 CEO가 우리가 만든 원칙과 기준을 준수하지 않으면 어떻게 되겠는가?

정해진 원칙과 기준은 CEO의 지시사항이든 사업부장의 지시사항이든 이보다 항상 앞선다는 것을 우리는 기억해야 한다.

특히, 품질부서에서 일하는 품질인들은 원칙과 기준 준수를 절대 잊지 말아야 한다.

품질은 원칙과 기준을 세워 중심을 잡고 일관되게 업무를 추진해야 한다. 리더에 따라, 고객에 따라 또는 환경에 따라 이리 갔다 저리 갔다 중심을 잡지 못하는 일은 결코 있어서는 안 된다.

혹여나, 원칙과 기준이 없거나, 잘못되어 있는 경우는 올바른 절차에 따라 새로이 제정하거나, 개정을 통해 원칙과 기준을 바로잡아야 한다.

지금까지 원칙과 기준에 의해 업무를 하지 않은 품질인들은 지금부터라도 반드시 "원칙과 기준 준수가 가장 중요하다."라는 마음가짐을 가지고 품질 업무에 임해야 한다. 이것이 우리 품질인이 갖추어야 할 일하는 방식의 기본이다.

둘, 선행 품질 예방 Process 중심으로 선순환할 수 있도록 일을 해야 한다.

품질은 앞에서 말한 것과 같이 사고가 터진 뒤 수습하는 것이 아니라, 사고가 터지기 전에 예방하는 활동이 주된 활동이라고 생각해야 한다.

첫 단추를 잘 끼워야지만 모든 단추가 어긋나지 않듯이 품질은 전체의 Business Flow상에서 개발단계에서부터 예상 Risk에 대해 고민을 하여 계획을 세우고, 유관 부서들과 함께 대책을 강구하여 최종 양산 시에는 이슈가 발생되지 않도록 해야 한다.

FEDEX사는 UPS, DHL과 함께 세계 3대 물류 기업 중 하나다. 그런 FEDEX의 성공 요인 중 으뜸은 1 : 10 : 100 법칙이다.

불량 발생 시 즉각 조치를 취하는 비용을 1이라고 하면, 출하 후 조치비용은 10배, 고객 손해 배상에는 100배가 든다는 내용이며, 그만큼 초기에 예방하는 것이 비용적으로도 유리하다고 할 수 있다.

우리나라 속담에 "호미로 막을 것을 가래로 막는다"라는 말이 있다.

시간과 비용이 지금보다 조금 더 발생하더라도 앞에서 부터 품질 Risk를 줄여 가는 Process를 정립하여 추진하는 것이 나중에 있을 사고를 막는 지름길이며, 이러한 선순환 구조가 되도록 만드는 것이 품질의 업무 방식이어야 한다.

과거, 설계보다는 검사에 의존된 품질관리를 하던 때에는 어느 정도 불량과 품질비용은 당연하다고 생각하여, 품질개선을 위해 평가비용을 많이 투자하였다. 하지만, 불량이나 품질비용이 사업에 아주 큰 손실을 안겨 줄 수도 있다는 것을 알고 난 현재에는 검사에 의한 품질관리보다 사전에 품질을 관리하는 예방비용이 중요시되고 있다.

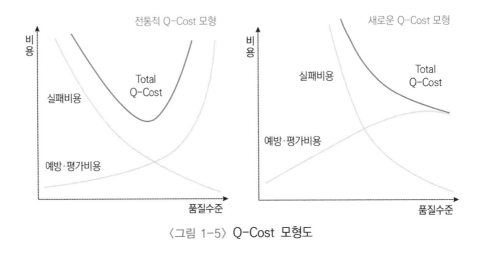

〈그림 1-5〉 Q-Cost 모형도

그림 1-5 Q-Cost 모형도를 보면 좌측 그림은 전통적 방식의 품질 비용 모형이며, 검사에 의한 품질개선은 어느 정도 수준에 도달하면 보다시피 거꾸로 품질

비용이 증가하는 모습을 보인다. 그러나, 우측 그림의 새로운 품질비용 모형은 초기 예방비용을 투자하면, 실패비용을 크게 줄일 수 있으며 Total 품질비용도 점진적으로 개선되는 모습을 볼 수 있다. 결국, 선행 품질예방 활동을 하면 완벽한 품질을 유지하는 데 큰 비용이 소요되는 것이 아니라, 전체적으로는 시간과 비용이 줄어들게 되는 것이다.

셋, 불량에 대한 이상 감지 민감도, 즉 사고 발생 예감에 대한 통찰력을 키워 사전에 예방할 수 있어야 한다.

소속된 그룹에 따라 생활 패턴도 달라지게 되고, 이야기하는 공통된 주제도 다르고, 먹는 음식과 옷 입는 문화도 그룹의 특성에 따라갈 수밖에 없다.

이처럼 어디에 소속되어 생활하느냐에 따라 그들의 행동과 사고방식이 달라진다.

예를 들어, 대학교 기계공학과 학생들은 동역학, 열역학, 유체역학, 고체역학, 4대 역학을 배워, 자연스럽게 사물과 현상을 볼 때 숫자나 알 수 없는 기호로 이야기하게 되며, 메커니즘을 파악하려는 사고가 형성된다.

또, 마케팅을 배운 학생들은 심리학을 통해 사람의 소비 습성이나, 갈구하는 욕망에 대해 다른 이들보다 좀 더 잘 이해하게 된다.

이렇듯 한 분야에 오랫동안 있으면 그 분야에 대한 통찰력(Insight)을 배우게 되는 것이다.

이는 품질이라는 테두리에 있는 우리도 마찬가지다.

품질 체계 안의 많은 품질 Process와 시스템, 발생한 이슈와 경험 등을 토대로 품질인만이 느낄 수 있는 통찰력을 키워, 문제가 일어나기 전에 감지하여 큰 사고를 막을 수 있어야 하는 것이다.

하인리히의 법칙(1 : 29 : 300)을 보면 300번의 사소한 징후 뒤에 29번의 작은 사고가 발생하고, 그 속에 1번의 대형사고가 발생한다고 한다.

이처럼 현장에서는 대형사고가 터지기 전에 반드시 사소한 징후 및 작은 사고들이 발생한다. 이럴 때마다 근본적인 대책을 수립해 놓지 않고 임시방편으로 조치를 한 경우 대부분 대형 사고로 이어지게 된다는 점을 명심해야 한다. 반드시 사소한 이슈에 대해서도 그냥 넘어가지 말고 품질인만의 동물적 감각, 통찰력을 키워 이상 Signal에 대해 사전 감지하는 능력을 길러, 큰 사고가 발생하지 않도록 조치해야 한다.

넷, 이슈 발생 시 신속히 보고 · 공유하고, 정확한 초동 조치를 해야 한다.

품질 이슈를 처음 접하는 사람은 사장도 아니고 사업부장도 아닌 실무자이다. 그 사람 혼자 그 품질 이슈를 해결할 수 있을까?

보통 사소한 이슈는 실무자 선에서 처리하는 경우가 많으나, 사소한지 아닌 지에 대한 기준이 명확하지 않으면 절대로 한 부서의 판단에 맡겨선 안 된다. 대부분 품질 이슈는 많은 부서들이 연계되어 있고, 심지어 고객과 연관된 이슈도 많기 때문에 반드시 이슈 내용에 대해 보고하고 공유하는 Process에 따라 빠르고 넓게 전파해야 한다. 이를 통해 여러 부서들의 의견과 제대로 된 조치 계획이 나오게 된다.

이때는 품질부서에서 이슈가 해결될 때까지 주도성을 가지고 Control Tower 역할을 수행하며, 유관부서 및 본사의 지원을 받아 신속하고 정확한 초동 조치를 해야 한다. 영화 "살인의 추억"을 보면, 시체가 훼손되고, 범인 발자국이 지워지는 등 초동조치 실패로 결국 범인 검거에 실패하는 모습을 볼 수 있다. 이처럼 처음에 얼마나 잘 대처해야 하는지에 대해서는 굳이 설명하지 않아도 알 수 있을 것이다.

만약 이슈를 숨기거나, 방치하여 초동 조치에 실패하고 문제가 눈덩이만큼 커진 경우는 그 누가 와도 해결을 해 줄 수 없고 그 결과에 대해서는 반드시 책임을 져야 한다. 따라서 아무리 사소한 이슈라 판단되어도 신속하게 보고하고 공유하여 정확한 초동 조치가 될 수 있도록 해야 한다.

수년 전, 한 사업부에서 양산 도중에 약품탱크에서 누액이 발생되어 탱크를 수리한 사례가 있었다.

당시 작업 기준에는 수리를 한 경우는 Test 및 시운전을 하여 초품 검사 시 '문제가 없을 경우에만 양산을 시작한다'라는 기준이 있음에도 불구하고, 별도 보고나 초동 조치 없이 바로 양산이 재개되었고, 후 공정에서 30Lot 정도의 이상이 감지되었다. 이때라도 이슈에 대해 보고하고 유관부서와 함께 조치만 했어도 큰 사고가 아니었을 텐데, 작업자는 이상Lot 처리 기준 및 절차를 무시하고 3일 동안 생산을 진행하였다.

결국 후공정인 도금공정에서 제품 찍힘 불량이 대량 발생하고 생산이 중단되고 나서야 큰 이슈가 보고되고 조치에 들어가게 되었다.

이 경우는 작업 기준을 준수하지 않았으며, 작은 이슈에 대한 보고나 초동조치에 잘 대처하지 않아 큰 사고가 일어난 경우이다.

탱크 수리 후 Test 자재로 초품 검사만 해봤으면, 또는 후 공정에서 감지된 이상Lot에 대해 처리 Process만 잘 지켰다면, 생산 중단 및 폐기 비용이 상당히 줄어들 수 있었을 텐데 작업자의 작은 실수가 눈덩이처럼 불어나 큰 사고로 이어진 사례이다.

이런 유사 사례는 정말 많이 발생한다.

한번은 이슈가 발생하여 본사에 보고해야 하는데 보고하지 않거나 지연 보고된 건수에 대해 조사를 한 적이 있다.

기준에 따라 보고를 해야 하는데, 전체 건수 대비 41%가 보고되지 않았고, 제시간에 보고된 비율이 약 17%밖에 되지 않았다.

또한 평균 보고 Lead Time은 57일, 최장 114일인 경우도 있었다. 이 조사의 결과만 놓고 보더라도 우리는 기준을 잘 지키지 않으며 보고에 상당히 둔감한 것을 알 수 있다.

당연히 보고를 하지 않는 구성원도 문제지만, 보고를 어렵게 만든 리더나, 체계가 잘 갖춰지지 않은 조직의 시스템과 보고 문화도 원인이 될 수 있다. 따라서 품질에서는 이런 문제점을 해결하기 위해 고민하고 또 고민하여 보고와 초동조치가 잘될 수 있도록 전 구성원들의 보고 문화와 보고 업무 Process를 잘 만들어야 하는 것이다.

협력사 및 해외 법인도 마찬가지이다. 특히, 해외 생산공장의 경우는 국내와의 시간적 제약 사항이 있고, 생활 문화가 다르기 때문에 이슈 보고 및 공유가 늦어지거나 누락되는 일이 비일비재하여 제대로 된 초동조치가 이뤄지지 않는 경우가 많다.

경험적으로 이 경우는 국내와 해외 Site 간의 유기적인 관계를 맺어 정기적인 소통을 통해 각 Site별 품질 Risk와 이슈를 서로 공유하고 함께 고민해서 해결하는 Process를 만들어 실시간으로 정확한 초동조치를 실시하는 것이 가장 좋은 방법이다.

다섯, 품질 이슈 발생 시 메커니즘 기반의 근본 원인을 도출하여 대책을 수립해야 한다.

현업에서 근본원인 파악 미흡으로 큰 사고가 난적이 있다. 사례는 단순하다. PCB Via Open 이슈가 발생하였는데, 단순 설비 호기 문제로 결론 내고 문제가 된 호기를 제외하고 다른 호기로만 생산을 진행하였다.

결국 1개월 후에 대량 불량이 발생하게 되고, 고객사까지 보고하는 이슈로 커져 버렸다. 문제가 커지고 난 이후 근본 원인을 확인해 보니, 원자재 절연층 이슈가 문제되어 설비조건에 따라 과에칭이 발생된다는 사실을 알았고, 이후 근본적으로 설비 호기별 최적 조건을 설정하고 이슈가 종결되었다.

이처럼 작은 이슈가 발생하면 대부분 업무가 많고 바쁘다는 핑계로 근본원인을 파악하는 활동을 전개하기보다는 단편 이슈 해결 및 조기 이슈 Closing 관점에서만 서둘러 문제를 정리하려는 경향이 있다.

앞에서 품질검사 강화를 통해 고객 불량률 2,000ppm을 개선하려고 한 사례와 같이 눈에 보이는 문제에 대해서만 조치를 하는 경우는 반드시 다시 이슈가 될 가능성이 크다.

Open 이슈가 왜 발생했는지, 왜 특정 설비 호기에서만 불량이 나는지, 변경된 조건은 없는지, Side Effect는 무엇인지, 나아가 다른 경쟁사는 어떻게 하고 있는지까지 5whys의 근본원인 도출 방법을 통해 명확한 메커니즘을 규명하여 이슈의 근본원인 규명 후 해결책을 마련해야 한다.

모든 이슈는 근본원인만 제대로 규명할 수 있으면 개선 대책은 항상 명쾌하다. 설사, 근본원인 개선에 제약사항이 있어, 완벽한 개선을 못하더라도 품질 Risk에 대해 잘 알고 있으므로, 재발 방지는 물론이고, 사전 예방 관리를 통해 이슈를 통제할 수 있게 된다.

현업에서는 품질이 직접 개선계획을 수립하는 경우보다 개발이나 기술부서, 생산부서 등 직접부서에서 많은 대책을 수립하므로 품질에서는 반드시 개선 계획에 근본원인은 규명되었는지, 대책이 정말 타당한지는 정확히 짚어보고 품질 Risk 를 관리해야 한다.

여섯, Data 기반으로 논리적인 의사결정을 해야 한다.

품질은 명확한 판단기준을 가지고 의사결정을 해야 하며, 판단 기준에 대해 논리적으로 설명할 수 있어야 한다.

여기서 논리적으로 설명하기 위해 가장 기본이 되는 것은 Data의 분석 결과로 이야기하는 것이다.

종종 엔지니어는 '숫자로 이야기해야 한다'라는 말을 들어봤을 것이다. 그만큼 Data의 숫자는 신빙성을 가지는 설득의 도구이다.

아마 요즘같이 Data 분석이 보편화된 시대에서 숫자 없이 경험만으로 의사결정을 하면 따를 자가 많지 않을 것이다.

특히, 품질처럼 양품과 불량 사이의 중심을 잡고 원칙과 기준으로 일해야 하는 부서는 항상 Data 중심으로 사고하고 분석하여 판단하는 습관을 가지고 있어야 한다.

여기서 주의해야 하는 건, 반드시 필요한 Data를 수집하여 Data가 가지는 의미를 정확하게 분석하고 해석해야 하며, 불필요한 Data가 수집되어 Noise가 포함되어 엉뚱한 결과가 나옴에도 알지 못하거나, 그에 따라 잘못된 의사결정을 하지 않도록 항상 조심해야 한다.

따라서, 품질은 유관부서에서 필요한 Data를 명확하게 정의하는지 확인해야 하며, 살아있는 Data로 관리가 되도록 유도하고, 분석 결과와 해석에 대해 반드시 검증을 해야 한다.

일곱, 철저한 Reflection을 통해 완벽한 재발방지를 하고 수평전개를 해야 한다.

한 번 발생된 품질 문제가 재발하는 걸 보면 누군가가 조금만 신경을 썼다면 이런 문제가 발생하지 않았을 텐데 하고 참 안타까운 생각이 든다.

그리고 품질 이슈가 얼마나 공유가 안 되는지 사례를 보면, 심지어 바로 옆 팀에서 발생된 품질 문제가 우리 팀에 발생되기도 하고 국내에서 겪었던 이슈가 똑같이 해외법인에서도 발생되고 있다.

실패를 하면 실패로부터 무엇인가 배워야 발전이 있다. 최근에는 Lessons learned 등으로 리뷰를 하고 있지만, 우리는 한 번 겪은 실패를 돌이켜 보고 무엇이 문제였는지, 어떻게 하면 문제가 발생하지 않는지 철저히 반성하고 대책을 마련해야 실패를 딛고 성공을 할 수 있다.

그래서 품질은 사소한 이슈 하나라도 다시 짚어보고 발생한 원인에 대해 깊이 반성하고 Reflection을 통해 철저한 예방 대책을 수립하는 활동이 중요하다.

발생된 이슈에 대해 Reflection을 해보라고 하면, 대부분의 사람들은 발생한 이슈에 대한 직접적인 해결책에 대해 언급할 것이다.

여기서 말하는 Reflection은 그런 의미가 아니라, 이슈가 발생하게 된 전체 과정을 놓고, 실패사례를 Process, System, 일하는 방식 등 과정 하나하나를 따져가며 불량 발생에 영향을 준 모든 원인들에 대해 깊게 고민하고 반성하여 근원적인 문제를 도출하고 해결하는 활동이다.

예를 들어, CTQ 항목 누락으로 불량이 발생하였다면 단순히 CTQ 항목을 추가하는 것이 아니라, CTQ 누락이 발생할 수밖에 없었던 Process, System, 일하는 방식 관점에서 문제점을 도출하는 것이다.

그만큼 Reflection은 시간과 노력이 많이 드는 반면 재발방지를 위해 얻게 되는 것이 많으므로 품질에서는 꼭 필요한 활동이며, Reflection이 정확히 무엇이며, 왜 필요하고, 어떻게 하는지에 대해서는 뒤에서 좀 더 자세히 살펴보도록 하겠다.

이렇게 Reflection이 되고 나면, 동일 이슈가 발생되지 않도록 실제 조치를 취해야 하며, 이를 재발방지라고 한다. 재발방지는 근본적으로 언제, 누가 작업을 하더라도 다시는 동일 문제가 발생하지 않도록 조치하는 것이 가장 중요하다. 이를 위해서는 반드시 Error Proof 및 Interlock 관점에서 사람에 의존하는 것이 아니라 기준과 Process, 그리고 System을 통해 어떤 상황에서도 예방할 수 있는 체계가 구축되어야 한다.

또 하나, 발생된 이슈에 대해 예방이 되도록 조치를 했지만, 우리는 다른 제품군, 다른 설비, 다른 Site에서도 유사 사례가 발생하지 않도록 조치해야 한다. 예를 들어, 2년 전 파주에서 A제품군에 a협력사의 커넥터 빠짐 이슈가 발생하여 개선조치를 하였다. 하지만 올해 a협력사의 유사 커넥터를 사용 중인 중국의 B제품군에서도 커넥터 빠짐 이슈가 발생하였다. 재발방지는 하였지만, 유사사례에 대한 예방 조치, 즉 수평전개 활동이 미흡하여 유사한 이슈가 발생이 되는 것이다. 만약 a협력사의 점검된 커넥터 이슈를 전사적으로 전파했더라면 충분히 막을 수 있는 이슈였던 것이다.

이렇듯 유사 이슈를 예방하기 위해서는 해당 내용에 대해 구체적으로 보고 및 공유를 통해, 유관부서는 물론이고, 타 사업부 및 해외 법인까지 전사적으로 확대 전파를 해야 하며, 해당 내용을 인지한 품질부서는 수평전개가 되도록 해야 한다.

품질이슈에 대한 Reflection을 통해서 배우고, 다시는 동일 이슈와 유사 사례가 발생되지 않도록 예방하는 활동이 중요하지만 아직 미흡한 것이 우리의 현실일 것이다.

따라서 품질인들은 담당하고 있는 제품, 공정 이슈에 대해 반드시 시사점을 찾아 재발방지를 철저히 하고 다시는 유사사례가 발생하지 않는 방향으로 일해야 한다.

여덟, 지속적으로 품질 체계를 고도화해야 한다.

품질 체계의 구성을 위해 Hardware, Software, Humanware 이렇게 세 영역으로 구분하여 생각해보면, Hardware와 Software는 많이 들어봤지만, Humanware 라는 단어는 조금 생소할 수 있어, 각각의 의미를 풀어 보면, Hardware는 물리적인 장비, 장치를 의미하고, Software는 업무의 규정, Process를 의미하며, Humanware 는 품질체계 요소로서 개발자, 관리자, 작업자 등 사람도 포함된다는 의미이다.

그럼 품질 체계 고도화를 위해 가장 중요한 요소는 무엇일까? 결국 사람에 의해 Process와 기준이 정의되고, 설비와 장비를 갖춰야 하기 때문에 가장 먼저 고도화되어야 하는 건 Humanware라고 할 수 있다.

하지만, 책임이라는 틀에 사로잡혀 기존 업무에서 바뀌지 않으려는 보수적인 집단이 또 품질이다.

예를 들어 현장에서는 정말 많은 CTQ/CTP를 관리하고 있다. 분명 중요한 항목들이니, 관리를 하지만, 새로운 장비가 들어와 공정이 바뀌고, 자동화되고, 환경이 변함에도 불구하고 기존 관리 항목과 규격은 변하지 않고 새로이 검토되는 항목만 계속적으로 추가되고 있는 것을 공감할 것이다. 간단히 생각해 보자. 수율이 60% 나올 때 관리하던 항목과 규격을 수율 98% 나올 때도 동일한 방법으로 관리하는 것이 맞는 것일까?

책임이라는 화살이 돌아올 것이라는 생각에 그 누구도 기존 관리하던 방법을 쉽사리 제거하거나, 변경하자고 하지 않을 것이다.

품질은 변화를 두려워해서는 안 된다. 기존 관리 방법을 고도화하는 실력을 갖춰야 하며, 최적화된 품질 체계를 위해 뺄 건 빼고, 추가할 건 추가하는 지속적인 ERRC(Eliminate/Raise/Reduce/Create) 활동을 추진하여, 갈수록 높아지는 고객의 품질 눈높이에 맞춰야 하며, 더 나아가 고객의 생각을 뛰어넘어 고객이 미처 생각하지 못한 부분까지 먼저 제안할 수 있는 체계를 갖추어야 한다.

지금까지 해온 고객 요청에 국한된 품질관리체계는 고객이 받아보는 관점에서의 품질관리이므로 우리의 입장에서는 후행적 관리체계일 수밖에 없다. 만들고 나서 고객에게 불량을 보내지 않은 관리체계보다는 불량을 만들지 않는 체계로의 전환이 필요하다.

개발품질 단계에서부터 개발 품질 보증 프로세스에 따라 Activity를 실행하고, FMEA를 실시하여 고객이 요청한 품질 이외에도 내부나 협력사에서 예상되는 모든 품질 Risk에 대해 도출하고, 공정의 주요 CTQ, CTP 등 파라메터의 변경, 변동 등 산포관리와 유효성을 검증하고 관리방법을 설계할 수 있는 품질 보증 체계를 잘 만들 수 있어야 한다.

품질은 정체되어서는 안 된다.
품질인이 앞장서서 현재의 Process와 System을 지속적으로 Update하고 고객의 잠재적 Risk까지도 뛰어넘는 품질 보증 체계를 구축해야 한다.

아홉, 사명감 그리고 몰입과 열정을 가지고 일해야 한다.

어떤 조직이든 발전을 위해서 누군가는 싫은 소리를 해야 하고, 필요하면 견제하고 균형을 맞추어야 한다. 그 누군가의 역할이 상당부분 품질에 있음은 품질의 사명감 또는 업이기도 하다.

품질은 앞에서 말했듯이 제품을 개발하지도 않고 부품을 사오지도, 제품을 만들지도, 팔지도 않는 부서이기 때문에 연극 무대로 따지면 주연보다는 조연에 가까우며, 품질문제 없이 사업이 잘되면 그에 대한 성과는 R&D 부서, 생산기술부서, 생산부서에 돌려야 하며, 만약에 품질문제가 하나라도 있으면 품질부서에서는 책임감을 가져야 하므로 이런 업무는 사명감 없이는 하기 힘든 일이라는 것을 인지해야 한다.

또한, 품질은 이런 사명감을 바탕으로 아무도 발견하지 못한 품질 Risk를 찾아 예방을 해야 한다. 사소한 현상도 쉽사리 놓치지 말고, 다양한 관점에서 층별 분석하고 메커니즘적으로 원인을 명확히 하여 본질을 파악해야 한다. 그러기 위해서는 당면한 문제에 대한 몰입이 필요하다.

예전 모 대기업에서는 전 사원을 대상으로 한동안 혁신학교 Program을 운영한 적이 있다.

혁신학교의 한 과정 중에는 생산 현장에 교육생을 둥근 원으로 표기된 위치에 세워 두고 30분 동안 현장에서 개선해야 하는 과제 100가지를 찾으라는 임무를 준다. 100가지나 가능할까? 라는 의구심이 들지만 가능하다. 해내지 못하면 안 된다는 압박감이 몰입으로 전환되어 작업자의 불필요한 동작에서부터 공정 내 환경 및 물류이동, 이물 발생 메커니즘까지 놀랍게도 정말 다양한 의견들을 찾아낸다.

그만큼 몰입은 조직을 혁신하고 발전시키는 원동력이 되는 것이다.

따라서 품질 구성원들은 사명감을 바탕으로 문제의 본질을 꿰뚫어 보는 몰입과 함께 끝까지 해보자는 근성과 열정을 가지고 업무에 임해야 한다. 이것이 품질인의 DNA이다.

열, 모든 업무의 기준과 판단은 고객 중심이어야 한다.

회사에 근무하는 사람이라면, 근래에 "고객"이란 단어를 접할 기회가 많을 것이다.

회의에 참석하면 "고객 중심으로 일해야 한다.", 업무 지시에서도 고객 "Pain Point가 무엇이냐?", "고객가치 제공을 어떻게 할 것이냐?", 엘리베이터를 타도, "고객과 함께 성장하자.", 심지어 화장실에 가도 고객과 관련된 게시물들이 사방에 널려 있다.

첫 장에서 품질의 정의를 고객이 요청한 제품 관점이 아니라, 고객이 사용하는 제품 관점에서 품질을 만족시켜야 한다고 했다.

사례를 하나 보면, 제품 사용환경 온도가 40℃로 고객과 협의가 되어, 우리는 마진 고려하여 신뢰성 평가를 45℃로 실시하였는데, 최종 제품 조립 이후 우리가 공급한 부품의 내부 온도가 50℃가 넘어가 불량이 발생한다. 누구 책임일까? 우리는 고객과 협의가 되었으니 우리 책임이 아니라고 한다. 그럼 질문을 바꿔, 누구의 손해일까? 결국 우리는 고객에게 신뢰를 잃는 것이다.

한번은 고객 공정에 불량제품 유입 가능성이 높으니, 협력사 인 우리에게 검사 강화를 요청하였다.

대부분의 사람들은 고객 요구사항이 검사 강화이니, 비용을 들여서 품질검사를 강화하고 난 뒤에 고객을 만족시켰다고 생각할 것이다.

하지만, 고객이 진정 우리에게 원하는 것이 검사 강화일까?

조금만 깊게 생각해 보면 고객의 Pain Point는 검사 강화가 아니라, 불량이 발생되지 않도록 하거나 불량 유출이 없도록 해 달라는 것이다.

검사 강화로 문제를 접근하면 Solution이 단 하나이지만, 불량 근본개선 또는 유출 Zero로 문제를 접근하면, 설계 변경, 자재 변경, 공정 변경 등 우리는 다양한 Solution을 만들어 낼 수 있고 이와 같은 일을 하는 것이 고객 중심의 업무라고 할 수 있다.

우리의 고객은 어떻게 하면 만족하는지 모두 알려 주지 않는다. 실제로 고객은 본인들이 원하는 게 무엇인지 정확히 표현해 주지 않을 때가 많다.

따라서 품질은 항상 고객입장에서, 고객관점에서 고객이 진정 원하는 것이 무엇인지에 대해 더 분석하고 그들을 만족시키기 위해 최적의 방안을 검토하고 Solution을 찾아야 하는 것이다.

우리의 원칙과 기준으로 고객 품질목표를 달성할 수 있는 지, 고객의 요구사항과 기대사항을 만족하는지, 우리의 일하는 방식과 품질체계가 고객 눈높이에 맞는지까지 끊임없이 고민하고, 업무에 반영해야 한다.

이것이 진정한 고객중심으로 일하는 방법이며, 고객 만족을 위한 최선이라고 할 수 있다.

여기까지 품질인으로서 어떤 생각과 자세로 일해야 하는지 "품질인의 일하는 방법 10가지"를 여러 사례와 함께 소개하였다.

어떻게 보면, "품질인이 이렇게 많은 일을 어떻게 다 해?, 너무 이상적인 이야기 아냐?"라고 생각할 수도 있다.

결코 이 모든 일은 혼자 하는 게 아니다. 품질부서의 구성원들과 함께해야 하고 나아가 회사의 전 구성원이 함께 해야 하는 일이다.

　다만, 우리 품질인이 앞장서서 전 구성원이 이렇게 일을 할 수 있도록 한걸음, 한걸음 개선을 해 나가자는 의미이며, 그러기 위해 실력과 Mind를 갈고 닦자는 이야기이다.

　사람들은 변화에 익숙하지 않고, 특히 회사라는 조직에서 개개인은 업무의 변화를 싫어하기 때문에 처음엔 변화를 주도하는 일이 힘들 수도 있다. 하지만 품질인이 열정과 사명감을 가지고 시작하면 자연스럽게 변화에 동참하는 구성원들이 늘어나게 될 것이다.

　또한, 모두가 함께 동일한 Process로 업무를 할 수 있도록 원칙과 기준을 잘 세우고, System을 갖춰 나간다면 그 변화는 더욱 가속화될 것이다.

　이것이 품질인이 궁극적으로 해야 할 일이며, 그렇게 우리는 일등품질 회사로 다가가는 것이다.

　"일등품질이 되면 당연히 일등회사다"라는 말은 틀릴 수도 있다.
　그러나, 일등회사를 분석해 보면 그들은 일등품질을 확보하고 있다.
　일등품질은 일등회사의 필요충분 조건은 아니지만, 확실한 필요조건인 것이다.

　일등품질은 하늘에서 뚝 떨어지거나 책을 통해 공부한다고 만들어지는 것이 아니라 일등품질 DNA를 가지고 10가지 Ways of Working을 참조하여 끊임없이 고객관점으로 최선을 다할 때 우리 곁으로 다가올 것이다.

[표 1-3] Smart 품질인의 10가지 Ways of Working

하나	품질은 정해진 원칙과 기준에 따라 일해야 한다.
둘	선행 품질 예방 Process 중심으로 선순환 될 수 있도록 일을 해야 한다.
셋	사고 발생 예감에 대한 통찰력을 키워 사전에 예방할 수 있어야 한다.
넷	이슈 발생 시 신속히 보고 · 공유하고, 정확한 초동 조치를 해야 한다.
다섯	이슈 발생 시 메커니즘 기반의 근본 원인을 도출하여 대책을 수립해야 한다.
여섯	Data를 기반으로 논리적인 의사결정을 해야 한다.
일곱	철저한 Reflection을 통해 완벽한 재발방지를 하고 수평전개를 해야 한다.
여덟	지속적으로 품질 체계를 고도화해야 한다.
아홉	사명감 그리고 몰입과 열정을 가지고 일해야 한다.
열	모든 업무의 기준과 판단은 고객 중심이어야 한다.

제 2 장

품질전략과 혁신

고객감동
품질경영솔루션

고객감동
품질경영솔루션

품질전략과 혁신

I. 품질경영

최고경영자를 포함한 전 부문의 구성원들이 가용한 자원과 수단을 총동원하여 비즈니스 프로세스의 전 단계에 걸쳐서 제품 품질에 대한 고객만족을 실현하는 전사적 활동을 품질경영이라고 한다.

품질경영의 목적은 제품 품질개선을 통해 고객가치를 창출하여 고객을 만족시키고, 고객과의 신뢰를 바탕으로 기업의 지속적인 성장과 성과를 창출해 내기 위한 경영관리 체계이다.

품질경영을 하기 위해서는 경영층부터 구성원들까지 Align된 품질목표 수립, 목표를 달성하기 위한 전략, 그리고 세부적인 품질혁신 활동이 필요하다.

그리고 아무리 훌륭한 품질목표와 추진전략, 세부혁신활동이 계획되었다고 하더라도 구성원들의 품질에 대한 이해와 문화가 뒷받침되지 않으면 품질경영을 실천해 나가기 어렵다.

따라서 경영층에서는 반드시 품질에 대한 Vision과 전략, 혁신활동을 구성원들과 지속적으로 소통하고 공유하여 품질경영의 중요성을 각인시키고, 전 구성원이 공감하여 지속적으로 혁신활동을 추진해 나갈 수 있는 문화가 형성될 수 있도록 지원해야 한다.

품질문화는 실무 개개인이 고객품질 중심으로 일하는 문화가 기반이 되어야 하며 각 부문에서는 효과적이고 고도화된 Process와 System이 구축될 때, 이를 기반으로 품질 완성도가 높은 제품을 만들어 낼 수 있으며, 제품 경쟁력을 확보하게 될 것이다.

이때 비로소, 고객가치 창출이 시작되며, 지속적인 고객만족을 통해 일등품질 목표를 달성할 수 있을 것이다.

그래서 많은 기업들이 일등품질 목표를 달성하기 위해 품질경영을 실시하고 있으며, 국제표준에서도 품질경영을 강조하고 있다.

국제표준기구(ISO, International Organization for Standards)에 나와 있는 품질경영(QM, Quality Management)의 정의는 "최고 경영자에 의해 공식적으로 표명된 품질에 관한 조직의 전반적인 의도, 방향, 목표 및 책임을 결정하고 또한 품질 시스템 내에서 품질계획, 품질 보증, 품질 개선과 같은 수단에 의해 이들을 수행하는 전반적인 경영 기능의 모든 활동"이라고 나와 있다.

개념을 살펴보면,
① 전체 경영기능 중 품질정책을 결정하고 실시
② 품질경영의 책임은 경영자에게 있지만, 요구품질의 달성을 위해서는 조직원 전체의 참여와 책임 분담 필요
③ 품질경영은 '품질의 계획, 실시, 평가 등 품질에 대한 전략적 계획, 경영자원의 배분 및 기타 체계적인 모든 활동을 포괄한다'라고 나와 있다.

여기서 반드시 기억해야 하는 것은, 경영층뿐만 아니라 조직 전 구성원이 품질 경영에 동참해야 한다는 것이다.

1. 품질목표 및 전략 수립

어느 기업이든 품질의 최종 목표는 동일하다. 고객 만족은 최대가 되고 그 품질에 소요되는 비용이 최소가 되는 것이다.

다시 말하면, 동종 업계 경쟁사 대비하여 최고의 품질을 달성하여 고객에게 인정받으면서 Q-Cost는 가장 적게 일등품질을 실현하는 것이다.

일등품질은 결코 단번에 실현할 수 없으며, 기업의 규모가 크면 클수록 더욱 더 달성하기 힘들다.

따라서 일등품질 목표를 달성하기 위해서는 고객, 경쟁사, 사내에 대한 3C(Customer, Competitor, Company) 분석을 통해 장기적인 관점에서 상세한 계획을 세워야 한다.

전체 고객들의 특성, 제품군 및 시장의 특징에 대해 면밀히 분석하여 고객의 잠재적인 Needs를 파악해야 하고, 경쟁사의 제품과 동향을 철저히 모니터링해야 한다.

내부적으로는 각 부문의 Process와 System, 조직 구성, 일하는 방법 등의 회사 전반적인 문제에 대한 종합적인 분석을 통해 체계적이고 실현 가능한 단계별 품질 목표와 어떻게 달성할 것인지에 대한 품질전략을 수립해야 한다.

경험적으로 품질 전략을 수립할 때 큰 방향은
① 구성원들 스스로 고객 중심적인 품질 조직문화를 만들 수 있는 정책과 전략이 필요하고,
② 고객이 우리 제품 품질을 만족할 수 있도록 전 부문의 Process 및 System을

재정비하여,

③ 경쟁사가 따라오지 못하는 절대 우위의 품질 경쟁력을 확보하여 고객감동 품질을 달성하는 방향으로 검토해야 한다.

일등품질이 되기 위해서는 품질이 사업의 기반이 되어야 하며, 고객에게 감동 품질을 제공해야 한다.

품질목표와 전략 수립의 사례로 **그림 2-1** L사의 경우, 생산에서의 Loss zero, 사내 공정과 고객 공정의 불량 Zero, 고객의 사용 환경에서의 품질사고 Zero라는 도전적인 기업의 품질 목표를 세웠다.

경영층을 포함한 전 부문의 구성원들이 품질의 기본을 다지는 활동을 시작으로 품질체계 고도화를 통해 경쟁우위를 실현하고 경쟁사가 따라올 수 없을 수준의 절대 우위를 확보하여 고객가치를 실천한다는 품질전략을 수립하였다. 또한 전체 단계별 활동을 Ⅰ, Ⅱ, Ⅲ 으로 나누어 지속적인 품질경영 활동의 모습을 품질 Vision 체계에 담았다.

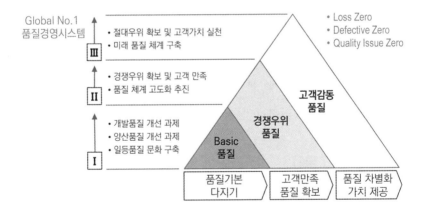

〈그림 2-1〉 품질 Vision 체계

2. 품질혁신 활동 추진

품질경영을 위한 품질혁신 활동은 단순히 품질부서에서 추진하는 활동이라고 생각하면 안 된다.

영업/마케팅에서의 품질혁신 활동은 매출액 증가와 고객 불만을 제거하는 활동, 개발부서에서는 제품설계에 대한 불확실한 품질 Risk를 제거하는 활동, 구매부서에서는 저렴하면서도 품질이 확보되는 협력사 개발 및 부품을 찾아 적기에 입고될 수 있도록 하는 활동, 생산기술부서에서는 공정설계에 대한 품질 Risk를 제거하는 활동, SCM부서에서는 생산계획을 잘 수립하여 고객 납기 지연에 대한 Risk를 줄이는 활동, 생산부서에서는 생산성 향상시키고 공정불량을 개선하는 활동, 지원 부서에서는 직접부서들의 활동이 충실히 잘 되도록 지원하는 활동, 품질부서에서는 각 부문에서 품질 Risk가 도출되어 사전에 예방되고 고객 불량이 발생하지 않도록 타 부문의 활동을 잘 지원하고 품질의 주도성을 가지고 전사적 품질을 관리하는 활동이 품질혁신 활동이다.

이렇게 전사적인 품질 관점에서 품질혁신 활동의 계획이 수립되어야 하며, 전 부문에서 품질혁신 활동을 이해하고 충실히 추진해 나가야 한다.

품질부서에서는 전체 부문에서 품질 Risk가 발생하지 않도록 타 부문의 구성원들과 원활한 소통을 통해 그들의 품질에 대한 사고방식과 일하는 방법이 변화될 수 있도록 지원하고, 효과적이고 효율적인 업무 Process와 System 관점에서 품질이 개선될 수 있도록 활동을 주도해야 한다.

다시 한번 이야기하지만, 타 부문의 담당자들은 해당 영역에 대해서만 검토하고 분석하는 경향이 있다.

따라서 품질부서에서 제품의 전체적인 Business Flow 관점에서 타 부문의 Process와 System이 품질 관리·보증 체계가 구현될 수 있도록 리딩해야 한다.

2020년 초 B사에서는 전사적인 품질혁신 활동을 추진하기 위한 실태 점검을 실시하였다.

주요 제품을 중심으로 제품개발 Process와 양산관리 Process에 대하여 평가기준을 만들어 5점이 경쟁우위, 4점은 기본준수, 3점은 경부적합, 2점 중부적합(소수), 1점 중부적합(다수), 0점 품질관리 無, 5점 척도로 평가를 실시한 결과, 개발단계에서의 품질체계는 2.0점, 양산단계는 2.5점 수준이었다.

대기업임에도 불구하고 품질관리 능력의 결과는 상당히 미흡하였다.

B사의 주요 품질 관리 미흡사례를 살펴보면 다음과 같다.

개발단계에서는 CTQ임에도 관리계획서 및 작업지도서에 반영되어 있지 않아 SPC관리가 되지 않는 사례, 양산공정에서 Cpk가 4.6에서 0.4로 하락함에도 누구 하나 모니터링이나 조치를 하지 않는 사례, 공차는 Data기반의 분석이 아닌 실무 Engineer가 임의 지정하는 사례, 뿐만 아니라 SPC 관리한계선을 설정하지 않은 사례도 있었다.

양산단계의 경우, 협력사와 내부공정에 검사항목으로 반영되어 있지 않아 고객공정에서 체결이 되지 않은 불량 유출 사례, 고객에게 신고해야 하는 4M 변경이 발생했음에도 고객 신고를 하지 않은 사례, 협력사에서 CTQ 규격 설정 오류임에도 사내 공정 통과 후 고객에게 유출되어 불량이 발생된 사례, 이상 Lot에 대한 관리 기준을 준수하지 않아 대량의 사내 공정불량이 발생한 경우까지 다양한 사례들을 확인하였다.

위와 같은 사례들을 분석해 보면, 실무에서 수행해야 하는 명확한 업무 Process가 있음에도, 구성원들이 인지하지 못하거나 알고도 준수하지 않아서 발생한 사례가 대부분이다.

다음으로 업무 Process가 있지만 상세한 방법이나 절차가 명시되지 않아 발생한 문제, 심지어는 업무 Process가 전혀 없는 경우도 있었다.

대기업인 B사가 품질체계 및 문화가 미흡한 점도 있겠지만, 이러한 문제는 비단 B사뿐 아니라 많은 기업에서 실제 발생할 수 있는 상황일 것이다.

따라서 품질 전략을 토대로 품질혁신 활동을 선정하기 위해서 가장 먼저 살펴보아야 하는 것은 그림 2-2 와 같이

① 실무의 명확한 업무 Process가 있는지 확인하고, 없는 경우는 업무 기준과 절차를 만드는 활동 중심으로 계획이 수립되어야 한다.

② 만약 Process가 있지만 구성원들이 지키지 않는 경우는 원칙과 기준을 준수할 수 있도록 일하는 방법에서 품질혁신 활동을 추진해야 하며,

③ Process도 있고, 구성원이 Process를 잘 지킴에도 문제가 발생하는 경우는 원점으로 돌아가서 기준과 절차를 개선하는 방향으로 활동을 추진해야 한다.

그림 2-3 은 품질혁신 활동 모형이다. 여기서 가장 중요한 것은 업무 Process에 대한 표준을 만들 때는 PO(Process Owner), PE(Process Expert)를 명확히 지정하고, 각 부문의 담당자가 함께 모여 연관기능이 누락되거나 너무 강화되지 않도록 최적화된 합리적 Process가 될 수 있도록 해야 한다. 기존의 불필요한 절차와 기준은 과감하게 제거하고 효과적이고 효율적인 Process로 개선될 수 있도록 업무 Process ERRC(Eliminate, Raise, Reduce, Create) 활동을 추진해야 한다.

그리고 원칙과 기준이 제대로 세워지면, Process를 System과 연결시켜 구성원들의 업무 효율성을 높이고, 원칙과 기준은 반드시 지키게 만드는 것이 품질혁신 활동의 기본이다. 필요시 프로세스와 시스템을 관리하는 SPM(Standard Process

Management), SDM(Standard Document Management) 체계를 구축하여 구성원들의 업무효율을 극대화해야 한다.

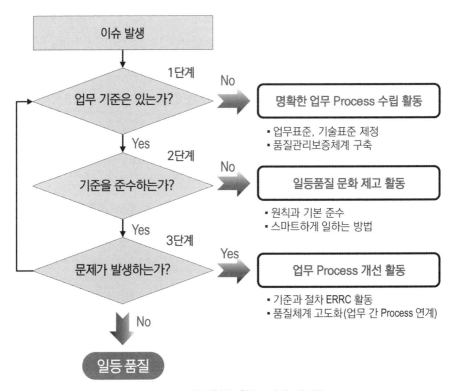

〈그림 2-2〉 품질혁신 활동 선정 방법론

〈그림 2-3〉 품질혁신 활동 모형

　　다음은 품질혁신 활동을 하기 위한 품질 문화 정착과 일하는 방법에 대해 설명하고, 품질혁신 활동을 Leading하는 품질전문가의 육성과 역할, 마지막으로 품질 Process와 System 고도화에 대해 설명을 하도록 하겠다.

II. 품질 문화

일등품질에 대한 목표와 전략을 완벽히 수립하고 품질혁신 활동을 잘 선정하였다고 해도 실행의 주체는 구성원들이다.

그들이 품질혁신 활동을 이해하지 못하고 공감대를 형성하지 못한다면 경영층들의 생각과 한 방향으로 나아가기 힘들다.

구성원들이 고객관점에서 품질을 잘 이해할 수 있도록 경영층의 지속적인 관심과 지원이 필요하며, 또한 구성원들은 경영층에서 바라보는 품질에 대한 Vision을 공감하고 넓은 시야로 책임감을 가지고 실무에 임하는 자세가 필요하다.

경영층에서는 전사 품질 문화가 잘 정착될 수 있도록 Communication Channel을 다각화하여 끊임없이 소통해야 하며, 업무를 일방적으로 전달하는 수직적인 문화보다 구성원들이 서로 공감하고 이해하는 수평적인 문화를 조성해 나갈 때, 전사적으로 모든 구성원들이 한 방향을 보면서 나아갈 수 있을 것이다.

품질 문화를 개선하기 위한 방법은 다양하다.

어떤 기업에서는 모든 구성원이 할 수 있다는 자신감을 가지고 안 되는 이유보다 될 수 있는 방안을 찾자는 Mind 측면의 개선을 할 수 도 있고, 또 다른 기업은 전 구성원에게 계획(P) → 실행(D) → 확인(C) → 개선(A)의 PDCA cycle과 같은 분석 절차를 습관화하는 문화로 추진해 나갈 수도 있다.

또는 품질의 출발점을 고객관점에서 출발하여 고객의 Pain Point뿐만 아니라 잠재적인 불만, 고객경험 기반의 중심으로 품질 문화를 바꾸어 나갈 수도 있다.

따라서 기업에서 필요한 상황을 고려하여 여러 형태의 품질 문화를 만들어 갈 수 있는 것이다.

여기서는 여러 품질 문화 중에서도 구성원들이 반드시 갖추어야 하는 가장 기본적이고 우선시되어야 하는 품질 문화를 소개하고자 한다.

바로 "원칙과 기준을 준수하는 문화"와 "스마트하게 일하는 방법"이다.

1. 원칙과 기준 준수

제1장 품질개념에서 '어떤 조직이든 지켜야 하는 원칙과 기준이 존재하고 원칙과 기준을 잘 준수하는 것이 품질의 기본이다'라고 하였다.

보통 기업의 경영체계가 원활히 잘 돌아가게 하기 위해 각 부문별 기능에 대하여 업무 Process와 기준을 기재한 표준이 존재하고, 그 표준 안에는 구체적으로 해당 표준의 목적과 범위, 사용되는 용어의 정의, 업무의 절차 및 역할, 수행 방법, 기준 등이 기재되어 있다.

원칙과 기준 준수의 첫 번째는 품질부서에서도 수행하고 있는 모든 업무들을 규정해 놓은 업무표준이 있으므로 품질 구성원들은 반드시 업무 표준을 준수하고, 타 부문에서도 업무 표준을 잘 준수할 수 있도록 유도하고 관리하는 것이 필요하다.

기업의 본사(Headquarter)에서는 전 사업부문의 품질부서에서 반드시 해야 하는 업무와 기준에 대해 표준으로 만들어야 하며, 각 사업부문 품질부서에서는 본사의 표준을 바탕으로 사업특성을 고려하여 품질과 관련된 업무 Process와 기준을 표준으로 제작해야 한다.

이렇게 표준이 만들어지고 나면 품질부서 구성원들이 반드시 따라야 하는 원칙과 기준이 마련되는 것이다.

하지만, 대부분의 기업에서는 표준 제/개정 관리가 미흡하고 구성원들은 표준에 대한 이해도가 부족하며, 체계적인 교육을 받지 않은 것이 실상이다.

그림 2-4 는 B사의 본사에서 제정된 업무표준의 개정 현황이다.
차트에서 알 수 있듯이 본사의 280건 중의 58%인 162건이 3년 이상 개정이 없었으며, 이는 표준을 만들어 놓고 관리를 안 했다고 추정할 수 있다.

또한 구성원들에게 업무표준에 대한 설문 조사를 하여 약 500명이 응답을 하였는데 표준의 완성도, 즉 표준과 일이 일치되는지에 대한 문항은 100점 만점에 67점이었으며, 표준이 없거나, 미흡하여 불편함을 느끼는 구성원도 55%로 절반 이상이었다.

또한 다음 차트와 같이 표준에 대한 교육 경험도, 표준 활용 방법도, 우수한 결과를 보이지는 않았다.

조사 결과만 보더라도 B사의 표준 활용 및 관리는 그리 좋지 않다고 판단이 되며, 실상 이런 결과가 B사만의 문제는 아닐 것이다.

여기서 알 수 있듯이 우리는 우리가 지켜야 할 원칙과 기준이 제대로 되어 있지 않으면 타 부문의 담당자들에게 원칙과 기준을 준수하라고 권유하거나 유도할 수 없다.
우선적으로 품질부서는 업무표준을 명확하고 구체적으로 만들어야 하며, 타 부문의 표준 제작에도 참어하여 품질관점의 의견을 제시하고, 지속적으로 개정 및 관리가 될 수 있는 문화를 조성해야 한다.

B사 본사 표준 (280건)

• OJT 표준 교육 경험 (신입/경력)

• 표준관리시스템 활용 방법

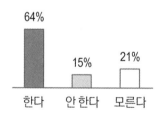

• 팀 표준 정기 검토 / 개정

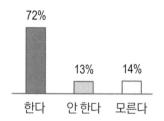

• 제/개정 후 팀 내부 공유

〈그림 2-4〉 표준 제/개정현황(사례)

그리고 앞에서 이야기한 B사의 품질체계 점검 결과를 다시 보면, 원칙과 기준이 있는데 지키지 않아 점검에서 지적된 사례가 거의 70%에 육박한다.

이는 구성원들이 평소에 반복적으로 하던 업무이고 해당 업무 담당자 입장에서 특별한 이슈가 없으면 절차와 기준을 무시하고 넘어가서 이슈가 된 사례이거나, 고객 측에서 재촉하여 내부 절차와 기준을 건너뛰고 진행하다가 이슈가 발생하는 사례가 많았다.

그 당시에는 나름대로 사유가 있었겠지만, 만에 하나라도 문제가 발생하지 않도록 업무 절차와 기준을 만들어서 운영하는 것이 기업이고 조직이다. 그럼에도 원칙과 기준을 무시하고 업무의 편의를 도모하는 행위는 결코 정당화될 수 없다.

특히 품질부서는 타 부문의 부서에서 원칙과 기준을 잘 지키도록 유도하고 관리하는 부서이므로 특별히 원칙과 기준을 준수하는 모범을 보여야 하며, '고객 때문에, 사업부장 지시 때문에'라는 유관부서의 변명에 넘어가서는 안 된다.

만약 절차를 무시할 정도로 다급하고, 중요한 사항이라서 필수불가결한 경우는 유관부서와 함께 논의하여 차후 합리적으로 업무표준에 예외의 원칙과 기준을 만들어 반영하면 된다.
하지만 새로운 원칙과 기준을 만들지 않고, 수립되어 있는 기준을 준수하지 않으면 책임을 피할 수 없다는 걸 반드시 명심해야 한다.

원칙과 기준이 있음에도 불구하고 경영층에 의사결정을 요청하는 것은 경영층에 원칙과 기준을 무시하자고 요청하는 것과 같다. 경영층에서는 정해진 원칙과 기준을 무시한 채 업무를 추진하라고 의사결정을 내리지도 않을 것이며, 허락해서도 안 된다.
원칙과 기준이 불명확하거나, 불합리하여 변경해야 하는 사항을 보고하여 논의하고 의사결정을 받는 것이지, 다급하니 이번만 원칙과 기준을 지키지 말자라고 보고하는 것은 결코 있어서는 안 될 일이다.

따라서 품질부서는 업무 표준 안에서 유관부서와 함께 최선의 방안을 찾도록 노력하고, 최선이 안 되면 차선으로 대응을 할 수 있도록 유도해야 하며, 다 함께 정해진 업무 표준을 준수하는 올바른 조직문화가 형성될 수 있도록 노력해야 하는 것이다.

두 번째로는 고객이 의뢰한 제품을 생산하기 위한 과정의 제품 및 공정개발의 기술적 규격과 생산에 필요한 작업 기준으로 구성되는 기술 표준을 준수하는 것이다. 해당 표준의 영역은 제품설계 엔지니어와 공정설계 엔지니어가 제품을 문제없이 생산하기 위해 만드는 원칙과 기준이므로 엔지니어들은 협력사와 생산 공정의 작업자들과 검사자들이 원칙과 기준을 철저히 지킬 수 있도록 최대한 상세하게 내용을 기재해야 하며, 협력사 인원들과 내부의 작업 및 검사인원들은 작업에 필요한 기술표준을 숙지하여 반드시 준수해야 한다.

그러나 협력사 현장이나, 사내생산 라인의 작업 현장을 돌아보면, 작업표준이 게시되지 않거나, 예전에 만들어진 표준이 게시된 경우가 빈번하다. 또한 기술표준이 구체적이지 않은 경우에는 현장의 작업자들이 빠르게 업무를 처리하기 위해서 임의로 작업을 하는 경우도 많이 있다.

예를 들면, 검사 기준서에는 부품입고 시 랜덤하게 샘플 5개를 측정하여 문제가 없는지 검사하도록 되어 있으나, 하루에 3,000개의 부품이 100개 단위로 30박스가 들어오면 가장 먼저 들어온 박스에서 가장 위에 위치한 샘플 5개를 골라 검사 측정을 실시한다.

랜덤의 의미는 3,000개 중에 무작위로 5개를 추출하고 측정하여 샘플의 대표성을 높이는 절차이지만, 입고공정 특성상 여러 박스를 풀어 무작위 샘플 추출이 힘들다는 이유로 현장 임의의 기준으로 샘플 추출과 측정을 하고 있는 것이다.

또한 하루에 1Box가 입고되어도 5개 측정, 50Box가 입고되어도 5개만 측정하고 있다.

위의 사례만 보더라도 현장의 검사원들이 원칙과 기준을 명확하게 준수할 수 있도록 표준이 세워지지 않은 것을 알 수 있다.

따라서 품질부서는 엔지니어가 의도한 사항이 명확히 표준에 들어갈 수 있도록 유도하고, 최대한 구체적으로 기술표준의 원칙과 기준이 세워질 수 있도록 지속적으로 점검해야 하며, 현장에서는 기술표준을 잘 준수하는지 수시로 확인을 하여 문제가 발생되지 않도록 관리해야 한다.

이런 활동이 지속된다면 기술표준의 완성도가 저절로 높아질 것이며, 기술표준을 준수하는 문화가 정착될 수 있을 것이다.

기업의 원칙과 기준을 제정하고 구성원들이 잘 준수하도록 운영하고 있는 글로벌 회사들을 살펴보면 대부분 전담조직을 구성하여 운영하고 있는 특징이 있다.

전담 조직에서는 본사 → 사업부 → 담당 → 실무와 같이 수직적 방향으로 원칙과 기준을 Align하고, 수평적 방향으로 각 부문 간 기능에 대한 표준을 Align 시키는 업무를 담당한다. 또한 전문적인 지식을 바탕으로 전체 표준에 대해 Review하고 지속적인 ERRC 활동을 추진하여 살아있는 표준을 구성원들에게 제공하며, 표준이 잘 지켜지는지에 대한 관리 · 감독 역할을 수행을 하고 있다.

따라서 최소한 각 부문 및 부서별로 표준에 대한 전담인원을 지정하여 혁신활동을 운영하는 것도 좋은 방법이 될 수 있을 것이다.

셋째는 무엇보다 더 중요한 고객과의 약속 준수이다.

기업에서는 공식적으로 고객의 제품의뢰와 거래 계약서(Contract)를 체결하여 제품개발Project를 진행하며, Project가 완료되면 구매주문서(Purchase Order)를 통해 제품을 생산하고 고객에게 전달하게 된다.

이 과정에서 파생되는 모든 고객과의 약속은 내부 조직에서 반드시 지켜야 하는 항목이며, 대표적인 고객 약속은 제품의 성능과 비용, 품질, 납기가 있다. 만약 이들 중 하나라도 약속 이행이 되지 않는 경우는 고객과의 신뢰 이슈로 경영성과에 직접적인 영향을 줄 수 있는 중대한 사안이기 때문에 관련자들은 반드시 고객과의 약속을 지키기 위해 해당 업무를 최우선으로 수행하고 대응해야 하며, 이슈 발생 시에는 고객에게 수시로 상황을 공유하면서 대책을 마련해야 하고 고객과 함께 개선해 나가야 한다.

결코 순간의 위기를 모면하기 위해 고객에게 허위 Data를 제공하거나, 핑계를 대는 행동을 해서는 안 되며, 고객에게 공유할 신고사항을 적기에 보고, 누락해서도 안 된다.

하지만 업무를 하다 보면 가끔 상충되는 사항이 있다. 예를 들어, 고객에서 조기 양산이 필요하거나, 내부 개발 일정 지연의 사유로 개발이 완료되지 않은, 즉 품질 보증이 불확실한 제품을 고객이 요구하는 경우가 있다.

그럼 영업/마케팅 부서에서는 개발 엔지니어에게 제품 생산을 재촉하게 되고, 품질 보증이 완료되지 않은 채 고객사로 제품이 전달되기도 한다.

다시 말해 고객의 납기의 약속을 지키기 위해 내부 품질업무 Process의 기준을 미준수한 경우이다.

여기까지 정독을 한 사람이라면 이 경우는 당연히 문제가 있다고 생각해야 한다. 만약 품질에 대한 평가가 완료되지 않아도 좋으니 제품을 보내라고 하여 보냈다면 올바른 판단일까? 이 경우도 당연히 문제가 있다고 생각해야 한다.

현재에 처해진 상황만 보지 말고, 전체 관점에서 생각해 보자.

우리 내부의 품질 업무표준은 성능, 비용, 납기를 포함한 전체의 품질관점에서 고객을 만족시키기 위해 수립된 원칙과 기준이다.

고객이 진정으로 우리에게 바라는 바는 한순간의 납기 차질 모면이 아니라, 지속적으로 요구한 제품에 품질 문제가 없어야 하는 것이다.

혹시 고객에게 제공된 제품에 품질 문제라도 생기게 되면 고객은 "아 우리가 공급 요청을 했으니 품질에 문제가 있어도 괜찮아!"라고 생각할까?

일등품질을 하고 있는 C사의 경우를 보면 고객과의 약속 준수를 위해 어떻게 조치해야 하는지 많은 부분 공감이 될 수 있다.

C사의 경우 고객이 품질보증 절차가 완료되기 이전에 제품을 요청을 하여도 내부 검토가 완료되지 않으면 고객에게 제품을 전달하지 않지만, 고객 측에서 무리한 요구를 지속 요청하면 표준 Process가 아닌 긴급 Process로 전환하여 고객 대응을 실시한다.

예를 들어 병원에는 진료 절차가 있으나, 긴급한 환자에 대해서는 응급실을 운영하고 있다.

이처럼 내부적으로 긴급한 고객요청을 대응하기 위해 평소에 긴급 Process를 만들어 운영할 수 있는 것이다.

품질보증이 안 된 Risk를 정리하여 신뢰성 문제인지 단순 외관문제인지 정의한 다음, 이슈가 진행성인지 단발성인지 분류하는 긴급회의를 실시하고, 제작 조건에 따른 제품생산 구간을 명확히 구별하여 대응한다. 필요시에는 시간에 구애받지 않고 지급으로 품질평가를 실시하여 신속히 고객 대응을 하고 있으며, Risk가 완벽히 해결되지 않는 이슈에 대해서는 해당 사항을 고객에게 공유하여 Data를 근거로 명확히 설명하여 고객을 납득시켜 고객에서도 예측 가능한 범위의 품질이슈 발생에 대한 준비를 할 수 있도록 하고 있다.

이렇게 C사는 고객 납기 일정만을 생각하지 않고, 납기에는 미세한 차질이 발생하더라도 완벽한 품질을 보증함으로써 고객과의 더 큰 약속을 이행하고 있으며, 이것이 경쟁사들과의 차별점이다.

대통령 차량 행렬을 보면 대통령이 빨간 신호등에 대기할 수는 없고, 그렇다고 규칙을 어길 수도 없으니, 특별 상황으로 간주하여 경찰 수신호나 점멸신호로 변경을 한다. 이처럼 우리는 고객과의 준수를 위해 "납기 일정을 맞춰야 한다, 아니다 내부 절차를 지켜야 한다."의 이분법 논리에 빠지면 안 되는 것이다.

단순히 고객 측에서 요구했다고 해서 일정만을 생각하고 고객 납기에 맞춰 제품을 제공했다는 것은 고객과의 약속을 지키는 것이 아니라 고객에게 Risk를 전가하고 유발하는 행위이다.

여기서 생각해 봐야 하는 문제는 품질부서에서 무작정 내부 절차만 강조하여 고객의 요구를 무시해서는 안 되므로, 처해진 현실과 조건 속에서 유관부서와 현명하게 대처해야 하며, 고객 대응에 대한 업무 추진의 역할을 품질부서에서 나서서 정리를 해줘야 하는 것이다.

고객은 고객의 입장에서 언제든 요구를 할 수 있으며, 우리는 고객요구 사항을 충분히 검토하고 의견을 제시하여 고객과 함께 올바른 방향으로 업무가 진행될 수 있도록 해야 하며, 불가능한 업무를 덥석 가지고 와서는 안 된다.

고객 납기를 못 지킨 경우는 고객에게 물건을 주면 고객과 신뢰가 회복되지만, 품질 문제로 신뢰가 무너진 경우는 품질 문제가 해결된다고 해서 고객의 신뢰가 돌아오는 게 아니라, 무너진 신뢰를 처음부터 수년간 다시 쌓아야 고객이 돌아오게 된다는 걸 명심하자.

마지막으로는 이슈가 발생하면 실시간으로 공유하고 정직하게 보고하는 기준을 세워서 준수하는 것이다.

품질부서는 품질 이슈에 대한 관리를 하는 부서지만, 품질 이슈는 품질부서에서 발생하는 것이 아니라 개발부서, 생산기술부서, 생산부서, 협력사, 고객, Field에서 발생한다. 따라서 고객접점에 있는 영업·마케팅 부서나 개발 또는 생산기술부서, 생산부서에서 이슈사항을 공유하지 않으면 품질부서에서는 제시간에 이슈내용을 확인하기 힘들 수도 있다.

또한 품질부서에서 인지하지 못한 이슈는 품질의 최고 경영층까지 보고가 될수 없으며, 집단 지성을 활용한 초동조치가 불가능하게 된다.

품질이슈는 대부분 고객과 밀접한 관계가 있으므로 빠른 초동조치가 아주 중요하며, 초동조치에 실패하게 되면 더 큰 이슈가 발생할 수도 있다.

작년 A협력사에서 생산된 Module의 성능 검사공정에서 전압 인가를 위한 Pin을 PCB에 접촉시키는 과정에서 PCB 찍힘 이슈가 발생하였으나, B협력사에 공유가 되지 않아 다른 두 공장에서 동일한 이슈가 시간차로 발생하였고, 특히 고객에게 납품까지 된 유출사고도 발생하였다.

만약 해당 이슈가 적시에 보고와 공유가 되었으면 B협력사에서 동일한 이슈나고객에게 납품되는 사고가 일어나지는 않았을 것이다.

이후 전사적으로 모든 유사 공정을 점검 및 개선조치를 실시하여 이슈가 재발되지는 않았지만 실시간으로 보고되지 않아 발생하지 않아도 될 이슈가 발생한 사례이다.

그러므로 품질부서에서는 이슈가 발생하는 즉시 인지하여 상황을 유관부서에 공유할 수 있는 이슈 에스컬레이션 기준을 만들어 잘 준수할 수 있도록 해야 하며, 품질부서에서도 파악된 이슈는 실시간으로 품질 리더와 경영층에 보고해야 한다.

또한, 공유 및 보고를 할 때는 숨김없이 팩트 중심으로 보고해야 올바른 대안을 마련할 수 있다.

한 사업부의 불량을 분석한 결과, 전체 모델이 최근 3개월간 불량률이 0.1% 증가했으며, 원인은 공정설비 이동에 따른 이물불량이라는 내용이었다. 하지만 분석결과가 미흡하다고 판단하여 기간을 3개월에서 1년으로 늘리고, 모델별로 분류하여 재분석하였더니, 작년 대비 2% 이상의 불량률 증가라는 새로운 수치가 등장하였고, 근본적인 원인은 설비 노후화 및 Human Error의 관리성 이슈로 분석 결과가 나왔다. 이는 불량률이 지속적으로 증가하고 있는데 문제의 본질을 들여다보지 않고, 표면적으로 드러난 환경을 Data로 끼워 맞춰 보고하기 편하도록 사실과 Data를 은폐한 사례라고 볼 수도 있다.

이처럼 문제의 본질 관점에서 숨김없이 사실을 보고하지 않으면 엉뚱한 조치를 할 수밖에 없으므로 이슈를 분석하여 공유할 때에는 반드시 문제의 본질을 사실대로 보고하여야 적절한 분석과 대책을 수립할 수 있는 것이다.

사실 실시간 이슈 보고와 공유의 문화를 구축하기 위해서는 내부적으로 부문 간 소통이 원활해야 하며, 외부적으로는 고객과 소통하는 조직문화가 바탕이 되어야 한다. 생각해 보자. 대부분 품질부서에서는 이슈를 확인하면 타 부문의 담당자들에게 이슈 해결에 대한 책임과 숙제를 전가하고 있으며 타 부문은 품질부서에 이슈를 오픈해도 별 도움이 안 된다고 생각하게 되고, 결국 긁어 부스럼 만들기를 꺼려한다.

이러한 조직문화가 품질부서만 잘 넘어가면 Project를 큰 이슈 없이 마무리 지을 수 있다고 생각하게 만드는 것은 어찌보면 당연한 결과이다.

하지만 품질부서에 먼저 이슈에 대한 책임감을 가지고 유관부서들과 소통하여 힘을 합쳐 문제를 해결하려는 모습을 보인다면 보고와 공유의 문화는 점차 달라질 수 있을 것이다. 문제가 발생하면 빠르고 투명하게 노출하여 집단지성으로 해결하는 팀워크의 문화를 구축하기 위한 시작은 바로 품질부서인 것이다.

이상으로 위에서 말한 원칙과 기준 준수의 대상은 4가지이다.
① 업무표준 준수
② 기술표준(규격 및 작업표준) 준수
③ 고객과의 약속 준수
④ 실시간 정직보고 준수
품질문화를 정착하기 위한 기본적인 항목이다.

그 외에도 지켜야 하는 원칙과 기준에 대한 항목은 더 있지만, 품질인이라면 정말 반드시 위에서 언급한 4가지에 원칙과 기준에 대해서는 꼭 지킬 수 있도록 노력해야 하겠다.

2. 스마트하게 일하는 방법

원칙과 기준 준수에 이어 일등품질을 위한 또 하나의 중요한 문화는 구성원 모두 스마트하게 일하는 방법을 구축하는 것이다.

기업이 영속하기 위해서는 지속적으로 고객과의 협력이 필요하고, 고객과의 신뢰를 지키기 위해 고객만족을 최우선적으로 생각해야 한다.

마찬가지로 품질부서에서도 고객품질 만족을 최우선으로 생각하고 업무를 수행해야 하며, 지금까지 해왔던 품질의 일하는 방법이 고객품질 중심으로 되어 있지 않다면 일하는 방법의 전환이 필요하고, 고객품질의 방향으로 설정되어 있으면 실행력을 높여 고객품질을 만족시켜야 한다.

스마트하게 일하는 방법은 의외로 간단하다. 정해진 업무를 다 하고 나면 고객이 품질에 대해 만족할 수 있게 만드는 것이다.

그러기 위해서는 첫째, 각 부문의 기능에 대해 고객품질을 만족시킬 수 있도록 세부적인 업무 Process를 만들어야 한다.

둘째, 정해진 업무 Process를 구성원들이 잘 지키며, 관리될 수 있도록 System을 구축해야 한다.

셋째, 각 Process의 산출물에 대한 완성도를 높일 수 있도록 각 부문 간의 전문가를 활용하여 One Team을 운영한다.

넷째, 시장 상황과 환경에 따라 불필요한 업무는 제거하고, 필요한 업무는 추가하는 ERRC 활동으로 Process 및 System을 지속적으로 발전시켜야 한다.

위의 4가지의 방법만 실현이 된다면 고객품질을 달성할 수 있지만, 실제로 기업의 예산과 정책에 따른 일의 우선순위가 있을 것이며, 여러 부문들의 하부조직에서 수행 중인 업무를 고려하면 Process와 System을 고객 중심으로 한 번에 변경하는 것은 상당히 어려운 일이다.

또한 개선을 위해 많은 인력과 투자비용이 소요될 수 있으나, 즉각적인 성과 창출이 어려워 많은 기업에서 Process와 System 개선 업무에 집중하지 않으며, 구성원들조차 해오던 업무에 대한 변화에 거부감이 있기 때문에 Process와 System의 변화를 선호하지 않는다.

하지만 일등품질을 기반으로 일등회사가 되기 위해서는 고객 중심의 업무 Process와 System은 반드시 필요한 일임에는 틀림없다.

아무리 힘든 일이라도 명확한 목표를 세워 단계별로 조금씩 추진해 나간다면 이룰 수 있으며 품질부서에서는 고객품질 만족을 목표로 장기적인 관점에서 현재의 Process와 System을 개선해 나갈 수 있는 발판을 마련하고 타 부문과 함께 단계적이며 지속적인 개선을 할 수 있는 품질 문화를 만들어야 한다.

Project 개발초기에는 고객 요구와 실사용 환경의 규격 사항이 빠짐없이 접수되어 제품에 반영될 수 있는 체계를 만들고, 개발단계에서는 제품설계, 공정설계 및 생산 품질 관리에 대한 고객품질 Risk를 모두 검증하여 품질을 보증할 수 있는 체계를 수립해야 하며, 양산단계에서는 불량제품이 고객에게 유출되지 않도록 불량은 받지도, 만들지도, 보내지도 않는 자공정 완결형 체계를 구축해야 한다.

고객 품질이슈가 발생한 경우는 이슈 해결을 위한 각 부문 간의 역할과 책임, 그리고 명확한 업무 절차가 정의되어 있어야 하며 이슈해결 과정을 고객과 실시간으로 소통할 수 있도록 체계가 구축되어야 한다.

뿐만 아니라, 고객의 불편사항과 고객이 인지하지 못한 품질까지 지속적으로 파악할 수 있는 조직을 구성하여 고객 Pain Point를 발굴하고 해결하는 업무에 대한 Process와 System을 구축하여 고객품질에 최우선적으로 대응할 수 있는 체계를 갖추어야 한다.

고객품질을 위한 체계를 잘 구축하기 위해서는 고객(Customer)이 원하는 바를 잘 파악하여 경쟁자(Competitor)보다 나은 품질의 제품을 만들 수 있게 사내(Company)의 부족 사항을 개선할 수 있도록 3C분석을 제대로 실시해야 한다.

이를 위해 고객 접점부서인 영업/마케팅 부서, 개발부서와 품질부서의 다양한 Channel을 통해 고객의 VOC 청취를 정기적으로 실시해야 한다.

고객의 Pain Point와 경쟁사의 현재와 미래 동향에 대한 정보를 수시로 입수하고 비교 분석을 통해 우리의 장점과 단점에 대한 분석이 이루어져야 한다. 이를 통해 즉 개선 과제와 장기적인 Process 및 System 개선 과제로 분류하여 고객품질을 만족할 수 있도록 전사적인 품질 체계 개선활동을 실시하는 것이 필요하다.

통상적으로 고객 품질부서는 보통 품질이슈가 발생한 경우에만 고객 협의를 위해 미팅을 한다고 생각한다. 하지만 잘못된 생각이다.

고객 품질부서는 After Service보다는 Before Service 제공 관점으로, 이슈가 발생한 후에 고객 대응을 하는 것보다는 이슈가 발생하기 전에 선행적 관점에서 고객 서비스를 실시하여 고객의 Pain Point와 경쟁사 동향을 사전에 파악하여 정보를 분석하고 고객품질을 위한 혁신활동의 방향을 설정해야 한다.

따라서 고객 품질부서는 품질이슈가 발생하지 않아도 정기적으로 고객과 미팅을 실시하여, 품질 관점에서 우리의 제품에 문제는 없는지, 고객의 걱정사항은 없는지, 경쟁사 대비 사내 불량률은 어떠한지, 고객 대응의 자세나 태도는 만족하는지 등 지속적으로 고객의 Pain Point와 경쟁사의 동향을 파악해야 한다.

어려운 관계에서는 진솔한 이야기를 나누기가 힘들기 때문에 그만큼 고객의 고급 정보를 얻기 위해서는 고객이 귀찮아할 정도로 자주 만나서 소통하며 친밀한 관계를 형성해야 한다. 고객과 끈끈한 유대관계가 형성될 때 비로소 사내의 품질 수준을 명확하게 파악할 수 있으며 고객품질 중심의 체계를 구축하기 위한 큰 방향을 설정할 수 있다.

품질 구성원보다 리더가 직접 고객을 만나는 것이 고객 입장에서도 Care를 받고 있다고 느끼므로 효과적으로 고객과 경쟁사의 정보를 입수할 수 있다. 따라서 품질리더는 품질이슈와 관계없이 정기적으로 고객을 방문하는 계획을 세워, 자주 고객을 만나 고객과 경쟁사의 현황을 파악해야 한다.

또한 품질리더는 고객의 현장에서 발생하는 품질 이슈를 발 빠르게 대응하기 위해 고객접점의 On site 품질 조직을 구성해야 한다. 고객 생산 현장에서 발생되는 고객의 걱정점과 경쟁사 현황을 실시간으로 모니터링할 수 있도록 하고 이슈 조기 감지를 통해 큰 품질 사고를 사전에 예방하고, 내부 품질 조직과 실시간으로 정보 공유가 되어 고객품질 중심으로 선행관리 되는 품질체계로 개선될 수 있도록 해야 한다.

이와 같이 품질부서를 단순히 이슈 발생에 대한 검증평가를 위한 부서라고 생각하면 곤란하다.

품질은 고객에게 제공하는 제품에 대해 고객이 만족할 수 있도록 품질체계를 수립하여 품질 이슈를 사전에 예방하는 부서라고 생각해야 하며, 경영층과 품질리더는 품질 구성원들이 고객 중심의 품질 체계를 지속적으로 업데이트하는 활동에 집중할 수 있도록 조직과 필요 자원을 지원해야 한다.

이렇게 고객 품질에서 주관이 되어 고객의 Pain Point와 경쟁사 동향을 파악하여 전체 Business Flow상에서 각 부문의 업무가 고객품질 중심으로 되어 있는지 하나씩 살펴보고, 미흡한 경우는 유관부서와 협의하여 개선해 나가야 하는 것이다. 이후 "IV. 품질경영체계"에서 Process와 System을 어떻게 개선해 나가야 하는지 방향을 제시하도록 하겠다.

지금까지는 일등품질 문화를 구축하기 위한 스마트하게 일하는 방법으로 "고객품질 중심의 품질체계 구축 방법"을 이야기했다면 이번에는 또 하나의 중요한 "문제해결에 대한 방법"에 대해 알아보자.

1) 문제를 해결하기 위해서는 Data 분석을 통해 명확한 문제의 원인을 도출해야 한다.

문제를 해결하기 위해서는 문제의 원인을 제대로 파악하는 것이 가장 중요하며, Data 분석을 활용하여 원인을 도출하는 것이 가장 합리적이고, 논리적인 방법이다.

하지만 아직까지도 실무에서는 Data 분석에 기반한 문제해결 방향보다는 직관적인 판단이나, 경험에 의존한 문제해결을 하고 있는 사례가 많다.

단순한 예를 들어 보겠다.

표 2-1 은 규격이 300±30mm인 Wire의 길이를 측정한 20ea의 협력사 입고 부품의 치수 Data를 기재하였다.

직관적으로 봤을 때는 4회의 Test를 한 결과, 모든 Data가 규격에 들어오기 때문에 향후에도 불량이 발생하지 않을 거라 판단할 수 있다.

하지만, 그림 2-5 와 같이 해당 Data를 토대로 확률 분포를 활용한 분석결과를 보면 관측된 불량은 없지만 예상되는 불량률이 2.7%로 예측된다.

추가적으로 군내 산포 StDev(Within)가 전체 산포 StDev(Overall)보다 큰 걸로 봐서는 Test할 때마다 평균이 크게 변하고, 각 군의 산포의 차이가 발생하여 불안정한 공정에서 제작이 되었다는 걸 추정할 수 있다.

[표 2-1] Wire 측정 Data

구분	시료	두께	결과(양/불)	구분	시료	두께	결과(양/불)
Test 1	1	287.98	양품	Test 3	1	290.52	양품
	2	298.98	양품		2	300.47	양품
	3	311.41	양품		3	273.39	양품
	4	310.33	양품		4	305.88	양품
	5	293.47	양품		5	310.06	양품
Test 2	1	300.41	양품	Test 4	1	283.19	양품
	2	283.05	양품		2	301.78	양품
	3	320.35	양품		3	291.79	양품
	4	291.22	양품		4	327.05	양품
	5	298.16	양품		5	312.89	양품

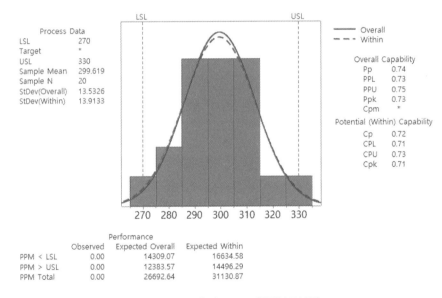

〈그림 2-5〉 측정 Data 확률분포분석

표면적 이슈에 대한 직관적 판단과 Data 분석에 기반한 판단은 확연히 다를 수 있다는 단순 사례이다.

이어서 Data를 활용하여 분석하는 3가지 대표적인 방법을 소개하도록 하겠다.

① 이산형 Data(양품/불량)의 분석보다는 연속형 Data(측정값)를 수집하여 정량적인 분석을 실시하여 측정대상의 평균과 산포로 품질의 속성을 파악하고 Risk 예측의 시사점을 도출해야 한다.

이번에는 규격과 관련된 사례를 보자.

기존 개발모델과 유사한 제품을 개발할 때 경험적으로 이슈가 발생되지 않은 규격은 별도 검토 없이 새로운 제품에도 동일한 공차를 적용하는 사례가 있다. 작년 한 K사업부에서 기존 제품의 규격 45.0±10.0(약품농도)을 신규 개발모델에 동일한 규격으로 적용하였다.

평소 협력사에서 제공하는 실력치가 45.0~46.0 범위 수준이라 이슈가 발생하지 않았지만, 어느 날 협력사에서 52.7 농도의 약품액을 공급하면서 갑작스러운 공정의 변동으로 생산에 큰 이슈가 발생하였다. 이는 규격 내 산포에 대한 검증을 제대로 하지 않은 규격을 그대로 새로운 모델에 적용하여 이슈가 발생한 사건으로, 규격과 같이 중요한 항목은 경험에 의존하지 말고 반드시 Data를 활용해 규격 내 산포에 대한 검증을 실시하고 필요시 규격의 Min-Max 검증까지 해야 한다는 교훈을 주었다. 필요에 따라 Coner Test 또는 Boundary Test를 통하여 규격 내 산포검증을 제품관점에서 명확히 할 필요가 있다.

또 다른 사례는 고객의 특별한 요청이 없으면 경험적으로 공차를 10% 수준으로 설정한 실내조명의 밝기에 대한 규격이 있었다.

고객에게 밝기 규격을 4000±400lm로 설정하겠다고 요청하여 승인을 받아, 생산을 시작하였으나, 동일한 사무실에 설치한 제품에서 밝기 차이가 난다는 고객의 Complaint을 받았고, 확인 결과 4300±50lm 사이의 그룹과 3800lm±100lm 범위의 그룹이 동시에 납품된 사실을 확인하였다.

이 경우는 생산에서 설비나 부품 등에 의해 발생할 수 있는 군간 산포의 변동이 클 수 있다는 Risk에 대해 검증하지 못해 발생한 이슈이다.

이처럼 개발단계에서 단순히 경험에만 의존하여 개발단계의 샘플이 규격 내에 있다고 해서 검증이 끝났다고 생각하면 안 된다.

주어진 규격 내에서 측정된 Data를 활용하여 평균과 산포를 산출하여 품질에 대한 예측을 실시해야 하고, 부품lot, 설비호기 등 생산별로 변동이 발생할 수 있는 Group 사이의 측정 Data를 통해 군간 평균과 산포에 대해서도 비교 분석하여 품질 Risk 검증을 해야 한다.

따라서 이산형 Data 분석보다는, Data의 군내·군간 평균과 산포가 어떻게 달라지는지에 대한 연속형 Data 관점에서 분석이 이루어져야 문제의 본질과 품질에 대한 예측을 할 수 있는 것이다.

② 다음은 일정 부분만의 Data를 가지고 분석하는 것보다는 전체적인 Data의 흐름을 가지고 분석해야 한다.

그림 2-6 은 어떤 제품의 19년 12월부터 20년 2월까지 생산수율 실적을 시각화 분석을 한 자료이다.

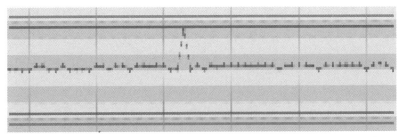

〈그림 2-6〉 수율실적 일별 모니터링

그래프만 보면 어느 정도 실적이 유지되고 있는 상태인 것처럼 보인다.

그림 2-6 의 일별 Data를 월별 실적으로 재구성하여 그래프를 그려 보면 최근 3개월 수율 Trend는 답보상태로 이해할 수 있다. 그림 2-7

하지만 그림 2-8 과 같이 19년도 전체 실적을 합쳐서 보면, 답보 상태가 아니라 기존의 수율 대비 확연히 떨어져서 개선이 되지 못하고 있는 상태라는 것을 알 수 있다.

이와 같이 전체적인 관점이 아닌 일부 상황만 가지고 Data 분석을 실시하면 사실이 왜곡되거나 은폐되는 문제가 발생하게 된다.

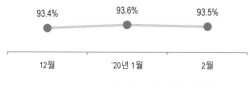

〈그림 2-7〉 수율 Trend 최근 3개월

따라서 Data를 분석할 때는 살아있는 Data, 즉 과거의 Data와 현재의 Data를 가지고 미래를 예측할 수 있는 전체적인 관점에서 분석이 필요하다.

전체적인 흐름을 보지 못하고 일정 부분만의 Data를 분석하는 것은 문제의 명확한 원인을 도출하지 못하고 왜곡된 사실에 기반한 전혀 다른 문제의 원인을 도출하여 추후 더 큰 문제를 야기할 수 있음을 명심해야 한다.

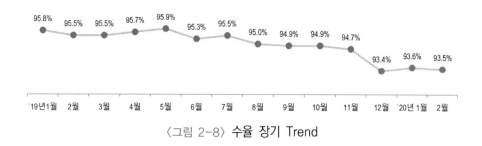

〈그림 2-8〉 수율 장기 Trend

③ 마지막으로 문제의 원인을 도출하기 위해서는 수집된 Data를 층별로 분류하여 분석을 실시해야 한다.

층별이란, 다양한 정보들을 포함하고 있는 Data들을 카테고리별로 구분해 가면서 새로운 시사점을 찾아내어 원인 분석에 활동하는 간단한 Data 방법론이라할 수 있다.

그림 2-9 는 A공장 ○○제품의 15일간 발생된 외관불량 개선활동을 위해 현재 불량 상황을 파악하기 위해 실시한 그래프 분석이다.

불량별 점유율			
유형	불량수	비율	누적비율
스크래치	101	25.8%	51.4%
벗겨짐	100	25.6%	25.6%
얼룩	99	25.3%	76.7%
기타	91	23.3%	100.0%
계	391		

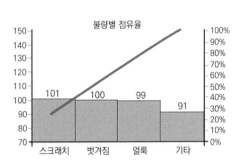

〈그림 2-9〉 불량별 점유율

위와 같이 일반적으로 실시하는 그래프 분석을 불량 유형별로 그려 본다면, 단순하게 Top3 불량이 무엇이다 정도의 시사점만 얻을 수 있을 것이다.

그러나 근무조별, 요일별로 해당 내용을 층별하여 분석해 본다면,

아래 그림과 같이 월요일에 특히 불량이 많이 발생하며, 근무 시간도 야간조 시간에 불량이 다른 요일이나, 근무 시간에 비해 더 많이 발생하는 것을 찾을 수 있을 것이다. 이러한 분석 결과를 근거로 월요일, 야간 근무조에 대한 관리 강화를 도입하는 것들에 대한 추가적인 개선계획이 수립되어야 할 것이다.

근무조별 점유율			
유형	불량수	비율	누적비율
야간	150	38.4%	38.4%
오전	120	30.7%	69.1%
오후	121	30.9%	100.0%
계	391		

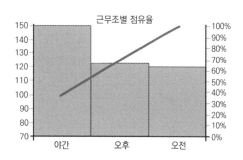

작업 요일별 점유율			
유형	불량수	비율	누적비율
일요일	61	15.6%	15.6%
월요일	91	23.3%	38.9%
화요일	59	15.1%	54.0%
수요일	62	15.9%	69.8%
목요일	38	9.7%	79.5%
금요일	39	10.0%	89.5%
토요일	41	10.5%	100.0%
계	391		

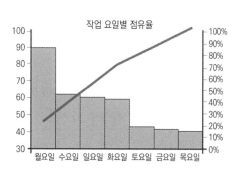

〈그림 2-10〉 근무조 · 작업 요일별 점유율

만약 층별로 분석이 이뤄지지 않으면 문제에 대한 세부 원인을 찾기도 힘들 뿐더러 개선의 방향도 모호하게 전개될 수 있으므로 하나의 발생이슈를 여러 각도로 세분화하여, 각각의 연관성을 분석하여 분류된 그룹의 개별 원인으로 단순화하여 하나씩 문제를 해결하는 것이 좋다.

또한 비슷한 예로 해외생산 법인에서 고객의 공정Audit에 수차례 불합격되어 이슈가 된 적이 있다. 유사 제품군을 생산 중인 국내공장은 문제가 없는데 해외법인에서 수차례 불합격되어 1차로 원인 분석한 결과 고객 대응 인력의 역량이 부족하다는 결론이 나왔다.

하지만, 국내공장과 비교하여 Process, System, 설비, 일하는 방식 등 층별로 나눠서 분석하자, 전혀 다른 결론이 나왔다.

개발단계에서 양산단계로 넘어가는 Process 기준 미준수, 저렴한 설비 구매로 공정성능 저하, 해외법인 구성원들의 전문지식 부족 및 일하는 방식 미흡, 불량이 슈 실시간 공유 미흡 등 다양한 품질 이슈들이 밝혀졌다. 실제로 고객 대응 역량 부족으로 수차례나 Audit에 불합격되는 것이 아니라, 해외법인의 전반적인 품질관리 체계가 갖춰지지 않아서 종합적인 결과로 고객 Audit에 불합격하고 있었던 것이다.

이와 같이 대부분 실무에서는 현상에 대해 층별로 나누어서 분석하지 않고 발생된 현상에 대해서만 문제를 해결하려고 한다.

보통 현장에서 발생되는 이슈의 원인은 복합적으로 뒤섞여 있지만 일부 원인에 대해서만 조치를 취하게 되므로 완벽한 품질 예방을 할 수 없는 것이다. 따라서 명확한 원인을 찾기 위해 Data를 분석을 할 경우는 반드시 층별로 나누어 분석을 하는 습관을 길러야 하며, 유관부서에서 분석한 내용을 검토할 때도 다양한 각도에서 분석이 되었는지 확인하고 지원해야 한다.

이상의 내용을 정리해 보면,
① 이산형 Data의 분석보다는 연속형 Data를 수집하여 군내/군간 평균과 산포 분석을 통해 품질의 속성을 파악하여 원인을 도출해야 하고,
② 일정부분에 한정되어 있는 Data의 분석이 아닌 전체적인 관점에서 과거와 현재의 Data 분석을 통해 미래를 예측하여 품질 Risk를 찾아야 한다.
③ 또한 발생한 이슈에 대해 Data 분석을 할 경우는 반드시 Data를 층별로 분류하여 각각의 문제를 나눠 원인을 분석해야 한다.

물론 Engineering Knowledge의 경험과 직관력을 비하하는 건 아니지만, 우리는 시행착오에서 하나의 가능성을 찾는 학교나 연구기관이 아니라 고객이 만족할 수 있는 품질의 제품을 제공하는 조직이므로 모든 과정을 과학적이고 논리적인 Data를 가지고 협의하고 분석하는 습관을 길러야 한다. 이를 통해 논리적인 근거로 문제의 원인을 도출할 수 있으며 타 부문, 상사, 고객을 설득할 수 있게 되며, 나아가 일상적인 업무에서도 논리적이고 분석적으로 체질화될 수 있다.

Data를 분석하여 논리적으로 잘 전달하는 방법은 분석의 목적을 명확히 하고 목적에 맞는 Data를 수집하여 분석을 해야 하며, 결과를 시각화하여 전달해야 한다. 전문적인 분석을 위해 확률분포의 분석기법과 Big Data 분석기법 등을 별도로 공부하여 전문적인 분석 결과로 설득하면 더욱 좋겠지만 일반적으로는 그래프나 차트 등 시각화 분석이 가장 많이 활용되기 때문에 품질관리 기법의 "QC 7가지 도구" 등을 꼭 배워 두면 도움이 될 것이다.

품질부서는 문제의 원인에 대해 명확히 파악하기 위해 타 부문의 담당자들이 Data를 기반한 분석을 할 수 있도록 지원해야 하며, 점차 Data 분석을 통한 원인 도출이 문화로 정착할 수 있도록 지속적으로 노력해 나가야 한다.

그러기 위해서는 품질 구성원 스스로가 Data를 취급하여 분석할 수 있는 실력을 갖추고 있어야만 한다.

2) 문제의 원인이 도출되었다면 문제를 해결하기 위한 근본원인과 발생 메커니즘을 명확히 파악해야 한다.

문제가 발생했다면 반드시 원인이 있기 마련이다. 하지만 상황에 따라 그 원인은 다시 문제가 될 수 있고 그 문제에 대한 또 다른 원인이 있을 수 있다. 따라서 5Why 기법을 통해 근본원인을 찾는 것이 중요하다.

5Why 기법이란 문제의 원인을 찾기 위해 계속해서 "Why"라는 질문을 던지는 것을 말하며, 지속적인 Why의 과정을 통해 문제의 심층적 원인을 발견할 수 있으며, 5번의 Why가 큰 의미가 있는 것은 아니고 연속적으로 Why를 질문해 나간다는 점이 핵심이다.

그럼 여기서 5Why를 이야기할 때 유명한 사례를 하나 소개하겠다.

1943년 세워진 미국 제퍼슨 기념관의 벽이 부식되는 문제가 발생했다. 문제의 원인은 벽 청소를 너무 자주해서 화학약품에 의해 벽이 부식되는 것이었다. 1차적으로 생각하면 화학약품이 문제의 원인이므로 청소 시 부식방지 약품으로 변경하거나, 청소를 자주 하지 않는 해결책이 나오게 된다. 좀 더 들어가 보자. 왜 청소를 자주 하는지 2차 분석을 해보니 비둘기 떼가 자주 배변활동을 해서 청소를 한다고 한다.

더 들어가 보면 비둘기는 거미를 먹기 위해 온다고 하며, 또 거미는 나방이 많아서 서식한다고 한다.

나방은 제퍼슨 기념관의 조명 때문에 모여든다고 하니, 결국 근본원인은 조명이었고, 조명 점등 시간을 조정하여 문제를 해결했다고 한다.

이처럼 문제에 대한 원인을 두고, 다시 원인에 원인을 분석하면 최종적으로 근원적인 원인이 존재하고 우리는 근본원인으로 부터 파생되어 현재 처한 문제가 발생되기까지의 과정, 즉 메커니즘을 이해할 수 있게 되어, 간단하게 문제를 해결할 수 있으며, 메커니즘 과정 속의 품질에 대한 Risk도 확인 할 수도 있다.

근본원인을 도출하기 위해 5Why 기법으로 분석을 해야 한다고 배우지만, 5Why를 활용해야 하는 가장 중요한 목적은 **근본원인과 발생문제의 관계 즉, 발생 메커니즘을 파악**하는 것이다. 다섯 차례의 인과 관계를 파악하는 과정을 역으로 취하면 바로 발생 메커니즘이 되기 때문이다.

발생 메커니즘 파악이 중요한 이유는

① 근본원인 확인을 통해 문제를 쉽고 완벽히 해결할 수 있으며,

② 근본원인에 대한 해결이 아니더라도 발생 메커니즘 과정 속에서 다양한 예방 솔루션을 확보할 수 있다.

③ 마지막으로 발생된 현안 이슈의 재발방지로 국한하지 않고, 발생 메커니즘을 토대로 Process와 System 관점의 개선을 통해 유사 이슈를 근본적으로 예방할 수 있다.

업무에서 발생되는 모든 이슈는 형태만 다를 뿐이지 해결과정은 동일하므로 발생 메커니즘을 파악하여 근원적인 문제를 해결하는 방법은 모든 이슈에 적용될 수 있으며, 원천적으로 보다 넓은 관점에서 문제를 해결하므로 유사 이슈를 함께 예방될 수 있게 되는 것이다.

그러나, 실무에서는 품질이슈가 발생하면 근원적인 문제를 해결하지 않고, 최초원인만 개선하고 있으며, 근본원인과 발생 메커니즘을 찾기보다는 1차적인 원인에 대한 대책을 수립하여 개선하고 또다시 유사 이슈를 발생하도록 방치한다. 그럼 또 발생된 이슈를 1차원적으로 개선하고 또 이슈가 발생하는 임시방편의 문제해결 방법으로는 악순환이 반복되고 있다.

사례를 들어 보면, 전사 품질비용 집계 과정에서 현장에서 폐기비용 누락으로 전체 비용이 잘못 산출된 적이 있어 차후 수정을 하였으나, 또다시 품질조직 내 구성원 이동에 따른 품질비용 집계기준이 모호하여 한 번 더 누락하는 이슈가 발생 되었다. 아마 발생된 이슈만 조치하면 또 다른 비용 산출 이슈가 발생할 것은 불 보듯 뻔한 일이다.

첫 번째 누락 항목이 발생되었을 때 왜 누락했는지, 현장에서 왜 기입을 안 했는지, 5Why로 근본원인을 분석하였다면, 품질비용 산출 과정에 여러 문제점들이 도출될 것이다. 그에 따라 선진사의 품질비용 집계 방법과 비교하여 사내의 산출 방법의 미흡점을 모두 도출하고 전체 품질비용 산출에 대한 Process와 기준, 그리고 수기입력이 아닌 System 입력으로 개선하였다면 유사 이슈는 발생되지 않을 것이다.

이렇게 근본원인을 찾고, 메커니즘을 파악하여 재발방지와 유사이슈를 예방하는 방법이야말로 진정한 일하는 방법의 문화인 것이다.

하지만, 근본원인을 찾는 과정에서는 주의할 사항이 있다.
① 경험에 의존한 원인추정과 같이 성급한 일반화의 오류를 가지고 문제해결을 하고자 하면, 이슈에 대한 명확한 발생 메커니즘과 근본원인이 도출되지 않아 문제해결에 많은 시간이 소요되거나 어려움을 겪게 된다.
② 발생원인은 보통 복합적인 원인이 있을 수 있으므로 하나의 원인으로만 추정하고 문제를 해결하려고 하지 말고 다양한 관점에서 문제의 원인을 살펴보아야 한다.
③ 고객품질 이슈가 발생한 경우는 제품/공정 설계에 대한 근본원인과 발생 메커니즘을 분석하고 불량이 유출된 근본원인과 메커니즘도 함께 분석하여 각각의 해결방향을 찾아야 한다.

위와 같은 오류를 범하지 않기 위해서는 타 부문의 전문가들과 함께 모여 집단 지성을 활용하여 문제를 해결하는 것이 가장 좋은 방법이다.

따라서 품질부서에서는 지속적으로 타 부문의 분석 과정에 참여하여 발생이슈에 대한 근본원인이 밝혀지도록 함께 협력해야 일하는 문화가 올바른 방향으로 바뀔 것이다.

다음에 다루고자 하는 Reflection은 현안 이슈의 최초 발생 원인을 반성하는 것이 아니라, 위에서 강조한 발생 메커니즘을 종합적으로 반성하여 전체적인 관점에서 유사 이슈를 예방할 수 있는 대책을 마련하기 위한 방법이다.

3) 발생된 이슈에 대해 철저한 Reflection을 실시해야 한다.

보통 이슈가 발생하여 문제를 해결하고 나면 더 이상 생각하지 않고 다른 업무를 수행하지만, 여기에 빠진 단계가 있다. 바로 Reflection이다.

품질부서에서는 유관부서 담당자들과 함께 발생된 현안 이슈들과 해결책을 정리하여 앞에서 이야기한 근본원인과 발생 메커니즘을 분석하여 향후 유사 이슈들이 발생하지 않도록 해야 한다.

다시 말해, 이슈에 대한 원인과 대책에 대해 Review하는 것이 아니라, 이슈가 발생된 과정과 메커니즘의 Review를 통해 잠재적 품질 Risk를 제거하는 활동이 바로 Reflection이다.

제품을 개발하는 Project도 마찬가지다.

하나의 Project를 진행하면서 수많은 크고 작은 이슈가 발생했을 것이며, 개발 단계에서 일부는 즉 개선을 통해 품질 Risk를 제거했을 것이다.

그러나, 진행 과정 중에 크고 작은 이슈들이 왜 발생했는지, 어떻게 하면 추후에 시행착오를 겪지 않을지에 대한 반성은 정작 하지 않는다.

이번에는 또 하나의 중요한 조직 문화가 되어야 하는 Reflection을 어떻게 해야 하는지 방법을 소개하겠다.

가장 먼저 해야 하는 일은 공정에서 발생된 이슈, 고객에서 발생한 이슈, Project가 진행되는 과정에서 발생한 이슈에 대해 층별(시점, 이슈형태 등)로 분류하여 정리를 해야 한다.

다음으로 유관부서 담당자들과 함께 발생한 이슈에 대해 발생할 수밖에 없었던 근본원인과 발생 메커니즘을 도출하여 향후에 유사 이슈가 발생하지 않도록 현재의 업무 Process와 기준, System, 일하는 방식을 모두 전개해 놓고 하나하나 Review를 하여 개선점을 찾아야 한다.

마지막으로 개선과제를 통해 고객품질을 만족할 수 있는 완벽한 품질예방 체계를 구축해야 한다.

이렇게 Reflection은 현안 이슈 해결의 방법이 아닌 근원적으로 이슈가 발생하지 않도록 체계를 개선하기 위한 활동인 것이다.

하나의 실제 사례를 들어 보면, 2018년 품질에서 한 사업부의 발생된 이슈를 분류해 보니, 설비 Trouble에 대한 이슈가 많이 발생한 사실을 알았다.

왜 설비 이슈가 많이 발생하였는지 확인해 보니, 개발단계 설비 호기전개에 대한 검증을 하지 못해 많은 이슈가 발생했다고 한다.

왜 호기전개에 대한 검증을 하지 않았는지 확인해 보니, 공정기술과 장비기술 부서의 물리적인 검토 시간이 부족했다고 한다.

왜 시간이 부족한지 보니, Concurrent Engineering이 되지 않고 개발단계별 주관부서가 나누어져 있으며, 주관부서 업무 완료까지 타 부서에서 참여를 하지 않았다고 한다. 따라서 앞 단계에서 조금이라도 일정 지연이 생기면 다음 단계에서 일정이 부족해지는 것을 알았다.

결국 영업/마케팅부서, 개발부서, 생산기술부서, 품질부서, 생산부서가 별개로 각 부서의 업무 중심으로만 일을 하여 설비 이슈가 발생한 것이다.

따라서 발생 메커니즘을 분석하여 개발단계의 각 이벤트에 해당 이슈가 발생하지 않도록 Activity와 Error Proof 방지 System을 적용하고 개발 Process를 개선하였다. 또한 영업/마케팅, 개발, 생산기술, 장비기술, 생산, 품질, 구매 등 각 부서의 기능을 통합하여 함께 개발하는 One Team 체제로 변경하여 개발Project을 운영할 수 있도록 기준을 변경하였다. 그 결과, 다음 해인 2019년도에 변경된 Process와 System, 그리고 One Team으로 일하는 방법을 통해 신규 개발Project는 목표 수율을 초과 달성하는 엄청난 성과를 거두게 되었다.

이처럼 Reflection을 한 번 실시하여 개선점을 찾는 일은 아주 힘든 업무이다.

하지만 두 번, 세 번 하다 보면 좀 더 쉬워지고, 나중에 조직 문화로 내재화된다면 누가 시키지도 않아도 전체의 관점에서 철저한 Reflection을 실시하여 우리의 취약한 Process와 System, 그리고 일하는 방식을 변화시켜 더욱 완성도 높은 체계로 지속 개선되는 것이다.

이것이 바로 진정한 Reflection의 문제해결 방법이다.

4) Error Proof 관점으로 개선대책을 수립하고 수평전개까지 실시해야 한다.

수많은 예방 대책에 대한 보고를 받아 봤지만, 관리성 이슈 발생 시에 가장 많이 등장하는 대책은 작업자 교육이다.

어떤 사업부에서는 설비 점검 후 기존 Recipe로 복원하지 않아서 이슈가 발생하고, 또 다른 사업부에서는 설비 Recipe 입력 시 소수점 자리를 잘못 입력하여 큰 생산 이슈가 발생하였다.

이런 작업자의 관리성 사고는 열거하기 힘들 정도로 많이 발생하고 있다. 그런데 작업자 교육만으로 관리성 이슈가 영원히 사라질 수 있을까?

만약 작업자가 하루에 실수를 하지 않을 확률이 99%이고 작업자가 100명이라면 100명 중 한 명은 지속해서 관리성 이슈를 유발하는 것이며, 작업자는 100일에 한 번 실수를 하지만 현장의 리더나 팀장의 경우는 매일 관리성 이슈를 겪게 되는 것이다. 따라서 교육만으로는 결코 작업자의 관리성 이슈를 해소할 수 없으며, 실제로 작업자의 건강상태, 근무환경, 교체 등에 따라 동일 이슈가 발생할 확률이 매우 높다.

Error Proof의 개념은 언제 누가 작업을 해도 동등한 품질의 결과가 나올 수 있도록 조치하는 것이므로 실무에 반드시 필요한 대책이다.

하지만 왜 실무에서는 작업자 교육을 대책으로 내어 놓는 것일까 생각해 보면 재발방지를 위한 Error Proof 대책 수립이 어렵다고 생각하기 때문이다.

정해진 공정을 따라가기만 하면 동등한 품질의 제품이 생산되도록 Error Proof 하기 위해서는 현재 설계된 제품과 공정을 변경해야 하므로 생산 도중에 품질이슈가 발생했다 하더라도 Error Proof 대책을 적용하려면 생산중단, 비용투자, 품질검증시간 소요 등 제약사항이 많아 힘들기 때문이다.

관리성 이슈는 작업자의 책임보다는 현장의 리더와 팀장의 책임으로 생각해야 하며, 관리성 이슈가 애초에 발생하지 않도록 설계에 반영이 될 수 있도록 사전에 조치를 했어야 하는 것이다. 만약 검토에서 누락되어 현장에서 관리성 이슈가 발생할 경우, 발생한 실패 사례가 절대 반복되지 않도록 현장의 리더가 직접 유사제품 개발 과정의 FMEA에 참여하여 의견을 개진해야 한다.

실제 Error Proof 대책 활동은 개발단계에서 실시하는 것이 좋다.

기존의 실패 사례들을 학습하여 유사한 품질 Risk가 발생하지 않도록 개발단계의 FMEA 활동을 통해 철저히 대책 마련이 되어야 하는 것이다.

실패사례는 반드시 Data Base화하여 FMEA을 실시할 때 사전검토 될 수 있도록 하여 제품 설계단계에서부터 공정 과정을 생각하면서 언제나 동등한 수준의 품질의 제품이 생산될 수 있도록 제품의 설계에 반영해야 하며, 공정을 설계할 때도 공정흐름에서 발생할 수 있는 사소한 Risk까지 확인하여 공정 과정에서 제품 품질에 변동이 없도록 공정을 설계하여 발생된 이슈가 재발되지 않도록 해야 하는 것이다.

모든 실패사례와 작업 Risk를 Error Proof 하기 위해서는 집단 지성을 활용해야 한다.

제품 설계는 개발의 몫, 공정 설계는 생산기술의 몫이 아니라 모든 부문 및 현장 담당자가 함께 참여하여 고장 유형과 실패 발생에 대해 함께 분석해야 한다. 설비 및 System 관점에서 Error가 발생하지 않도록 적절한 Error Proof 대책을 마련하여 품질 예방 활동을 전개해 나가야 하는 것이다.

또 하나 생각해야 하는 방법은 수평전개이다.

발생된 이슈만 Error Proof로 해결하면 해당 공정에서의 재발이슈는 막을 수 있으나, 또 다른 Site와 유사이슈에 대한 예방은 막을 수가 없다.

따라서, 발생된 이슈와 Error Proof 대책에 대해 전사적으로 실시간 공유하여 해당 내용이 타 Project와 공정에서도 반드시 검토와 점검을 할 수 있는 체계를 구축해야 한다.

보통 유사 제품군과 동일 Site에서는 해당 내용이 잘 전파되지만, 타 사업부문, 해외 법인, 협력사까지는 잘 전달되지 않는다.

따라서 품질 부서에서는 동일/유사 이슈가 타 사업부문과 해외법인, 협력사까지 잘 전달될 수 있도록 수평전개 System을 구축하거나, System 구축이 힘든 경우에는 정보 공유 Channel을 구축하여 실시간으로 정보가 공유되어 실무에 반영할 수 있는 문화를 만들어야 한다.

여기까지 일등품질 문화를 조성하기 위해 반드시 필요한 "원칙과 기본 준수"와 "스마트하게 일하는 방법"에 대해 설명하였다.

서두에 이야기한 것처럼 일등품질 문화를 구축하기 위해 정말 많은 요소들이 있지만, 품질 중심의 체계를 구축하여 원칙을 지키고 기본을 준수하는 문화는 기본 중에 기본적인 문화이다.

따라서 품질업무를 하는 리더와 구성원들은 우리의 품질문화를 개선하기 위해 위 두 가지 요소가 가장 중요하다는 것을 명심하고 타 부문의 구성원들이 잘 따라올 수 있도록 앞장서서 혁신 활동을 추진해야 한다.

다시 한번 말하지만 품질부서에서 나서지 않으면 그 어떤 부서에서도 일등품질 문화를 위해 업무를 최우선적으로 추진하지 않는다.

품질부서는 단순히 타 부문의 산출물을 점검하고 평가하는 부서에서 안주하지 말고, 관리와 통제의 업무에서 선행과 예방으로 인식을 전환하여 우리의 지향점인 일등품질을 위한, 일등품질 문화 구축을 위해 품질개선 활동에 집중해야 하겠다.

Ⅲ. 품질 전문가 육성

각 부문에서 고객품질 중심의 조직문화에 공감하고 조직문화를 변화시키려고 노력해도 각 부문의 고유 기능 속에서 품질이 최우선이 될 순 없을 것이다.

개발부서는 고객이 요청한 납기 안에 제품개발을 빠르게 진행하는 데 초점이 맞춰져 있고, 구매부서에서는 부품의 가격을 되도록 저렴하게 사오려고 할 것이며, 생산부서는 제품을 많이 만들려고 하고, 영업/마케팅부서는 많이 팔려고 한다.

만약 제품의 품질에 아무런 문제가 없다면 타 부문에서 추구하고 있는 기능적 업무는 기업에 아주 큰 도움이 될 것이다.

하지만 품질 보증이 되지 않은 제품을 빨리 개발하고, 많이 만들어, 많이 판매한다면 상당히 심각한 결과를 초래할 수 있다.

그러므로 품질부서에서는 품질 Process에 따라 각 부문의 기능에 대한 품질관리를 해야 하며, 품질 리더들은 품질전문가를 많이 육성하여 그들이 품질 보증이 안 된 제품의 출하를 막는 것이 아니라 타 부문에서 품질 보증된 제품으로 빨리 개발하여 많이 만들고 많이 팔 수 있도록 역할을 수행하게 해야 한다.

우리는 어떤 분야에 다양한 경험과 많은 지식을 가진 사람을 전문가라고 한다.

품질이란 분야에서 그럼 어떤 경험과 지식, Skill을 키워야 품질 전문가라고 할 수 있을까?

품질전문가는 "제1장 품질개념"에서 설명한 품질의 사상과 철학에 무장되어 있고, 기업의 품질 업무 Process와 System에 해박한 지식이 있으며, 타 부문과의 소통을 통해 전체 Business Flow 관점에서의 이슈를 도출하고 분석하여 해결하는 능력이 필요하다.

또한 품질부서에서는 품질 이슈가 발생할 경우 개발/생산기술/생산 등 유관부서를 리딩하여 문제 해결을 위한 주도적 역할을 수행해야 하므로 품질전문가가 반드시 육성되어야 한다.

그렇기 때문에 품질전문가는,

① 어떤 환경에서도 원칙과 기준에 입각하여 고객 최우선 관점에서 의사결정을 할 수 있는 품질의 사상과 철학을 이해하고 준수해야 하며

② 이슈의 근본원인과 발생 메커니즘을 분석하여 Process와 System, 일하는 방식과 문화를 품질 선행관리 중심으로 개선할 수 있는 전문지식과 다양한 경험이 필요하다.

③ 또한 경영층, 리더와 면밀히 소통하고 타 부문의 담당자들과도 원활하게 소통하여 주어진 환경 속에서 최선안으로 문제 해결을 유도할 수 있는 Communication Skill과

④ 부정적 사고보다는 긍정적 사고와 해야만 한다는 사명감을 바탕으로 문제해결을 위한 통찰력, 열정, 그리고 몰입의 Skill을 키워 나가는 게 중요하다.

품질 전문가가 되기 위한 품질의 사상과 철학에 대해서는 제1장에서 소개하였으므로 여기서는 전체 Business Flow 관점에서 업무 Process와 System에 대해 이해하고, 전문적인 지식과 경험을 바탕으로 품질 선행관리 방향으로 문제를 해결하는 방법에 대해 먼저 소개하고자 한다.

이해관계가 다른 각 부문의 담당자와 어떻게 소통하여 그들의 담당업무에 안주하지 않고 품질 관점의 올바른 방향으로 참여하도록 유도할 것인지, 현장 작업자와는 어떻게 소통하여 효율적으로 작업 기준을 준수하게 할 것인지, 리더와는 어떻게 소통해야 하는지 등 수평관계와 수직관계에 대한 소통의 기술에 대해 알아보도록 하겠다.

마지막으로, 품질전문가로 성장하려면 어떤 자세와 태도로 역량을 쌓아야 하는지 알아보도록 하자.

1. 품질의 전문지식과 다양한 경험

우선 품질 전문가가 되기 위해서는 어떤 기준과 절차에 의해 개발 Project가 진행되고, 제품이 생산되어 고객에게 전달되는지 전체 Business Flow상에서 품질을 운영, 보증, 관리하기 위한 과정, 즉 Process와 System에 대한 품질체계를 명확히 이해하고 있어야 한다.

품질경영업무는, 품질 Risk를 선행으로 관리하는 개발품질, 협력사의 부품의 품질을 보증하는 입고품질, 제품의 동등한 품질을 유지하면서 생산하기 위한 공정품질, 고객의 요구에 맞는 제품 품질을 납품하기 위한 출하품질, 고객사용 관점의 품질을 보장하고 서비스를 제공하기 위한 고객품질, 크게 5가지 영역으로 나누어서 생각할 수 있다.

5가지 품질 영역은 각자 독립적인 영역이 아니라 모두 연결되어 있는 종속적인 관계이므로 하나의 영역에서 문제가 발생하면 연쇄적으로 무너져 고객 관점에서 품질 만족을 제공하기 어렵게 된다. 따라서 품질 전문가가 되기 위해서는 5가지 영역의 품질기획, 품질관리, 품질보증, 품질개선 체계에 대한 전문적인 지식과 경험을 쌓아서 정해진 제품개발 기간 내에 고객품질의 목표를 달성할 수 있도록 전문성을 바탕으로 개발 Project의 과정을 잘 관리하고 선행적인 품질예방활동을 실시해야 한다.

아래 그림 그림 2-11 은 품질의 잠재적 이슈를 사전에 예방하는 품질 선행관리 체계와 이슈 발생 후에 조치하는 품질 후행관리 체계의 차이점을 보여주는 그래프이다.

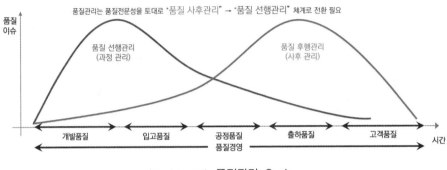

〈그림 2-11〉 품질관리 Cycle

그래프에서 보다시피 품질 선행관리는 개발초기에 잠재적인 품질의 Risk에 대해 도출하고 분석하여 적절한 품질 예방활동을 추진하여 사전에 고객품질을 검증하고 보증할 수 있으므로 Business Flow가 뒤로 갈수록 품질의 완성도가 높아져서 고객에게 제품을 제공하여도 품질 이슈 발생이 줄어든다.

반면에 품질 이슈가 발생할 때마다 조치하는 후행관리의 경우는 뒤로 갈수록 예상치 못한 많은 품질이슈가 발생하여 제품을 생산하는 공정과 고객에게 출하하는 단계에서 발생된 이슈 해결에 집중하게 되며 잠재적 Risk에 대한 검토를 충분히 하지 못하고 품질의 완성도가 낮은 상태에서 고객에게 제공되어 결국 고객의 공정이나, 최종 소비자까지 전달된 다음에도 이슈가 발생하게 된다.

이는 품질비용 측면에서 앞장에 배운 FEDEX의 1 : 10 : 100의 법칙을 적용하면 쉽게 이해할 수 있다. 고객단계에서 품질이슈를 조치한 것에 비해 초기에 조치를 하게 되면 품질비용이 훨씬 적게 투입된다.

그러므로 현재 구축되어 있는 품질체계에서 품질 이슈가 발생할 수밖에 없었던 원인을 Process와 System 관점에서 명확하게 분석하고 품질에 대한 잠재적 Risk를 개발초기 단계부터 선행 예방활동을 할 수 있도록 지속적으로 개발업무 체계를 고도화하는 활동이 필요하다. 이것이 바로 품질 전문가가 해야 하는 중요한 업무인 것이다.

따라서 품질전문가가 되기 위해서는 사내·외 교육을 통해 품질보증과 품질관리에 대한 전문적인 지식을 학습하고 실제 품질 기획, 입고품질, 공정품질, 출하품질, 고객서비스, 신뢰성 업무와 같은 실무를 통해 다양한 경험을 해봐야 한다. 또한 실무에서 발생한 여러 가지의 품질 이슈사례와 해결방안에 대한 Knowhow도 품질체계를 개선하는 데 많은 도움이 될 것이다.

보통의 유관부서 담당자들은 이슈 발생 시 지금 발생된 현재의 문제 해결에만 집중하는 경향이 있다. 그러나 Process와 System 관점까지 고려하여 유사한 문제가 재발되지 않도록 근본적으로 개선해야 한다.

따라서 Process와 System 개선을 통해 원천적으로 문제를 해결해 나가는 당위성과 구체적인 방법에 대해 설명하기 위해서는 품질체계에 대한 전문적인 지식과, 품질과 관련된 오랜 경험으로 타 부문의 담당자들을 설득해야 하며, 함께 개선을 할 수 있도록 유도하고 주도적으로 리딩해야 한다.

다음은 품질 전문가가 되기 위해 필요한 소통의 기술에 대해 설명하고자 한다.

아무리 전문지식과 경험이 많다고 하더라도 리더와 타 부문의 담당자에게 명확하게 전달되지 않거나, 공감대를 형성할 수 없다면 Process와 System을 개선하여 품질이슈를 선행으로 관리할 수 있는 체계를 구축할 수 없다.

그러므로 상하관계, 수평관계에서 상대방과의 소통과 고객과의 소통을 어떤 방법으로 하면 좋을지에 대해 소개하도록 하겠다.

2. 소통의 Skill

핵폭발은 핵융합(Fusion)과 핵분열(Fision)을 통해 일어나며, 현재까지 인류가 발견한 그 어떤 반응도 핵융합 이상으로 에너지를 생산해 내지 못한다고 한다.

이처럼 물질의 중심들이 모여 하나가 되면 엄청난 에너지를 발산하게 되는데 기업의 조직과 사람들 간에서도 일어날 수 있다고 한다.

전 구성원이 지향하는 바를 위해 한 마음 한 뜻으로 똘똘 뭉쳐서 일을 추진해 나간다면 핵융합과 같은 에너지를 발휘할 수 있고 이런 에너지를 가지기 위한 방법이 구성원들 간의 공감과 소통이다.

소통의 사전적 의미는 서로 뜻이 통하여 오해가 없는 것을 말하며, 큰 범위에서 보면 기업의 일등품질을 달성하기 위한 Vision에 대해 구성원들이 하나 된 뜻을 가지는 것이고, 작은 범위에서는 각 부문의 실무에서 수립한 목표를 달성하기 위해 의견을 하나로 모으는 것이다.

품질전문가는 각 부문에서 품질과 관련된 이슈가 발생하지 않도록 누군가와 지속적으로 의견을 나누어 합리적인 방향으로 업무가 추진될 수 있도록 해야 하며, 품질리더와 지속적으로 소통하여 추진방향에 Risk는 없는지 수시로 점검하는 것이 주된 업무이다.

따라서 구성원들과 소통을 잘하기 위한 방법에 대해 이야기해 보겠다.

첫째, 공감은 상대방을 이해한다는 것이며, 상대방이 자신을 공감하고 있다는 것을 알게 되는 순간 엄청난 성과를 가지고 오기도 한다.(공감의 법칙)

일본에 있는 한 회사에 미국의 어떤 고객이 새로운 비즈니스와 관련하여 사전 미팅을 하기 위해 방문하게 되었다.

미팅이 끝나고 나서 미국인 고객은 협력사 담당자인 일본인에게 '엽서에서 본 눈 덮인 후지산이 정말 아름답던데 진짜 방문해서 바라봐도 그렇게 아름다운지'를 물어 보았고, 이 말을 들은 일본인은 '본인도 후지산에 방문한 적은 없지만 후지산이 다들 아름답다고들 한다'고 답변했다.

이후 일본인은 미국으로 가는 비행기 경로가 후지산을 경유한다는 걸 미리 알고 고객에게 창밖 경치가 잘 보일 수 있는 창가 좌석을 예매하게 하여 후지산의 눈 덮인 멋진 경치를 감상할 수 있도록 배려하였다.

이 경우, 새로운 시작을 위한 미팅의 결과는 어떻게 되었을까? 당연히 성사되어 돈독한 협력사 관계를 맺어 함께 사업을 하고 있다.

'지나가며 한 말을 잊지 않고 소중하게 생각해 주는구나'라고 느낀 고객은 이런 회사라면 파트너로 해도 되겠다고 생각한 것이다.

이처럼 공감이라는 건 생각보다 돈이 들지 않고 사람의 마음을 움직일 수 있는 강력한 무기가 될 수 있는 것이다.

품질에서는 유관부서 담당자들의 말에 공감을 하려고 하지 않는다. 왜냐하면 대부분의 유관부서는 품질을 설득하려는 입장이고, 품질은 방어하려는 입장이라 이해관계가 다르기 때문이다.

하지만 그들의 처한 상황에 대해 조금만 깊이 공감을 해준다면 더 현명한 방법을 찾을 수 있을 것이다.

한번은 모 기업의 CEO가 유선상으로 품질부서장에게 격노한 적이 있었다.

상황을 알아보니, 신뢰성 시험결과에 문제가 있어 개발 담당자와 품질 담당자 간의 의견 충돌이 있었고, 결국 품질 담당자가 "문제 생기면 네가 책임질래?"로 상황이 종료되었다고 한다. 이 말은 전해들은 개발부서 담당임원이 CEO께 해당 내용을 보고하자 CEO는 품질부서장에게 자초지종을 조사하여 보고할 것을 지시하였다.

그 당시 품질부서장은 담당자를 불러 질책을 했지만 지금에 와서 가만히 생각해보면 유관부서 담당자의 상황에 공감하지 않은 품질담당자와 그런 품질담당자가 왜 그렇게 전달할 수밖에 없었는지에 대해 함께 공감하지 못한 이유를 물어보지 못해 후회한다고 했다.

그리고 공감을 효과적으로 강조할 수 있는 방법은 상대방에게 공감을 하고 있다는 걸 보여줘야 한다.

이야기를 들을 때 상대방의 눈을 응시하여 이야기를 잘 듣고 있다는 생각이 들게 해줘야 하고, 상대방의 말에 추임새를 넣고 리액션을 하는 것도 좋은 방법이다.

또한 대화 도중에는 상대방을 존중하고 배려하는 마음으로 편안한 대화의 상황으로 만들어 심종(心從, 마음으로 따른다)을 이끌어 낼 수 있도록 그들의 이야기를 들어 주고 그들이 처한 상황을 이해하는 자세가 중요하다.

둘째, 또 하나의 중요한 방법은 경청(傾聽), 즉 상대방의 말에 귀 기울여 듣는 것이다.
(경청의 법칙)

인간은 상대방의 배려보다 자신이 생각하는 방식으로 일이 풀리길 바란다.

그러므로 대화 중에 자신의 의견과 맞지 않는 반박 논리가 생기면 거기에만 집중을 하게 되고, 빨리 이야기하지 않으면 나중에 잊어버리거나, 타이밍을 놓쳐 분위기가 어색해질까봐 상대방이 무슨 말을 하는지 귀 기울여 듣는 자세가 소홀해지게 된다.

조직에서는 보통 상급자나 점검을 관장하는 품질부서에서 상대방의 말을 끝까지 듣지 않고 대화 도중에 개입하여 반박논리를 펼치는 것이 바로 이런 이유에서다.

때로는 상대방의 이야기를 들어 주기만 해도 구성원들은 자신의 생각을 솔직히 말하게 되고, 끝까지 말할 수 없었던 상황에서 벗어날 수 있어서 그들의 불만은 상당 부분이 해소되기도 한다.

그러므로 소통을 잘하기 위해서는 일단 상대방의 이야기를 진지하게 잘 듣고, 상대방을 이해할 수 있는 힘을 길러야 한다.

셋째, 다음은 하나의 문제에 대해 여러 이해관계자들의 입장을 통합하여 소통하는 것이 중요하다.(통합의 법칙)

품질전문가는 주어진 상황에서 최적의 솔루션을 찾아야 한다. 그러기 위해서는 관계자들의 의견을 모두 종합하여 대화할 수 있어야 한다.

관계자들은 기업에서의 부서가 다르고, 부서 내에서의 역할이 다르고, 직급도 다를 것이며, 그들이 처해진 상황도 다를 것이다.

따라서 품질전문가는 다른 의견을 무시하고 한쪽으로 치우쳐진 결론으로 도출되지 않도록 중간에서 잘 중재하고 집단 지성 관점에서 현명한 솔루션이 나올 수 있도록 유도해야 한다.

아마 회의를 하다 보면 본인의 입장에서 주관이 뚜렷하여 회의시간에 말을 엄청나게 많이 하는 사람도 있고, 그 의견에 반박하기 위해 반대의견을 내는 사람, 아무런 대화를 하지 않는 사람, 회의가 종료되었는데 나중에서야 입장을 이야기하는 사람 등 아주 다양한 사람들이 있다.

예를 들어, 품질 보증이 완료되지 않은 제품을 고객의 요청으로 빠르게 양산으로 전환해야 하는 이슈가 있었다.

개발부서에서는 내부 Process가 완료되지 않은 선 생산 출하에 부담을 느끼고 있었으며, 영업·마케팅 입장은 고객이 요구하니 대응을 해야 한다는 입장이었다. 결국 영업부서가 품질부서에 연락하였고, 품질부서에서는 내부 기준에 어긋나지 않는지 면밀히 검토하여 긍정적인 피드백을 주는 것으로 협의하였다. 그런데 영업부서는 품질부서에서 검토하겠지만 선생산을 해도 좋다고 하였다고 개발부서에 전달하였다. 이는 잘못된 소통으로 아직 품질부서는 Data 검토를 진행 중이었고, 내부 Process 위반 여부 및 대응 방안 등을 종합 검토 중인 상황이었음에도 불구하고 선생산을 해도 좋다는 것이 마치 품질의 의견인 것처럼 전달된 것이다.

이 이야기는 부서 담당자들 간의 대화가 아니라 담당부서의 임원 및 리더들의 소통 내용이다. 부서 및 담당을 책임지는 사람들도 이렇게 대화가 되니, 구성원들은 이보다 더 소통하기 힘든 것이다.

이렇게 어려운 환경에서도 품질전문가는 여러 관계자들의 의견을 빠짐없이 귀 기울여 듣고, 상황을 통합하여 한쪽으로 치우치지 않은 최적의 솔루션을 찾아 모두를 설득하는 소통이 필요한 것이다.

청자의 입장에서 공감과 경청이 매우 중요하듯이 화자는 상대방이 공감과 경청을 할 수 있도록 유도할 수 있어야 하므로 자신의 의견을 잘 정리하여 스토리를 만들어 전달해야 하며, 내용을 효과적으로 전달하기 위해 핵심 중심으로 명료하게 전달해야 한다.

또한 중요한 사항에 대해서는 반복적으로 의사전달을 하여 청자가 반드시 기억할 수 있도록 하는 것이 좋다.

주변을 둘러보면 똑같은 이야기를 하는데도 이야기를 기가 막히게 전달하는 사람이 있는 반면에 무슨 말인지 이해하기가 힘들고, 흥미가 없도록 만드는 사람이 있다. 그것은 바로 스토리텔링의 차이이다.

넷째, 이야기의 본질과 핵심을 파악하여, 전체 스토리가 누락되지 않으면서 특정 부분에서 힘을 넣어 기승전결을 부드럽게 마무리하며, 내용을 전달해야 한다.(스토리텔링의 법칙)

그러기 위해서는 상대방에게 하고자 하는 내용의 핵심을 잘 파악하여 어떤 부분을 강조할 것인지 사전에 준비를 해야 하며, 청자가 쉽게 공감할 수 있도록 적절한 사례나 예시를 들어가면서 이야기하는 것이 좋다.

그리고 이야기의 기승전결이 부드럽게 연결되기 위해서는 논리적으로 설명해야 한다. 이야기 내용의 배경 설명이 부족하거나, 이야기 도중 갑자기 주제가 바뀌어 버리면 청자가 이해하기 어려울 수 있다.

다섯째, 전달하고자 하는 메시지는 되도록 간단명료한 것이 좋다.(명료성의 법칙)

이야기의 스토리 전개가 장황해져서 설명이 길어지거나, 모두가 알고 있는 사실을 지속적으로 이야기한다면 듣는 상대방 입장에서는 지루하거나, 핵심을 이해하기 어려워질 수 있다.

따라서 중요한 부분은 말의 높낮이(Intonation)와 강조(Accent)의 방법을 통해 의사를 전달하는 것이 좋으며, 너무 빠르지도 너무 느리지도 않게 말의 속도를 유지하는 것이 좋다.

여섯째, 징말 중요한 사항에 대해서는 반복적으로 이야기해서 청자가 절대 잊을 수 없도록 자극을 주는 것도 좋은 방법이다.(반복 자극의 법칙)

GE(General Electronics)의 전임 CEO였던 잭 웰치(Jack Welch)는 "10번 이상 얘기한 것이 아니면 한 번도 얘기 안 한 것과 같다."라고 강조하면서 본인의 생각을 반복해서 강조하고 또 강조한 결과 모든 구성원들이 그의 생각을 이해할 수 있게 되었다고 하였다.

청자의 입장에서 순간 이해를 못할 수 도 있고, 경청을 하지 못해 한 번에 공감이 되지 않을 수도 있다.

그렇다고 상황을 고려하지 않고 상대방이 잘 알고 있는 내용을 지속적으로 반복해서 말한다면 부작용이 있을 수 있으니, 상황을 고려하여 상대방이 자신의 말을 잘 따라오고 있는지 중간중간 확인하면서 중요한 부분을 여러 번 반복하여 강조하는 것이 좋다.

마지막으로 소통에서 가장 중요한 요소로, 전달하고자 하는 말에는 반드시 진정성이 있어야 한다.(진정성의 법칙)

우리는 이야기를 해보면 믿음이 가서 따르고 싶은 사람이 있는 반면에 전혀 믿음이 가지 않는 사람이 있다.

진정성이란 내면과 외면의 차이가 없는 것을 뜻하며, 믿음이 가지 않는 이유는 바로 그 사람의 말과 행동이 다르기 때문이다.

보통 기업에서 고객품질에 문제가 생기면 공식적으로 사과를 하지만 그 사과에는 진정성을 찾아볼 수 없는 경우가 많다.

왜냐하면 겉으로는 품질이슈에 대해 사과하고 있지만, 속으로는 책임을 회피하고 핑계를 대고 있는 경우가 허다하기 때문이다.

이런 말들을 한 번쯤은 들어 봤을 것이다.

비행기나 기차가 연착되어 시간이 지체될 때마다 우리는 방송을 듣게 된다.

"승객 여러분, ○○○의 사유로 시간이 지체되어 불편을 드려 죄송합니다." 또는 서비스 센터에서 "죄송하지만 해드릴 수가 없습니다."

과연 상대방이 이런 말을 들으면 그 사람이 정말 죄송한 마음을 가지고 있는지에 대한 의구심이 들 것이다.

진정성 있게 대화를 하려면 책임을 회피하거나 핑계를 대기보다는 마음으로부터 나오는 말로 상대방과 소통해야 하며, 자신이 했던 말에는 책임을 질 수 있어야 한다. 또한 대화를 하고 있는 상대방에게 너무 불리하지 않도록 함께 해결해 나가자고 믿음을 심어 주는 소통이야말로 진정성 있는 소통일 것이다.

예를 들어, 1차 신뢰성 평가에 불합격을 하고 나서 2차로 시험을 하였으나 또다시 불합격을 한 경우, '시험 결과가 안타깝지만 2차 시험도 불합격하였습니다.'라는 메일을 보내주는 품질부서 직원이 있고, 개발담당자를 직접 찾아가서 2차 시험의 결과도 좋지 않지만 분석결과로 봤을 때는 특정 부위가 개선되면 좋을 것 같으니 빠르게 검토해 보자라고 제안하는 품질부서 직원이 있다고 생각해보자.

당신은 어떤 품질부서 사람과 지속적으로 일을 하고 싶은가? 분명 진정성을 가지고 대해주는 후자의 경우일 것이다.

따라서 품질 전문가는 Data와 Fact 중심으로 숨김이 없으며 항상 진솔하게 이야기하여 대화의 책임을 질 수 있는 진성성을 가져야 하는 것이다.

그러기 위해서 평소 말이나 행동 하나하나에 신경을 써야 하고, 했던 말에는 반드시 책임을 져서 타 부문의 구성원들에게 신뢰를 쌓아 나가야 한다.

항상 안 되는 열 가지 이유보다 가능한 한 가지 이유를 찾는 긍정적인 마음으로 유관부서들과 소통하고, 비록 최선의 솔루션이 불가능하더라도 고객의 관점에서 차선을 선택할 수 있는 유연한 자세로 상대방과 의견 조율을 해 나간다면, 분명 리더는 물론이고 타 부문의 담당자들과 원활하게 소통하여 올바른 방향으로 유도할 수 있을 것이다.

3. 품질 전문가의 자세와 태도

품질부서에서 직접적으로 문제를 해결하는 경우는 많이 없다. 제품설계에 이슈가 발생하면 개발부서에서 문제를 해결하고, 공정설계에 이슈가 발생하면 생산기술부서에서 문제를 해결한다. 그리고 대부분 품질부서는 이슈가 발생하면 검출력을 강화하여 문제를 해결하려고 한다.

하지만 앞에서 말했듯이 문제가 발생하면 근본원인과 메커니즘을 찾아 Process, System, 일하는 방식 관점에서 근원적인 해결을 해야 한다고 하였다.

메커니즘 분석을 통한 근원적인 문제 해결을 위해서는 품질부서 단독으로는 불가능하다. 그러므로 품질부서의 전문가들은 앞장에서 설명한 소통의 Skill을 토대로 타 부문의 전문가들과 힘을 합쳐 함께 문제를 해결해 나가는 주도성과 Skill이 필요하다.

여기서 중요한 Skill은 **첫째가 어떤 환경에도 변하지 않는 품질의 사상과 철학을 가지고 원칙과 기준을 준수하며 일을 해 나갈 수 있는 역량이다.**

오랜 기간 동안 업무를 하다 보면 원칙과 기준을 준수하기보다는 자연스레 실리를 추구하게 된다.

고객의 요청에 따라, 상사의 지시에 따라, 원칙과 기준은 잊고 업무 효율성을 앞세워 일을 하려 한다.

만약 어두운 밤 차도에 차가 없다고 해서 횡단보도의 신호가 빨간 신호임에도 불구하고 신호를 무시한 채 건너갈 것인가?

마찬가지로 매일 동일한 수치가 나오는 설비 Recipe에 대한 일일점검을 피곤하다고 확인 없이 동일 수치로 기재할 것인가?

이럴 때일수록 Mind를 가다듬고 초심으로 돌아가서 원칙과 기준에 따른 업무를 할 수 있도록 조직 분위기를 조성하고 설득하는 자세가 필요하다.

두 번째는 품질의 전문적인 지식과 경험을 기반으로 타 부문과 소통하여 문제해결 과정을 이끌어 갈 수 있는 리더십이 있어야 한다.

품질 전문가가 되기 위해서는 유관부서에 끌려다니지 않고, 유관부서 담당자들을 동참시켜 함께 문제를 해결할 수 있도록 업무를 주도해 나가야 한다.

품질 리더십에 대해서는 앞에서도 많은 부분 설명을 하였기에 여기서는 생략하도록 하겠다.

세 번째는 문제를 해결하고자 하는 열정과 배우고자 하는 의지가 필요하다.

여기서 중요한 Skill은 끈기 있게 포기하지 않고 악착같이 끝까지 문제를 해결할 수 있는 열정을 지녀야 한다.

보통 이슈가 발생되어 현안 이슈가 해결되고 나면, 근원적인 문제 해결에 대한 상사의 관심은 소홀해지고 과정이 길어지다 보면 유관부서의 담당자들도 관심이 떨어지게 마련이다. 하지만 품질 전문가는 중요하지만 당장 필요 없는 일이라고 소홀히 하지 않고 열정을 가지고 유관부서들을 격려하고 설득시켜 반드시 근원적인 문제를 완성도 있게 해결하는 모습을 보여야 한다. 품질부서에서 포기하면 어느 부서에서도 나서지 않을 것이다.

따라서 품질 전문가에게는 안 되는 10가지 이유보다 될 수 있는 1가지의 이유를 논리적으로 설명할 수 있는 열정이 반드시 필요한 것이다.

또한 '말을 물가로 데리고 갈 수는 있어도 물을 강제로 마시게 할 수는 없다'라고 했다.

아무리 좋은 직무훈련(OJT, On the Job Training)과 사내/외 교육의 기회가 주어진다 해도 본인 스스로 수용할 자세가 되어 있지 않다면 어찌할 도리가 없다.

품질 전문가가 되기 위해서는 직무에 대한 확실한 교육과 필요한 전문분야에 대한 교육을 본인 스스로 찾아서 들으며 본인의 실력을 키워 나가야 한다.

또한 품질의 여러 기능의 다양한 업무의 경험을 통해 자신의 커리어를 관리해 나가야 한다.

그렇지 않으면 유관부서와 소통하여 Leading해 나가는 품질의 본질적 업무는 고사하고 주어진 업무도 제대로 하지 못하는 인원으로 전락할 수도 있다.

능력이 하늘에서 뚝 떨어지는 경우는 없다. 반드시 열정과 의지를 가지고 문제를 해결할 수 있는 실력을 키워 나가야 한다.

네 번째는 문제를 다각도에서 바라보는 통찰력과 깊이 생각하는 몰입의 능력이 필요하다.

문제를 문제로 인지하고 확실하게 해결하기 위해서는 통찰력과 몰입의 Skill이 아주 중요하다. 하지만 통찰력과 몰입은 가지고 싶다고 갖는 물건이 아니기에 통찰력과 몰입의 능력을 키우기 위해서는 반드시 노력이 필요하다.

통찰력을 키우기 위해서는 되도록 많고 다양한 불량에 대한 사례를 접하여 학습하는 것이 좋으며, 하나의 현상을 지속적인 관찰로 어떠한 변화가 생기는지 직접 체험해 보는 것도 좋은 방법이다. 많은 사례와 체험을 경험하게 되면 자동적으로 현상을 예측할 수 있는 감각적 감지 능력이 생기게 될 것이다.

몰입의 경우는 처음부터 어려운 문제를 생각하기보다는 평소에 관심 있는 분야의 흥미가 있는 문제를 해결하기 위해 깊이 생각해 보는 연습이 필요하다. 또한 몰입할 수 있도록 산책을 하든지, 자기 전에 조용한 환경에서 생각을 해 본다든지 자신만의 편안한 환경을 조성하여 꾸준한 연습을 한다면 반드시 몰입의 효과를 볼 수 있을 것이다.

만약 문제를 바라보는 통찰력과 몰입하는 능력을 갖추게 된다면 타 부문과 함께 문제를 해결해 나가는 과정을 주도할 수 있을 정도의 실력을 갖추게 될 것이다.

다시 한번 정리해 보면 주어진 문제를 해결하기 위한 품질 전문가의 역량을 갖추기 위해서는 기업의 품질 조직에 대한 근본적인 목적을 명확히 이해할 수 있어야 하고, 어떠한 환경에서도 변하지 않는 품질에 대한 사상과 철학으로 무장된 사명감을 가져야 하며 원칙과 기준을 기반으로 타 부문의 담당자들과 원활히 소통하고 전문적인 지식과 경험을 바탕으로 올바른 문제 해결 방향으로 유도할 수 있어야 한다.

또한 문제를 해결하는 과정에서 열정, 통찰력, 몰입을 통해 완성도 있는 해결책을 찾을 수 있어야 한다.

품질 업무를 하면서, 왜 고객을 최우선 대응을 해야 하는지, 정해진 원칙과 기준을 준수해야 하는지, 왜 당장의 현안 이슈를 해결하기보다 Process와 System 그리고 일하는 방식을 통한 품질 체계를 구축해야 하는지를 이해하지 못한다면 결코 품질 분야에서 전문가가 될 수 없을 것이다.

따라서 품질 구성원들은 품질의 기본 사상과 철학에 대해 이해하고 품질 업무에 대한 당위성과 책임감을 가지고 업무에 임할 수 있어야 한다.

품질은 사오지도 만들지도 팔지도 않지만 품질의 본질을 인정하고, 결국 고객 품질 만족을 시켜야 하므로 사오고 만들고 파는 주체의 부서들과 함께 고객 품질을 달성할 수 있도록 사명감을 가지고 지원하고 소통하고 리딩하는 업무를 해야만 하는 것이다.

함께 소통하여 집단지성을 활용하여 문제를 해결하고 각 부문과의 Teamwork을 발휘하여 경영성과 창출의 시너지를 낼 수 있도록 원동력을 불어넣는 것이 진정한 품질의 역할이며 품질전문가가 해야 할 업무이다.

기업의 품질혁신 활동의 성공과 실패 여부는 실무에 있는 품질의 전문가들이 좌우한다.

그들은 반드시 해야 하는 품질혁신 활동에 대해 앞장서서 타 부문의 구성원들을 설득하여 공감대를 형성하고, 효율적이고 체계적으로 품질이 개선될 수 있는 방법과 구체적인 방안에 대해서 함께 논의하고 합리적으로 추진함으로써 혁신적인 성과를 얻어낸다.

그러므로, 고객을 감동시킬 품질을 위해 올바른 조직 품질문화가 정착되고, Process와 System이 개선되려면 품질 전문가를 많이 육성해야 하며, 품질 전문가가 되기 위해서는 본인 스스로가 품질 관련 전문지식을 쌓아야 하는 건 당연한 이야기이다.

그리고 품질 리더들은 구성원들이 품질 전문가로 성장할 수 있도록 체계적인 직무교육(On the Job Training)의 기회를 제공하고 다양한 경험을 쌓을 수 있도록 업무 분배를 잘 해주는 것이 향후 품질의 발전에 더욱 도움이 된다는 것을 명심해야 한다.

영화 킹스맨(Kingsman : the secret service)을 보면 다음과 같은 말이 나온다.
There is nothing noble in being superior to your fellowman, True nobility is being superior to your former self.(타인보다 우수하다고 해서 고귀한 것은 아니다. 과거의 자신보다 우수한 것이야말로 진정으로 고귀한 것이다.)

품질 전문가가 되기 위해서 긍정적이고 적극적인 열정을 가지고, 예전의 자신보다 더 발전할 수 있도록 매진해 나가도록 하자.

Ⅳ. 품질경영체계

앞의 "Ⅰ. 품질경영"에서 품질경영이란, 고객품질 만족을 위한 전사적인 경영 활동이라고 하였다. 그럼 품질경영을 위한 체계를 살펴보자.

ISO 9001의 품질경영체계(Quality Management System)는 품질의 정책과 목표를 달성하기 위한 과정, 절차, 그리고 책임에 대해 기술된 공식적인 시스템이라고 정의하고 있으며 조직, 리더십, 기획, 자원 및 운용, 성과평가, 개선 등 기업에서 고객품질을 만족시키기 위해 요구되는 모든 활동이 유기적으로 연계되어 있다.

영업/마케팅부서에서 하고 있는 고객 관리에 대한 업무와 개발부서에서 하는 제품의 설계 업무, 생산기술부서에서 하는 공정 설계 업무, 구매부서에서 하는 협력사 관리 업무, SCM의 생산 계획 업무, 생산부서에서 하는 제품 생산 등 기업의 전 부문에서 실시하는 모든 업무가 고객 품질을 만족시켜 경영성과를 창출하기 위한 활동으로 고객품질에 영향을 주기 때문에 품질경영체계는 고객품질 만족을 위해 요구되는 기업 전 부문들의 활동, 업무 Process 및 산출물이라고 생각하면 된다.

그럼 품질경영체계 안에서 품질부서가 반드시 해야 하는 필수 업무에는 품질기획(Quality Planning), 품질관리(Quality Control), 품질보증(Quality Assurance), 품질개선(Quality Improvement)으로 나눌 수 있으며, 보통 기업에는 **품질기획, 품질관리, 품질보증, 품질개선**을 위한 조직이 구성되어 있고, 기능을 위한 업무에 대한 정의가 내려져 있다.

만약 조직이나 기능적인 업무에 대한 정의가 되어 있지 않으면 반드시 갖추어야 할 것이다.

하나의 제품 개발 관점에서 예를 들어 보자. 제일 먼저 품질기획은 품질전략과 정책을 수립하고 고객의 품질요구사항을 파악하여 요구사항 만족을 위한 평가방법에 대해 검토하고, 해당 제품의 품질수준에 대한 목표를 설정하고 제품 개발에서 양산까지의 품질업무 계획을 수립한다.

품질보증은 개발과 양산에서 제작된 제품이 고객 품질 요구사항과 실사용 환경 조건을 만족하는지 검증 업무를 실시하고 품질관리는 입고되는 부품, 생산되는 제품, 출하되는 사양이 고객품질 규격을 만족하는지 관리를 위한 업무를 실시한다.

마지막으로 품질개선은 고객 관점에서 품질을 더욱 향상시키는 업무를 하고 있다.

결국 위의 활동을 보면 "III. 품질전문가 육성"에서 이야기한 5가지 품질영역(개발품질, 입고품질, 공정품질, 양산품질, 고객품질)에서 다루고 있는 모든 업무에 해당되는 것을 알 수 있으며, 기업에서는 업무의 Scope를 정해 품질부서를 조직화하고 해당 영역의 업무 Process를 수립하여 추진하는 것이다.

그럼 품질업무를 하기 위해 실제 기업의 품질부서에서 어떤 Process 및 활동을 하면 좋은지 확인해 보자.

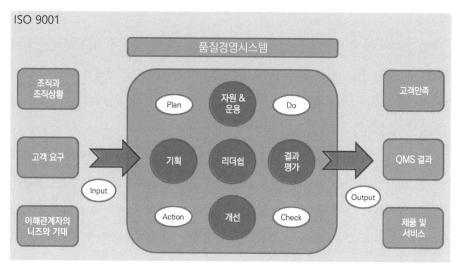

〈그림 2-12〉 품질경영시스템

1. 선행 품질 예방 Process 구축

예전에는 개발 단계의 품질부서 역할이 개발이 설계한 제품과 생산기술에서
설계한 공정에 대해서 품질을 보증하기 위한 평가만 실시하면 된다고 생각하였다.
하지만 품질보증 시험에서 불합격하거나, 양산체제로 전환된 이후에 미처 예
상하지 못한 품질 이슈가 발생한다면 고객이 요구한 품질은 물론이고 고객이 요청
한 납기까지 지키지 못해 고객의 신뢰가 떨어질 수도 있으며, 실제 현장에 가보면
유사한 품질 이슈들이 아직도 많이 발생하고 있는 실정이다.

그럼 어떤 Process와 System을 갖추면 품질보증 시험에 한 번에 합격하고 고객이
만족하는 제품을 지속적으로 생산하여 제공할 수 있을지 생각해 보면 고객이 요구한
품질이 개발초기 설계부터 반영되고, 기존에 발생한 품질 이슈와 현재의 잠재적
인 품질 Risk를 도출하여 사전 예방할 수 있는 Process와 System을 구축한다면 제
품 및 공정 설계에 대한 품질보증의 One time pass 비율이 점점 증가할 수 있을

것이다.

또한 생산 공정의 변동을 유발하는 인자들을 선행으로 확인하여 엄격한 관리를 할 수 있는 Process와 System이 구축된다면 지속적으로 일정한 품질 수준의 제품을 생산할 수 있으며, 고객 불량 유출을 방지할 수 있을 것이다.

이처럼 개발부서와 생산기술부서에서 설계를 완료할 때까지 기다렸다가 품질평가를 실시하는 것이 아니라, 개발 Project에 관계된 품질을 포함한 모든 유관부서의 담당자들이 함께 제품 설계에 참여하고 공정설계에 참여하여 집단지성을 활용한 Teamwork를 발휘한다면 고객품질 관점에서 잠재적인 품질 Risk를 더욱 고민하여 완성도 높은 설계를 할 수 있으며, 제품설계 단계부터 공정설계를 고려하는 Concurrent Engineering으로 생산성을 더욱 향상시킬 수 있을 것이다. 물론 잠재적 품질 Risk를 선행으로 예방하여 품질보증 평가의 합격률도 향상될 수 있을 것이다.

그리고 유관부서 담당자들과 함께 생산에서 발생할 수 있는 공정변동 인자를 사전에 도출하여 철저한 관리계획을 수립하고 작업/검사인원들이 기준을 준수한다면 지속적으로 동등한 품질 수준을 유지할 수 있으며 고객에게 안정된 품질의 제품을 공급할 수 있을 것이다.

이렇게 품질은 사후에 관리하는 것이 아니라, 선행으로 개발과정을 관리하며 품질이슈에 대한 잠재적 Risk를 줄여 나갈 수 있는 Process와 System을 구축하고 기준을 준수해야 하는 것이다.

따라서 품질부서에서는 개발 Project 내에서 유관부서 담당자들이 함께 개발업무에 참여할 수 있도록 개발단계 품질관리 업무 Process를 구성해야 한다.

또한 개발부서나 생산기술부서에서 고객 요구품질이 조기에 달성될 수 있도록 품질 Risk를 도출하여 예방활동을 통해 완성도 높은 설계업무를 수행할 수 있게 상세 Activity를 정립해야 하며, 양산에서는 구체적이고 명확한 공정관리 계획과 작업표준을 수립하여 공정 변경, 변동에 의한 생산 품질이슈가 발생하지 않는 공정관리체계를 수립해야 한다.

다음은 개발단계에서 품질보증 및 품질관리를 위해 필요한 항목이며, 품질 선행관리를 위해 개발Process에 반드시 적용되어야 한다.

① 고객의 요구사항을 수집 · 분석하는 활동(RFI, RFQ, 고객 Requirement)

② 설계 취약점 도출 시험(ART 시험, Step-up 시험 등)

③ 설계 고장모드 및 영향도 분석(D-FMEA)

④ 특별관리항목 및 관리규격 설정(CTQ, CTP, Spec 정합화)

⑤ 제품 설계변경 및 샘플 Build 관리(개발 4M 변경 관리)

⑥ 제품설계 품질보증 평가(고객품질 및 신뢰성 평가, DV 인정시험)

⑦ 공정 고장모드 및 영향도 분석(P-FMEA)

⑧ 공정 관리계획 수립(Process flow chart, Control Plan)

⑨ 공정작업지침 및 입고/공정/출하 검사지침 수립(작업표준, 검사표준)

⑩ 설비품질 관리(호기전개)

⑪ 공정 설계변경 및 Build 관리(공정 변경 관리)

⑫ 공정 설계 품질 보증 평가(PD, PV 인정시험)

⑬ 양산을 위한 준비사항 점검(양산 Readiness Check)

양산단계에서는 품질보증 및 품질관리를 위해 다음 업무에 대한 명확한 체계가 구축되어야 한다.

① 양산 초기 안정화 관리[FPI(First Product Inspection)]

② 자공정 완결 품질체계 확보(불량부품 입고 방지, 불량품 생산 방지, 불량품

유출 방지를 위한 Process와 System 구축)

③ 생산 Site별 품질 동등 수준을 위한 Process 및 System 구축(해외생산법인, 협력사 외주생산 등)

④ 통계 기법을 활용한 이상LOT, 부적합품 등 공정변동관리 Process 및 System 구축(부적합관리, 한계불량관리, SPC, CpK 등)

⑤ 협력사 품질체계 확보(사내의 품질 요구수준을 만족하는지 정기적으로 품질 점검, 지원, 관리에 대한 Process와 System 구축)

⑥ 4M 변경 관리에 대한 Process 및 System 구축

⑦ 품질이슈에 대한 재발방지 및 유사이슈 발생 예방에 대한 대책이 실현될 수 있는 Process 및 System 구축(Error Proof 관점의 대책과 예방대책 수평 전개, 8D Process 구축, 양산정기 신뢰성/ORT 등)

⑧ 이슈 발생 시 실시간 보고 체계 구축(Issue Escalation 체계)

⑨ 실패사례(Lessons Learned)의 개발 프로젝트 피드백 체계 구축

만약 개발단계에서 위의 13가지 항목에 대한 명확한 책임과 Process가 정의되고, 양산단계의 9가지 항목의 관리체계가 정립된 이후 IT System까지 구축된다면 고객에게 제공하는 제품의 품질 완성도는 엄청나게 향상할 수 있을 것이다.

하지만 개별 Activity의 전문적인 지식과 방법, 조직 내부의 Human Resource, 그리고 부문 간의 R&R과 Co-work 및 소통 미흡 등의 사유로 품질보증 및 관리체계를 구축하기에는 정말 많은 시간과 비용, 노력이 필요하다.

품질체계를 구축하는 것은 어렵지만 반드시 실현해야만 사업의 기반이 되어 고객에게 신뢰를 받을 수 있는 품질 주도의 업무라는 것을 명심해야 한다. 위 항목의 각각의 내용은 제3장 품질체계에서 상세히 다루도록 하겠다.

2. Closed Loop Quality System

앞에서 개발단계와 양산단계에서 품질보증, 관리, 개선을 위해 반드시 필요한 업무 Process 및 System에 대해 소개하였다.

하지만 각각의 항목들을 자세히 살펴보면 서로서로 앞뒤로 연결되어 있음을 알 수 있다.

고객이 요청한 사항과 실사용 환경 조건에 따라 설계 취약점을 분석하고, 잠재적 고장 Risk를 검토하여 미연에 방지하고 Risk 제어가 필요한 항목은 특별관리항목으로 지정하여 공차 설계를 통해 관리규격을 설정한다. 이렇게 설계된 제품에 변경점이 발생하면 변경점 중심으로 새로이 고장 Risk를 검토하여 변경점에 대해 관리를 하고, 샘플을 제작할 때에도 목적과 사용용도, 변경사항 발생여부에 대한 관리를 실시하여 예상하지 못한 품질 이슈가 발생하면 즉시 확인 및 검토가 가능하도록 이력관리를 해야 한다. 그리고 최종 제품설계에 대한 품질평가를 실시하여 고객품질을 검증하게 된다.

공정설계도 마찬가지로 잠재적 고장 Risk를 검토하여 미연방지 및 특별관리 항목을 지정하고 규격을 설정한다.

이후 공정에서 관리해야 하는 모든 항목에 대한 공정, 관리대상, 관리방법, 주기, 주관, 이상발생 시 조치사항 등을 상세히 검토하여 작성하고, 현장 작업자와 입고/공정/출하 검사 인원들이 작업과 검사 기준을 잘 준수할 수 있도록 구체적인 지침서를 제작하여 교육하고 배포한다.

또한 설비와 관련된 지그, 치공구, 설비 호기전개 등에 따라 변동사항은 없는지 철저히 검토하고 만약 공정의 설계가 변경되면 공정 고장 Risk를 재검토하고 이력을 관리해야 한다. 그리고 최종 공정설계에 대한 품질 평가를 실시하고 대량생산 준비가 완벽하게 되었는지 점검을 통해 양산 이관을 실시한다.

양산에서는 개발단계에서 이관된 공정 관리계획을 기반으로 작업지침과 검사 지침을 준수하여 공정의 변동이 발생하지 않도록 수시로 점검하고 관리를 해야 하며, 협력사에서 불량품이 입고되지 않도록 철저한 협력사 품질관리와 내부공정 또는 해외 생산 공장이나 외주생산의 공정까지 동일한 품질 수준이 유지되도록 관리해야 한다.

그리고 통계적 공정관리를 활용하여 이상LOT, 부적합에 대한 조치를 실시하여 자공정 완결형 체계를 만들어야 한다. 품질이슈가 발생하면 실시간으로 보고함과 동시에 대책을 마련해야 하고 이후 동일 이슈 및 유사 이슈가 발생하지 않도록 Error Proof 관점에서 대책을 마련하고 전사적으로 공유하여 수평전개 해야 한다. 그리고 이슈사례는 반드시 다음 개발 모델, 유사모델에서 검토될 수 있도록 해야 하며 제공된 제품의 고객 반응을 지속적으로 살펴 제품에 대한 만족도와 불만에 대한 VOC를 수집하여 개선하며, 다음 개발 Project에 실패사례가 검토될 수 있도록 반영한다.

품질의 업무는 이와 같이 개발부터 양산까지 연계되어 품질 체계를 구축하는 것이다.
개발에서 완성도 높은 설계와 관리 기준을 만들고, 양산에서는 관리기준을 준수하고 변경/변동을 관리하며, 이슈가 발생하면 대책을 세워 다음 개발 프로젝트에 반영하여 하나의 끊임없는 Loop가 완성되는 것이다.

이것을 바로 Closed Loop Quality라고 하며 일등품질을 하기 위한 품질체계의 근간이 되는 프레임이다. (**그림 2-13** 참조)
다음 장에서는 Closed Loop Quality 내 업무 하나하나에 대해 상세히 소개하도록 하겠다.

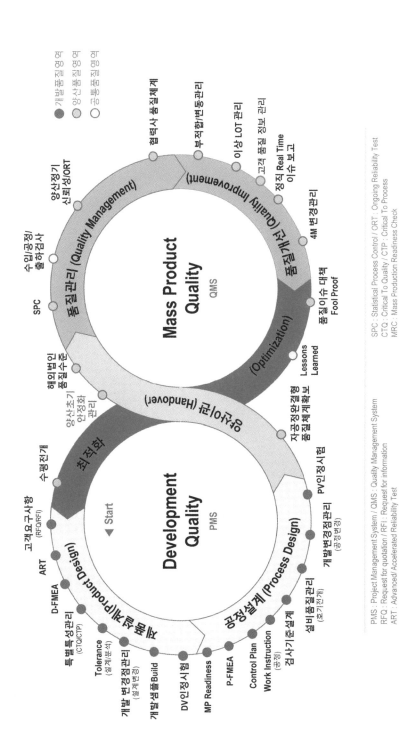

<그림 2-13> Closed Loop Quality System

PMS : Project Management System / QMS : Quality Management System
RFQ : Request for quotation / RFI : Request for information
ART : Advanced/ Accelerated Reliability Test

SPC : Statistical Process Control / ORT : Ongoing Reliability Test
CTQ : Critical To Quality / CTP : Critical To Process
MRC : Mass Production Readiness Check

제 **3** 장

품질체계

고객감동
품질경영솔루션

고객감동
품질경영솔루션

품질체계

Ⅰ. 선행개발 품질

앞 장에서 품질은 고객의 요구는 물론이고 사용하는 환경 중심으로 생각해야 하며, 실력을 바탕으로 원칙과 기준을 세우고, 기준에 따라 품질부서는 흔들림 없이 모든 품질 Risk를 사전에 예방하는 선행관리 활동에 집중해야 한다고 소개하였다.

또한, 전 부서가 제품과 공정을 설계하고 생산체계를 구축하는 과정에서 선행품질관리가 될 수 있도록 끊임없이 소통하고 올바른 방향으로 유도하는 것이 진정한 품질의 역할이라 하였고, 그 과정에서 일등품질을 달성하기 위한 일하는 방법에 대해서 알아보았다.

이번 장부터는 선행품질관리 방법과 앞에서 언급한 품질인의 10가지 Smart ways of working에 대해 언제, 어떻게 실무에 적용해야 하는지 좀 더 상세한 내용을 Business Flow 단계별로 소개하고자 한다.

단계별 품질 활동을 설명하기 위해서는 앞에서도 말했듯이 품질은 Business Flow 전체를 잘 이해하고 있어야, 완성도 있는 품질관리의 계획 수립이 가능하고, 품질 Risk를 볼 수 있는 통찰력을 갖출 수 있다.

그럼 그림 3-1 의 Business Flow를 살펴보자.

출발은 고객 접점에 있는 영업과 마케팅 부서로부터 시작한다. 담당부서에서 다양한 채널을 통해 고객과의 거래를 위해 여러 활동을 추진하고, 이러한 과정을 통하여 신규 고객을 발굴하거나, 이미 거래를 하고 있는 고객과는 새로운 제품 거래에 대해 논의하게 된다.

이후 고객은 그들이 원하는 상세 요구사항을 공유하며, 우리는 그 요구사항들의 타당성을 검토하여 실질적인 Project의 개발단계가 시작된다.

개발단계에서는 접수된 고객요구 사항을 토대로 개발부서 주관으로 개발일정(D), 개발비용(C), 개발성능목표(T), 품질목표(Q)에 대한 개발계획을 세우며, 계획에 맞춰 제품과 부품을 설계하고 개발하게 된다.

그리고 나서 검증된 제품을 생산할 수 있도록 공정을 설계하고, 필요한 설비에 대해 투자를 집행하여 생산체계를 구체화해 나간다.

최종적으로 개발된 제품과 생산 공정에 대한 품질을 검증하고, 품질 목표 달성 시 제품을 생산하여 고객에게 전달하는 과정을 거친다.

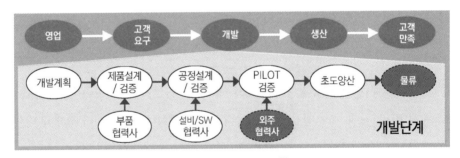

〈그림 3-1〉 Business Flow

여기서, 우리는 개발계획을 수립하는 것을 시작으로 고객에게 제품이 전달되기까지의 개발단계 과정에서 단계별 품질의 업무와 역할에 대해 이야기하고자 한다.

개발단계 품질의 업무와 역할에 대해 이야기하기 전에, 먼저 고민해 봐야 하는 단계가 있어, 짚고 넘어가고자 한다.

바로 선행개발 단계이다.

선행개발 단계는 장기적 관점에서 회사 내부의 기술 경쟁력을 갖추기 위해 제품개발 계획보다 앞서서 기초연구나 새로운 기술을 개발하는 단계를 말하며, 선행개발은 고객이 직접적으로 요구하는 제품을 개발한다기보다는 향후 고객에게 더욱 경쟁력 있는 제품을 제공하기 위한 미래 준비라고 생각하면 된다.

일반적으로 선행개발을 위해 CTO 및 연구소에서 시장에 없거나, 또 다른 Concept의 새로운 재료, 공법, 기술 및 제품 연구를 위해 별도의 인력과 비용을 투자하여 기술 경쟁력을 갖추기 위해 노력하고 있다.

생각해 보자. 신재료, 신공법, 신기술, 신제품이라는 건 그 누구도 품질에 대해서 검증해보지 않았다는 것이며, 만약 성능목표를 달성한다 해도 상품화가 되기 위한 잠재적 가치는 있을지언정, 품질 입장에서는 잠재적 품질 Risk가 많다고 생각해야 한다.

하지만, 당장 고객에서 요청한 사항이 아니다 보니, 품질부서에서 깊은 관여를 하고 있지 않고, 사업화가 언제 될지 혹은 안 될지도 모르는 기술들까지 깊이 있게 들여다볼 여유가 없기 때문에 관심도가 낮다.

또한 품질부서 리더들조차, 당장 고객에게 납품해야 하는 제품의 이슈 해결이 중요한 문제라고 인식하기 때문에 새로운 기술에 대한 품질 Risk 관리에 대해서는 별도로 지시하지 않고, 해당 업무를 수행한 인원들의 업무실적은 인정해 주지 않는 경우가 많다.

그럼에도 불구하고 새로운 기술연구에 대한 품질 예방활동이 필요한 2가지 이유가 있다.

첫째, CTO나 연구소에서 개발되는 기술은 근본적으로 제품 경쟁력을 갖춰 결국에는 사업부에서 활용하여 제품화를 하려는 목적이다.

하지만, 앞서 말했듯이 새로운 재료/공법/기술/제품은 그만큼 품질 Risk의 가능성이 높기 때문에 우리는 앞서서 품질 Risk를 검증해야 한다.

하나의 사례를 들어 보겠다.

A사 CTO에서 개발한 두께가 얇은 평면 타입의 Transformer 부품을 사업부에서 인계 받아 Slim형 제품을 만들어 경쟁사 대비 기술경쟁력을 갖추고자 하였다.

그러나, CTO 선행개발 단계에서 부터 명확한 품질 검증 없이 개발된 Transformer를 사용하다 보니, 사업부 제품 개발단계에서 EMI 이슈, Surge Test 불합격, 열충격 Test 이슈 등 다양한 신뢰성과 관련된 문제가 발생하였으며, 그로 인해 개발기간이 초기 계획 대비 100일 이상 지연되게 되었고, 얇은 두께의 평면 타입 Trans는 결국 Surge Test 합격을 위해 두께가 두꺼워져 경쟁사 대비 기술 경쟁력에 대한 차별화도 사라져 버렸다.

결국 선행개발 Project의 실패로 인하여 제품개발에 적용이 지연되어 실질적 사업성과에 차질이 생기게 되었다.

이는 신기술 선행개발단계에서부터 품질 Risk를 도출하고 Hedge하는 활동이 얼마나 중요한지를 알 수 있는 대표적인 사례이다.

둘째, 선행개발의 담당자들은 하나같이 해당 분야의 역량과 Domain Knowledge를 갖춘 최고 전문가이지만, 재료에서부터 최종 제품으로 만들어지는 과정(Materials → Parts → Sub Components → Component → Module → Assembly → Product)에서 검증해야 하는 품질의 원칙과 기준, 절차, 규격, 목표 등 상품화가 되기 위한 업무 Process와 System에 대해서는 이해도가 낮을 수밖에 없고, 고객 품질 관점에서도 실무 경험이 부족하다 보니, 기술개발 중심의 전문성만으로는 Project 완성도는 낮아질 수 있다.

한마디로, 연구를 담당하는 인원들은 해당 연구 분야에 대한 전문성은 있지만 연구 실적이 제품이 되어 고객에게 전달되는 과정에 대해서는 이해하지 못하는 것이다.

따라서, 품질관리 Process와 System을 잘 이해하고, 고객 품질에 대해 실무 경험이 많은 품질부서에서 선행기술개발이 진행될 때 함께 지원을 해 줘야 하는 것이다.

여기서 그치지 않고, 더 나아가 개발단계의 품질관리보다 앞서는 선행개발 단계의 **품질관리로 영역을 확장해야** 하며, CTO와 연구소에서 추진하는 Project의 선행개발 단계에서부터 품질 Risk가 최소화될 수 있도록 지원하여, 향후 사업부에서 품질적으로 문제가 없는 경쟁력을 갖춘 신기술들이 활용될 수 있도록 해야 하는 것이다.

품질부서에서는 지금까지 수많은 제품의 개발 과정을 유관부서들과 함께하면서, 다양한 품질 Risk를 도출하여 예방하는 활동을 해 왔으며, 비록 예방에 실패하더라도 이슈를 해결하고 개선한 사례들과 경험을 가지고 있다.

따라서, 선행개발 되는 기술에 대해 명확히 이해하지 못하더라도 문제를 바라보는 체계적이고 Logical한 사고로 품질 이슈에 대한 Risk를 도출할 수 있고, 어떻게 예방하고 검증하면 좋은지에 대한 Knowhow를 지원할 수 있다.

그럼 품질부서에서 CTO와 연구소의 선행개발 Project에 대해 어떤 지원을, 어떻게 해주면 좋을까?

크게 3가지 지원 분야를 고려할 수 있다.

첫째, 연구 대상의 구성요소와 상/하위 요소의 구성 메커니즘 분석을 통해 불완전성과 잠재적 결함을 사전에 예방·관리하는 FMEA에 대한 지원이다.

기술개발 담당자는 연구하는 요소의 성능에만 집중하여 업무를 검토하고 추진하기 때문에, 해당 기술과 결합되거나 연계되는 다른 요소들에 대한 영향도 관점의 품질 Risk 검토를 소홀해질 수도 있다.

그렇기 때문에 기술개발이 진행되고 있을 때부터 전체적인 제품 관점에서의 품질Risk를 지속적으로 도출하여 사전에 이슈 예방 및 검증 방법을 찾기 위해 FMEA와 같은 분석을 함께 실시할 수 있도록 지원해줘야 한다. 이 부분은 이후 개발단계 품질관리 업무와 역할에서 상세히 설명하도록 하겠다.

둘째로 샘플이 제작된 경우, 어떤 부분이 취약한지, 정말 품질 Risk가 없는지에 대한 **품질검증 평가에 대한 지원과 승인업무이다.**

앞서 말한 바와 같이 하나의 영역에서는 전문적인 지식으로 평가 방법을 알 수도 있지만, 해당 기술이 적용되는 조립품이나, 제품, 공정 또는 고객 사용조건 등 전체 Process 관점에서는 어떤 평가와 시험, 검사방법이 유효한지, 그리고 평가결과를 토대로 어떤 품질을 얼마나 보증하게 되는지에 대해서는 알기가 힘들 것이다. 따라서, 품질에서 품질보증을 위한 평가방법, 신뢰성 시험과 수명 검사 등에 대한 지원이 필요하다.

만약 평가에 좋지 않은 결과가 나온다면, 메커니즘 적으로 설계의 문제인지, 제작과정이 문제인지, 아니면 사용한 부품이 문제인지를 명확히 밝힐 수 있도록 유도하고, 회사 내부가 아닌 부품협력사 또는 외주협력사 등 회사 외부의 문제인 경우는 품질 관점에서 협력사 선정, 평가, 관리에 대한 지원까지 이어져야 한다.

마지막으로, 선행개발 Process 과정의 단계별로 수행이 필요한 Activity와 Output에 대한 관리가 필요하다.

선행개발 Process가 개발 완성도를 확보할 수 있도록 되어 있는지 확인해야 하며, Process 절차대로 수행할 수 있도록 지원하고 점검해야 한다.

그러나, 현실에서는 반드시 수행해야 하는 업무와 산출물이 실행되지 않아 사업부 제품개발 단계에서 품질 문제가 발생되기도 하고, 실행이 되더라도 내부 System을 활용한 이력관리가 되지 않아 문제가 재발된 경우 자원의 신규 투입과 일정 지연의 Loss가 발생된다.

이를 바로잡기 위해서는 품질부서에서 선행개발 초기단계부터 함께 참여하여 Project 성격에 맞게 선행개발 Process가 수립될 수 있도록 도움을 주고, 수립된 계획에 맞게 Project가 진행되고, 품질 점검이 될 수 있도록 관리해야 한다.

또한 개개인의 PC에 저장된 Data나 산출물들이 System을 통해 개발이력관리가 될 수 있도록 유도하여, Project가 잘 관리될 수 있도록 지원이 필요하다.

실제 CTO나 연구소에서 추진되는 선행개발 Project를 살펴보면 하늘에서 뚝 떨어진 듯한 세상에 없던 신기술보다는 기존에 개발된 기술을 보다 나은 기술로 발전시키는 Project가 대부분이기에 우리 품질에서 위 세 가지를 지원하는 것에 대해 큰 어려움은 없을 것이다.

선행개발 초기 단계부터 FMEA을 함께 실시하여 설계적 품질 Risk를 도출하여 설계를 사전에 강화하거나, 올바른 품질관리 방법을 찾고, 샘플 평가를 실시하여 목표한 품질을 검증하는 과정을 통해 잠재적 품질 Risk에 대해 많은 부분이 해소될 수 있을 것이다.

또한, 선행개발 Process를 준수하고 과정관리를 통해 개발 완성도를 높여 선행기술이 사업부에 잘 이관될 수 있도록 해야 한다.

지금까지의 관행은 선행개발 영역을 품질의 Scope으로 생각하지 않았을 것이다.

하지만, 앞서 이야기한 바와 같이 품질 Risk가 해소되지 않은 채로 선행개발의 기술이 사업부로 넘어오게 된다면, 평면 타입의 Transformer 이슈 사례처럼 처음부터 다시 품질 Risk를 검토하고, 발생된 이슈 해결에 개발 일정이 지연되어 고객과 약속한 일정에 차질을 빚게 된다. 급박한 상황 속에서 일정을 만회하려다 보니, 비용은 비용대로 상승하고, 품질 완성도가 낮은 채로 개발이 완료되어 내부 공정 불량 또는 불량 유출로 이어져 품질 사고가 발생함에 따라 이는 고객이 생각하는 사내 브랜드 이미지와 신뢰관계가 하락으로 이어져 향후 연관 Project에도 악영향을 줄 수 있다.

결국, 품질이 보장되는 경쟁력 있는 선행기술을 사업부에서 활용하기 위해서는 선행개발 단계의 품질관리 지원을 하지 않을 수 없는 것이다.

따라서 품질은 내 코가 석자인데, 나중에 사업부에 해당 기술이 떨어지면 그때 검토하면 된다는 안일한 생각은 버리고, 이제부터라도 선행개발 단계의 기술연구에 관심을 가지고, 정기적인 Activity 참여와 아낌없는 지원이 될 수 있도록 리더들부터 생각을 바꾸고, 점차 품질의 영역을 확대해 나가야 한다.

품질 경영층에서는 사업부문장과 CTO, 또는 연구소장이 함께 논의하여 품질 완성도 제고를 위한 개발현황 및 품질 Risk와 이슈를 공유하고 함께 방안을 모색할 수 있도록 정기회의체를 구성하여 운영해야 하며, 품질리더는 선행개발의 품질관리에 관심을 가지고 핵심 품질활동에 대한 과정에 참여하고 산출물을 검토/점검하여 선행개발에 대한 품질 완성도를 확보해 나가야 한다.

이러한 품질 업무지원을 통해 개발단계보다 앞서는 선행개발 단계의 품질관리로 품질 Risk 최소화에 집중하고 적기에 사업부문에서 상품화로 전환되어 고객에게 신규 Project 제안을 통한 미래 비즈니스 확보가 될 수 있도록 해야 한다.

Ⅱ. 개발품질

CTO/연구소 선행개발 단계에서 품질부서가 어떤 지원을 해줘야 하는지 먼저 알아보았고, 지금부터는 본격적으로 사업부 제품개발 단계에서 품질이 어떤 업무를 어떻게 해야 하는지 소개하겠다.

개발단계에서 품질의 최종 목적은 제품 개발에 대한 모든 불확실성을 제거하여 고객 요구와 사용 환경에서의 제품 완성도를 높이는 것이다.

다시 말해, 개발 기간 동안 제품이 가지고 있는 품질 Risk를 도출하고 발생 메커니즘 분석을 통해 품질 이슈가 발생하지 않도록 예방활동을 실시하여 개발이 완료되고 나면, 제품의 설계나 공정설계에 기인된 불량 발생이 일어나지 않도록 하는 것이다.

제품 개발품질의 목적을 달성하기 위한 품질부서 본연의 업무는 그림 3-2 와 같이 크게 세 가지로 구분할 수 있다.

첫째, 제품개발 Process 과정에서 품질관리 Activity를 정의하고 실행 과정을 관리해야 한다.

지금까지의 개발단계 품질관리 활동은 Process 각 Event 단계에서 Pass/Fail을 판단하는 Gate 점검이 주된 활동이었다면, 제품과 공정의 설계 과정과 업무절차에 직접 품질이 참여하여 정해진 Process로 Project가 진행될 수 있도록 지원하고 Leadership과 스마트하게 일하는 방법을 통해 각 이벤트의 activity 충실도를 높이는 과정관리가 필요하다.

제품 완성도를 높이기 위한 과정관리를 하기 위해서는 가장 먼저, 제품개발을 위한 개발 Process와 세부 Activity에 대한 명확한 정의가 필요하다.

제품개발 Process를 따라 Activity를 충실히 수행하면 잠재적 품질 Risk가 조기에 도출되어 선행 품질관리를 통해 계획한 성능/품질/비용/일정을 달성할 수 있도록 정교한 Process와 상세 Activity를 갖추고 있어야 한다.

그리고 나서, 타 부문의 주관부서에서 정해진 Process와 Activity 수행 충실도를 높여 품질 Risk를 사전에 예방하여 개발품질 완성도를 높일 수 있도록 품질부서에서 직접 참여하여 개발단계의 각 이벤트별로 과정관리를 해나가야 한다.

품질 과정 관리를 통해 후행단계에서 발생할 수 있는 잠재적 이슈를 사전에 발견하고 조치하여 개발품질 완성도를 확보함으로써, 개발일정 준수, 실패비용 최소화로 사업성과에 기여하고, 고객 만족의 시작점이 되는 것이다.

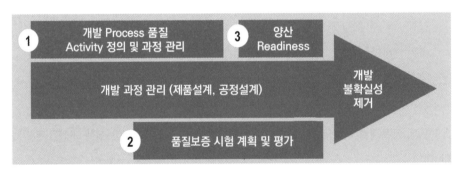

〈그림 3-2〉 개발단계 품질 업무와 역할

제품개발 Process 과정에서 품질관리 Activity를 정의하기 위해서는 먼저 고객이 무엇을 요구하는지, 사용 환경은 어떠한지에 대한 분석을 통해 품질 목표를 설정해야 하며, 고객 요구 사항이 기존과 달리 새롭게 제안된 것들(4新: 제품구조, 기술, 공법, 재료변경 등)이 있는 것에 대한 명확한 define을 실시하고, 특히 FMEA 검토를 통해 risk를 어떻게 찾아내어 제어할 것인가? 등과 같은 필요한 Activity를 구체화시켜야 한다.

제품개발 Process에 대한 과정 관리를 개략적으로 살펴보면, 개발부서와 함께 선행 가혹 신뢰성 시험(Advanced Reliability Test)과 설계FMEA(Design FMEA)를 통해 제품설계의 취약점을 찾아 설계의 강건성을 확보하고, 잠재적 Risk를 제거하기 위하여 품질관리항목으로 선정하여 어떤 목표와 범위로 관리할지 명확한 관리규격을 설정해야 한다.

이렇게 관리하는 항목을 **특별특성** 또는 CTQ(Critical to Quality)라고 부르며, 회사마다 부르는 명칭에 차이는 있으나, 동일한 개념이라고 이해하면 된다.

품질관리를 위해 도출된 CTQ는 관리규격 안에서는 절대 불량발생이 되지 않도록 **공차분석 및 설계**를 통해 관리규격을 설정해야 한다.

제품 설계에 대한 검증이 완료되면 해당 제품이 동일한 성능과 기능을 유지하면서 효율적으로 생산할 수 있을지에 대해 고민할 단계이다.

이 과정에서 발생할 수 있는 잠재적 Risk는 앞서 설계 CTQ로 지정된 항목을 근거로, **공정FMEA(Process FMEA)**를 통해 공정상에 발생 가능한 Risk를 제거하든지, 관리기준과 관리규격을 찾아 품질관리가 되도록 해야 한다. 여기서 관리항목으로 도출되는 항목을 CTP(Critical to Process)라고 한다.

위와 같이 품질 Risk를 도출하여 관리대책을 수립하는 품질 선행 활동은 한 번만 실시하는 게 아니라, 개발단계가 종료될 때까지 지속적으로 실시하여 품질 Risk가 최소화되고 제품설계 및 공정설계의 완성도를 높여 나가야 한다.

따라서 품질부서에서는 위와 같은 방법론을 연구하고 검토하여 효율적으로 개발 Process에 반영하고 개발부서 및 생산기술부서가 수행할 수 있도록 개발과정에 직접 참여/지도하여 품질 Risk 및 이슈가 도출되도록 하고, 유관부서와 소통을 통해 품질이슈를 예방해야 한다.

또한, 개발단계 각 이벤트마다 **품질 Gate Process**를 반영하여 품질 검증을 실시하여야 한다.

여기서 간과하지 말아야 할 내용은 주요 방법론에 대해 실행을 했느냐?라는 관점보다 "추가 잠재적 품질 Risk는 없는지?", "품질관리항목(CTQ/CTP)을 올바르게 설정하였는지?", "해당 항목을 관리하면 품질이슈가 예방이 되는지?", "DoE(실험계획법) 또는 Spce 상/하의 Boundary Test 등을 통하여 Spec 및 공차설계가 타당한지?" 등 Spec 정합화 검증을 실시해야 한다.

만약 개발 과정에서 품질부서가 참여하지 않는다면 실행유무에 대한 점검 이외는 할 수 있는 게 없을 것이다.

결국 품질부서에서 개발 Process의 품질 Activity를 명확히 하고, 과정 관리를 한다는 것은, 고객 사용환경 및 요구사항을 분석하여 사전에 잠재적 품질 Risk를 찾아 품질을 선행관리 할 수 있도록 품질부서가 주도성을 가지고 리더십을 발휘하는 것이다.

둘째, 개발단계 품질보증을 위한 시험 계획 및 평가이다.

품질을 보증한다는 의미는 고객이 요구한 조건을 만족하고 실제 사용하는 환경에서도 문제가 없도록 보장하는 것이다.

이를 위해서는 고객이 요구하는 제품의 성능, 기능, 특성, 외관에 대해 품질을 보증할 수 있는지 시험을 통해 평가를 해봐야 하며, 실제 사용 환경에서도 문제가 없는지 시험을 실시하여 품질보증을 해야 한다.

따라서, 품질보증 평가는
① 성능, 기능, 특성, 외관 등 제품에서 요구되는 규격이 만족하는지를 평가하는 시험과

② 고객 사용 환경 조건 하에서 요구한 시간 동안 품질성능, 기능 등에 문제가 없는지 평가하는 신뢰성시험(수명 포함)으로 구분할 수 있다.

고객이 직접 요구한 성능, 기능, 특성, 외관 상태의 경우는 성능시험을 통해 고객의 기준에 만족되는지 평가를 실시하게 된다. 하지만, 최종 고객이 실제 사용하게 되는 환경 및 조건에 대해서는 고객의 별도 요구가 없으면 개발단계에서 보증 평가를 간과하는 경우가 발생한다.

또한, 품질보증을 위한 시험 평가 업무를 살펴보면 대부분 기존의 시험 평가방법에서 벗어나지 못하고 있다.

예를 들어 동남아시아에서 사용되는 전자제품 내부의 모듈은 습도에 취약하기 때문에 강건한 설계를 통해 내습도에 대한 신뢰성 평가가 동반되어야 하지만, 기존의 해오던 방식의 신뢰성 평가로 실시하여 최종소비자로 부터 Claim을 받은 적이 있다.

또한 제품의 구조가 변경되어 열충격에 취약한 구조임에도 기존과 동일한 신뢰성 시험 방법으로 검증하여 결국 최종소비자 사용 환경에서 불량이 발생한 사례도 있다.

따라서, 제품의 설계와 구조, 성능, 부품이 변경되는 경우와 실제 사용하는 환경이 변하는 경우는 반드시 시험기획을 통해 명확한 절차에 의해 신뢰성 평가 계획을 수립하고 실행해야 한다.(그림 3-3)

특히, 변경사항은 FMEA를 실시하여 완벽한 검증 계획을 세우고, 과거의 평가방법에서 벗어나, 고객이 요구하는 사용/운송/보관 환경을 검토하고 새로운 검증 시험법을 개발하여 평가를 실시해야 한다.

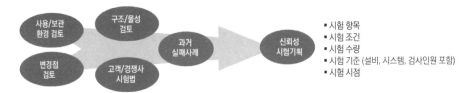

〈그림 3-3〉 신뢰성 시험기획 절차와 산출물

이와 같이 품질에서는 개발단계 초기에 고객 사용환경과 요구사항, 제품분석 결과(4新 변경사항), 경쟁사 비교분석, 기존 모델 이슈내용, 국제인증 규격 등을 종합적으로 고려해서 시험을 기획하고, 신규시험법을 개발하여 시험 전문가를 통해 평가가 진행되어야 한다.(시험의 종류는 표 3-1 참조)

이것이 개발단계에서 품질의 두 번째 주요 업무라 할 수 있다.

[표 3-1] 시험의 종류

구분		내용
성능 시험	부품성능시험	협력사 부품이 사내 요구 규격 만족 여부 평가
	제품성능시험	제품이 기능, 성능, 외관, 특성이 고객 요구 규격 만족 여부 평가
	공정성능시험	공정이 제품 품질을 유지하는지 평가
신뢰성 시험		제품의 기능, 성능, 외관, 특성이 규정된 환경에서 명시된 시간 동안 품질 보증 여부 평가
수명 시험		제품 사용 수명을 추정하기 위한 평가
코너 시험, 바운더리 시험		Spec. 공차 정합화를 위한 DoE 시험
선행가혹신뢰성 시험(ART)		가혹시험을 통해 제품설계의 취약점을 찾아 설계강건성 확보 목적

*ART : Advanced Reliability Test

셋째, 양산 준비를 위한 개발단계 필수 활동

기본적으로 개발단계에서 품질 Risk를 모두 검토하고 품질보증 평가까지 완료되었다면, 그 다음은 동일한 품질의 제품을 만들기만 하면 된다.

하지만, 개발단계에서 정해진 일정과 비용의 한계에 따라 검증할 수 있는 시료의 수와 평가 횟수는 한정될 수밖에 없으며, 그에 따른 양산단계에서는 협력사와 사내에서 발생되는 부품의 산포, 공정 설비 확장에 따른 산포, 작업자 변경에 따른 산포 등의 대량생산 체제에서 발생할 수 있는 잠재적인 변동에 의한 품질의 산포는 커질 수밖에 없다.

다시 말해, 개발단계의 변동이 크지 않은 샘플에 대한 품질 검증으로 대량생산에서 발생되는 전체 변동을 대변할 수 없는 것이다.

따라서, 개발기간 동안 철저한 양산 Readiness를 통해 양산단계에서 잠재적인 변동에 의한 품질이슈가 발생하지 않도록 개발단계에서 사전에 양산품질 확보를 위한 준비가 필요하다.

실례로, 작년 A기업의 한 사업부의 양산 준비에 대한 점검을 실시한 결과 많은 미흡사항이 확인되었다.

협력사에서 공급되는 부품에 대해 품질 안정성을 모니터링하는 통계적 공정관리의 기본이 되는 관리도/공정능력을 활용하지 않음은 물론이고, 대량생산에서 공정관리의 기본인 Control Plan 문서와 현장 작업자를 위한 검사기준서, 작업지도서 안의 관리규격이 불일치하는 사례가 허다하였으며, 유수명 자재가 별도 관리지침이 없어 품질 이슈가 발생하는 경우도 있었다.

또한 치공구, 소모품의 Revision 및 교체 주기에 대한 관리가 되지 않아 생산이슈가 발생한 사례도 있었으며, 공정 변동관리를 위한 관리도의 경우는 대부분 알람이 꺼져 있거나, 관리한계선이 설정되어 있지 않았다.

심지어는 검사원의 역량에 따라 측정값이 달라져 이슈가 된 적도 있다.

이와 같이 개발단계의 주관부서인 개발부서나 생산기술부서는 설계 검증 중심으로만 업무를 수행하고, 개발이 끝나고 나서 양산단계 주관부서인 생산부서나 품질부서에서 양산준비를 실시하다 보니 이러한 문제가 발생하는 것이다.

그러므로 개발, 생기, 품질부서뿐만 아니라, 양산단계의 주관부서까지도 개발 과정이 진행되는 개발단계에서 부터 양산 Readiness를 통해 대량생산에서 품질이슈가 발생하지 않도록 협력사와 생산자의 공급 Capa.와 공정/출하 품질보증체계, 내부의 공정 변동에 대한 품질관리계획 등을 사전에 점검하여 대량생산에 대한 만반의 준비를 해야 한다.

다음은 대량생산을 준비하기 위한 대표적으로 검토해야 하는 사항이다.
① 대량생산에 필요한 항목에 대한 사전관리 Sheet를 활용한 점검(양산 Readiness 점검)
② 검사설계를 통한 수입/공정/출하 검사에 대한 명확한 실행 계획 수립
③ 양산용 관리계획서(Control Plan)와 작업표준(검사기준서 및 작업지도서)에 대한 제작ㆍ배포ㆍ관리
④ 설비호기 전개에 따른 변동성 검증 및 관리 계획
⑤ 통계적 공정관리 계획과 부적합/이상LOT 관리 계획 수립

불량은 받지도, 만들지도, 보내지도 않는다는 자공정 완결형 품질관리의 사상을 토대로 대량생산을 위한 생산 공정을 완벽히 준비하고, 동일한 제작공정의 품질이 유지될 수 있도록 철저한 관리방법에 대한 계획을 수립해야 한다. 또한, 불량부품 투입, 공정의 불량 발생 및 유출을 예방하기 위한 검사계획을 수립하여 최종 양산용 관리계획서를 작성하고, 현장의 생산 작업자 및 검사 담당자에게 구체적인 작업/검사기준서가 배포되어 관리에 문제가 없도록 해야 한다. 관리계획서와 작업지침/검사기준서에는 공구 및 지그 마모에 의한 변동, 유수명 자재 특성 변동, 설

비간 변동 등 상세 관리 기준과 방법에 대한 계획이 함께 포함되어야 하며, 만약 공정관리 도중 이상LOT 또는 부적합이 발생하면 조치 및 대처방안에 대한 방법과 기준도 명확히 설정되어 있어야 한다.

품질부서는 개발단계에서부터 대량생산에 필요한 제반 준비사항이 적절히 검토되어 반영될 수 있도록 함께 참여하여 지원하고, 혹여나 누락된 사항이 없도록 개발 과정에서 양산 Readiness의 지속적인 점검 및 확인이 필요하다.

이것이 또 하나의 중요한 품질의 역할이다.

개발단계에서 품질 본연의 업무를 다시 한번 정리해 보면,
① 절차에 맞춰 Project 개발을 진행하면 완성도 높은 제품개발이 확보될 수 있도록 개발 Process의 품질 Activity를 정의하고 충실도 향상을 위해 주도성을 가지고 추진과정을 관리해야 한다.
② 고객요구와 사용환경에 대한 품질 만족을 위해 새로운 시험법을 개발하고 품질보증 시험에 대한 계획을 수립하여 적합한 제품 성능과 신뢰성 시험을 통해 품질을 보증해야 한다.
③ 양산 Readiness 점검을 통해 대량생산을 준비하고, 준비된 계획이 현장에서 잘 수행될 수 있도록 조치하여 입고/공정/출하/고객 단계의 품질이슈를 사전에 예방해야 한다.

다음 그림 3-4 에서 실선 그래프는 개발단계에서 품질관리가 이뤄지지 않아, 양산 이후 품질이슈가 증가되는 현상이며, 반면에 개발단계에서 품질중심의 선행관리가 잘되면 대부분의 이슈는 점선 그래프와 같이 개발단계에서 드러나게 되어 양산 이후 안정된 품질이 확보되는 구조를 나타내고 있다. 이는 QCD관점에서 시사점이 매우 크고, 고객가치 관점에서도 지향해야 할 선행관리의 모습이다.

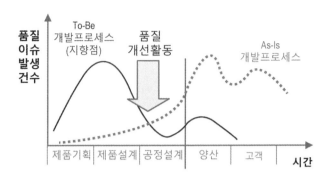

〈그림 3-4〉 개발단계 선행 품질관리 효과

기업마다 품질부서의 업무 목적은 같다고 하더라도 Business 또는 제품의 특성에 따라 개발 과정, Process 및 상세 Activity들은 회사마다 다를 수 있다.

지금부터는 약 40년 가까운 품질업무 경험을 바탕으로 개발단계에서부터 양산단계까지 전체 과정에서 필요한 핵심 품질 업무 Process와 Activity를 수립하여 Point Solution이라 정의하고, 각각의 Point Solution이 서로 연결되어 하나의 종합 품질체계를 구성하는 Closed Loop Quality System에 대해 이야기하고자 한다.

Closed Loop Quality System이란 개발단계와 양산단계로 구분되는 독립적인 품질활동이 아니라, Business Flow상의 모든 품질활동은 하나의 프로세스와 시스템으로 서로 연계되어 순환되는 고유의 품질체계 방법론이며, Point Solution이란 Closed Loop 안에서 반드시 실천해야 하는 필수 Process와 Activity를 뜻한다.

아래 그림 3-5 는 Closed Loop Quality System을 도식화한 것으로 개발단계와 양산단계에서 해야 할 핵심적인 품질활동들을 나타낸 것이다.
다음 장에서는 개발단계의 핵심적인 품질활동들의 Process와 절차에 대해 상세하게 소개하도록 하겠다.

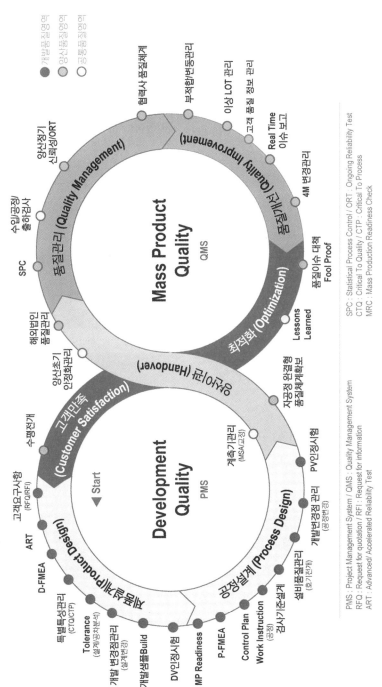

〈그림 3-5〉 Closed Loop Quality System모형도

PMS : Project Management System / QMS : Quality Management System
RFQ : Request for quotation / RFI : Request for information
ART : Advanced/ Accelerated Reliability Test

SPC : Statistical Process Control / ORT : Ongoing Reliability Test
CTQ : Critical To Quality / CTP : Critical To Process
MRC : Mass Production Readiness Check

1. 개발 Process 수립 및 품질 선행 관리

1) 고객 요구사항 관리(RFQ/RFI) - 고객요구 규격 합의

(1) 개요 및 필요성

고객 요구사항 관리는 개발부서에서 Project 개발발의를 할 때 고객이 요청한 사항을 받아서 Process와 절차에 따라 검토하고 고객과 협의하여 확정하는 것을 의미한다. 품질 관점의 고객협의 항목에는 제품의 실제 사용 환경과 과거 품질 이슈 및 실패사례, 신규 및 변경 요청사항이 포함되어야 하고, 고객 요구사항을 제품 및 공정 개발에 반영함으로써 고객의 사용환경, 운송환경 조건에서 발생하는 제품의 불만족으로 인한 내부손실과 품질이슈를 예방하고자 하는 목적이다. 고객 요구사항에 대해 개발자의 Domain Knowledge 또는 경험에만 의존하지 말고, Process 및 System에 따라 고객의 사용환경, 운송조건, 수명, 신뢰성 등의 주요 규격이 고객과 명확히 협의되어 개발과정에 반영되어야 한다.

(2) 과정 및 절차 (그림 3-6)

① 요구사항 접수단계(RFQ/RFI ; Request For Quotation/Request For Information) 는 개발제품과 관련된 요구사항 원본(문서, 도면) 등을 고객으로부터 접수 하는 활동이다.

② 고객 요구사항 등록 및 배포는 고객으로부터 접수된 내용을 System에 등록 하고 고객 요구사항에 대한 이력관리를 실시한다. 요구사항은 고객과 내부 로 분류 관리하며, 내부요구에 의한 변경사항은 개발 변경점 관리에 등록하 여 지속 모니터링될 수 있도록 한다.

③ 고객 요구사항 변환/분석 단계에는 과거 고객의 요구사항과 신규 고객의 요구사항 비교를 통해 변경정보 분석을 실시한다.

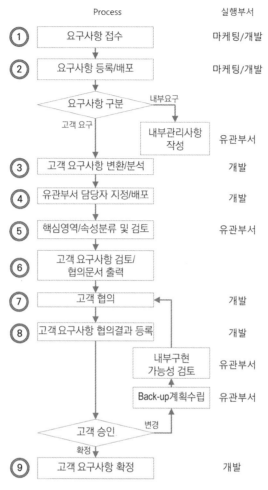

① 요구사항 접수   마케팅/개발

② 요구사항 등록/배포   마케팅/개발

　　요구사항 구분　　내부요구

고객 요구

　　내부관리사항
　　작성　　　　　　유관부서

③ 고객 요구사항 변환/분석   개발

④ 유관부서 담당자 지정/배포   개발

⑤ 핵심영역/속성분류 및 검토   유관부서

⑥ 고객 요구사항 검토/
　 협의문서 출력

⑦ 고객 협의   개발

⑧ 고객 요구사항 협의결과 등록   개발

내부구현
가능성 검토   유관부서

Back-up계획수립   유관부서

고객 승인　　변경

확정

⑨ 고객 요구사항 확정   개발

〈그림 3-6〉 고객 요구사항관리 Process

④ 유관부서 담당자 지정 및 배포 단계에는 고객 요구사항별 유관부서 담당자
　 를 지정하고 고객일정과 Align되도록 반드시 내부 검토기한을 설정한다.
⑤ 핵심영역/속성 분류 및 검토단계에는 유관부서 담당자가 고객 요구사항을
　 확인 후 핵심영역[Spec(기구, 회로, 공정, HW/SW, 품질, 기타)/속성(일반항
　 목, CTQ, CTP, BOM, 수입/출하, 기타)]을 정의하고 분류한다. 또한 분류된
　 내용에 따라 유관 시스템에 연계 반영한다.

⑥ 고객 요구사항 검토 및 협의문서 출력 단계에서는 분류된 고객 요구사항에 대한 사내 대응(생산 제품반영) 여부에 대해 검토하고 고객 협의를 위한 1차 검토 결과를 생성한다.

⑦ 고객협의 단계에서는 유관부서에서 검토된 내용을 기반으로 고객과 협의를 실시한다.

⑧ 고객 요구사항 협의결과 등록 단계에는 고객 협의된 검토결과를 시스템에 등록/관리하고, 고객승인에 따른 요구사항 확정 및 변경 등 모든 협의결과는 이력화한다. 고객 요구사항 변경 발생 시에는 변경사항을 검토/검증하기 위한 Back-up 계획을 수립하고 유관부서 담당자는 개선 대책의 최종 완료 여부를 지속 점검한다. 또한, 내부구현 가능성 검토를 위해 개선계획에 따라 Sample 제작 등을 통한 성능 검증을 실시한다. 변경사항에 대해서는 개발 변경점 관리에 등록하여 지속 모니터링될 수 있도록 한다.

⑨ 고객 요구사항 확정 단계에서는 고객 요구사항 최종확정 승인을 받고, 승인 문서는 시스템 등록 관리를 실시한다.

다음은 고객 요구사항 관리를 수행하기 위해 품질부서에서 놓치지 말고 검토해야 할 사항이다.

• 개발부서에서 검토한 고객 사용환경 및 고객요구성능 규격에 대한 타당성 검토
• 개발부서의 QCD목표 수립에 대한 품질 Risk 여부 검토
• 고객 요구사항이 변경되었을 경우 History가 관리되고 변경점이 명확하게 관리되는지 검토

다수의 고객은 요구사항을 명확하게 제안해 주는 경우가 대부분이지만, 일부 고객의 경우는 불명확한 경우가 있다. 고객 요구사항이 불명확한 상태에서 개발이

진행될 경우 개발과정상에서 고객요구 변경/변동에 의해 TQCD를 모두 놓치는 경우가 발생하고 있으므로 이를 방지하기 위해서는 개발 초기단계에 고객과 지속적 소통을 통해 요구사항을 명확히 하는 활동이 수반되어야 한다. 또한, 내부적으로는 과거 유사제품군의 고객 요구사항을 비교하여 고객 요구사항을 구체화하는 것이 반드시 필요하다.

(3) 현업 적용 문제점 및 해결 방안

B2B 기업인 경우, 반제품 또는 조립 중심으로 개발을 하다 보니, 최종 완성품의 환경을 면밀히 고려하지 않아 품질 이슈가 발생한 사례가 적지 않았다. 수년 전에 있었던 A사의 이슈를 예로 들어보겠다.

개발이 완료되어 양산하던 실내용 제품을 Modifying하여 실외용으로 만드는 Project가 있었다. 그러나, 기존 거래를 하고 있던 고객과의 새로운 Project였기 때문에 별다른 규격 합의 없이 실내용 제품의 규격을 그대로 적용한 결과, 실외 온도 규격을 넘어서는 환경에서 불량이 발생하였고 결국 고객 Claim을 받은 사례가 있었다.

이 과정에서 눈, 비, 온도, 습도, 바람 등 실외환경 조건이 실내보다는 가혹한 조건이라는 것을 모르는 사람은 없다. 그렇다면 선제적으로 고객이 제품을 실제 사용하는 장소가 남극인지, 적도인지, 어떤 환경에서 제품이 사용되는지 문의하고, 명확한 요구규격을 받았어야 하며, 만약 고객이 실사용에 불량 위험이 있어 보이는 규격을 잘못 제시하더라도 사내는 품질 Risk 해소 차원에서 고객 실사용 환경을 고려한 규격을 반드시 제안 및 협의 확정해야 한다.

(4) 연계성

개발을 시작할 때 가장 중요한 부분이 고객 요구사항이며, 요구사항을 제품 및 부품으로 구현하기 위해 설계·공정상에 발생할 수 있는 Risk를 FMEA 활동을 통해 사전 검토하고, 신규 시험법을 개발하여 Risk를 검증하고, 이 가운데 Risk가 높은 고장에 대해서는 특별특성 관리를 통해 주기적으로 측정되고 관리될 수 있도록 연계되어야 한다.

2) 선행 가혹 신뢰성 시험(ART: Advanced Reliability Test)

(1) 개요 및 필요성

그림 3-7 의 선행 가혹 신뢰성 시험이란 제품의 실사용 환경 조건과 4新 관점(부품, 공법, 기술, 기능)에서의 설계 변경점에 대해 가혹한 Stress 조건으로 단기간에 평가하여 설계 취약점을 도출하는 시험이다.

이 시험은 강건 설계를 통한 제품의 품질 완성도를 높이기 위한 목적으로 설계가 완료되기 전에 제품의 취약영역과 한계점을 사전에 도출하여, 개선하는 시험으로 이를 통해 초기 개발단계부터 취약부분에 대한 설계를 강화하여 품질 Risk를 예방할 수 있다.

새로운 모델을 개발하는 경우, 일반적으로 기존 모델 또는 경쟁사 모델보다 좀더 개선된 기능의 추가, 성능 향상을 목표로 하여 개발하게 된다. 이때, 여러 가지 새로운 재료나 부품, 공법, 기술, 기능 등을 고려하여 검토하게 되고, 수많은 시험 등을 통해 목표로 하는 제품 사양이나, 고객 요구를 만족하는지 여부를 평가하게 된다. 하지만, 기존에 검증되지 않은 새로운 변경점들로 인해, 우리는 생각하지 못한 품질 이슈들을 만나게 되고, 이는 회사에 큰 손실로 이어지게 된다.

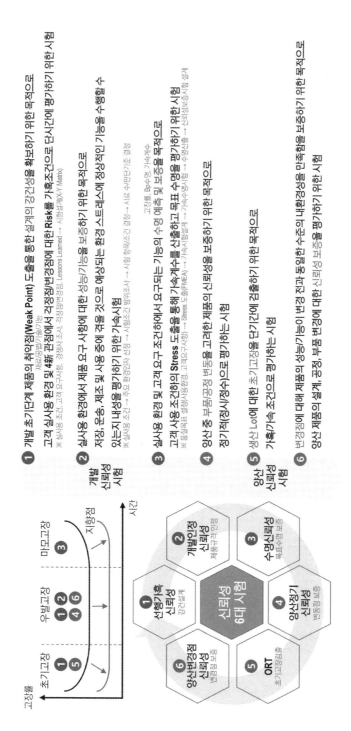

❶ 개발 초기단계 제품의 취약점(Weak Point) 도출을 통한 설계의 강건성을 확보하기 위한 목적으로
고객 실사용 환경 및 4新 관점에서 규정점/변경점에 대한 Risk를 기후조건으로 단시간에 평가하기 위한 시험
※ 실사용 조건, 고객 요구사항, 경쟁사 조사, 규정점/변경점, Lessons Learned → 시험설계(X-Y Matrix)

개발 신뢰성 시험

❷ 실사용 환경에서 제품 요구 사양에 대한 성능/기능을 보증하기 위한 목적으로
저장, 운송, 제조 및 사용 중에 겪을 것으로 예상되는 환경 스트레스에 정상적인 기능을 수행할 수 있는지 내성을 평가하기 위한 가속시험
※ 실사용 조건 → 주요 환경인자 선정 → 시험조건 및 범위조건 반영요소사 → 시험 허용조건 결정 → 자료 수/판단기준 결정

❸ 실사용 환경 및 고객 요구 조건하에서 요구되는 기능이 수명을 예측 및 보증을 목적으로
고객 사용 조건하의 Stress 도출을 통해 기속계수를 산출하고 목표 수명을 평가하기 위한 시험
※ 목표수명과 실험사용환경, 고객요구사항) → Stress 도출(FMEA) → 가속시험설계 → 가속수명시험 → 수명산출 → 수명연장 → 신뢰성보증시험 설계

❹ 양산 중 부품/공정 변동을 고려한 제품의 신뢰성을 보증하기 위한 목적으로
정기적(정시/정수)으로 평가하는 시험

❺ 생산 Lot에 대한 초기고장을 단기간에 검출하기 위한 목적으로
가혹/가속 조건으로 평가하는 시험

양산 신뢰성 시험

❻ 변경점에 대해 제품의 성능/기능이 변경 전과 동일한 수준의 내환경성을 만족함을 보증하기 위한 목적으로
양산 제품의 설계, 공정, 부품 변경에 대한 신뢰성 보증을 평가하기 위한 시험

<그림 3-7> 신뢰성 6대 시험

따라서, 이런 품질 이슈들을 미연에 방지하기 위해, 새로운 모델에 적용된 변경점들이 기존모델 대비 얼마나 우위에 있는지, 열위에 있는지 또는 동등한 수준인지를 사전에 평가할 필요가 있다. 이를 위해서 기존 모델과의 비교 시험을 통해 한계가 되는 Stress와 취약점을 찾고, 기존모델 대비 동등수준 이상의 강건성을 확보하고자 선행 가혹 신뢰성 시험이 도입되었다.(그림 3-8)

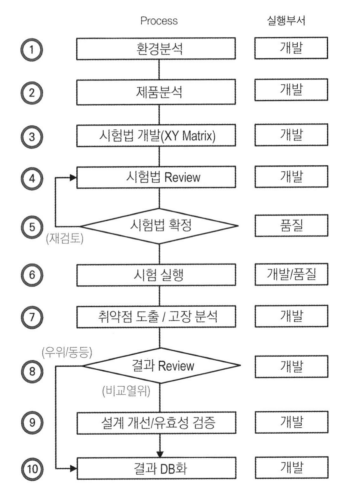

〈그림 3-8〉 선행 가혹 신뢰성 시험법 개발 Process

(2) 과정 및 절차

① 고객 실사용 환경(사용, 운송, 조립 등)에 영향을 주는 Stress를 도출한다.

② FMEA, FBD(Function Block Diagram), 4新 변경점 중심으로 예상되는 제품의 신뢰성 Risk(고장모드/메커니즘)를 도출한다.

③ 예상되는 환경 Stress와 제품의 신뢰성 Risk에 대해 XY Matrix를 이용하여, 가중치 평가로 시험항목을 우선 순위화하고, 개발모델 요구사항 및 Reference 모델 검토로 시험조건을 선정한다.

④ 관련부서와의 논의를 통해 선정된 시험법의 누락이 없는지를 검토한다.

⑤ 신뢰성 취약점 검증을 위한 시험법 개발 및 Review 완료 여부를 확인하고, 확정한다.

⑥ 확정된 시험법으로 Reference모델과 동시에 시험 수행한다.

⑦ 가혹 Stress에서 취약점이 도출되면, 해당 취약점에 대한 고장모드와 메커니즘을 분석한다.

⑧ Reference모델과 개발모델의 시험결과(비교우위, 비교열위, 동등)에 대해 관련부서와 논의하여 설계 개선진행 필요여부를 검토하고 확정한다.

⑨ 비교열위 등으로 설계 개선진행이 필요한 경우, 설계 개선 후 개선품의 유효성 검증을 진행한다.

⑩ 시험 · 분석결과와 개선검증결과를 등록하여 DB화한다.

다음은 선행 가혹 신뢰성 시험 설계를 위한 10가지 검토사항이다. (그림 3-9)

• 고객 실사용 환경 및 제품 동작 조건

• 고객 요구 조건

• Ref.모델 선정(Base 모델, 유사모델, 경쟁사 모델)

• 기존 또는 유사제품의 신뢰성 시험조건

• 기존 또는 유사제품 대비 변경 조건(재료, 공법, 부품 구조, 기술, 기능 등)

- 기존 또는 유사제품의 예상 고장모드 및 고장메커니즘(FMEA)
- 기존 또는 유사제품의 실패사례 및 Reflection 자료(Lessons Learned)
- 경쟁 제품 분석 자료
- FBD(Function Block Diagram) - 구조 및 작동원리 이해를 위한 구성요소들 간의 기능도
- Engineering Knowledge 관점의 취약점

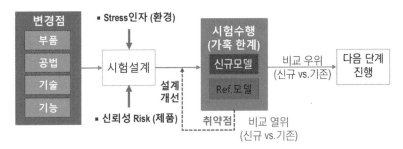

〈그림 3-9〉 선행 가혹 신뢰성 시험 Flow Chart

(3) 현업 적용 문제점 및 해결 방안

선행 가혹 신뢰성 시험을 위해서는 Ref.모델과 신규 개발 모델 간의 비교시험이 필요하다.

기존 제품의 Ref.모델 선정을 위해서는 먼저, Base 모델이 있는지를 검토하고 없을 경우에는 경쟁사의 유사 모델을 검토한다.

하지만, 완전히 새로운 기술영역 및 새로운 제품의 경우, 기존 제품의 유사한 기능이나 용도를 가진 모델로 선정한다.

예를 들어, 의류건조기를 개발한다면 그와 유사한 세탁기를 Ref.모델로 선정한다는 의미이다.

또한, 신규 개발 모델의 경우, 개발초기에 제품의 Concept 정도만 있기 때문에

시험용 샘플을 준비하는 데 한계가 있을 수 있다.

이때에는, 변경되는 구조, 부품, 기능 중심으로 환경적(온도, 압력 등) Stress, 기구적 Stress, 전기적 Stress 등에 취약할 것이라고 판단되는 부분을 확인할 수 있는 수준의 간이 샘플을 준비하여 개발 초기에 실시하여야 한다.

시험을 수행할 때에 단순히 시간만 늘려서, 고장을 발생시키려는 방법으로만 진행하는 경향이 있다.

이는 단시간의 Stress 조건에 따른 고장모드를 검증하는 것이 아닌 주로 장시간에 노출되었을 때를 가정한 것으로 고장이 발현되는 시간이 길어져, 제품의 취약점 도출 및 개선에 많은 시간이 소요될 수 있다.

따라서, 예상되는 고장모드가 시간 증가에 의한 Stress가 아니라면, Stress 정도를 단계적으로 올려서 빠른 시간 내에 고장을 발생시킬 수 있는 Step-up 시험방법을 사용하여야 한다.(**그림 3-10**)

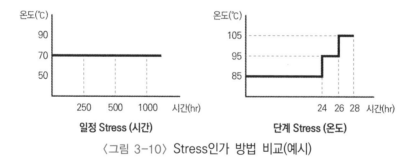

〈그림 3-10〉 Stress인가 방법 비교(예시)

(4) 연계성

FMEA 및 Lessons Learned을 활용하여 도출된 고장모드·고장메커니즘(신뢰성 Risk)의 검증을 위해 선행 가혹 신뢰성 시험을 개발·수행하고 여기서 도출된 취약점 및 개선사항이 반영된 강건설계 제품을 Design Verification 인정시험을 통해 평가하게 되며, 선행 가혹 신뢰성 시험결과로 드러난 취약한 Stress 항목과 조건은 제품 초기 고장 검출을 위한 ORT와 양산정기 신뢰성 시험기준 선정에 활용하게 된다.

(5) 주의 사항

선행 가혹 신뢰성 시험은 설계 강화를 목적으로 하기 때문에 품질의 합격/불합격 판정이나, 설정된 규격 내 품질 보증에 대한 시험이 아니다.

따라서, 설계 전문가 집단인 개발부서의 주도하에, 빠르게 취약점을 도출하여 설계를 강화하는 활동을 진행해야 한다.

품질부서에서는 사전 신뢰성 시험을 올바른 방향으로 진행하는지, 놓친 사항은 없는지에 대해 품질 Risk 관리 차원에서 지원을 해야 하며, 취약 영역이 도출되면 반드시 예방할 수 있도록 FMEA와 연계하여 고장모드에 대한 메커니즘을 분석하고 근본원인 개선에 대한 명확한 대책이 마련될 수 있도록 유도하고 점검해야 한다.

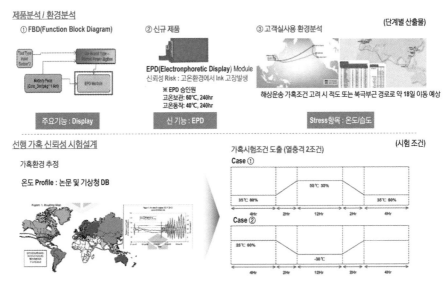

〈그림 3-11〉 선행 가혹 신뢰성 시험 사례

선행 가혹 신뢰성 시험의 전체 과정을 예시로 도식화해 보았다(**그림 3-11**). 먼저, FBD를 통해 제품의 주요 구조와 기능을 파악하여, 신기능의 신규 제품 EPD Module에 대한 신뢰성 Risk(고온 환경에서의 Ink고장)를 도출하였다. 다음은 실제 운송되는 경로(해상운송, 적도 약 18일 예상)에 취약한 Stress를 선정하여, 관련 논문 및 기상청 DB를 통해 가혹환경조건을 분석한 후, 이를 고려한 시험설계로 가혹시험조건(열 충격 2조건)을 도출하였다.

다음은 앞의 시험도출 설계 과정에서 확보된 선행 가혹 신뢰성 시험 설계(시험법 개발)에 도움을 주는 X-Y Matrix의 예시이다.(**그림 3-12** 참조)

구분	Stress	③ 예상 Stress 인자	변경품 A	변경품 B	변경품 C	변경품 C * 기준품 D	⑥ Score	고객 요구 시험	선행 가속 신뢰성 시험
			⑤ 고장모드(메커니즘 가중치			① 기능분석			
고객환경 모듈(조립 환경, 조립 운동환경 등	환경	△t	○	◎	○	○	18	-45~125@310cyc	1) Step 고온/저온 한계확인 2) 동작한계↑ ~ 파괴한계↓, (until dead)
	환경	전류	△	◎	○	△	12	60C 250mA	60C, 250mA (Step.20mA↑)
	기구	진동	△	○	△	○	8	3.0Grams, 120min/axis	3.0Grams(Step.1Grms↑) 30min/axis
	기구	낙하	△	○	△	△	6	Drop 1.0m~1cyc	Drop 1.0m (Step. 0.2m↑)
	전기	ESD	△	△	△	△	4	ESD ±8KV	ESD ±8KV (Step. ±1KV↑)
⑦ Score			7	25	7	9	48		

주요기능 / 고장모드 1 / 고장모드 2 / 고장메커니즘 1 / 고장메커니즘 2

② (bracket)

④ Lessons Learned
개발단계 이슈사항 포함할 것

① 변경점은 모두 나열할 것
: Module 내에서 Part의 Interaction이 발생할 경우도 포함할 것

② 변경품에 대한 주요기능, 고장모드 작성
고장모드별 발생 가능한 모든 고장메커니즘을 작성할 것.

③ 사용환경조사서에서 작성한 내용을 토대로 예상 Stress인자 도출할 것.

④ 고장메커니즘 작성 시, Lessons Learned에서 검토한 내용을 포함할 것.
(재발 방지)

⑤ 고장메커니즘과 예상 Stress간의 가중치 표시할 것.
(△=1, ○=3, ◎=9점으로 표시)

⑥ Score 값이 큰 것에 대해서는 현 고객 요구 사용조건과 비교하여
야드 시험별 개별이 필요한 지에 대해서 의사결정할 것.

⑦ 변경품의 Score값이 큰 것에 대해서는 부품과 Interaction관점의
Risk가 없는지 검토할 것

〈그림 3-12〉 X-Y Matrix의 예시

3) FMEA(Failure Mode & Effects Analysis)

(1) 개요 및 필요성

FMEA는 고객 사용환경 및 상호작용에 의한 고장 영향을 예측 및 예방하는 활동이다. 제품과 공정의 잠재적 불량과 영향을 인식하고 평가하며, 잠재적 실패 발생 가능성을 제거 혹은 감소시키기 위한 활동을 도출하는 데 효과적이며, Robust한 제품 설계 및 공정을 확보하는 데 목적이 있다.

아래 FMEA의 과정 및 절차는 단순히 FMEA를 작성하는 것이 아니라, 잘하기 위한 방법론 관점에서 프로세스를 정리한 것이다. FMEA Tool 작성 방법은 AIAG & VDA 1st FMEA 핸드북의 7-step을 참조하기 바란다.

(2) 과정 및 절차(그림 3-13)

① FMEA Planning 단계에서는 실시 일정을 결정하고, FMEA Pool(Facilitator 및 Reviewer)을 선정한다.

② FMEA 자료준비 단계에서는 고장모드 및 메커니즘 등의 FMEA 초안을 작성한다. Base Model 대비 변경사항에 대한 걱정점·취약점 도출을 통해 잠재 고장 분석(모드·영향·원인), 설계·공정상의 예방·검출법을 도출한다. Facilitator는 1차 FMEA회의를 반드시 수행하고 이후 회의는 Review Gating (FMEA Pool 운용의 효율성)을 통해 실시여부를 판단하고 결과를 문서로 남긴다.

③ Review Gating단계에는 FMEA 초안에 대한 완성도를 사전 검토하고, FMEA 회의 실시 여부를 결정해 주관부서 및 FMEA Pool 인원에게 통보한다.

④ FMEA 회의 및 개선단계에서는 추가적인 설계·공정 예상 Risk를 도출하고, 현 설계/공정의 적절성을 검토하여 Risk 감소(RPN 저감)를 위한 개선항목, 개선 방안도출(걱정점, Side Effect), 일정계획(담당자, 일정)을 수립해 개선 활동을 실시한다.

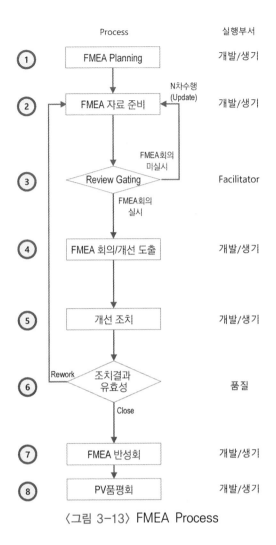

<그림 3-13> FMEA Process

⑤ 개선항목별 담당자는 계획된 일정으로 수립된 개선 활동을 실시하고, 모든 권고 조치 사항이 적절히 이행되었는지 추적 관리한다.

⑥ 주관부문/부서는 F/up 내용에 대해 유효성 검토 및 Close 여부를 결정한다. 재고려(Rework) 시에는 ②번 항목부터 재실시한다.

⑦ FMEA 반성회에서는 고객/사내품질 이슈 및 제품인정시험 NG 등 개발단계 중 FMEA를 통해 고장이 미검출된 사유에 대해 Reflection 활동을 실시하여, Process와 System 관점으로 개선·보완점을 논의한다.

⑧ 품평회 단계에서는 FMEA 반성회에서 도출된 개선·보완점의 개선결과 또는 추진계획을 보고한다.

다음은 FMEA를 수행하기 위해 Review Gating 단계에서 반드시 검토해야 할 사항이다.

- 선행 가혹 신뢰성 시험에서 확인된 취약 영역 검토
- 고객 사용환경/요구조건과 안전/법적 규제 검토
- 기능·구조 전개, 유사제품 및 공정설계의 변경점 검토
- 연관부품/공정의 Interaction 및 Stress 분석
- 과거 주요 품질이슈 사례 반영을 검토
- 부품/반제품/제품의 주요 취약점에 대한 Domain knowledge 반영 검토

(3) 현업 적용 문제점 및 해결 방안

최근에는 단일부품에 대한 고장의 영향보다는 부품이 경박/복잡화되면서 인접한 부품이나, 모듈로부터 오는 영향이 크게 작용하게 되며, 새로운 소재의 사용이 빈번해짐에 따라 부품들 간의 상호작용에 의한 고장모드가 많아졌다. 특히 필드 불량을 분석해보면 단순 휴먼 에러, 공정/장비 이상, 부품불량을 제외한 FMEA 기인 고장 중에서 대부분의 고장은 상호작용(Interaction)으로 기인한 고장이다. 그러나, 이와 같은 상호작용으로 인한 고장을 사전 검토하지 못하는 이유는 FMEA 수행 시 단일 부품의 기능 및 고장 분석에 치중된 시트 작성 중심의 일반적인 FMEA의 업무 수행 방식에 기인할 수 있다.

이를 해결하기 위해서는 FMEA수행 시,

① 블록/바운드리 다이어그램을 통해 FMEA의 분석 대상을 명확히 하고,

② 인터페이스 매트릭스를 통해 부품 간 또는 주변 시스템/외부 환경과의 상호 작용(물리적, 신호, 에너지 교환 등)을 식별하여,

③ P-Diagram과 같은 Tool을 통해 요구 기능 달성에 방해되는 노이즈 요소(사용환경, 상호작용 포함)들을 종합적으로 고려하여 잠재적인 고장 원인 · 메커니즘을 도출하고,

④ 이를 예방하기 위한 최적의 제품 · 공정 설계를 통해 발생 가능한 고장을 미연에 방지하여 고객에게 완벽 품질을 제공하는 것이다. 앞으로 **신규개발 진행 시에는 상호작용에 대한 검토가 반드시 이루어져야 한다.**

▶ Interaction FMEA 필요성 그림 3-14

과거 자동차 업계의 고장 현황은 단순 부품(마모) 고장, 생산변동에 의한 문제 등이 대부분을 차지했지만, 현재는 다음 그림에서 보듯이 System Interaction 관점에서 고장의 비율이 크게 증가하고 있는 것을 알 수 있다. 특히 부품과 부품, 부품과 Module 간 사용환경 상에서 Stress에 의해 발생하는 문제점이 점점 중요해지고 있다.

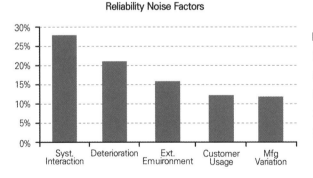

Ford Handbook
Field에서 발생하는 고장 中 System Interaction, 즉 부품과 부품, 부품과 Module 간 상호작용에 의한 고장 비중이 높음

〈그림 3-14〉 자동차 업계 고장 현황_Ford

출처: Ford FMEA Handbook Ver4.1

앞에서 얘기한 Interaction FMEA에 대한 내용은 그림 3-15 와 같다. 즉, ① 고장 유발환경을 도출하고 그 안에서 ② 부품과 Ass'y, 모듈에 주는 스트레스 영향도를 분석하고, 그 스트레스로부터 ③ 부품 간에 상호작용에 의해 발생되는 스트레스를 찾는 것이 포인트다. 이를 통해 부품 변경 시 그 주변 부품에 어떤 영향을 미칠 수 있는지 사전에 검토될 수 있다. 다음 장에서는 기존 FMEA와 Interaction FMEA를 비교해 보았다.(그림 3-16)

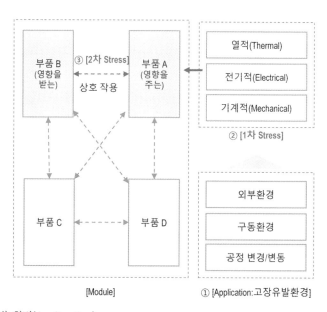

[Module]   ① [Application:고장유발환경]

① 고장 유발 환경(Application)
 – 제품 운송 및 보관이나 소비자 사용 조건 등의 외부 환경,
 – 매장 전시 및 소비자 실 사용 시 구동환경
 – 설계 확정 이후 양산 중 물성 또는 부품의 특성 변동을 일으키는 장비 Recipe의 변경/변동
② 1차 스트레스 : 고장 유발 환경으로부터 부품, Ass'y, 모듈에 가해지는 스트레스
③ 2차 스트레스 : 1차 스트레스에 의해 부품 간 상호작용으로 발생되는 스트레스

상호작용 모델(Interaction Model)
모듈 내부/외부 고장 유발 환경으로부터 1차 스트레스가 가해지고, 이로 인하여 상호작용을 일으키는 부품 중에서 영향을 주는 부품과 받는 부품 간 2차 스트레스로 고장이 발생하는 모델임

〈그림 3-15〉 상호작용 기반 고장의 정의

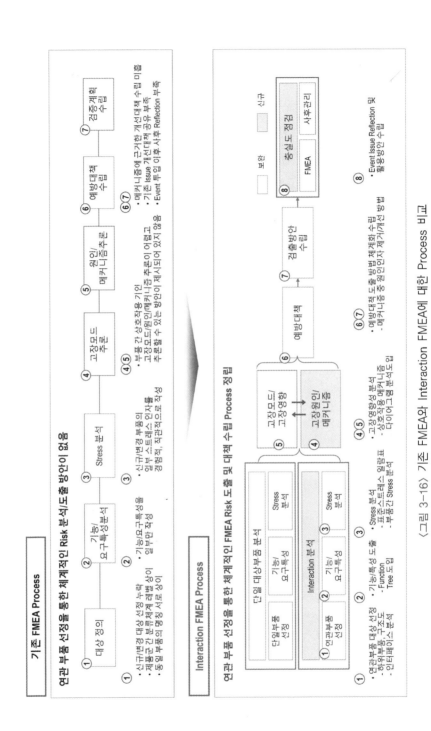

기존 FMEA Process

연관 부품 선정을 통한 체계적인 Risk 분석/도출 방안이 없음

① 대상 정의 — ② 기능/요구특성분석 — ③ Stress 분석 — ④ 고장모드 추론 — ⑤ 원인/메커니즘추론 — ⑥ 예방대책 수립 — ⑦ 검증계획 수립

① • 신규/변경 대상 선정 누락
 • 제품군 간 분류체계 대별 상이
 • 동일 부품의 명칭 서로 상이

② • 기능/요구특성을 일부분만 작성

③ • 신규/변경 부품의 일부 스트레스인자를 경험적, 직관적으로 작성

④⑤ • 부품 간 상호작용 기인 고장모드/원인/메커니즘 추론이 어렵고 추론할 수 있는 방안이 제시되어 있지 않음

⑥⑦ • 매커니즘에 근거한 개선대책 수립 미흡
 • 기존 Issue 개선대책 공유 부족
 • Event 투입 이후 사후 Reflection 부족

Interaction FMEA Process

연관 부품 선정을 통한 체계적인 FMEA Risk 도출 및 대책 수립 Process 정립

① 연관부품 선정 → 단일 대상부품 분석 [② 기능/요구특성 — ③ Stress 분석] / Interaction 분석 [② 기능/요구특성 — ③ Stress 분석] → ④ 고장원인/메커니즘 ⑤ 고장모드/고장영향 → ⑥ 예방대책 → ⑦ 검출방안 수립 → ⑧ 중점도 점검 [FMEA / 사후관리]

① • 연관부품 대상 선정
 • 하위부품 구조도
 • 인터페이스 분석

② • 기능/특성 도출
 • Function Tree 도입

③ • Stress 분석
 • 표준 스트레스 일람표
 • 부품 간 Stress 분석

④⑤ • 고장영향성 분석
 • 상호작용 매커니즘 다이어그램 분석도 등

⑥⑦ • 예방대책 도출 및 방 방책 계획 수립
 - 매커니즘 중 원인인자 제거/개선 방법

⑧ • Event Issue Reflection 및 활용방안 수립

신규 / 보완

〈그림 3-16〉 기존 FMEA와 Interaction FMEA에 대한 Process 비교

또한, 유출방지 관점의 공정설계 완성도를 높이기 위해서는 Process Flow Diagram을 상세하게 작성한 후 이를 기반으로 Process FMEA를 실시하는 것이 필요하다.

그리고 FMEA의 실행력과 충실도 향상을 위해서는 IT System 구축을 필요로 한다. 또한, FMEA가 단순 Tool이 아니라, 개발의 방법론으로서 활용될 수 있도록 조직의 Mind 변화도 반드시 이뤄져야 한다.

(4) 연계성

발생한 이슈에 대한 재발 방지와 이슈가 애초에 발생하지 않도록 FMEA를 수행하기 위해서는 고객 요구사항과 과거 품질이슈(Lessons Learned), 유사모델 FMEA, 설계/공정 변경점, BOM 등 개발과정의 모든 정보를 활용해야 한다. 따라서 IT System이 기반이 되지 않는다면 FMEA 활동은 형식적인 문서로 전락할 수 있다. 따라서, 개발과 양산 시스템과의 연계를 통해 개발단계에서는 특별특성(CTQ/CTP) 선정/관리하여 개발완성도를 확보하고, 양산단계에서는 지속적인 특별특성 유지관리를 통한 고객/사내 품질이슈 발생을 방지하고, 지식과 경험을 정보화하여, 신규 모델 개발 시 반드시 검토/활용될 수 있도록 해야 한다.

FMEA를 통해 도출된 제품/공정의 최적설계치는 특별특성, 설계도면, 승인원, 관리계획서, 작업표준 등에 반영되고 개발~양산까지 연계 관리가 되어야 한다.

4) CTQ(특별특성)/CTP 관리

(1) 개요 및 필요성

고객 요구 또는 FMEA와 같은 Risk 분석 활동을 통해 도출되어진 제품 · 반제품 · 부품 특성 또는 공정특성 항목으로 고객의 제품 사용 관점에서 문제가 되지 않도록 관리해야 할 중요 특성이다. 자동차 업계에서는 이를 특별특성(Special Characteristic)이라고 정의하며 일반 제조업에서는 CTQ(Critical To Quality)라고 한다. 이는 안전 또는 정부 규제, 장착성, 기능, 성능, 제품 제조 공정에 영향을 미치는 품질특성을 의미한다. 특별특성은 개발 단계에서 충분한 사전 검토를 통해 설계 및 공정상에서의 예방 및 검출 대책을 수립하여 고객 요구 품질을 만족시키는 데 목적이 있다.

그리고 CTP(Critical To Process)는 특별특성의 구현을 위해 Process상에서 관리해야 할 주요 인자를 말한다.

(2) 과정 및 절차(그림 3-17)

① 고객 지정 및 고객에게 중요한 핵심 품질 특성을 예비 CTQ로 선정(제품 특성)한다.

② Design FMEA을 통해 제품설계의 Risk 분석 및 고장 예방을 위해 중요 설계관리 방안을 도출하고 CTQ(Y)(제품), CTQ(y)(반제품), CTQ(s)(부품) 확정한다.

③ CTQ 품질목표를 수립할 때는 반드시 사내 공정변동을 고려하여 품질관리 목표를 상향 설정한다.

④ CTQ 선정 항목의 수집 Data 유형을 확인하고, 이산형 Data의 경우 연속형 Data 특성으로 전환을 검토하되, 전환 불가 시에는 대체특성에 대해 확인한다.

⑤ 고객이 요구한 CTQ의 경우 측정항목, 방법에 대해 반드시 고객과 협의를 하고, 측정기의 정확도와 정밀도 검증을 통해 Data 신뢰도를 확보한다.

⑥ 실험을 통한 허용공차 확인 후 규격설정을 하고, 고객요청 규격의 경우는 타당성 검증을 반드시 수행한다.

⑦ CTQ타당성[대상: CTQ(Y), CTQ(y), CTQ(s)]은 관리효율화(관리중복, 낭비 관점)와 관리유효성(불량과 연계되어 CTQ관리 시 불량 예방 가능여부 검증) 관점에서 검토한다. 또한, CTQ항목, 불량과의 상관관계, 규격, 품질목표 등 CTQ Map을 통해 지속 관리한다.

⑧ DV제작품에 대한 평가를 통해 설정된 품질목표에 대한 실적점검을 실시하고 달성여부를 판단한다. 품질 Risk확인 시에는 해당 내용이 유관부서에 조치될 수 있도록 반드시 피드백한다.

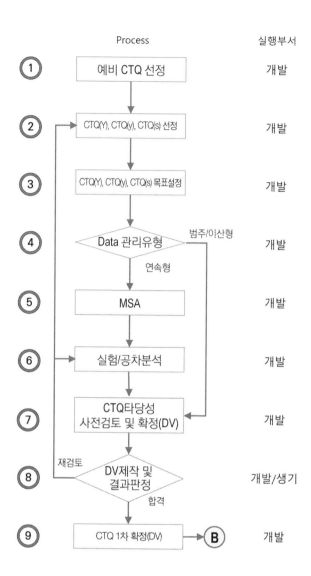

Process	실행부서
① 예비 CTQ 선정	개발
② CTQ(Y), CTQ(y), CTQ(s) 선정	개발
③ CTQ(Y), CTQ(y), CTQ(s) 목표설정	개발
④ Data 관리유형 (범주/이산형, 연속형)	개발
⑤ MSA	개발
⑥ 실험/공차분석	개발
⑦ CTQ타당성 사전검토 및 확정(DV)	개발
⑧ DV제작 및 결과판정 (재검토, 합격)	개발/생기
⑨ CTQ 1차 확정(DV) → B	개발

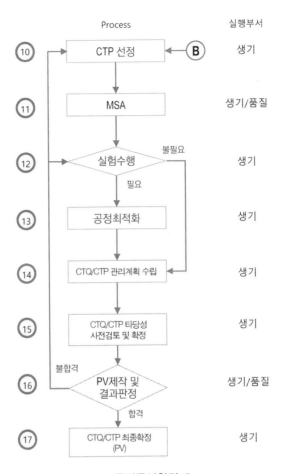

〈그림 3-17〉 특별특성확정 Process

⑨ DV제작 평가 결과 확인 및 CTQ Map을 최종 승인하고, 품평회를 통해 CTQ업무 전반을 생산(공정)기술부서로 이관한다.

⑩ Process FMEA를 통해 CTQ의 변동을 유발하는 주요 공정인자인 CTP를 선정한다.

⑪ CTQ와 관련된 입고/공정/출하단계의 전체 측정시스템을 대상으로 추진하며, CTQs(부품)에 대해서는 협력사, 고객지정 CTQ에 대해서는 고객사와 Correlation 실시하여 측정시스템 분석 및 검증(정확도/정밀도)한다.

⑫ DOE 계획을 수립하여 실험을 수행하고 최적 공정조건을 도출한다.

⑬ 실험결과 분석을 통해 CTQ/CTP관리 항목의 공정 최적 조건/기준을 설정하고, 생산라인 확대 전개 시 호기별 Parameter 조건의 기준으로 활용한다.

⑭ CTQ/CTP 전체 항목에 대한 관리 방안을 수립한다.(Control Chart, Error Proofing, Cpk 관리, 일상점검 등)

⑮ CTQ/CTP 타당성(대상: CTQ(Y), CTQ(y), CTQ(s), CTP)은 관리효율화(관리중복, 낭비관점)와 관리유효성(불량과 연계되어 CTQ관리 시 불량 예방 가능여부 검증) 관점에서 검토한다. 또한, CTQ항목, 불량과의 상관관계, 규격, 품질목표 등 CTQ Map을 통해 지속 관리한다.

⑯ PV제작품에 대한 평가를 통해 설정된 품질목표에 대한 실적점검을 실시하고 달성여부를 판단한다. 특히, CTQ/CTP 항목의 누락, 규격 이슈 등 품질 Risk 확인 시에는 해당 내용이 유관부서에 조치될 수 있도록 반드시 피드백한다.

⑰ PV제작 평가 결과 확인 및 CTQ Map을 최종 승인하고, 관리계획서에 CTQ/CTP 항목을 반드시 연계해 반영한다. 품평회를 통해 CTQ/CTP 업무 전반을 생산(제조)기술 부서로 이관한다.

다음은 특별특성 선정을 수행하기 위한 검토사항이다.

■ CTQ 선정 고려사항
 - 고객 요청 항목, 고객 요구 규격, 고객 사용환경, 안전 및 법적 규제 검토
 - 설계 변경에 기인한 예상 품질 Risk(Side Effect 포함) 및 기존 품질이슈 발생 항목 검토
■ CTP 선정 고려사항
 - 사내/외주 공정(작업자, 설비, 환경 등)의 CTQ 영향도 파악
 - 공정설계 변경/라인 확대 전개에 기인한 예상 품질 Risk(Side Effect 포함) 검토

예를 들어, "시스템 소음발생은 베어링과 포켓부 마찰로 발생되므로 그리스 도포로 마찰을 줄여 소음 예방 필요"라는 분석 결과가 있다. 여기서는 고객의 입장에서 소음이 발생하지 않도록 베어링과 포켓부 사이 그리스 도포 위치 및 도포량을 관리해야 한다. 따라서 CTQ는 소음 측정값 및 도포량으로 설정할 수 있고, 그리스 도포량 관리를 위해 도포공정의 그리스 주입 시간 또는 그리스액 보관 기간 등 주요항목을 CTP로 지정할 수 있다.

특별특성에 대한 항목 선정 및 관리는 자공정 완결형 품질체계 달성을 위해 반드시 필요하며, 특히, 산포 변동이 예상되는 모든 인자는 SPC(공정능력, 관리도) 관리 항목으로 선정해 반드시 관리 상태에 놓여져 있어야 안정된 공정 및 품질이 확보된다.

(3) 현업 적용 문제점 및 해결 방안

현업에서는 고객 지정 특별특성에 대한 관리는 잘 이루어지고 있으나, 사내에서 선정하는 특별특성 항목에 대해서는 특별특성이 아닌데 관리하고 있거나, 특별특성임에도 불구하고 선정에서 누락되는 경우가 있다. 또한, 특별특성 관리규격이 잘못 설정되어 SPC 관리 시에 공정능력이 아주 높게 나타나거나, 공정능력이 낮아서 지속적인 알람이 울리게 되는 비정상적인 공정관리 상태가 발생하는 경우가 있다. 제품/공정설계의 변경에 따라 특별특성도 변경될 수 있으므로 신규모델 개발 시에는 CTQ/CTP에 대한 ERRC 활동이 반드시 이루어져야 한다.

또한, 설비와 측정기 Capa.부족문제, 계측기 분해능의 한계로 인해 FMEA에서 도출된 특별특성에 대해 생산부서에서 100% 채택하지 않는 경우와 측정빈도/주기를 축소/변경하여 운영하는 경우도 있다. 특별특성은 고객 품질보증을 위해 반드시 관리되어야 하는 항목이며 고객과의 약속 준수를 통한 신뢰확보 및 고객가치 혁신을 위해서는 다소 비용이 발생하더라도 설비와 측정기 투자하여 관리될 수 있도록 해야 한다.

반면에 특별특성 선정과 공차설계가 제대로 된 경우, 양산단계의 수율을 예측할 수 있고, 수율에 영향을 미치는 인자(CTQ/CTP) 최적화를 통해 우리가 원하는 수율 목표를 조기에 달성할 수 있다.

(4) 연계성

FMEA를 실시하여 품질 Risk 발생 메커니즘을 분석하고 이를 통해 특별특성 (CTQ/CTP)을 선정하고 선정된 특별특성은 공차설계를 통해 관리규격을 설정한다. 이렇게 도출된 특별특성은 관리계획서 내에 제품 및 공정 관리항목에 반영되고 이를 주기적으로 관리하기 위해 SPC를 활용하여 공정의 변동 모니터링하고, 이상 발생 시에 신속한 조치를 통해 공정품질을 개선한다.

▶ **FMEA와 특별특성의 관계** 그림 3-18

아래 그림은 Design FMEA를 통해 CTQ를 선정한 예시를 보여주고 있으며, 주요 "고장형태" 또는 "고장원인"에 대한 예방 조치 항목을 기준으로 특별특성을 선정한다. Process FMEA는 CTQ 주요변동 요인과 공정 설계변경 기인 고장 모드, 과거 공정실패사례를 통해 CTP를 선정하고 CTQ와 CTP의 관계성을 확보해 나간다.

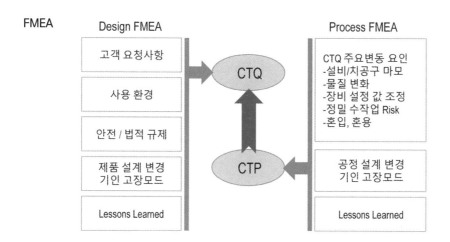

CTQ 선정 예시

잠재적 고장형태	고장의 잠재적 영향	S ▽	분류 ▽	고장의 잠재적 원인	O ▽	예방
로터 회전축 틀어짐	코깅특성 증가	4		하우징 포켓부 내경 진원 큼	3	하우징 포켓부 내경 진원도 -. Max 0.03mm
웨이브 와셔 틀어짐	베어링 이음 발생	5	SC	외경 치수 설정 오류	3	하우징 포켓부 내경 -. Ø22(+0.002/0.013) 웨이브 와샤 외경
돌돌 이음 발생	MDPS 시스템 소음발생	5	SC	리어베이링 & 포켓부 간섭(마찰)	3	하우징 포켓부 Grease 사용 -. 그리스 도포량: 0.1~0.3g 베어링과 포켓부 면 접촉길이

〈그림 3-18〉 FMEA와 특별특성의 관계

5) 공차설계/분석

(1) 개요 및 필요성

공차란 규격상한과 규격하한의 차이를 말하며 고객 요구 규격 또는 관리규격을 말한다. 그리고 관리규격을 설정하기 위한 제반활동을 공차설계라고 한다. 또한, 공차에 영향을 주는 인자의 산포를 확인하여 관리 규격이 정확하게 설정되었는지 검증하는 것을 공차분석이라고 한다.

공차분석 및 설계가 제대로 이루어지지 않으면 부품과 공정의 산포, Interaction 영향으로 인해 대량 생산에서 불량이 발생할 수 있다. 따라서, 품질 Risk가 발생하지 않기 위한 최적범위를 찾기 위해 반드시 필요한 활동이다.

(2) 과정 및 절차(그림 3-19)

① 공차설계 항목은 전기적 성능, 기구 형합, 강도 등을 포함하여 선정한다. 선정된 CTQ는 공차설계 검토 대상이며, CTQ가 공차설계 항목에 포함되었는지 여부는 Design/Process FMEA를 통해 검토 후 결정한다. CTQ 이외 항목들도 필요 시 공차설계 검토 대상이 될 수 있으며 또한 기구조립의 경우에는 누락없이 공차설계의 대상으로 포함시킨다. 특히 부품이나 모듈의 경우 고객 최종 제품과의 형합성(기구적 형합성, 제품 특성 및 스트레스 포함)을 고려하여야 한다.

② 고객과 내부의 요구사항을 반영해 공차설정(Target, LSL/USL)을 실시한다. 고객 지정사항은 요구사항에 맞춰 반영하되, 고객 요구사항이 없는 경우에는 Benchmarking(Base Model 등)을 실시하며 기존 유사 모델에서의 이슈 발생 내용들에 대한 검토 및 Simulation을 통해 공차를 설정해 나간다.

③ 실무적 공차분석과 Min/Max 및 통계적 공차분석 중 적절한 방법을 선택하여 공차 설정 및 타당성 검증을 실시한다. 실무적 공차분석은 실무지식/경험에 의해 정의된 Tool을 활용하여 공차분석을 진행한다.(Simulation) 또한, 통계적 공차분석은 선형/비선형 관계에 따라, RSS(Root Sum Squares) 또는 Monte Carlo Simulation을 적용해 공정능력을 예상해 볼 수 있다.

④ 실무적 또는 통계적 공차분석을 통해 공차설정의 타당성을 확인하고 예측된 공차설계가 목표한 공정능력 이상을 만족하는지 확인한다. 단, 공정능력에 미달한 경우 설계개선 or 구성품의 공정능력 개선을 실시한다.

⑤ 공차분석 결과를 Design Review 시 보고하고, 공차 타당성에 대해 논의한다.

⑥ 검증된 공차는 근거를 포함하여 개발문서(도면, 승인원, CTQ Map, 관리계획서, 작업지시서)에 반영하며, 문서별 항목 및 일치여부를 확인한다.

⑦ 측정대상에 대한 실물검증 계획을 수립하되, Worst Case 검증이 필요한 항

목을 반드시 검토하고 검증을 실시한다. 특히, 공차 분석 및 실물 검증을 통해서 초기에 설정한 공차의 범위를 조정할 경우 Corner Sample 평가를 진행한다. Worst Case 검증을 통해 공차의 유효성을 재확인한다.

〈그림 3-19〉 공차 운영 Process

⑧ 공차설계 대상과 구성품의 실제 값을 측정하고, 공차설계 대상의 실측 공정 능력이 목표 공정능력 이상을 만족하는지 확인한다. 단, 공차설계 대상의 공정능력이 품질목표 수준을 미달 시, 설계개선(형상/구조변경, 구성품 공

차조정) 또는 구성품의 공정능력을 개선한다. 설계 개선 시에는 FMEA를 실시하여 품질 Risk를 검토하고, 특히 고객이 요구한 항목의 경우 고객과 의사소통 및 승인을 받도록 한다. 또한 부품 공차 조정이 필요할 시에는 부품 품질 담당자 및 협력사와 사전 협의를 통해 부품의 공차 및 목표한 공정능력이 실제 달성 가능한 수준인지 확인한다.

⑨ Q-Gate에서는 공차설계 항목의 분석 및 검증, 공정능력 달성여부를 점검한다.

다음은 공차설계/분석을 수행하기 위한 검토사항이다.
• 측정오차 등 설계 Margin을 고려한 설정인지 확인한다.
• 한계범위(기능 상실)를 검토하여 공차(규격)를 부여했는지 확인한다.
• 공차가 너무 Tight하거나, Loose한 경우는 합리적 사유를 검토한다.
• 중요 항목에 대해서는 반드시 Min/Max 실장 테스트 또는 Simulation을 통해 검증한다.

공차 설계가 완료된 경우는, 샘플을 제작하여 목표로 하는 공정능력이 확보되었는지 확인해야 하며, 품질부서에서는 개발부서에서 검토한 내용과 샘플 수량이 적정한지에 대해 사전 검토해야 한다.

(3) 현업 적용 문제점 및 해결 방안

특히, 고객 제품에 사내 부품이 체결 또는 연결되는 위치의 경우는 반드시 Min/Max 공차분석을 통해 품질 이슈가 발생하지 않는 범위를 확인해야 하며, 필요시에는 규격상/하한 샘플을 제작하여 잠재적인 품질 Risk에 대해 검증해야 한다.

또한 공차규격이 잘못 설정되는 경우, 협력사 Capa., 수율, Cost와 직접적인 문제가 될 수도 있고, 공차가 Tight한 경우는 협력사에서 공급수량을 맞추기 위해 공정능력이 미확보된 부품들을 유출하게 될 가능성이 있으므로, 이를 방지하기 위해서는 부품의 허용공차를 정하기 전에 System의 허용공차를 선행하여 확정해야 한다.

실제로, PCB Hole에 커넥터를 삽입하여 체결하는 공정에서 PCB Hole이 커넥터보다 커야 하는 설계가 있었다. 그러나, 개발 담당자는 PCB Hole 규격을 9.1±0.2mm, 커넥터 규격은 8.8±0.3mm로 설계하여, 커넥터의 규격상한이 PCB Hole의 하한규격보다 커서, 결국 커넥터가 PCB Hole에 삽입이 안 되는 이슈가 발생한 사례가 있다.

(4) 연계성

FMEA를 실시하여 품질관리항목인 CTQ/CTP가 도출되었다면 이어서 공차 규격설정이 이루어져야 한다. 공차설계를 통해 올바른 관리규격이 설정된 CTQ/CTP 항목은 관리계획서에 반영되어 공정에서 통계적 공정관리(SPC)가 이루어지도록 해야 한다.

공차설계 대상의 선정은 그림 3-20 과 같이, 제품/부품 및 공정에 따라 분류된다.

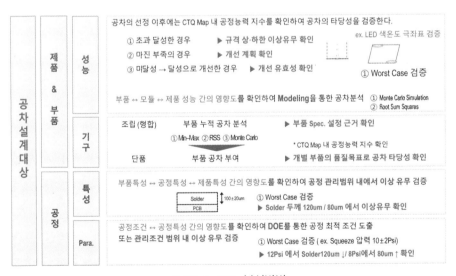

〈그림 3-20〉 분석방법

아래 $\boxed{\text{그림 3-21}}$ 은 3개의 부품(X1~X3)이 조립되어 제품(Y)이 만들어질 때 형합성을 검토하기 위한 공차 설계·분석 방법에 대한 간략한 내용이다. 공차대상 및 함수식을 정의하고, 규격 설정 및 품질목표를 설정하는 단계를 수행하게 되며, 공차분석 방법을 선정하여 공차분석을 수행하고, 실물 검증 결과와 비교를 통해 공차설계의 정확도를 높일 수 있다.

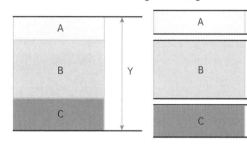

Modeling or Drawing

Step	Activity		Description	공차 분석				
				공차 설계 대상	Y	X1	X2	X3
					누적 두께	부품A두께	부품B두께	부품C두께
STEP1	공차 대상 정의 (항목명 기입)		공차 설계 대상을 정의한다. 출력(Y)와 출력에 영향을 주는 인자(X)들을 리스트한다.					
STEP2	함수식 정의		출력과 구성인자간의 관계 고찰을 통해 모델식을 정의한다. Y = F(X's)	모델식 / 벡터(+,-)	Y=X1+X2+X3	+	+	+
STEP3	규격 설정 및 품질목표 설정	품질 목표 설정	고객 요구 또는 내부적으로 품질 리스크 검토에 따른 품질 목표를 설정한다.	요목표/타켓	5	5	5	5
		타켓 값 입력	출력과 구성인자들의 Target Value를 입력한다.	Target	100	20	50	30
		공차 설정 방식 선정	아래 2가지 방식으로 공차를 설정할수 있다. 원하는 방식을 선택한다. ①기존에 알고 있는 표준 편차와 목표 Z값을 통해 공차를 설정한다. ②고객 요구 또는 설계자가 의도한 공차를 설정한다.	공차설정방식	설계자 입력	설계자 입력	설계자 입력	설계자 입력
		공차 설정 (표준 편차를 통해 공차 설정)	기존에 알고 있는 표준 편차를 입력하면 목표 Z값에 따라 공차가 자동으로 계산되어 설정된다.	Standard Deviation (입력)	0.8	0.8	0.8	0.8
				+Tol(자동계산)	5	3	3	3
				-Tol(자동계산)	-5	-3		
		공차 설정 (설계자가 입력)	고객 요구에 따른 규격 또는 내부 개발 목표에 따른 규격을 설정하여 입력한다.	+Tol(수기입력)	10	4	8	4
				-Tol(수기입력)	-10	-4	-8	-4

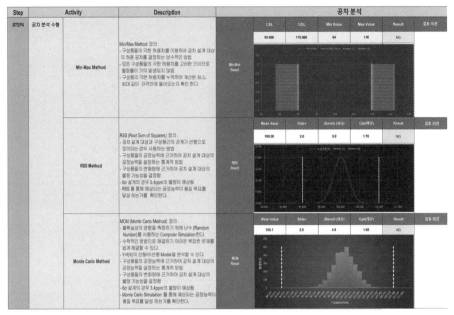

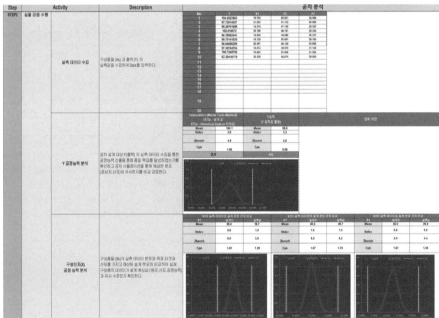

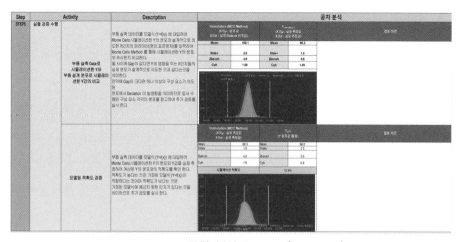

〈그림 3-21〉 공차 분석 Process(Step 1~5)

6) 개발샘플 Build 관리

(1) 개요 및 필요성

　DV(Design Verification) 단계에서는 제품의 설계 완성도가 확보되었는지? PV(Process Validation) 단계에서는 공정 및 설비가 의도한 대로 Setup되었는지? 양산을 위한 준비가 완료되어 있는지? 등 사내의 공정 준비상태를 검증하고, 고객요구에 부합한 제품을 제공하기 위해 샘플 Build 관리를 실시한다. 일반적으로 샘플 Build를 통해 만들어진 제품의 수율 및 성능/신뢰성을 점검하고, 불량이나 이슈를 사전에 개선하는 데 목적을 두고 있다. 뿐만 아니라 샘플 Build를 통해 고객 요구사항과 눈높이에 대한 조절을 실시할 수 있으며, 이러한 과정을 통해 검사기준, 조건, 검사설비 등의 체계가 준비될 수 있도록 관리되어야 한다. 그리고 그 과정에서 발생된 문제를 개선하는 절차상에서 설계 및 공정 변경점의 관리를 통해 추적성을 확보할 수 있어야 한다.

(2) 과정 및 절차(<u>그림 3-22</u>)

① 고객 또는 내부 요청에 의한 샘플 요구사항을 정의하고 샘플제작에 대한 정보를 등록한다.

② 고객 또는 내부 요구사항을 만족할 수 있도록 샘플제작을 위해 필요한 제품/공정 기준을 수립하고, BOM, 도면, 공정산출물(Process Flow Diagram, PFMEA, Control Plan, 검사/작업 지도서)을 구체화한다.

③ 샘플의 수입/공정/출하 검사대상, 항목, Spec., 품질목표 등의 계획을 수립하고, 검사기준 및 계획을 수립한다.

④ 요청 수량과 예상 수율을 바탕으로 제작 수량을 산출하며, 자재 조달 일정을 확인하여 제작 계획을 수립한다. 특히 원부자재 입고 및 샘플제작 진행 현황을 지속 점검한다. 납기지연 예상 시, Catch-up Plan을 포함하여 고객/내부 협의를 추진한다.

⑤ 요청 수량과 출하가능 재고수량을 비교하고 재고수량이 충분한 경우 샘플 요청 목적을 확인하여 출하에 적합한지를 검토한다. 재고수량이 부족한 경우는 요청수량 확보를 위해 필요한 원부자재의 재고현황을 사전 파악한다.

⑥ 제품 추가제작 수량을 바탕으로 원부자재(반재품/자재/치공구 등)의 필요수량 산출 및 재고수량을 확인하고, 재고가 충분한 원부자재는 장기/부적합 재고 여부를 반드시 확인한다. 또한, 원부자재 재고 불충분 시에는 추가 발주 수량을 파악한다.

⑦ 양산 자재의 경우 물품청구를 통해 원부자재의 수급을 진행하고, 개발 자재의 경우 고객 또는 내부 요청을 만족시킬 수 있는 원부자재에 대해 발주를 실시한다. 발주 시 반드시 수입검사 계획·기준을 명확화하여 원부자재 입고 시 기준에 따라 수입검사가 이뤄질 수 있도록 한다.

⑧ 발주한 원부자재에 대해 수입검사 계획 및 기준에 따라 자재를 입고시키고, 수입검사를 실시하며, 사내 물품청구품의 경우 입고 시 수입검사 데이터를

확인한다. 품질수준(공정능력 및 이상부적합)을 확인하고 샘플제작 투입여부를 결정한다. 수입검사 결과 이상발생 시에는 상세 내용을 확인하여 원인분석 및 개선조치를 실시한다. 개선조치 사항은 제품 History에 등록하여 변경점을 관리한다.

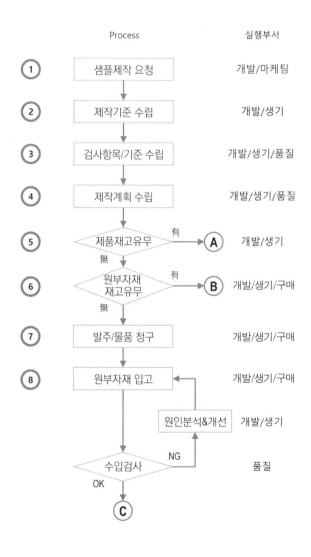

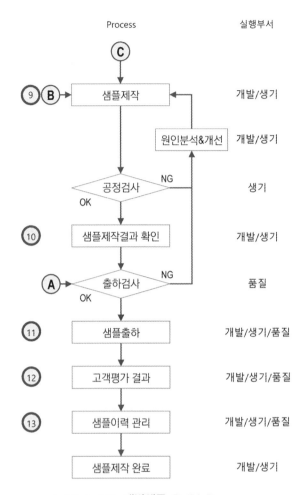

〈그림 3-22〉 개발샘플 Build Process

⑨ 고객 또는 내부 요구사항을 만족할 수 있도록 수립된 공정 순서에 따라 샘플을 제작한다. Control Plan에서 정의된 공정검사 항목(반제품/성능 CTQ, CTP, 공정 Recipe, SW Ver. 등)의 이력을 기입하여 공정품질(공정능력 및 이상부적합)을 확인한다. 공정검사 결과 이상 발생 시, 공정 중 발생한 근본원인 분석 및 개선조치를 실시하고, 이상발생 건은 근본원인 분석을 통해 개선방안을 도출하고 차기 샘플 진행 시 반영될 수 있도록 한다. 또한, 공정

의 개선 조치 사항은 제품History에 반영하여 변경점을 관리한다.

⑩ 고객 또는 내부 요구사항을 만족하였는지 샘플제작 결과를 확인하고 품질 수준(공정능력 및 이상부적합)을 점검하고 샘플출하 여부를 결정한다. 출하 검사 계획 및 기준에 따라 출하검사를 실시하고, 제품의 품질 외에도 포장 상태와 Label 검사를 반드시 수행한다. 검사 결과 이상 발생 시, 상세 내용을 확인하여 원인분석 및 개선조치 진행여부를 결정한다. 근본원인 분석을 통해 도출된 개선조치사항은 제품 제작 이력에 반영하고 변경점이 다음 Build에 반영될 수 있도록 한다.

⑪ 샘플제작 결과 및 출하검사 결과를 바탕으로 출하 승인을 요청하고 고객 또는 내부에 제품 출하를 실시한다. 출하된 샘플에 대해서는 출하정보(목적, 고객, 수량 등)를 기록한다.

⑫ 고객으로부터 Feedback 평가결과 및 이슈사항에 대해서는 이력화하고, 차기 샘플Build 시에 반영될 수 있도록 한다. 특히, 고객으로부터 불량이 접수될 경우, 사내·고객 귀책여부를 판단하고 그 결과에 따라 고객대응 현황을 반드시 관리한다. 필요시에는 고객 Pain Point에 등록하여 빠른 의사결정이 이뤄지도록 한다.

⑬ 고객 요청사항, 제품설계 이력, 샘플 Build 이력, 수율, 수입·공정·출하이력 및 검사 Data, 불량이력, 개선조치 이력, 고객 Feedback 결과 등 모든 샘플제작 내용 등록 후 제작 완료한다.

다음은 개발샘플 Build 관리를 수행하기 위한 검토사항이다.
• 고객·사내 요청부서의 요구사항에 맞게 제작되었는지 점검한다.
• 불량이 발생하면 분석하여 원인이 도출되고 개선까지 이뤄졌는지 확인한다.
• Build별 측정 Data에 대한 결과 및 공정능력 분석을 통해 공정의 안정성을 검토한다.

개발샘플 빌드 Process를 수립하여 샘플제작 시 필요수량, 제작기간, 제작용도 등 목적에 맞도록 철저한 계획을 통해 제작되도록 유도하고, 용도에 적합한 샘플 평가와 점검을 실시해야 한다. 또한, 샘플 제작 시 변경점이 발생한 경우, 반드시 품질 Risk를 검토하고 변경점을 적용하여 개발 변경점 관리를 해야 한다.

(3) 현업 적용 문제점 및 해결 방안

한 번의 샘플제작으로 개발 완성도를 확보하면 좋겠지만 현실은 그렇지 못하여 개발부서 또는 생산기술부서에서 개발 완성도를 높이기 위해 자체적으로 성능 및 품질 검증을 위한 샘플 제작이 수차례 이루어지기도 한다. 또한, B2B 기업의 경우, 고객이 Test 또는 Promotion을 위해 개발 완료 전에 샘플을 요청하는 경우가 많다. 하지만, 개발부서 및 생산기술부서는 제품성능 규격 만족과 개발일정을 맞추기 위해 개발샘플 빌드 관리를 소홀히 하는 경향이 있다. 이력도 없는 자재나 부품으로 샘플을 제작하기도 하며 고객이 샘플을 요청할 경우 고객 요구 성능과 품질에 대한 점검 없이 고객 측에 보내지기도 한다. 또한, 일정에 쫓겨 고객이 요구하는 수량을 맞추지 못하는 경우, 요구 성능이 미달하는 샘플을 혼입하든가, 또는 설계 변경이 발생했음에도 이전 Build 제품을 수량을 맞추기 위해 제공하는 경우도 있다.

이를 방지하기 위해서 개발샘플 Build Process를 만들어 지킬 수 있도록 체계를 만들어야 한다.

제작된 샘플에서 문제가 발생됨으로 인해 고객의 이벤트가 지연되어 긴급으로 출하해야 하는 상황이 되었을 때를 대비하여 긴급 출하 체계에 대한 기준과 Process가 수립되어 있어야 한다. 만약 원인이 명확한 경우에는 다음 이벤트에서 개선될 수 있으므로 일부 샘플을 선별(Golden 샘플)하여 고객에게 송부하는 방법이 있을 수 있다. 하지만 원인이 명확하지 않으면 고객에게 문제를 사전에 오픈하여 고객의 판단에 따르거나, 원인을 찾아 개선 샘플을 제작하여 제공해야 한다.

개발 샘플을 고객에게 반드시 전달하는 목적도 있지만, 궁극적으로 우리와 고객의 눈높이를 Align하고, 우리의 검사 기준에 대한 적절성, 고객시스템과의 매칭성, 고객 사용 환경에서의 검증 등 종합적으로 평가를 받는 중요한 이벤트라고 생각하고 추진해야 한다.

(4) 연계성

개발과정 중 샘플 Build 관리를 통해 제품설계 및 공정 Setup · 설비조건이 최종 확정되면, 이를 Control Plan 및 Work Instruction에 반영하여 양산준비를 완료한다.

고객에게 불완전한 품질의 개발샘플이 유출되는 것을 방지하기 위해서는 그림 3-26 과 같이, 다양한 정보가 연계되어 Build 과정에서 검출 · 검증할 수 있도록 체계화가 반드시 필요하다. 개발샘플 Build는 고객 요구사항에 기반하여 샘플 제작등록을 시작으로 고객 Feedback을 입수하고 해당 내용이 다음 Build에 반영될 수 있도록 연계 관리되어야 한다. 특히 변경점에 대한 이력 관리를 통해 품질이슈의 재발을 방지할 수 있도록 관리되어야 한다.

또한 검사 설계(검사 기준, 장비, 방법, 검사원, 검사기준서 등)가 이뤄질 수 있도록 관리되어야 한다.(그림 3-23)

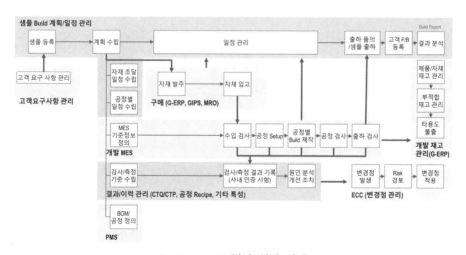

〈그림 3-23〉 검사 설계 사례

7) 변경점 관리

(1) 개요 및 필요성

개발 변경점 관리는 개발과정에서 발생한 부품·제품·공정 변경점 관리에 대한 절차를 명확히 하여, 변경점 관리의 효율성을 보장하고, 이를 통해 변경점으로 인한 품질 Risk를 사전에 검토·평가하여 궁극적으로 고객 및 내부 품질이슈 발생을 방지하는 데 목적이 있다. 변경점 관리대상은 제품규격, 부품규격, 도면, BOM 등이며 제품설계 변경점 관리는 DV시작부터 실시하며, 매 Build별 변경점 이력을 등록 관리하고, 최초 DV 인정시험 의뢰 이후부터는 ECO를 통해 이력을 관리한다. 그리고 공정설계 변경점 관리는 DV부터 실시하며, 매 Build별 변경점 이력을 등록관리하고, PV인정시험 승인 이후부터는 양산 4M 변경관리 프로세스에 준하여 관리한다.

(2) 과정 및 절차(그림 3-24)

① 변경점 발생 단계에서는 개발 중인 부품/제품/공정의 변경이 발생한 경우 모든 변경점을 등록한다. 부품/제품 변경의 경우는 DV 시작 이후 변경 History를 관리하며, DV 인정시험 의뢰 이후 부품/제품 변경 건에 대해 설계 변경을 실시(ECR/ECO)한다. 공정 변경의 경우는 DV 시작 이후 변경 History를 관리하며, PV품 인정시험 의뢰 이후 공정변경 건에 대해서는 양산 4M 변경 기준에 따라 실시한다. 단, 부품/제품/공정 변경 관리기준은 변경점 관리대상인 규격류, 도면, BOM 등이 Release된 시점이며, 개발단계에서 발생한 변경은 IT시스템을 통해 변경이력을 등록 관리하여, 개발단계부터 설계변경의 Traceability를 확보한다.

② 변경점 검토/발의 단계에서는 유관부서(개발, 공정기술, 제조, 품질, 구매 등)와 변경점에 대해 공유하고 품질 Risk를 검토하여 부품/제품, 공정 변경이 필요하다고 판단한 경우, 현상 및 문제점을 정리하여 개발 변경을 발의한다.

③ 변경점 심의 단계에서는 변경심의위원회에서 변경 요청한 내용을 검토하고
변경점의 품질 Risk의 검증방법(실물 검증, Simulation, 단순교체 등), 검증
항목(성능, 부품/제품인정), 고객신고대상 여부 등을 결정한다. 신고대상의
경우는 고객사전 신고를 실시하고 변경점에 대한 검증을 준비한다.

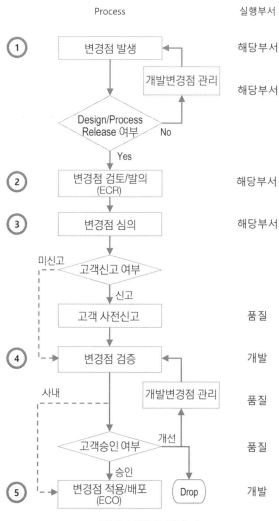

〈그림 3-24〉 개발 변경점 관리 Process

④ 변경점 검증 단계에서는 심의위원회에서 결정된 검증방법 및 항목 등을 기준으로 검증샘플을 제작한다. 검증결과를 검토하여 변경점의 유효성 여부를 결정한다. 변경점 적용 시점, 관련 문서의 변경 여부 및 법인/타모델 확대전개 여부를 확인하여 변경점 적용 계획을 수립한다. 또한, 고객에게 변경점 검증결과를 제공하고, 변경에 대한 고객 승인을 받는다. 4M 변경점 관리를 위해 세부적인 기준을 만들어 운영하는 것이 좋다.

⑤ 변경점 적용 및 배포단계에서는 변경점 적용 계획과 조치사항의 유효성을 점검하여 완료여부를 결정한다. 변경점에 대한 유효성이 확인되면 적용사항을 유관부서에 반드시 배포하고 고객 및 협력사에 통보한다.

다음은 개발 변경점 관리를 수행하기 위한 검토사항이다.

• 설계/공정에서 발생한 모든 변경점이 등록/개선여부가 관리되고 있는지 확인한다.
• 개발샘플 Build 결과와 변경점 이력이 서로 Matching되어 관리되고 있는지 확인한다.
• 모든 변경 사항은 100% Open 되어야 하며, 해당 내용은 변경 심의 위원회를 통해 검증 내용 및 고객 신고 여부 등이 논의/관리되고 있는지 확인한다.
• 변경 내용에 대해서는 유관부문 및 고객, 협력사와 긴밀하게 소통하고 협력하여야 한다.

개발 변경점 관리를 통해 개발단계에서 발생한 주요 설계/공정 변경점을 가시화 및 이력화하여 양산 중 변경을 최소화해야 한다. 특히 변경점이 발생하였을 때에는 CAPA(Corrective Action & Preventive Action)활동을 통해 변경에 대한 문제점을 찾고, 개선활동을 연계하여 반드시 개선결과를 기록으로 남겨야 한다.

(3) 현업 적용 문제점 및 해결 방안

개발 변경점 관리를 추진함에 있어 어려운 점은, 개발 단계에 설계/공정 검토가 빈번히 일어나지만 모든 변경사항들을 모두 등록하여 관리하기가 쉽지 않다는 것이다. 개발과 생산기술부서에 설계 · 공정의 변경점을 모두 등록 관리하자고 한다면 많은 반발이 발생한다. 또한 설계변경 관리대상이 명확하지 않고, 개발부서 이외에는 변경사항들을 정확하게 인지할 수 없어 등록여부를 확인할 수 없는 문제점 등이 있다.

이를 방지하기 위해서는 개발샘플 Build 관리를 통해 설계 · 공정의 변경이력을 확인하고 샘플을 제작할 수 있도록 체계화한다. 또한 샘플제작 시 이전과 변경된 사항(부품, 설비, 공정조건, 규격 등)을 이력화하여 관리하고 신뢰성 시험 의뢰 시 점검할 수 있도록 프로세스 개선, 프로세스 간 연계 및 IT 시스템 개발을 통해 해결해 갈 수 있다.(그림 3-25)

(4) 연계성

설계 · 공정에 대한 변경점의 이력 관리는 반드시 필요하다. 특히, 개발샘플 제작 과정에서 사용된 자재 정보, 성능 측정 정보, 제작 공정 조건에 대한 정보가 명확해야 한다. 이를 바탕으로 개발 과정에서의 설계 · 공정 변경점의 이력을 관리하고, 품질 Risk를 검토하여 변경점 적용 여부를 결정해야 한다. 이 변경점을 관련 문서에 반영하고, 유관 부서 및 현장에 배포하여 설계 · 공정 정보의 일관성이 유지되어야 하고, 고객 및 협력사에도 필요한 사항이 신고 · 공유되어야 한다. 샘플 제작 정보가 불분명하면 변경점에 대한 추적이 되지 않아 불량 원인 분석이 불가능하거나 상당한 시간과 인력을 소모하게 되며, 샘플 제작 오류의 원인이 되기도 한다.

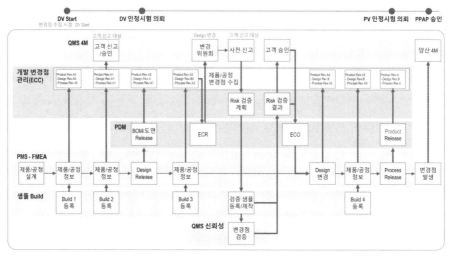

〈그림 3-25〉 개발 변경점 관리체계

개발변경점 관리는 FMEA를 통해 개발단계에서 발생한 제품/공정 변경의 품질 Risk를 검토하고, 개발샘플 Build를 통해 설계에 대한 검증을 실시하여 설계 강건성을 확보해야 한다. 개발변경점의 관리대상은 제품규격, 부품규격, 도면, BOM 변경, 4M 등이 대상이 된다. 변경점 관리시점의 경우 부품/제품 변경점은 DV 시작 이후 변경 History를 관리하며, DV인정시험 의뢰 이후 부품/제품 변경 건에 대해서는 설계변경을 실시한다. 또한, 공정변경은 DV시작 이후 변경 History를 관리하며, PV품 인정시험 의뢰 이후 공정변경 건에 대해서는 양산변경(4M) Process에 준하여 관리한다.

8) 개발품질 점검(Quality Gate; Q-Gate)

(1) 개요 및 필요성

Q-Gate는 개발 단계에서 품질 관점의 점검을 통해 문제점을 조기 발견/개선함으로써 개발 완성도를 제고하고, 초도 양산 품질을 조기 확보하는 것을 목적으로 한다.

Q-Gate의 종류에는 Technical Q-Gate, Incoming Q-Gate, Software Q-Gate

가 있으며, 이를 종합하여 제품의 최종 품질을 점검하는 Q-Gate로 구성된다.

Q-Gate는 일상적으로 DV/PV단계에서 실시되며, DV단계에서는 제품설계 완성도를 점검하고, PV단계는 공정설계완성도 및 양산준비 현황을 점검한다.

Q-Gate는 개발 Project의 품질을 종합적으로 최종 점검하는 중요한 활동이므로 개발완성도가 확보되었는지를 기준에 따라 철저하게 점검해야 한다.

(2) 업무 정의(그림 3-26)

항목	Q-Gate 업무
주관	Q-Gate Keeper : QGK
Q-Gate 절차	1. PJT PL/PM - self 점검 2. QGK - 1차 점검 및 feedback 3. Q-Gate review 회의 및 2차 feedback 4. 최종 판정(Pass/Fail) 5. Pass 시 개발완성도 점검 승인(Q-Gate 완료처리) Fail 시 Q-Gate 재 실시/조건부 출하 검토 6. 품평회 진행
대상 Document	PLM 등록산출물
Focusing	개발 process 준수/QCD 목표 달성 점검
Checklist	자료 내용 충실성/정합성/Risk 포함 검토 사업담당별 별도 Checklist 적용
Gate 역할	문제점 재발 방지, 고객 요구 수준 만족 검토
Process	연구개발 운영규정 적용, 개발완성도 점검 및 승인업무 지침 조건부 출하 관리 지침
산출물	Q-Gate Report 발행(이력, Evidence 포함)

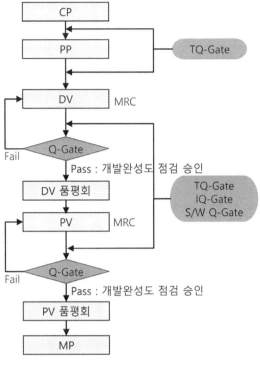

〈그림 3-26〉 Q-Gate Process

(3) 과정 및 절차(그림 3-27, 그림 3-28)

① Project Leader or project Manager Self 점검 실시 : Q-Gate Checklist를
바탕으로 self 점검하고, 부족한 점은 개선하거나 개선 계획을 첨부하여 Q-
Gate Keeper에게 전달하고 Q-Gate를 요청한다.

② Q-Gate Keeper가 1차 점검 및 Feedback : Self 점검한 결과를 바탕으로 Q-
Gate Keeper가 PLM의 산출물, 신뢰성 시험 결과, 부품인정결과 등을 확인
하고, 부족한 점을 Feedback 한다.

③ Gate Review 및 2차 Feedback : 1차 Review 점검결과에 따라 개선활동이
완료되면, 날짜와 장소를 유관부서 담당자/조직책임자에게 공지하고 2차

Review 회의를 실시한다. 이때 논의된 결과와 개선사항은 Gate Review 회의록에 남기고 필요시 추가 개선활동을 진행한다.

④ 최종 판정(Pass/Fail) : Gate Review 개선결과를 점검한 뒤 Pass/Fail을 판정하고, 품평회 실시여부를 판단한다.

⑤ PLM 산출물 등록 : Q-Gate Report, 개발완성도 점검결과를 PLM Q-Gate Activity에 등록하고 승인받는다.

(4) 점검 내용

개발 단계	점검항목
DV (설계 검증)	• 미연/재발방지(설계) • CTQ 실적 및 품질목표 달성여부 • Open Issue Management • 부품/제품 인정 • 신뢰성 시험결과(가혹, 인정, 수명) • 제품설계 산출물 점검 • 변경점 관리(4M)
PV (공정 검증)	• 미연/재발방지(공정) • CTQ 실적 및 품질관리목표 달성여부 • Open Issue Management • 신뢰성 시험결과(인정, ORT, 4M) • 수율(직행률) • 공정 완성도(MBO, 작업자 인증, Gage R&R 등)

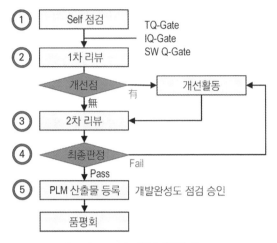

〈그림 3-27〉 상세 운영 Process

〈그림 3-28〉 DV/PV 개발완성도 점검결과서 양식

(5) 현업 적용 문제점 및 해결 방안

고객 납기에 쫓겨 기준이 충족되지 않은 상태에서 Conditional Pass로 판정하여 다음 단계를 진행하는 경우가 있다.

신뢰성, 중요특성, 고객 지정 항목 등의 Critical Issues가 완료되지 않은 경우, 품질이슈의 발생 Risk가 있으므로 Conditional Pass를 허용해서는 안 된다. 다만, 외관 혹은 원인이 명확한 단발적인 이슈 등과 관련해서는 일부 Conditional Pass의 기준을 만들어 운영할 수 있으며, 이러한 경우 후속 단계에서 반드시 확인을 하고 Closing될 수 있도록 하여야 하며, 미개선으로 확인될 경우 2차 Conditional Pass는 허용하지 않는 것이 원칙이다.

이러한 문제점을 해결하기 위해서는 개발 초기단계부터 품질이슈와 리스크의 개선, 양산을 위해 필요한 설비·공정 셋업, 작업자 교육 실시 등을 사전에 점검하여 개선하는 양산 Readiness 활동을 충실하게 수행하여 개발단계 마지막 품질점검인 Q-Gate에서 곤란한 상황이 발생하지 않도록 선행하여 관리해야 한다.

Q-Gate 점검 Checklist는 누구나 동일하게 평가할 수 있도록 정량적으로 측정이 가능한 점검 항목과 판단기준으로 구성되어 있어야 하고, 점검 항목 중 특히 신뢰성, 부품인정, 고객 승인과 같은 Critical 항목은 반드시 완료되었음을 확인하여야 하며, 진행 중인 상태에서 Pass 의사결정을 해서는 안 된다. 또한 Q-Gate Keeper는 개발품질과 관련한 이슈·리스크의 진행현황, Activity의 완료여부 및 산출물을 충실하게 점검하기 위해서 개발 시작부터 주요 Activity에 같이 참여하고 지원하여야 한다.

(6) 연계성

Q-Gate는 FMEA, 설계변경점, 인정시험, 부품, 양산 Readiness, Control Plan, 검사 기준서 등 주요 Activity의 산출물과 활동 결과를 종합하여 개발완성도를 최종 점검하고 다음 단계인 품평회 실시여부를 결정한다.

2. 개발단계 품질보증 시험 계획 및 평가

1) 개발 제품인정 신뢰성 시험(Development Verification & Product Verification Reliability Test)

(1) 개요 및 필요성

개발 인정 신뢰성 시험이란, 실사용 환경에서 제품 요구사항에 대한 성능과 기능을 보증하기 위한 목적으로 저장, 운송, 제조 및 사용 중에 겪을 것으로 예상되는 환경 스트레스하에서 정상적인 기능 수행이 가능한지를 평가하여 합격/불합격을 판정하는 시험이다.

개발 인정 신뢰성 시험은 크게 2가지로 나눌 수 있는데, 제품의 설계 품질 완성도를 높이기 위해 설계 검증(Design Verification) 단계에서 평가/검증하는 설계 인정시험과 제품의 초도 공정 품질 완성도를 높이기 위해 양산성 검증(Product Verification) 단계에서 평가/검증하는 양산성 인정시험이 있다.

우리가 제품을 구입할 때 가장 먼저 고려하는 것은 내가 원하는 성능이나 기능을 가지고 있는지, 디자인은 괜찮은지, 가격은 저렴한지, 오래 쓸 수 있는 것인지, 신뢰할 수 있는 브랜드인지 등일 것이다.

여기서 우리는 성능, 기능, 사용기간 등이 얼마나 구매하려는 고객을 만족시킬 수 있는지를 정량적으로 평가하여 판단할 필요가 있다.

개발 인정 신뢰성시험은 고객이 그 회사를 신뢰하고 해당 제품을 구매할 수 있는지를 평가하고 보증하는 대표적인 시험으로 개발단계에서 가장 기본이 되는 시험인 만큼 회사 브랜드 이미지가 실추되지 않도록 철저히 준비하고 실행할 필요가 있다.

(2) 과정 및 절차(**그림 3-29**)

① 고객 실사용 환경(사용, 운송, 조립 등)에 영향을 주는 Stress를 도출한다.

② 4新 변경점 중심으로 예상되는 제품의 신뢰성 Risk(고장모드/메커니즘)를 도출한다.

③ 예상되는 환경 Stress와 제품의 신뢰성 Risk에 대해 XY Matrix를 이용하여, 가중치 평가로 시험항목을 우선 순위화하고, 개발모델 요구사항 및 Reference 모델 검토로 시험조건을 선정한다.(①, ②, ③ Activity는 선행 가혹 신뢰성 시험법 개발 검토결과를 그대로 활용할 수 있다.)

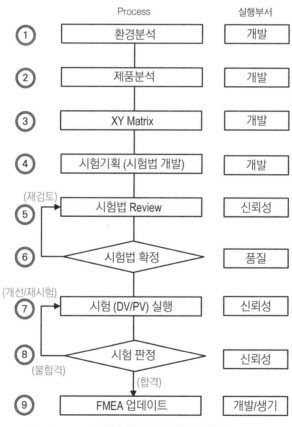

〈그림 3-29〉 개발 인정 신뢰성 시험 Process

④ XY Matrix에서 도출된 시험조건을 Default로 반영하고, 고객요구 시험조건과 Reference모델의 시험조건을 비교한다. 그리고 과거 주요 이슈 또는 실패 사례와 같은 Lessens Learned을 반영하여 신규시험법을 개발하고 시험 방법을 명확하게 설계한다.

⑤ 관련부서와의 논의를 통해 선정된 시험법의 누락이 없는지를 검토한다.

⑥ 개발 인정 신뢰성 시험을 위한 시험법 개발 및 Review 완료 여부를 확인하고, 확정한다.

⑦ 확정된 시험기준으로 DV단계 설계인정시험, PV단계 양산성 인정시험을 각각 수행한다.

⑧ 각 시험항목별 판정기준에 대한 결과로 합격/불합격 여부를 판정한다. 불합격인 경우, 시험결과 이슈 및 개선 대책을 수립하여 개선조치하고 재시험을 수행한다.

⑨ 시험결과를 포함한 개선조치 사항을 FMEA에 최종 업데이트 반영한다.

그림 3-30 은 개발 인정 신뢰성 시험 설계(신규시험법 개발 포함)를 위한 검토사항이다.

• 고객 실사용 환경 및 제품 동작 조건
• 고객 요구 조건
• Ref.모델의(Base 모델, 유사모델, 경쟁사 모델) 시험조건
• 기존 또는 유사제품 및 국제 규격의 신뢰성 시험조건
• 선행 가혹 신뢰성 시험설계를 위한 검토 사항 및 결과 반영
• 과거 주요 이슈, 실패 사례(Lessons Learned) 반영
※ 시험 Process와 Flow Chart에 대해서는 세부적인 추진 Activity(Check List)를 만들어서 실행하는 것이 필요하다.

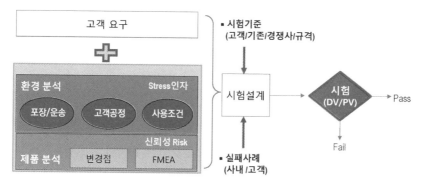

〈그림 3-30〉 개발 인정 신뢰성 시험 설계

(3) 현업 적용 문제점 및 해결 방안

개발부서에서는 고객이 요구하는 성능과 기능의 구현 여부 중심으로 검토가 이루어지고, 품질부서에서는 고객이 제공한 신뢰성 시험조건만 Pass하면 된다는 생각으로 DV/PV인정시험조건을 선정하여 진행하는 경우가 많다.

이럴 경우, 고객이 요구한 신뢰성 시험 기준으로 사내시험에서는 Pass하였으나, 고객 신뢰성 시험에서 Fail되거나, 필드에서 사용 중 고장이 발생하여, 고객 Claim으로 이어져, 결국 회사 이미지를 실추하고, 막대한 비용까지 부담하는 경우가 발생하게 된다.

따라서, 사내의 변경점, 고객이 제공하는 신뢰성 시험조건 외에 제품의 운송경로, 제품의 보존조건, 고객의 제조공정(부품 간 조립), 제품의 사용환경까지 모두 고려하여 시험법을 설계하고, 검증하는 것이 매우 중요하다.

신규 시험법 설계를 위해서는 고객 관련한 다양한 정보(제품의 운송경로, 제품의 보존조건, 고객의 제조공정, 제품의 사용환경)가 필요하나, 실제 입수가 쉽지 않은 것이 현실이다.

이를 위해서 품질부서에서는 시험법 설계에 필요한 고객정보를 명확히 정의하여, 관련부서와의 협업을 통해 정보를 입수하고, DB화하여 관리해야 한다.

마케팅 및 상품기획부서는 고객과의 파트너쉽 강화를 통해, 고객 제조·운송·사용환경, 경쟁사 제품 정보 등을 지속적으로 입수하고 제공하여야 하며, 개발부서는 기존에 보유한 고객환경, 경쟁사 유사제품 관련 정보를 최대한 분석 활용하여야 한다.

사내 모듈 및 부품단위 시험 시, 신뢰도를 높이기 위해서는 고객으로부터 Set를 입수하여 시험하거나, 불가 시에는 이를 모사한 JIG를 제작하여 시험 환경을 구성하여 수행하는 것이 필요하다.

(4) 연계성

선행 가혹 신뢰성 시험법에서 도출된 시험항목은 DV/PV인정시험법 설계에 반영되고, DV/PV인정 시험항목, 시험조건, 시료 수 등의 시험기준들과 시험결과는 양산 정기 신뢰성시험, ORT, 양산 변경점(4M)시험법 설계 시 활용하게 된다.

앞에서 언급한 개발인정 시험 설계 부분 中 대표적인 2가지 사례인 고객 실사용 환경을 고려한 시험설계와 기존 또는 유사모델 시험 기준 검토를 통한 시험설계 사례를 살펴보자.

① 고객 실사용 환경을 고려한 시험 설계(그림 3-31)
- 마케팅부서와 물류부서로부터 고객과 협의된 운송경로를 파악한다.
- 운송경로에 대한 실제 환경을 조사하고, 영향을 줄 수 있는 Stress 인자를 모두 도출한다.
- 기존 및 유사모델의 시험기준이나 규격자료 등을 바탕으로 시험조건을 검토하여 선정한다.

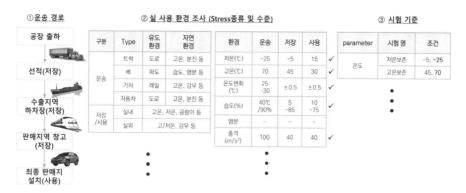

〈그림 3-31〉 고객 실사용 환경 고려 시험설계

표 3-2 는 실사용 환경 조사 시 고려해야 할 Stress 인자를 나열한 것으로 기후적, 생물학적, 화학적, 기계적 조건으로 분류한 예시이므로, 실무에 참조하길 바란다.

[표 3-2] 실사용 환경 Stress 유형(예시)

구분	기후적	생물학적	화학적 활성 물질	기계적 활성 물질	기계적 조건	사용자
저장	• 온도 • 상대습도 • 압력 • 온도변화 • 태양열복사 • 강우 • 응결, 서리 • 주변 물질의 움직임 (속도)	• Flora (식물相) 곰팡이, 균류 • Fauna (동물相) 설치류	• Salts(염분) • Sulfur dioxide • Hydrogen sulfide • Chlorine • Hydrogen fluoride • Ammonia • Ozone • Nitrogen oxides	• 모래 • 먼지 • Slurry (농도 시멘트, 진흙 따위에 물을 섞은 것) • 검댕, 매연 (Soot)	• 진동 • 충격 • 자유낙하 • 동/정적인 각도 • 가속도 • 정적 부하 • Toppling	• 사용자 환경 • 습관
운송						
옥내						
옥외						
자동차						
선박						
휴대용						

※온도, 진동, 습도로 전체 고장원인의 86%를 Cover(Hughes Aircraft Co.)

② 기존 또는 유사모델 시험 기준 검토를 통한 시험설계(그림 3-32)

고객이 요청한 신규제품의 시험항목이 15개가 있고, 기존 제품에서 진행한 시험항목이 11개가 있다면 시험기준 비교 검토를 통해, 중복되는 시험항목 4개를 제외하고, 총 22개의 시험항목 도출 후, 보수적인 시험조건을 적용하여 최종적으로 시험항목과 시험조건을 선정한다.

<그림 3-32> 기존 제품의 시험항목과 신규 제품 고객 요청사항 반영을 통한 시험 기준 재수립

2) 개발부품 인정 신뢰성 시험

(1) 개요 및 필요성

부품인정 시험이란, 실사용 환경에서 부품 요구사항에 대한 성능과 기능을 보증하기 위한 목적으로 저장, 운송, 제조 및 사용 중에 겪을 것으로 예상되는 환경 스트레스하에서 정상적인 기능 수행이 가능한지를 합격/불합격 판정으로 운영하는 시험이다.

제품은 여러 협력사의 부품의 조합으로 구성되므로, 제품의 신뢰성은 개별 부품 각각의 신뢰성에 영향을 받게 된다. 어느 한 부품의 신뢰성 품질 불량이 발생하면 다른 부품의 신뢰성이 확보된다 할지라도 그 제품은 사용할 수 없게 되므로 제품을 구성하는 부품 중 핵심적이고 신뢰성 측면에서 보증이 강화되어야 할 부분을 사전 정의하고 평가하여 전체 제품의 신뢰성이 보증되도록 하는 것이 매우 중요하다.

(2) 과정 및 절차(그림 3-33)

① **사용환경 · 제품분석** : 제품 인정시험과 동일하게 개별 부품도 고객의 사용환경과 제품 분석이 선행되어야 한다. 일반적으로 부품 → 모듈 → 제품으로 진행되면서 신뢰성 항목 및 조건은 덜 가혹해지는 경향이 있는데 이는 각 부품의 보증 사양(온도, 습도 등)의 차이로 인해 가장 가혹한 조건으로 평가를 할 수 없기 때문이다. 이런 이유로 고객의 사용환경과 각 제품/부품의 분석을 통해 부품의 시험항목, 조건을 치밀하게 결정하는 것이 중요하다

② **시험이력 · 이슈분석** : 기존 부품에서 발생한 이슈, 유사모델의 시험이력, 개발 단계에서의 이슈 분석을 통해 새롭게 추가되어야 할 시험 항목, 조건, 샘플 수 등을 검토한다.

③ **시험 계획 수립** : 사용환경 · 제품분석 및 시험이력 · 이슈분석 검토 결과를 활용하여 시험항목, 조건 시료 수 등 시험 계획을 수립한다. 또한 부품협력사의 개발이력이나, 시험 결과를 사전에 검토하고 반영하여야 한다.

④ **입고 부품의 평가** : 초기 투입되는 부품의 외관, 치수, 특성 등을 평가하는 것으로 이 부분은 신뢰성 투입 전 부품의 양품 상태를 확인하는 동시에 전체를 대표하는 샘플이 신뢰성 시험 후 결과도 같은 대표성을 갖는다는 것을 확인하기 위함이다.

⑤ **부품 인정 시험** : 사전에 수립된 시험 계획에 따라 시험을 진행하며 신뢰성 시험 도중 시험설비, 샘플에서 문제가 생겼을 경우에는 재시험, 측정방법 변경, 타 시험 대체 등 여러 대안을 갖고 유관부서 전문가와 협의한다.

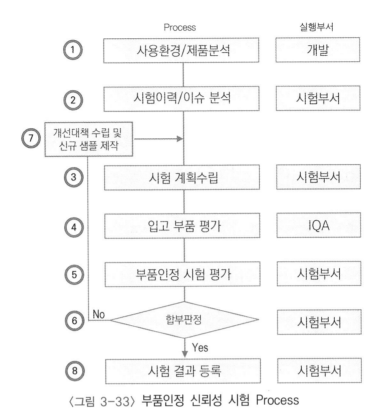

〈그림 3-33〉 부품인정 신뢰성 시험 Process

⑥ **합·부 판정** : 시험 계획 수립 시 사전에 설정한 기준으로 Pass/fail을 판단하는 단계로서 신뢰성 담당자는 단순히 pass/fail뿐만 아니라 시험 data의 트랜드 상·하한치로의 치우침, 이전 개발 부품과의 비교 등 다양한 data 분석을 통해 종합적으로 판단하여 합·부 판정과 추가 개선 필요 여부를 판단해야 한다. 뿐만 아니라 부품을 사용하여 만들어진 제품의 평가 결과(4M 변경, 신뢰성, 상호작용 등)를 포함하여 합/부 판정을 실시하여야 한다.

⑦ **개선대책·신규 샘플 제작** : 시험 결과 fail로 판정되거나 이전 개발 부품 대비 열위하다고 판단된 경우 개선 대책을 수립한다. 개선대책 수립 시에는 8D 레포팅 프로세스에 따라 체계적으로 정리되어야 하며 개발/시험부서 및 유관 부서가 모여 이슈의 주요 원인을 파악하고 고장의 주요 메커니즘을 규명

하여 개선대책을 도출해야 한다. 이렇게 수립된 개선대책을 적용하여 새로운 샘플을 제작한다.

⑧ **시험결과 등록** : 최종 시험 결과는 시스템 내에 등록한다. 단순히 시험 레포트를 등록하기보다는 제품별, 모델별 상세 시험 결과를 Database로 구축하게 되면 향후 신규 개발/4M 변경 모델 시험 시 이전의 결과를 Reference로 활용할 수 있고 이러한 data가 축적되면 차후 매우 중요한 빅데이터로 활용할 수 있게 된다.

(3) 현업 적용 문제점 및 해결 방안

실제 필요한 시험을 모두 진행하기 위해서는 협력사/사내 신뢰성 설비 투자, 신뢰성 평가에 의한 비용(샘플, 인력 등) 증가로 인해 어려움을 호소하는 경우가 있다. 이런 경우, 기존의 품질 이슈 이력을 바탕으로 주요 핵심 부품을 먼저 선정하여 중요도/시급도로 구분하고 가장 우선순위의 부품부터 단계적으로 진행하는 것도 하나의 방법이다.

하지만, 유출 가능성이 높거나 진행성으로 나타나는 신뢰성 불량의 검출을 위한 시험 설비 투자와 비용은 고객 가치 최우선 관점으로 판단하여 반드시 실행되어야 한다. 그리고 부품 인정시험 시 협력사가 제공하는 샘플을 그대로 시험에 활용하는 경우가 대부분이다. 이럴 경우 협력사의 공정이 안정화된 상태에서 샘플링한 시료인지를 확인 후 시험에 투입해야 한다.

 그림 3-34 예시는 PCB 부품이 여러 가지 다른 제품에 적용되는 경우를 정리한 것이다.

적용되는 제품에 따라 고장 모드별 검출수준이 차이가 있으므로 제품 간 벤치마킹(시험항목, 조건, 시료 수 등)을 통해 검출 수준을 향상시킬 필요가 있다. 이 경우 제품의 특성에 따라 시험 항목과 조건은 차별화되어 설정되어야 한다.

그리고 검사 시스템, 시험 기준이 존재하나 검출력이 낮아 실제 불량이 유출될 가능성이 있는 경우에는 부품의 핵심 고장 모드를 정의하고 그 고장 모드를 효율적으로 검출할 수 있는 공정별 검사 방법 및 시험법 개발을 통해 검출 수준을 향상시킴으로써 부품 신뢰성 불량을 사전에 억제할 수 있다.

예시)_ PCB 부품에 대한 시험/인정 개선 예시   (○: 검출가능, (△): 검사 System은 있으나, 검출력 낮음(유출가능)

고장모드		검출수준					문제점	개선 대책 (상세 평가 항목/조건)	검출력 개선효과 (부품인정/수입검사)	
		부품後	제품			신뢰성			前	後
			수입	공정	출하	ORT					
Crack관련 불량	A제품	△	X	X	X	X	△	1. Crack - 검사 system은 있으나, 검출력 낮음 (유출가능) 이론적 해결(B제품군 불량 검출 방법 Bench marking) 고온에서의 특성 확인 후 검출법 변경	• 공통 (부품인정/수입검사) - 항목 : 고온 저항 평가 실시 - 조건 : Reflow X회 후 고온(xx℃)저항 평가 • 공통 (제품인정/ORT/신뢰성) - 항목 : 고온 동작 평가 실시 - 조건 : 000 +고온(Tg점이상) 평가 실시	0%	100%
	B제품	△	△	△	△	△	△				
	C제품	X	X	X	X	△	△				
박리관련 불량	A제품	○	X	X	X	X	○	2. 박리 - 부품인정시 환경 시험은 실시하나, 외관 변색 유/무만 확인하여 검출력 낮음 C제품군 부품인증. A/B 제품군 - 수입검사 항목 없음	• 공통 (부품인정/수입검사) - 항목 : Thermal stress test 실시 - 조건 : Solder dipping (ooo℃/xx sec/10cycles)	0%	100%
	B제품	○	△	△	△	△	△				
	C제품	X	X	X	X	○	○				

〈그림 3-34〉 PCB 부품에 대한 시험/인정 개선 예시

(4) 연계성

부품 인정 시험법 개발에 앞서 먼저 FMEA를 실시하여 고장 모드 및 메커니즘을 도출하고 앞에서 설명한 부품 인정시험 프로세스에 따라 시험법이 개발되어야 한다.

3) 수명 신뢰성 시험(Life Reliability Test)

(1) 개요 및 필요성

수명 신뢰성 시험은, 실사용 환경 및 고객 요구조건하에서 동작되는 제품의 수명 예측 및 보증을 목적으로 제품에 가해지는 스트레스 도출을 통해 가속 시험을 진행하고 가속계수를 산출하여 목표 수명을 확보할 수 있는지 여부를 판단하기 위한 시험이다.

실제 사용환경을 반영한 시험법으로 평가할 경우 수명 보증 여부 확인에 오랜 시간이 소요되므로 단기간 내에 그 제품의 수명 보증 여부를 판단하기 위해서는 가속 조건으로 신뢰성 시험을 진행하는 것이 효율적이다.

(2) 과정 및 절차(**그림 3-35**)

① **환경분석** : 고객 voc 및 예상운송 경로/실사용 환경 정보를 통해 사용환경과 운송 환경의 환경 요인 및 환경 조건 범위를 조사한다.

② **제품분석** : 기존 시험 및 공정 현황을 조사하고 부품, 원재료 취약점을 검토하고 제품 분석 검토서를 통해 예상되는 stress와 제품의 예상 고장 모드/메커니즘 기반 고장 판단 기준을 선정한다.

③ **수명모형 수립** : 국제 규격을 참고하여 수명 모형 확률밀도 함수를 선정한 후 가속 계수를 도출하여 수명 모형을 수립한다.

④ **수명모형 확정** : 수립한 모형을 고객과 협의하고 고객과 협의된 수명모형을 유관 부서와 확정한다.

⑤ **Reference 모델 검토 결과** : Ref. 모델의 Stress 선정 시험 내용과 주 인자 도출 내용을 확인한다.

⑥ **예비 stress 선정 및 확인 시험** : 제품 분석으로 예비 Stress를 선정하고, 가속 시험을 통해 주 인자를 도출한다. 최대 Stress를 인가하여 제품의 고장모드를 확인하기 위한 시험을 실시한다.

⑦ **수명시험 기획(DOE)** : 도출된 Stress 인자와 수준을 토대로 실험 배치, 시료 수, 조건 등 수명 시험 계획을 수립한다.

⑧ **시험법 Review** : 시험 항목을 토대로 시험 Infra 확보 및 시험 기준/일정에 대해 유관부서와 검토 후 확정한다.

⑨ **수명 시험 수행(DOE)** : 확정된 가속수명 DoE를 시험조건/시료 수/허용고장 기준으로 시험을 실시한다.

⑩ **수명시험 결과 분석** : 통계적 기반으로 가속계수를 산출하고 수명을 예측한다.

⑪ **시험 결과 Review** : 수명 예측 값이 목표 달성했는지 확인하고 목표 수명 미달 시 개선대책과 향후 추가/재시험 등을 논의한다.

⑫ **수명 인정 시험** : 수명 인정 시험 도출(통계적 기반으로 수명 인정 시험을 수립한다.)(시료 수/판정 기준 등 선정)

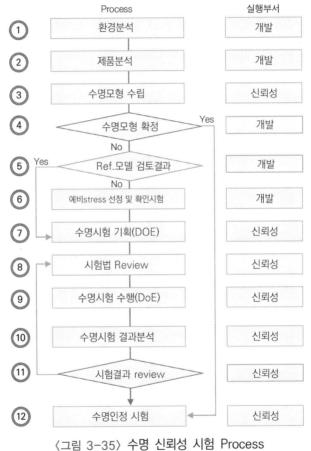

〈그림 3-35〉 수명 신뢰성 시험 Process

그림 3-36 은 가속 수명 시험법 개발 단계를 조금 더 알기 쉽게 도식하였고 다음과 같다.

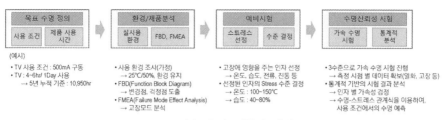

〈그림 3-36〉 가속 수명 시험법 개발 Process

(3) 현업 적용 문제점 및 해결 방안

가속 수명 시험법 개발 시에는 스트레스 인자(온도, 습도, 압력 등) 선정이 매우 중요하다. 정확한 스트레스 인자 선정을 위해서는 기존의 불량 현상, FMEA를 통해 도출된 고장 메커니즘, 제품의 기술적 분석을 통해 어느 인자가 제품 고장에 영향을 미치는 핵심 스트레스 인자인지 도출해야 한다. 핵심 스트레스 인자를 선정하였다면 다음으로는 선정된 인자에 대한 적절한 시험 수준을 결정하는 것이 중요하다.

동일한 고장 메커니즘이 확인되는 상, 하한 시험 수준을 결정하기 위해서는 ART 시험이나 고객 Field 이슈 등의 여러 reference를 참고하여 선정해야 한다. 만약 각 인자에 대한 시험 수준이 너무 가혹하여 서로 다른 고장모드 또는 고장 메커니즘이 확인된다면 시험의 가속성이 성립하지 않는다.

이러한 문제점을 사전에 검증하기 위해서는 불량이 발생한 샘플의 고장 현상을 분석하여 동일한 고장 메커니즘임을 확인하는 과정이 반드시 필요하다. 동일한 고장 메커니즘임을 확인할 때는 특정 인원/부서가 아닌 기술적 분석이 가능한 유관 부서들의 협의를 통해 확인해야 한다.

(4) 연계성

개발 초기 단계의 ART 시험에서 도출된 스트레스 인자, 인자별 시험 수준 등을 가속 수명 시험법 개발에 활용할 수 있으며 개발된 가속 수명 시험법은 신규 유사 모델 개발 시 reference로 활용될 수 있다.

(5) 시험법 개발의 잘못된 사례(그림 3-37)

아래의 경우에는 가속수명 시험법 개발 시 고장 모드를 잘못 선정하여 산출된 예상 수명과 실제 field에서 발생한 불량 발생 시점의 차이로 Claim이 발생한 A社 사례이다.

B 제품의 경우 보증 수명 30,000hr(B1) 예측을 위해 고장 모드를 휘도 감소(열화), 스트레스 인자를 온도로 설정하여 시험법을 개발하였으나 실사용 환경에서는 재료 박리로 발현되어 보증 수명을 만족하지 못하여 대규모 품질 비용이 발생하였다. 이와 같이 정확한 수명 예측을 위해서는 제품의 고장모드 및 고장 메커니즘을 명확히 분석하고 시험법을 개발해야 한다.

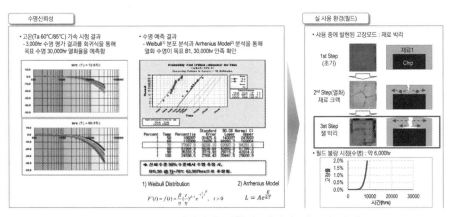

〈그림 3-37〉 수명신뢰성 시험법 개발의 잘못된 사례

4) 양산 변경점 신뢰성 시험(4M Change Reliability Test)

(1) 개요 및 필요성

회사의 생산활동은 안팎의 여러 가지 원인에 의해 양산 중 불가피하게 제품의 설계나 공정, 부품을 변경해야 하는 경우가 발생할 수 있다. 양산 변경점 신뢰성 시험은 이와 같이 양산 중 4M에 대한 변경이 발생하는 경우, 제품의 성능 및 신뢰성이 변경 이전과 동등 이상의 품질 수준을 만족하는지 평가하여 변경 제품의 품질을 확보하기 위한 시험이다.

(2) 과정 및 절차(그림 3-38)

① **변경점 검토/FMEA 실시** : 변경점 내용을 정리하고 설계/공정 FMEA를 실시하여 변경점으로 인해 발생 가능한 Risk 및 Side Effect를 검토한다.

② **사내/사외 불량이력 검토** : Lessons Learned를 활용하여 과거의 사내/사외 실패사례 및 Reflection 자료를 Review하여 변경점으로 인해 발생 가능한 고장 모드별 메커니즘을 분석하고, 이를 검증하기 위한 신뢰성 시험법을 검토한다.

③ **X-Y Matrix** : FMEA를 통해 변경점에 의한 고장모드/메커니즘을 도출했다면, X-Y Matrix를 활용하여 환경적 요소(고객환경, 모듈/조립환경, 운송환경 등)와 고장모드의 연계성을 점수로 평가하여 필요한 신뢰성 시험 조건을 도출한다.

④ **EC(Engineering Change) Table 검토** : 발생한 변경점에 대해 필수 또는 선택적으로 평가해야 할 시험항목을 확인하고, 적절성을 검토하는 단계이다. EC Table은 제품의 주요 변경 내용에 따라 필수 또는 선택적으로 검증해야 할 신뢰성 시험항목을 표로 정의해 둔 것으로, 보다 체계적으로 변경점에 대한 시험을 기획할 수 있도록 도와준다.

⑤ **고객요구 시험기준 검토** : 발생한 변경점에 대해 고객사에서 요구한 평가 기준이 있는지를 검토하여 시험에 반영한다.

⑥ **개발인정 시험기준 검토** : 개발 단계에서 기획하고 평가한 변경 대상 모델의 시험기준을 검토하여 양산 변경점 시험에 반영한다.

⑦ **시험 기획 및 계획 수립** : 앞서 검토한 사내/사외 불량 이력 검토의 신뢰성 시험항목, EC Table에 정의된 시험 항목, 고객요구 시험 기준, 개발인정 시험기준을 비교/검토하여 시험을 설계하는 단계이다.(보수적인 기준 적용)

⑧ **변경심의 위원회** : 앞서 진행한 단계들을 통해 시험 설계(시험기획/계획수립)가 되었다면, 이제 각 부문의 담당자로 구성된 '변경심의 위원회'를 통해 그 적절성을 논의하여야 한다. 이를 통해 품질/개발/생산 등 각 분야 전문가의 의견을 수렴하여 설계된 시험을 통해 변경점의 Risk 및 Side Effect를 검증하는데 부족함이 없는지를 최종적으로 점검한다.

⑨ **양산 변경점 신뢰성 시험 진행** : 이러한 전체 과정을 통해 기획된 양산 변경점 신뢰성 시험을 수행함으로써 변경이 발생한 제품이 변경 이전과 동등 이상의 성능 및 신뢰성 수준을 만족하는지 평가할 수 있다.

다음은 양산 변경점 신뢰성 시험 설계를 위한 검토사항이다.

- 변경점(재료, 공법, 부품 구조, 기술, 기능, 사용 환경 등)에 따른 취약점 및 Side Effect
- 고객 요구조건
- 개발단계 신뢰성 시험조건
- 유사 변경 발생 시 신뢰성 시험조건
- 유사제품의 실패사례 및 Reflection 자료(Lessons Learned)
- EC(Engineering Change) Table – 변경점별 검증이 필요한 시험조건을 정리한 표

Process	실행부서
① 변경점 검토 / FMEA 실시	발의부서
② 사내/사외 불량 이력 검토	발의부서/신뢰성
③ X-Y Matrix	발의부서/신뢰성
④ EC Table 검토	발의부서/신뢰성
⑤ 고객요구 시험기준 검토	발의부서/신뢰성
⑥ 개발인정 시험기준 검토	발의부서/신뢰성
⑦ 시험 기획 및 계획 수립	신뢰성
⑧ 변경심의 위원회 (No/Yes)	품질
⑨ 양산 변경점 신뢰성 시험 진행	발의부서/신뢰성

〈그림 3-38〉 양산 변경점 신뢰성 시험 Process

위의 Process에 따라 양산 변경점 신뢰성 시험을 기획하고 수행한다면, 변경점에 대한 품질 변화 요인을 도출/개선하여 양산 변경으로 인해 발생할 수 있는 품질 이슈를 사전에 방지할 수 있다.

(3) 현업 적용 문제점 및 해결 방안

변경점에 따른 품질영향성 및 Side Effect 등 잠재 Risk를 도출하기 위해 양산 변경점 신뢰성 시험 Process에 따라 시험을 설계한다고 해도 각 담당자들의

Engineering Knowledge 수준에 따라 시험기획의 결과물은 차이가 발생할 수밖에 없다.

사례를 들어 설명해 보자면, 조명 제품에 사용된 PCB의 재질이 CEM3에서 Metal로 변경되어 양산 변경점 신뢰성 시험을 PASS 하였고, 양산 4M 변경을 진행하였다. 그러나 고객사의 Connector 체결 공정에서 PCB Top면과 Bottom면 간의 Short에 의한 제품 동작 불량이 발생하였다. 표면적인 변경점인 PCB 재질에만 초점을 맞추어 신규 PCB 재질의 신뢰성을 확보하기 위한 시험만을 설계했고, 변경된 재질(Metal)과 고객 공정 간의 interaction에 대해서는 검토가 미흡했던 것이다.

현업에서 이런 문제를 해결하기 위해서는 양산 변경점 발생 시에도 반드시 FMEA를 시행하여 각 분야의 전문가들의 의견을 시험에 반영하여야 한다.

변경점으로 인해 발생할 수 있는 Interaction Risk를 감소시키기 위해, FMEA의 구조분석, 기능전개, 고장모드를 도출하고 발생 메커니즘 및 Stress 조건을 분석하여 양산변경점 신뢰성 시험법을 설계하여야 한다.

또 다른 사례로 현업에서는 내/외부 원인으로 인해 긴급하게 변경점을 검증하여 양산에 적용해야 하는 상황이 종종 발생한다.

이럴 경우 변경점 검증을 위한 충분한 시간이 주어지지 않으므로, 시간이 오래 걸리고 반복적으로 실시하는 시험에 대해서는 가속 수명시험법을 개발하는 활동을 지속적으로 추진하여 이러한 긴급 상황에 대비하여야 한다.

(4) 연계성

양산 변경점 시험 기획 내용과 FMEA 자료는 차기 모델의 신뢰성 시험법 개발 또는 다른 양산 모델의 변경점 검증 시 활용할 수 있으며, 시험 결과를 통해 검출한 문제점은 Lessons Learned에 반영하여 신규 제품 개발 시 재발 방지에 활용할 수 있다.

그림 3-39 는 양산 변경점 신뢰성 시험 설계에 도움을 주는 EC(Engineering Change) Table의 양식이다.

시험항목 ② \ 변경점 ①		Machine		Material			Method			Man	④ 진행 여부	⑤ 세부검토내용
		제조설비	지그	Electrical Component	Mechanical Component	부품 공급사	생산지	공정 최적화 (설비 Para. 등)	공정 작업 방법 (수작업→자동화)	중요 공정 작업자		검토결과
Electrical	ESD	△		●		△	△				O	
Mechanical	Vibration				●		●				O	
Climatic	High-temperature High-humidity Operation test	△		●		●	●	△	△		O	
Climatic	Thermal Shock	●	△	△	△	●	●	△	△	●	O	
	Salt spray tests				●		△				X	생산지 변경에 따른 운송수단 변경 뿐 (육로 이동, 선박 이동 등)
Package	Packing Drop				●		●				O	
Endurance	High Temperature Endurance	△		●		●	△	△		△		
Endurance	Powered Thermal Cycle Endurance	△				●		△		△	-	

③ ● : 필수, △ : 협의

① 4M 에 따른 제품군별 세부 변경점 정의
② 제품군별 신뢰성 시험 항목 정의
③ 정의된 변경점이 발생 했을 때, 검증이 필요한 시험 항목 구분 (필수-필수 진행 / 협의-세부변경내용을 검토하여, 유관부서 협의/결정)
④ 발생 된 변경점에 따라 검토를 통해 최종적으로 시험 진행 항목 표기 (표기 내용은 "생산지 변경"에 대한 예시 임)
⑤ 시험항목이 진행 또는 미진행을 결정하게 된 세부 검토 내용을 기록 (기록 내용은 "생산지 변경"에 대한 예시 임)

〈그림 3-39〉 EC Table

EC Table은 제품의 변경에 따라 발생하는 신규 변경점과 시험법이 있을 경우, 지속적으로 업데이트하여 살아 있는 Engineering Knowledge로 관리되어야 한다.

5) 양산 정기 신뢰성 시험(Mass Production Regular Reliability Test)

(1) 개요 및 필요성

양산 정기 신뢰성 시험이란, 양산 중 부품/공정 변동을 고려한 제품의 신뢰성을 보증하기 위한 목적으로 정기적(정시/정수)으로 평가하는 시험이다.

ART(선행 가혹 신뢰성 시험)를 통해 사전에 파악된 취약점에 대한 검증/개선이 완료되고, 개발단계인정 시험을 통해 고객요구 시험 기준을 만족하더라도 양산 이후에 여러 가지 요인에 기인하여 부품/공정에 변동(산포 등)이 발생할 수 있다. 이러한 부품/공정 변동에 의한 품질 Risk를 검증하기 위해서는 체계적인 양산 정기 신뢰성 시험법 개발과 실행이 필요하다.

(2) 과정 및 절차(**그림 3-40**)

① 개발인정 시험 기준 검토

제품 보증의 기준이 되는 개발인정 시험 기준을 검토한다. 개발인정 시험의 시험 항목, 시험 조건, 시료 수, 판정 기준 등을 검토하여 1차적으로 양산 정기 신뢰성 시험 항목을 작성한다.

② 고객요구 시험 기준 검토

고객의 요구사항을 파악하고, 개발인정 시험 기준으로부터 1차적으로 도출된 신뢰성 시험 항목과 비교하여 시험 항목을 추가/변경한다. 양산 정기 신뢰성 시험 초안과 비교해야 할 사항으로 시험 항목 중 중복된 것은 없는지, 중복될 경우 어떤 시험 기준이 더 가혹한지, 시료 수는 어떤 기준에서 더 많은지, 판정 기준 상이 여부 등 어떤 기준으로 시험 항목을 선정할 것인지에 대해 충분히 검토하고 보완하여 2차 양산 정기 신뢰성 시험 항목을 도출한다.

③ Base 모델 시험 기준 검토

유사/Base 모델의 시험 기준을 검토하여 2차 양산 정기 신뢰성 시험 항목을 도출할 때와 마찬가지로 시험 항목의 비교 등 검토 및 보완을 통해 3차 양산 정기 신뢰성 시험 항목을 도출한다.

④ 내부 불량 이력 검토

개발단계에서의 치명적인 신뢰성 이슈 발생 여부를 NCR, CAR, 8D Report 등을 참조하여 검토하고 3차 양산 정기 신뢰성 시험 항목과 그 내용을 비교하여 추가로 반영해야 할 항목이 있는지를 검토하여 4차 양산 정기 신뢰성 시험 항목을 도출한다.

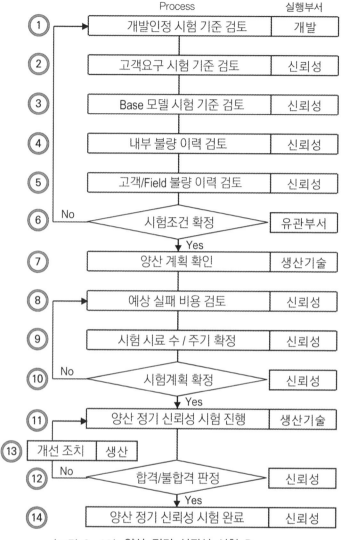

	Process	실행부서
①	개발인정 시험 기준 검토	개발
②	고객요구 시험 기준 검토	신뢰성
③	Base 모델 시험 기준 검토	신뢰성
④	내부 불량 이력 검토	신뢰성
⑤	고객/Field 불량 이력 검토	신뢰성
⑥	시험조건 확정	유관부서
⑦	양산 계획 확인	생산기술
⑧	예상 실패 비용 검토	신뢰성
⑨	시험 시료 수 / 주기 확정	신뢰성
⑩	시험계획 확정	신뢰성
⑪	양산 정기 신뢰성 시험 진행	생산기술
⑬	개선 조치	생산
⑫	합격/불합격 판정	신뢰성
⑭	양산 정기 신뢰성 시험 완료	신뢰성

〈그림 3-40〉 양산 정기 신뢰성 시험 Process

⑤ 고객/Field 불량 이력 검토

고객 이슈 이력을 Lessons Learned 등을 참조하여 검토하고 4차 양산 정기 신뢰성 시험 항목과 비교하여 추가 반영할 시험 항목은 없는지 검토하여 양산 정기 신뢰성 시험 초안을 작성한다.

⑥ 시험조건 확정

앞서 작성된 양산 정기 신뢰성 시험 초안의 시험 항목, 시험 조건, 시료 수, 판정 기준 등을 유관 부서와 논의를 통해 양산 정기 신뢰성 시험 조건을 확정한다. 이로부터 양산 정기 신뢰성 시험에 사용할 양산 정기 신뢰성 시험 기준표(시험 기준, 시험 시간, 판정 기준, 시료 선정 기준 등 포함)를 도출한다. 시험 조건 확정 단계의 시료 수는 참고용으로 활용하고 최종 결정은 ⑨ 시험 시료 수/주기 확정에서 최종 결정한다.

⑦ 양산 계획 확인

개발 제품의 양산 계획을 확인하여 제품 양산 계획표(월 평균 생산량, 시험주기 내 생산량, 제품 단가, 물동 집중 시기 등)를 도출한다. 이로부터 양산 정기 신뢰성 시험에 사용할 시료를 언제 어떻게 확보할 것인지, 언제 양산 정기 신뢰성 시험을 실시할 것인지를 확인하여 계획 확정 시에 활용한다.

⑧ 예상 실패 비용 검토

예상 불량률 및 시험주기에 따른 실패 비용을 산출한다.

(실패 비용 = 시험주기 내 평균 생산량 × 제품 단가 × 예상 불량률)

⑨ 시험 시료 수/주기 확정

투입되는 시료 수에 따른 신뢰도를 산출하고, 앞서 도출된 제품 양산 계획표를 통해 생산 현황(월별 생산량, 생산 비용, 생산 주기)을 검토하고 추가로 예상 실패 비용까지 고려된 가장 효율적인 시험 시료 수와 주기를 확정한다.

⑩ 시험 계획 확정

앞서 도출된 내용으로부터 최종 양산 정기 신뢰성 시험 계획(시험 조건, 시험

일정)을 수립하고 확정한다.

⑪ 양산 정기 신뢰성 시험 진행(표 3-3)

최종 확정된 양산 정기 신뢰성 시험 계획에 의거하여 양산 정기 신뢰성 시험을 진행한다. 시험 진행을 통해 각 시험 항목의 평가 결과를 확보한다.

⑫ 합격/불합격 판정

양산 정기 신뢰성 기준표의 판정 기준에 의거하여 합격/불합격 여부를 판정한다. 모든 시험 항목이 합격할 경우 양산 정기 신뢰성 시험을 완료하며 양산 정기 신뢰성 성적서를 작성/검토한다. 불합격한 시험 항목이 있을 경우 불량 발생 보고서(NCR)를 작성하며 그 내용을 유관 부서에 공유하여 근본 원인 분석 및 개선 대책을 수립한다. 원인 분석 결과에 따라 불량 Affect 범위를 설정하고 유관 부서와 협의를 통해 불량품에 대한 처리 방안을 수립한다.

⑬ 개선 조치

NCR로부터 불량 발생 내용을 확인하고 8D 관점으로 근본 원인까지 분석하여 제품을 개선한다. 개선 후에는 개선된 제품으로 양산 정기 신뢰성 시험을 재진행하며 합격/불합격 여부를 판정한다. 개선 조치의 효과성이 검증되면(판정 기준을 만족할 경우) 8D 성적서를 작성하여 유관 부서에 공유하며, 최종 양산 정기 신뢰성 성적서를 작성/검토한다.

⑭ 양산 정기 신뢰성 시험 완료

양산 정기 신뢰성 성적서 작성/검토가 최종 완료되면, 시험 결과를 데이터베이스화할 수 있도록 IT System에 등록한다.

[표 3-3] 양산 정기 신뢰성 시험(Mass Production Regular Reliability Test) 절차 요약표

입력	ACTIVITY	출력	담당부서		비고
			주관(승인)	협조	
개발인정 시험기준 검토	개발인정 시험 기준 검토(시험 항목/조건, 시료 수, 판정 기준 등)	양산 정기 신뢰성 시험 항목 초안	개발	신뢰성	1차 시험 항목 도출(고객 요청 시, 고객 조건 따름)
고객요구 시험기준 검토	고객요구 시험 기준 검토(시험 항목/조건, 시료 수, 판정 기준 등)	1차 보완 양산 정기 신뢰성 시험 항목	신뢰성	개발	시험 항목 도출 및 보완
Base 모델 시험기준 검토	Base 모델 시험 기준 검토 (시험 항목/조건, 시료 수, 판정 기준 등)	2차 보완 양산 정기 신뢰성 시험 항목	신뢰성	생산기술	시험 항목 도출 및 보완
내부 불량 이력 검토	NCR, CAR, 8D Report 등 이력 검토(NG 항목, NG 유형 등)	3차 보완 양산 정기 신뢰성 시험 항목	신뢰성	개발	시험 항목 및 시험 방법 등 보완
고객/필드 불량 이력 검토	Lessons learned 등 검토(NG 항목, NG 유형 등)	최종 양산 정기 신뢰성 시험 항목	신뢰성	생산기술	시험 항목 및 시험 방법 등 보완
시험조건 확정	기준 및 불량 이력 검토 사항 반영 조건 확정	정기 신뢰성 시험 기준표	유관부서	-	시험 기준, 시험 시간, 판정 기준, 시료 선정 기준 등
양산 계획 확인	제품 양산 계획 확인	제품 양산 계획표	생산기술	신뢰성	월 평균 생산량, 시험 주기 내 생산량, 제품 단가, 물동 집중 시기 등

입력	ACTIVITY	출력	담당부서		비고
			주관(승인)	협조	
예상 실패 비용 검토	예상 불량률 및 시험 주기에 따른 실패 비용 산출	실패 비용	신뢰성	생산기술	실패 비용 = 시험주기 내 평균 생산량 × 제품 단가 × 예상 불량률
시험 시료 수 및 주기 확정	시료 수에 따른 신뢰도 산출 및 주기 확정	시험 시료 수, 주기	신뢰성	개발	양산 현황 (월별 생산량) 및 시료 비용 고려
시험 계획 확정	양산 정기 신뢰성 계획 수립 및 확정	양산 정기 신뢰성 시험 계획	신뢰성	유관부서	-
양산 정기 신뢰성 시험 진행	양산 정기 신뢰성 시험 진행	양산 정기 신뢰성 시험 결과	생산기술	신뢰성	-
합격/불합격 판정	합격/불합격 판정	합격/불합격 판정 결과	신뢰성	-	
개선 조치	개선 조치	8D Report, 개선품	생산	신뢰성	불량 발생 시, 개선 Process 통한 개선 조치
양산 정기 신뢰성 시험 완료	성적서 발행, GQMS 등록	양산 정기 신뢰성 시험 성적서	신뢰성	신뢰성	-

그림 3-41 은 양산 정기 신뢰성 시험을 수행하기 위한 핵심 검토사항이다.

- 개발인정/고객요구/Base 모델 시험 기준 검토
- 내부/고객/Field 불량 이력 검토
- 시험조건 검토를 통한 신뢰성 시험조건 확정(시험 항목, 시료 수, 주기 등)

예를 들어 Tier2에서 부품 수준과 생산성을 향상하고자 공정을 변경하였으나, 신고가 불필요한 수준이라고 자의적으로 판단하여 4M 변경 신고를 하지 않고 임의로 생산하는 사례가 있다. 이 경우, 부품 품질 수준에는 이상이 없으나, Tier1의 Module과의 Set Matching성 미흡으로 불량이 발생할 수 있다.

위 사례를 포함한 다양한 변경/변동에 의한 Risk를 검출하기 위해서는 주기적인 양산 정기 신뢰성 시험이 반드시 필요하다. 양산 정기 신뢰성 시험 개발 Process와 절차에 따라 시험 계획을 수립하고 철저하게 실행한다면 부품, 공정, 설비, 작업/검사자 등의 변경/변동으로 발생하는 불량을 최소화할 수 있다.

(3) 현업 적용 문제점 및 해결 방안

앞서 정리된 Process에 맞게 업무를 수행하더라도 실질적으로 시료 제작비용, 신뢰성 외주 시험 비용이 발생할 수 있음에 따라 아래와 같은 애로 사항이 있을 수 있다.

- 적절한 양산 정기 신뢰성 평가 항목 선정
- 시료 수 선정
- 주기 산출

또 비용 절감 및 시간 단축을 위해 논리적인 기준 없이 개발인정 시험 기준 대비 시료수를 줄이거나 시험주기를 임의로 설정하는 경우가 있다. 이를 해결하기 위해서는 아래와 같이 수행하는 것을 권장한다.

- 논리적인 근거/기준(불량률, 실패 비용 산출)과 기존에 쌓아 둔 축적된 경험치 데이터를 활용하여 통계적인 시료 수와 시험주기를 선정
- 일정이 지연되지 않도록 미리 시험 설비 사용 계획을 수립하여 시험을 수행

또한 양산 단계에서 양산 정기 신뢰성 시험을 실시하려고 할 때 시험 설비가 부족하여 시험이 지연되거나 불가피하게 외부 시험 기관 설비를 활용하여야 하는 경우가 있으므로 개발 초기 단계에서 향후 양산 정기 신뢰성 시험에 사용해야 할 시험 설비 Capa.를 사전에 검토하여 확보하여야 한다.

양산 정기 신뢰성 시험을 결정하는 과정은 각 제품군 또는 사업별로 양산 이전에 계획되어 준비되는 것이 바람직하다. 이러한 준비 과정에서 각 유관 부서와의 협업은 매우 중요하므로 반드시 유관 부서 간의 협의를 통해 계획을 확정하는 것이 필요하다.

(4) 연계성

개발단계의 ART, 개발인정 시험 기준을 토대로 양산 정기 신뢰성 시험의 항목과 주기를 설정하여 양산에서의 변경/변동에서도 개발단계와 동일하게 신뢰성 품질을 보증할 수 있도록 해야 한다. 이러한 맥락에서 양산 정기 신뢰성 시험은 개발단계의 시험 기준, 발생된 품질 Issue와는 항상 연계성을 가져야 하며 시험 시 발생한 Issue의 원인과 개선 내용은 Lessons Learned로 반영하여 향후 시험법 개발에 활용하여야 한다. 또한 시험 데이터를 축적하여 유사모델 양산 정기 신뢰성 수립 시 연계하여 활용할 수 있도록 하고 차후 Field 신뢰성 Claim 발생 시, 이슈 원인 파악, Affect 범위 설정 등에 활용할 수 있도록 한다. 더 나아가 지속적으로 시험 데이터를 축적한다면 Big data, AI를 활용하여 추가적인 시험 없이 Simulation을 통해 시험 결과를 예측하는 데 활용할 수 있다.

고객	프로젝트	양산 계획	개발 인정 시험 Spec.	고객 요구 시험 Spec.	Base모델 시험 Spec.	내부 불량 이력	고객/Field 불량 이력
M사	ABS A	~2024년	AAA-1-234	←	←	O (NCR)	X
M사	ABS B	~2024년	AAA-2-345	←	←	O (NCR)	O (CAR)
H사	ABS C	~2025년	A12345-A-6	←	←	O (NCR)	X
H사	ABS D	~2025년	A12345-A-6	←	←	X	O (CAR)
C사	DCT A	~2026년	AA123-00	←	←	X	X
T사	DCT B	~2027년	AA123-00	←	←	X	O (CAR)

⑥ 시험 조건 (시험 항목)

그룹	시험 항목	시험 조건
Gr.01	High / Low Temperature Storage	-40℃, 125℃ / 48Hrs
	Incremental Temperature	-40~125℃ / 72Hrs
	Low Temperature Operating	-40℃ / 48Hrs
	Temperature Shock for Component	-40℃, 135℃ / 233Hrs
	Mechanical Shock	25G, (±X, ±Y, ±Z) Axis / 48Hrs
	Vibration	Sine+Random, (±X, ±Y, ±Z) Axis / 132Hrs
	Incremental Temperature	-40~125℃ / 72Hrs
Gr.02	High / Low Temperature Storage	-40℃, 125℃ / 48Hrs
	Damp Heat, Cyclic	-40~65℃, 80~93% R.H. / 240Hrs
Gr.03	High / Low Temperature Storage	-40℃, 125℃ / 48Hrs
	Durability	-40~125℃ / 1680Hrs
	Incremental Temperature	-40~125℃ / 72Hrs

⑦ 예상 실패 비용 검토

검사 주기에 따른 피해금액 / 검사비용 산출

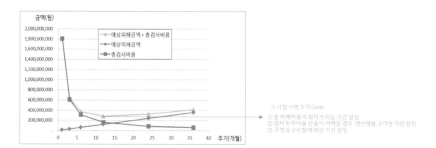

예상불량률 (기본 10%, %)	10%	→ Base Model의 이력이 있는 경우 적용 가능
제품단가 (BOM, 원)	1000	
월 평균 생산수량 (개)	100000	→ (총 예상 생산 수량)/(MP 기간(개월))

검사장비투자비 (1회성, 원)	10000000	→ 신규 투자가 필요한 경우 (총 투자비용)
검사수량 (회성, 개)	300	
검사비용 (1개당, 장비/인건비 포함, 원)	500000	

검사비 = 장비투자비 + 샘플비 + (검사수량 x 검사비용)

검사주기(개월)	주기별 최대 피해금액	주기별 연간검사비용	(예상피해금액 + 검사비용)
1	10,000,000	1,810,012,000	1,820,012,000
3	30,000,000	610,004,000	640,004,000
6	60,000,000	310,002,000	370,002,000
12	120,000,000	160,001,000	280,001,000
24	240,000,000	85,000,500	325,000,500
36	360,000,000	60,000,333	420,000,333

최종 선정 주기(개월)	주기별 최대 피해금액	주기별 연간검사비용	(예상피해금액 + 검사비용)
12	120,000,000	160,001,000	280,001,000

※ 시험 시행 주기 Guide
① 총 피해비용이 최소가 되는 기간 설정
② 검사 투자비용 산출이 어려운 경우 생산량 고려한 기간 산정
③ 고객 요구사항에 의한 기간 설정

⑧ 시험 시료 수 / 주기 확정

고객	프로젝트	시료 수	주기	계획 및 실행 월 (계획 : ○, 실행 : ●)											
				1	2	3	4	5	6	7	8	9	10	11	12
M사	ABS A	20ea	2회/연				●						○		
M사	ABS B	20ea	2회/연				●						○		
H사	ABS C	14ea	1회/연							●					
H사	ABS D	14ea	2회/연					●						○	
C사	DCT A	10ea	1회/연						○						
T사	DCT B	10ea	1회/연							●					

〈그림 3-41〉 양산 정기 신뢰성 시험법 개발 및 수행 예시

6) ORT(On-going Reliability Test)

(1) 개요 및 필요성

ORT란, 출하품에 대한 초기고장을 단기간에 검출하기 위한 목적으로 가혹/가속 조건으로 평가하는 시험이다.

개발단계에서 선행 가혹 신뢰성 시험(ART), 개발인정 신뢰성 시험, 수명신뢰성 시험 등을 통해 제품을 검증하였다고 하더라도, 양산 이후 대량 생산에 따른 변경/변동에 기인하여 초기 고장이 발생할 수 있다. 따라서 체계적인 ORT 시험법 개발과 실행을 통해 생산 Lot에 대한 초기 고장을 검출하여, 출하품의 품질 보증 확보가 필요하다.

(2) 과정 및 절차(**그림 3-42**)

① ART 검토

선행 가혹 신뢰성 시험의 가속/가혹 조건을 검토한다. 선행 가혹 신뢰성 시험의 시험 항목, 시험조건, 시료 수, 판정 기준 등을 검토하여 1차 ORT 조건을 도출한다.

② 고객요구/인정 시험 기준 검토

고객요구 시험조건 파악 및 인정 시험(개발/양산) 기준을 검토하여 1차 ORT 조건과 비교하여 2차 ORT 조건을 도출한다. 1차 ORT 조건과 비교해야 할 사항으로는 시험 항목 중 중복된 것은 없는지, 중복될 경우 어떤 시험 기준이 더 가혹한지, 시료 수는 어떤 기준이 더 많은지, 판정 기준 상이 여부 등을 검토하여 시험조건을 보완한다.

③ Base 모델 시험 기준 검토

2차 ORT 조건을 도출할 때와 마찬가지로 유사/Base 모델의 시험 기준을 검토하여 ORT 조건 초안을 도출한다. ORT 조건 초안을 도출할 때에는 내부 불량 이력이나 고객/Field 불량 이력을 함께 검토하여 반영해야 할 항목이 있는지를 확인한다(NCR, CAR, 8D Report, Lessons Learned 참조).

④ 시험조건 확정

유관 부서 간 논의를 통해 앞서 검토된 기준으로부터 시험 항목, 시료 수, 시험주기, 판정 기준 등 유효성 있는 ORT 조건을 최종 확정하고 ORT 기준표를 도출한다.

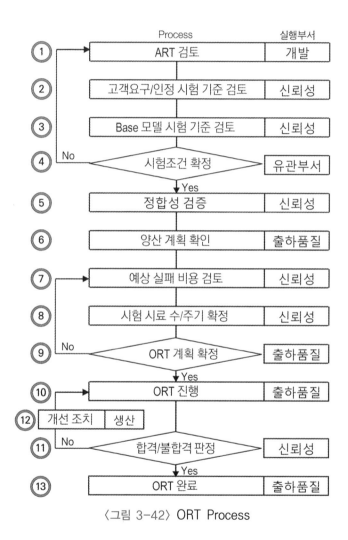

〈그림 3-42〉 ORT Process

⑤ 정합성 검증

양품/불량 시료를 제작하여 확정된 ORT 시험 조건으로 시험을 수행하여 도출된 시험법의 정합성(시험 항목, 시험조건 등)을 검증한다.

⑥ 양산 계획 확인

양산 계획을 확인하여 제품 양산 계획표(월 평균 생산량, 시험주기 내 생산량, 제품 단가, 물동 집중 시기 등)를 도출한다. 이로부터 ORT 시험에 사용할 시료를 언제 어떻게 확보할 것인지, 언제 ORT를 실시할 것인지를 확인하여 계획 확정 시에 활용한다.

⑦ 예상 실패 비용 검토

예상 불량률 및 시험주기에 따른 실패 비용을 산출한다.

(실패 비용 = 시험주기 내 평균 생산량 × 제품 단가 × 예상 불량률)

⑧ 시험 시료 수/주기 확정

투입되는 시료 수에 따른 신뢰도를 산출하고, 앞서 도출된 제품 양산 계획표를 통해 생산 현황(월별 생산량, 생산 비용, 생산 주기)을 검토하고 추가로 예상 실패 비용까지 고려된 가장 효율적인 시험 시료 수와 주기를 확정한다.

⑨ ORT 계획 확정

앞서 도출된 내용으로부터 최종 ORT 계획을 수립하고 확정한다.

⑩ ORT 진행

최종 확정된 ORT 계획에 의거하여 ORT를 진행한다. 시험 진행을 통해 각 시험 항목의 평가 결과를 확보한다.

⑪ 합격/불합격 판정

ORT 기준표의 판정 기준에 의거하여 합격/불합격 여부를 판정한다. 모든 시험 항목이 합격할 경우 ORT를 완료하며 성적서를 작성/검토한다. 불합격한 시험 항목이 있을 경우 불량 발생 보고서(NCR)를 작성하며 그 내용을 유관 부서에 공유하여 근본 원인 분석 및 개선 대책을 수립한다. 원인 분석 결과에 따라 불량 Affect 범위를 설정하고 유관 부서와 협의를 통해 불량품에 대한 처리 방안을 수립한다.

⑫ 개선 조치

NCR로부터 불량 발생 내용을 확인하고 8D 관점으로 근본 원인까지 분석하여 제품을 개선한다. 개선 후에는 변경 내용에 따라 개선된 제품으로 ORT 또는 양산 정기 신뢰성 시험을 재진행하며, 합격/불합격 여부를 판정한다. 개선 조치의 효과성이 검증되면(판정 기준을 만족할 경우) 8D 성적서를 작성하여 유관 부서에 공유하며, 최종 ORT 또는 양산 정기 신뢰성 성적서를 작성한다.

⑬ ORT 완료(표 3-4)

ORT 성적서 작성/검토가 최종 완료되면, 시험 결과를 데이터베이스화할 수 있도록 IT System에 등록한다.

[표 3-4] ORT(On-going Reliability Test) 절차 요약표

입력	ACTIVITY	출력	담당부서		비고
			주관(승인)	협조	
ART 검토	ART 시험 조건 및 시험 항목 검토	ORT 항목 초안	개발	신뢰성	1차 시험 항목 도출(고객 요청 시, 고객 조건 따름)
고객요구/인정 시험 기준 검토	고객요구/인정 시험 기준 검토	1차 보완 ORT 항목	신뢰성	개발	시험 항목 도출 및 보완

입력	ACTIVITY	출력	담당부서		비고
			주관(승인)	협조	
Base 모델 시험 기준 검토	Base 모델 시험 기준 검토	최종 ORT 항목	신뢰성	생산기술	시험 항목 도출 및 보완
시험 조건 확정	기준 및 불량 이력 검토 사항 시험 항목 반영, 조건 확정	ORT 기준표	유관부서	-	시험 기준, 시험 시간, 판정 기준, 시료 선정 기준 등
정합성 검증	양품, 불량을 사용한 사전 시료 시험 투입 정합성 결과 분석	정합성 Error 비율 정합성 불량 검출 비율	신뢰성	유관부서	Error 비율 = (오적용 수)/(전체 수) ▶ 0% 불량 검출 비율 = (불량 Pass수)/ (전체불량) ▶ 100%
양산 계획 확인	제품 양산 계획 확인	제품 양산 계획표	출하품질	신뢰성	월 평균 생산량, 시험 주기 내 생산량, 제품 단가, 물동 집중 시기 등
예상 실패 비용 검토	예상 불량률 및 시험 주기에 따른 실패 비용 산출	실패 비용	신뢰성	생산기술	실패 비용 = 시험주기 내 평균 생산량 × 제품 단가 × 예상 불량률
시험 시료 수/주기 확정	시료 수에 따른 신뢰도 산출 및 주기 확정	시험 시료 수, 주기	신뢰성	개발	양산 현황 (월별 생산량) 및 시료 비용 고려
ORT 계획 확정	ORT 계획 수립 및 확정	ORT 계획	출하품질	유관부서	-
ORT 진행	ORT 진행	ORT결과	출하품질	신뢰성	-
합격/불합격 판정	합격/불합격 판정	합격/불합격 판정 결과	신뢰성	-	-

입력	ACTIVITY	출력	담당부서		비고
			주관(승인)	협조	
개선 조치	개선 조치	8D Report, 개선품	생산	신뢰성	불량 발생 시, 개선 Process 통한 개선 조치
ORT 완료	성적서 발행, GQMS 등록	ORT 성적서	출하품질	신뢰성	-

그림 3-43 은 ORT를 수행하기 위한 핵심 검토사항이다.

- ART 및 인정/기존 시험 조건의 검토
- 유사 제품군/기존사례 Field 불량, FMEA/ART/인정 시험과 연계하여, 초기 고장 모드를 도출, Screening할 수 있는 시험 항목 선정
- 고객 입고 운송 기간 조사를 통해, 고객 납기 Risk를 최소화할 수 있는 시험 시간 파악
- 정합성 검증 평가를 통한 시험법 검출력 입증
- 예상 실패 비용을 고려한 시험 기획(시험 시료 수, 주기)

신뢰성 평가의 부재 또는 충분하지 못한 검토로 인해 양산 및 판매 이후에 클레임이나 리콜이 발생한다면 엄청난 손실이 발생하게 된다(1 : 10 : 100 법칙, 하인리히 법칙). 따라서 Process와 절차를 준수하여 체계적인 ORT 시험법을 개발하고 수행한다면 생산 Lot에 대한 초기 고장을 조기에 검출할 수 있어 출하품의 품질을 보증할 수 있다.

(3) 현업 적용 문제점 및 해결 방안

ORT 시험을 할 때, 양산 정기 신뢰성처럼 동일 주기, 동일 시료 수로 실시하는 경우가 대부분이다. 이러할 경우 양산 초기에 특히 많이 발생하는 변동/변경에 의

한 품질 Issue를 조기에 검출하지 못하는 사례가 빈번하게 발생한다. 이를 해결하기 위해서는 아래와 같이 수행하는 것을 권장한다.

- 양산 초기 일정 기간 동안에는 보다 짧은 시험 주기와 많은 시료 수로 시험을 실시하여 시험의 신뢰도를 높임으로써 변경/변동에 의한 품질 Issue의 검출력 향상
- 일정 기간이 지나 공정 품질이 안정화된 이후에는 시험 주기와 시료 수를 기존 설계 기준으로 원상 복구 실시 필요

(4) 연계성

양산 정기 신뢰성 시험에서와 마찬가지로, 개발단계의 ART, 개발인정 시험 기준을 토대로 ORT 조건과 주기를 설정하여 양산에서의 변경/변동에서도 개발단계와 동일하게 신뢰성 품질을 보증할 수 있도록 해야 한다. 이러한 맥락에서 ORT는 개발/양산 단계의 시험 기준, 발생된 품질 Issue와는 항상 연계성을 가져야 하며 시험 시 발생한 Issue의 원인과 개선 내용은 Lessons Learned로 반영하여 향후 시험법 개발에 활용하여야 한다. 또한 시험 데이터를 축적하여 유사모델 ORT 조건 수립 시 연계하여 활용할 수 있도록 하고 차후 Field 신뢰성 Claim 발생 시, 이슈 원인 파악, Affect 범위 설정 등에 활용할 수 있도록 한다. 더 나아가 지속적으로 시험 데이터를 축적한다면 Big data, AI를 활용하여 추가적인 시험없이 Simulation을 통해 시험 결과를 예측하는 데 활용할 수 있다.

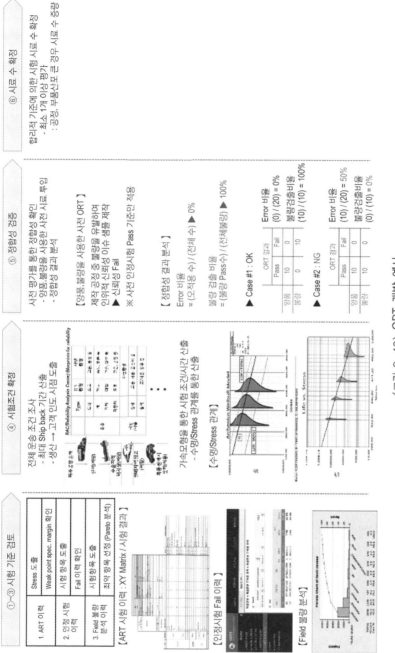

⑥ 시료 수 확정

합리적 기준에 의한 시험 시료 수 확정
- 최소 1개 이상 평가
: 공정, 부품산포 큰 경우 시료 수 증량

⑤ 정합성 검증

사전 평가를 통한 정합성 확인
- 양품/불량품을 사용한 사전 시료 투입
- 정합성 결과 분석

[양품/불량 사용한 사전 ORT]

제작 공정 중 불량품을 유발하여
인위적 신뢰성 이슈 샘플 제작
▲ 신뢰성 Fail
※ 사전 인정시험 Pass 기준만 적용

[정합성 결과 분석]

Error 비율
= (오작동 수) / (전체 수) ▲ 0%

불량 검출 비율
= (불량 Pass수) / (전체불량) ▲ 100%

▲ Case #1 : OK

	ORT 결과		Error 비율
	Pass	Fail	(0) / (20) = 0%
양품	10	0	불량검출비율
불량	0	10	(10) / (10) = 100%

▲ Case #2 : NG

	ORT 결과		Error 비율
	Pass	Fail	(10) / (20) = 50%
양품	10	0	불량검출비율
불량	10	0	(0) / (10) = 0%

④ 시험조건 확정

전체 운송 조건 조사
- 최대 Ship back 기간 산출
- 생산 → 고객 인도 시험 도출

RAC(Reliability Analysis Center) Blueprints for reliability

가속모형을 통한 시험 조건/시간 산출
- 수명/Stress 관계를 통한 산출

[수명/Stress 관계]

Arrhenius Weibull Model

Life vs. Stress

①~③ 시험 기준 검토

		Stress 도출
1. ART 이력		Weak point spec. margin 확인
2. 인정 시험 이력	시험 항목 도출	
	Fail 이력 확인	
3. Field 불량 분석 이력	시험항목 도출	
	취약 항목 선정 (Pareto 분석)	

[ART 시험 이력 : XY Matrix / 시험 결과]

[인정시험 Fail 이력]

[Field 불량 분석]

〈그림 3-43〉 ORT 개념 예시

3. 양산 준비를 위한 개발단계 필수 활동

1) 양산 Readiness 점검

(1) 개요 및 필요성

양산 Readiness 점검은 개발 단계에서 양산 준비 상태를 점검하는 과정관리 활동이다.

일반적으로 양산 Readiness 점검은 개발완료 시점에 양산을 하기 위한 공정 준비 완료 여부를 점검하는 활동이라고 생각하기 쉬우나 양산을 위한 여러 가지 준비 사항(도면배포, 공정/설비Setup, 협력사 선정, 부품인정, 신뢰성 시험완료, FMEA실시, Control plan, 검사기준, 한도견본, 검사기 Setup 등)들이 해당 시점에 실행되고 완료되었는지를 점검하는 과정관리 활동으로 접근하여야 한다.

개발 초기부터 양산 Readiness 점검 활동을 실시하게 되면 사전에 이슈를 도출하여 개선을 유도할 수 있고, Issue/Risk의 선행 관리를 통해 양산 후 발생할 수 있는 품질 문제를 사전에 개선할 수 있다.

(2) 점검 시기 및 점검항목(그림 3-44, 표 3-5)

점검 시기는 전체 개발 과정에 걸쳐 단계별로 주기를 설정하여 진행해야 한다. 양산 Readiness 점검은 과정관리 활동이므로 특정시점에 한 번 점검으로 완료될 수 있는 것이 아니라 개발초기부터 개발완료 시점까지 반복적으로 실시해야 한다.

개발모델 진행 일정계획에 따라 해당 시점까지 완료되어야 하는 수준이 확보되었는지를 반복적으로 점검하여 이슈/Risk를 사전에 도출하고 개선해야 한다.

점검항목은 사업 특성에 따라 차이가 있을 수 있으나, 개발완성도 확보를 위해 필요한 주요 Activity별 세부 점검항목을 구체화하여 실시해야 한다. 각각에 대한 목표와 기대치를 설정해야 하고, 단계별로 과정관리를 통해 완성도를 올려 결과물이 달성되었는지를 판단한다. 점검 Category별, 상세 점검항목별 결과 위주보다는 시작과 진행되는 과정을 관리하여 그 완성도를 올려나가는 것이 양산 Readiness 점검의 핵심적인 목적이다.(제조업인 A사에서 사용하는 점검 항목은 다음 Table을 참고)

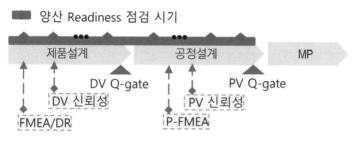

〈그림 3-44〉 양산 Readiness 점검 시기

[표 3-5] 양산 Readiness 점검 영역 및 세부 항목

점검 Category	상세 점검 항목
고객	• 고객 IQC, build별 불량 이슈 • 고객 성능, 신뢰성 이슈 • 고객 인정시험 결과
개발 Event	• 부품/제품 신뢰성 이슈 • 일정지연, 성능이슈 • 개발 Process, Gate, 품평회 등의 준수 여부
수율	• Build별 수율, 불량이슈, 품질현황
공정(설비) 호기전개	• 설비 요구사항, 투자심의, 입고 일정, Machine buy off • Line/설비 setup, 검사장비 correlation, 한도 샘플, 관리계획서 • 공정능력, 작업자/검사자 인증, 치공구 setup, 작업지도서, 검사지도서

점검 Category	상세 점검 항목
부품	• 부품 기인 사내/고객 품질 이슈 • 협력사 선정, 부품 CTQ(s), CTP(s), 부품 Spec 확정 및 Control plan, 부품인정, 친환경 물질 요구조건 만족 • 부품 발주/입고 일정, 검사결과 • 협력사 Run@Rate, 협력사 PPAP 절차 및 승인 • 부품 개발 Process 준수 여부, Gage R&R, 부품 추적성 관리 • 해외에 동반 진출한 협력사 관리 체계 점검
Spec	• 설계 도면, BOM(Bill of Material), 제품사양서 등 • 제품 – 부품 간 Spec Matching • 수입/공정/출하 검사
4M 변경	• 개발단계 설계, 고객 요구사항 변경 등 모든 변경사항 History 관리 • 신공장의 신제품 생산 준비에 대한 점검 Process 확인

(3) 과정 및 절차(그림 3-45)

① 전체 모델을 대상으로 하여야 하나, 일부 실시가 불가피한 경우에는 기술적 난이도, 매출액, 고객 중요도를 고려하여 실시 대상을 선정한다. 점검 주기는 매주/격주 등의 시간단위로 정의할 수도 있고, 품질관리가 필요한 주요 Activity를 정의하고 Activity 전(또는 후)에 실시할 수 있다. 점검 횟수와 시기는 사업/제품군의 특성에 따라 조정하여 실시할 수 있지만, 시간 단위로 실시한다면 격주로 실시하는 것을 권장하고 Activity 기준으로 실시한다면 DV 시작, DV Build 후, DV Q-Gate 전, PV Build 전, PV Q-Gate 전 이렇게 최소 5회 실시하는 것을 권장한다.

② 양산 Readiness 점검은 점검 충실도를 높이기 위해 개발 Activity에 직접 참여하여 실시하는 것이 좋지만, 점검자가 모든 Activity에 참여/점검할 수 없는 경우는 개발, 생산기술 등 각 유관부서 담당자의 self 점검 결과를 바탕으로 점검자가 확인하는 형태로 진행할 수 있다. 하지만, 공정/설비 점검은 직접 현장/설비에 대해 동작, setting값, 성능을 확인해야 한다.

③ 이렇게 점검을 통해 확인된 Issue와 발굴된 Risk는 OIL(Open Issue List)에 등록하여 관리한다. OIL은 Daily로 모든 Project Member에게 공유하고, 개선 방안 및 진행 현황을 리뷰해야 한다. 등록된 Item은 완료될 때까지 OIL로 관리한다.

④ MP Readiness 점검 결과는 이전 점검의 F/up사항과 이번 점검 시 확인한 Issue/Risk 및 개선계획(담당자, 일정포함)을 의사결정권자에게 보고해야 한다. 의사결정권자에게 공유(보고)는 주기적으로 회의체를 정해 진행하는 것이 개선활동의 독려 및 현황/문제점을 바탕으로 올바른 의사결정을 내리는 데 도움이 될 수 있다. 보고는 Off Line 회의를 통해 보고하는 것을 권장하지만, 부득이한 경우 Mail, 품의 등을 활용할 수 있다.

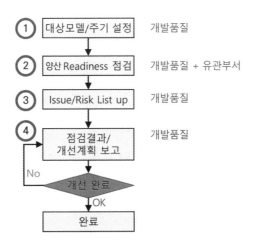

〈그림 3-45〉 양산 Readiness 점검 Process

(4) 현업 적용 문제점 및 해결 방안

실제 현업에서 적용하다 보면 개발 품질만의 업무로는 어려우니 양산품질 담당자와 Project 기간 동안 함께 협업해서 점검하는 활동이 필요하다.

점검 결과에서 발견된 문제점에 대한 개선활동은 모든 Project Member가 같이 진행해야 한다.

고객의 일정에 맞추어 개발을 진행하다 보면 일정이 부족한 경우가 많은데, 이럴 경우 Project Member의 관심이 저하되어 도출된 Issue/Risk의 개선이 지연되는 경우가 있다.

이를 방지하기 위해 항목별 개선 담당자와 일정을 명확하게 정하고, Project Member들과 점검결과가 등록된 OIL을 가지고 매일 진행현황을 확인해야 한다.

이때 의사결정권자의 관심과 독려는 활동 추진에 큰 도움이 된다.

그리고, 양산 Readiness는 한 번의 점검으로 완료할 수 없으며, 주기적인 점검을 통해 진척 사항을 모니터링하고 의사결정권자 및 유관부서에 공유해야 목표한 일정 내에 완성도를 높일 수 있다.

양산 Readiness 점검이 개발완성도 향상에 지속적으로 기여하기 위해서는 점검 항목의 주기적인 In/Out이 필요하다.

점검 시 항상 OK인 항목은 점검 항목에서 제외하고, 필드 · 신뢰성 시험 및 제품 Build 시 발생한 이슈는 근본원인을 분석하여 그 결과를 설계 가이드에 등록함과 동시에 품질점검 항목으로 추가해야 한다.

뿐만 아니라, 해당 Project가 완료되면 Reflection을 통해 개선점을 도출하고 Category별 점검 항목/기준 등에 대해 지속적으로 업데이트해야 한다. 또한 필요 시 생산, 품질, 개발의 최고 책임자가 참석하는 정례 양산 Readiness 점검 보고회를 운영하는 것도 검토해야 한다.

(5) 연계성

양산 Readiness 점검 결과는 Event별 Q-Gate 시 활용할 수 있고, DV/PV Q-Gate 결과에 반영할 수 있으며, 특히 양산 전 준비 현황에 대한 최종 점검 결과로도 매우 유용하다.

2) 검사기준 설계

(1) 개요 및 필요성

검사기준 설계는 고객의 요구사항과 과거 실패 사례를 반영해서, 고객에게 사내의 불량제품이 유출되지 않도록 부품검사, 공정검사, 출하 검사 등 각 단계에서 필요한 품질 검사를 위한 검사장비, 검사항목 및 기준을 준비하고 검사원들의 교육을 실시하여, 제조 공정상에서 불량이 검출될 수 있도록 자공정완결형 체계를 만드는 것이다. 이를 위해서는 부품 협력사를 포함하여 개발단계에서 양산에 이르기까지 사내의 부품검사, 공정검사 및 출하검사에 대한 업무 절차, 검사 항목 및 검사기준 등을 수립하는 검사체계를 설계하는 절차를 표준화함으로써 품질 본연의 품질 보증 활동을 강화하는 데 목적이 있다.

(2) 과정 및 절차(**그림 3-46**)

① 고객 요구사항 접수단계에서는 고객 요구사항으로부터 개발제품과 관련된 설계 요구사항을 (성능, 치수, 외관, Field 품질계약 조건, 출하조건 등) 접수받는다. 또한, 고객이 요구하는 제품 품질 보증을 달성하기 위해 검사기준에 대한 유효성 검증 계획을 수립한다.

② 고객 요구사항 및 과거 실패사례 검토단계에서는 고객 요구사항 내 제품의 특성항목을 구체화하고 검토 결과를 토대로 고객 미팅을 통해 출하 보증항목 및 Sampling 수준을 협의한다. 또한, 유사제품군/모델의 과거 실패사례를 활용하여 주요특성 항목(성능, 치수, 외관 등)에 대한 검사기준의 수립여부를 검토한다. 고객이 요구하는 제품의 주요특성 항목이 유사모델과 동일한 경우에는 검사기준을 확정한다. 다만 유사모델과 동일하지 않은 경우에는 검사기준 수립을 위한 설계 활동을 준비한다.

③ 검사항목 선정단계에서는 FMEA(설계 및 공정)를 통해 도출된 CTQ/CTP의 Spec 확정을 통해 제품/공정 내 검사대상 항목을 선정한다.

④ 검사기준 설계단계에서는 고객 요구사항 검토 내용과 기존 제품검사 항목

을 기준으로 선정된 검사대상 항목에 대해 수입/공정/출하 단계별 검사방법(순서, 방향/위치, 수량 등)을 설계한다.

⑤ 제품평가 및 검사유효성 단계에서는 검사설계 검증을 위해 개발샘플을 투입하여 제품의 주요특성 항목(CTQ)의 공정능력 결과를 평가하고 검사성능 미달 시, 개선계획 및 대책방안을 도출하고 검사기준 설계를 보완한다. 특히, 고객에게 제공한 샘플의 경우는 고객으로부터 평가결과를 피드백 받아 검사기준 설계의 완성도를 높여가는 활동을 지속 추진한다. 또한, 검사기준 확정단계에서는 검사유효성이 확보된 제품의 신뢰성, 성능, 기능, 외관 항목에 대해 고객요구 수준의 달성수준을 점검하고 Spec.을 확정한다. 그리고 확정된 검사기준을 바탕으로 Compliance Matrix 등에 반영하고 고객 요구사항과 사내 검토사항을 비교하여 고객협의를 준비한다.

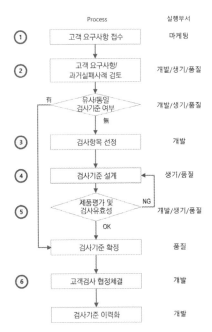

〈그림 3-46〉 검사기준 설계 Process

⑥ 고객검사 협정체결 및 검사기준 이력화 단계에서는 제품의 신뢰성, 성능, 기능, 외관에 대한 고객요구와 제품평가 결과를 바탕으로 고객과 제품검사 기준 협의 및 검사협정을 체결한다. 특히, 고객검사 협정체결 결과는 문서화하고 이력을 반드시 남긴다. 해당 결과를 기준으로 공정관리 문서(Control Plan 및 검사기준서)를 만들어 고객으로 사내의 불량제품이 유출되지 않도록 검출력을 높여가는 활동을 지속 추진한다.

다음은 검사기준 설계를 수행하기 위한 검토사항이다.
• 고객 ↔ 사내 부품, 공정, 출하 ↔ 협력사 부품 간의 검사 정합성 및 Gage R&R을 통해 Correlation이 확보되었는지 검토가 필요하다.
• 검사 Spec 및 기준에 대한 변경 검토가 주기적으로 이뤄지는지 점검한다.
• CTQ/CTP는 가능한 한 전수 검사가 이뤄질 수 있도록 검토한다.
• 고객 조립 Process 과정에서 발생될 수 있는 잠재적 불량을 지속적으로 파악한다.
• End-User의 실사용 환경에 대해 Case별 잠재적 불량을 도출한다.

고객 요구사항, 사용환경 및 환경 안전 등을 고려하여 제품의 특성 항목을 구체화하고, 고객 사용환경에 대해 Case별 제품 특성의 변화 및 요구조건 만족 여부를 지속적으로 확인해야만 한다. 또한, 검사공정 환경을 구축하고, 검사 System에 대한 적합성, 적절성을 검증해야 한다. 이를 통해, 신뢰성 및 성능/기능/외관 등 고객 요구수준에 맞는 제품이 고객에게 인도될 수 있도록 검사기준을 지속적으로 업데이트하고 고도화해 나가야 한다.

(3) 현업 적용 문제점 및 해결 방안

일반적으로 Business 특성상 고객이 요구하는 제품 특성 Spec. 및 요구사항 달성 위주의 검사 항목 및 기준 수립 중심으로 진행하고 있어, 고객의 명시적 요구사항 외 검사 항목에 대한 도출이 부재하다. 다만, 개발 Activity 추가에 따른 업무 가중 및 Lead Time 증가, 고객 정책상 고객의 검사, 조립공정 및 Set 구동 조건 등의 정보 확보의 어려움, 검사 항목 증가에 따른 제품 Cost 증가 대비 실제 효용성 등 넘어야 할 Bottle Neck이 많지만, 반드시 완벽 품질 보증 방안 수립활동 강화는 필요하다. 또한, 품질 주도의 Knowhow와 Engineering Knowledge 등이 반영되어 검사기준이 수립되어야 하지만, 개발과 생기에서 수립된 검사기준을 그대로 적용하는 문제점이 발생하고 있다. 이를 해결하기 위해서는 고객의 요구사항과 과거 실패사례를 품질관점에서 면밀히 분석/검토하고, 사내의 제품생산 과정에서 제품특성에 영향을 주는 단위 공정별 Weak Point를 찾아 검사기준을 만들어야 한다. 또한, 과거의 검사기준이 이력화되어 차기 모델에 활용될 수 있도록 IT System 화도 동시에 구축되어야만 고객에게 불량유출 방지를 위한 자공정 완결형 체계에 근접할 수 있다.

(4) 연계성

검사기준설계는 제품 주요특성 확보를 위해 고객의 요구사항을 분석하고, FMEA를 통해 도출된 설계의 취약점을 검토하여 검출력을 높이는 활동이다. 또한 발생도와 검출도에 영향을 주는 특성에 대해서는 CTQ/CTP 관리를 통해 공정능력을 확보해 나가야 한다. 특히 CTQ/CTP 항목은 가능하다면 전수검사 체계를 추진하는 것이 검토되어야 한다.

검출도를 높이기 위해서는 검사에 대한 기준이 명확하게 수립되어야 하며, 수립된 기준은 관리계획서에 관리방법, 주기, 샘플 수량 등이 반영되고 작업지침서에 연계되어야 한다.

3) 관리계획서(Control Plan) 및 작업지침서(Work Instruction)

(1) 개요 및 필요성

관리계획서는 FMEA(설계/공정)를 통해 파악된 제품 및 공정의 특별특성을 포함하여 수입, 공정, 출하의 모든 공정에 관리 방법 및 관리항목을 반영하고 프로세스별로 고객 품질요구 목표, 내부 품질목표를 관리하여 안정적이고 일관된 공정품질을 확보하는 데 목적이 있다. 특히, 중요한 공정단계마다 빠짐없이 관리해야 할 내용들을 포함시켜야 하고 반드시 지키고 실행되어야 하며, 정기적인 점검을 통해 필요한 내용은 주기적으로 업데이트되어야 한다.

관리계획서의 특별특성(CTQ)은 가능하다면 전수검사 체계를 구축하고, CTQ 공정을 별도로 지정하여 통계적 공정관리를 실시하여야 한다.

작업지침서는 해당 작업 수행 결과 요구된 품질을 달성하기 위한 일련의 작업 방법 및 기준을 알기 쉽게 명시해둔 문서를 의미하며 표준작업지침서의 분류는 검사기준서, 작업지도서, 신뢰성 시험기준서가 있다.

(2) 과정 및 절차(그림 3-47)

① 계획수립 및 준비단계에서는 관리계획이 적용되는 공장/공정을 명확히 정의하고 계획수립 및 사전 준비사항(고객 요구사항, Base Model PFD, 핵심 공정, 치공구류, 설계 도면류 등)을 확인한다.

② Process FMEA 작성/검토 단계에서는 사전 준비사항을 기반으로 Process FMEA를 작성한다. Process FMEA를 통해 고장모드, 메커니즘, 특별특성, 조치사항 및 최적화 내용 등을 도출해 낸다.

③ 공정흐름도 작성/검토 단계에서는 제품생산 시 적용되는 공정(Main/Sub)의 흐름을 정의하고, 표준화된 공정명과 공정기능 등을 반영한다. 공정의 흐름은 Fabrication/Move/Store/Inspection/Rework/Scrap 등으로 작성하고, 각 단계의 공정순서는 P-FMEA 시 작성된 PFD(Proces Flow Diagram)와 일치

해야 한다. 특히 부품입고부터 포장 및 출하까지 모든 공정을 포함하여 작성될 수 있도록 하고, 수입/출하검사 대상 항목(부품/반제품)이 관리계획서 내 명기될 수 있도록 한다.

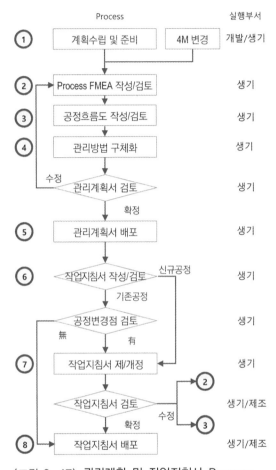

〈그림 3-47〉 관리계획 및 작업지침서 Process

④ 관리방법 구체화 단계에서는 Process FMEA와 공정흐름도의 정보를 받아, 해당 단위 공정별로 공정 관리를 위해 필요한 관리규격 및 공차, 평가/측정 방법, Sampling 수량/주기, 관리방법(작업지침서, 일상점검표 관리, Checklist 점검, MES관리, SPC관리 등)을 정의한다. 또한, SPC/MES 관리 시에는 시스

템 연계를 통해 관리상태에 있음을 보증할 수 있어야 한다. 관리계획서가 작성되면 유관부서 협의를 통해 관리계획서를 확정하되, 수정/변경사항이 발생할 경우는 Process FMEA를 실시하여 Risk를 점검하고 관리계획서가 업데이트될 수 있도록 한다.

⑤ 관리계획서 배포 단계에서는 관리계획서가 최종 Release된 후 공정별 작업 지침서 제/개정을 위해 유관부서에 배포한다.

⑥ 작업지침서 작성/검토 단계에서는 최종 Release된 관리계획서에서 신규공 정 여부를 판별한다. 신규공정의 경우 작업지침서 제정을 통해 해당 공정의 관리방법을 구체화하고, 기존공정의 경우는 Base Model 대비 변경사항을 검토하여 작업지침서를 개정한다.

⑦ 작업지침서 제/개정 단계에는 제품도면 및 관리계획을 토대로 작업순서, 사 용부품, 중점관리 사항, 조립위치 등을 포함한 작업지침서(작업지도서, 검사 기준서, 신뢰성시험기준서)를 작성한다. 단, 작업지침서의 개정이 필요한 경우는 Process FMEA 및 공정흐름도를 통해 Risk 검토 후 앞선 과정과 절 차에 의해 업무를 재추진한다.

⑧ 작업지침서 배포단계에서는 공정 또는 단위공정과 연계된 작업지침서를 관 련부서에 배포한다.

※ 양산 중 4M 발생 시에는 2)~8) 과정을 동일하게 거쳐 변경사항을 반영할 수 있도 록 한다.

다음은 관리계획서 및 작업표준을 작성/운영하기 위한 검토사항이다.

• 특정부서 또는 개인에 의해 작성되지 않고, Cross Function 팀 활동에 의거 하여 작성/관리되어야 한다.

• 공정 FMEA 활동 및 지속적인 실수 방지책을 공정 내에서 구축하여 품질문 제 개선대책과의 연계성이 확보되어야 한다.

- 양산 이후에도 설계/공정 변경 발생 시 공정 FMEA 및 4M 승인 절차를 거쳐 갱신되도록 관리되어야 한다.
- 품질부서 주관의 Checklist 기반으로 해당 활동에 대한 실행 유/무를 정기적으로 검증해야 한다.

(3) 현업 적용 문제점 및 해결 방안

관리계획서와 작업지침서는 공정품질관리를 위한 표준화된 문서이다. 즉, 생산 현장에서 일어나는 경험적인 Know how나 관리 방법들이 반영된 문서로 작성되어야 하나 해당 문서의 작성 시에 현장의 Voice가 반영되기보다는 작성 담당자의 정보만으로 작성되기가 쉽다. 이를 방지하기 위하여 공정에서 발생하는 장비별, 공정별 Trouble에 대해 이력화하고, 이를 Engineering knowledge로 전환한 Lessons Learned를 관리하여, 공정 관리 역량을 축적하고 관리 계획서 및 작업 지침서 작성 시 반영/검토함으로써, 공정품질관리 문서의 완성도를 높일 수 있다.

또한 작업현장을 대변하는 문서로 활용되기 위해서는 변경사항 발생 시 해당 변경점이 실시간으로 반영되어 일치화가 이루어져야 하나 즉각적인 반영/배포되지 않는 사례가 다수 존재한다. 실례로 공정 점검 시 공정 표준문서들과 실제 업무가 불일치하여 지적사항으로 도출되며, 이를 방지하기 위해 많은 기업들이 Manual적인 N차 점검활동으로 문서와 작업의 일치성을 확보 중에 있다. 이러한 업무 Loss를 방지하기 위하여 변경사항 발생 시 FMEA와 4M 변경점 심의회를 통해 Risk를 검토하고 이와 관련한 공정 변동 사항들이 동일 system 내에서 공정관리문서(관리계획서/작업지침서/현장작업)로 반영되어 최종 Revision 문서가 현장에 배포하기 위한 IT system 구축이 필요하다. 향후에는 IT System을 통해 Revision이 발생할 경우, 설비/장비에서 최신본이 바로 Display되고 변경 내용을 작업자가 쉽게 인지/식별할 수 있도록 변화되어야 한다.

(4) 연계성

관리 계획서는 공정흐름도(Process Flow Diagram)를 기반으로 FMEA 활동을 통해 도출된 제품 및 공정의 특별 특성과 고객 요구사항을 포함하여 입고, 공정, 포장을 포함한 출하의 모든 공정상의 관리 대상 및 항목을 반영하여 작성해야 한다.

관리계획서의 관리 항목들의 공차 설정 시에는 단순하게 이전 모델의 공차를 카피해서는 안 되며, 필요한 DOE를 실시하는 등 공차 설계 지침을 준수하여 설정하여야 한다.

설정된 기준과 항목은 통계적 공정관리(SPC)를 통하여 변동을 관리하여야 하며, 변경이 필요하다면 FMEA를 실시하고 4M 변경 프로세스에 따라 검증을 실시한 후 실시간으로 관리계획서가 업데이트되어야 한다.

이러한 모든 과정은 IT시스템을 통해 상호 연계(관리계획서, FMEA, 4M 변경, 작업지침서, 검사기준서 등)되어 유기적으로 운영될 수 있도록 추진되어야 한다.

(5) 관리계획서(상세)와 관련 문서관계

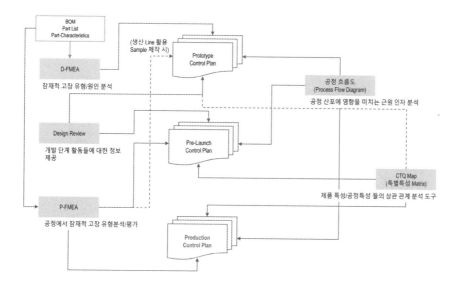

(6) 관리계획서(상세) 작성방법

Page ____ of ____

① Proto Type □ Pre-Launch □ Production	담당자 연락처 ⑦	제정일자 ⑩ 개정일자 ⑪
관리번호 ②	전문분야 협력팀 (MDT) ⑧	고객기술 승인/ 일자 (필요시) ⑫
부품번호 / 변경레벨 ③		
부품명/ 설명 ④	공급자(공장) 승인/ 일자 ⑨	고객품질 승인/ 일자 (필요시) ⑬
공급자/ 공장 ⑤ 공급자 코드 ⑥	기타 승인/ 일자 (필요시)	기타 승인/ 일자 (필요시) ⑭

부품/ 공정번호	공정명/ 작업내용	담당부서	설비/ 치공구	특성			특별 특성 클래스	관리방법					이상처리
				No.	제품	공정		규격/ 공차	평가/ 측정방법	Sampling ㉔		관리방법	
										수량	주기		
⑮	⑯	⑯	⑰	⑱	⑲	⑳	㉑	㉒	㉓			㉕	㉖

No.	관리 항목	Description	Guide
1	시작 (Proto Type) 양산선행 (Pre-Launch) 양산 (Production)	• 시작 : 시작품 제작 기간동안 발생하는 치수 측정, 재료 및 성능시험의 서술 • 양산선행 : 시작후 양산전에 발생하는 치수측정, 재료 및 성능시험의 서술 • 양산 : 정상적인 양산중에 발생하는 제품/공정특성, 공정관리, 시험, 측정시스템의 포괄적인 문서화	
2	관리(계획)번호	• 해당된다면 추적에 이용되는 관리계획 문서번호를 기입. 여러장의 페이지 관리를 위하여 번호를 기입	
3	품번 / 최신변경 수준	• 관리되고 있는 시스템, 하부시스템 또는 구성품 번호를 기입 해당시에 가장 최신의 기술 수준 변경 및/또는 도면 사양의 발행일자를 기입	
4	품번 / 설명	• 관리되고 있는 제품/공정의 이름 및 설명 기입	
5	공급자 / 공장	• 회사명 및 관리계획을 준비하는 해당 사업부/공장/부서 기입	
6	공급자 코드	• 고객이 요청한 식별번호 기입	

Page ____ of ____

① Proto Type □ Pre-Launch □ Production	담당자 연락처 ⑦	제정일자 ⑩ 개정일자 ⑪
관리번호 ②	전문분야 협력팀 (MDT) ⑧	고객기술 승인/ 일자 (필요시) ⑫
부품번호 / 변경레벨 ③		
부품명/ 설명 ④	공급자(공장) 승인/ 일자 ⑨	고객품질 승인/ 일자 (필요시) ⑬
공급자/ 공장 ⑤ 공급자 코드 ⑥	기타 승인/ 일자 (필요시)	기타 승인/ 일자 (필요시) ⑭

부품/ 공정번호	공정명/ 작업내용	담당부서	설비/ 치공구	특성			특별 특성 클래스	관리방법					이상처리
				No.	제품	공정		규격/ 공차	평가/ 측정방법	Sampling ㉔		관리방법	
										수량	주기		
⑮	⑯	⑯	⑰	⑱	⑲	⑳	㉑	㉒	㉓			㉕	㉖

No.	관리 항목	Description	Guide
7	담당자 / 연락처	• 관리계획에 책임 있는 주요 담당자의 이름 및 연락처 기입	
8	전문분야 협력팀	• 관리계획의 가장 최근 변경에 대한 책임이 있는 개개인의 성명 및 전화번호 기입 모든 팀원의 이름, 전화번호 및 직위가 첨부된 배포 리스트 포함시킬 것을 권장	
9	공급자(공장)승인/일자	• 조직의 책임 제조공장 승인 획득 (만약 요구된다면 해당 고객 지정 요구사항 검토)	
10	최초작성일자	• 최초의 관리계획이 작성된 일자 기입	
11	개정일자	• 가장 최근 관리계획의 개정일자 기입	
12	고객 엔지니어링 승인/일자	• 책임 있는 고객 공급자 엔지니어링 대표 승인을 획득 (필요하다면 해당 고객지정 요구사항 검토)	
13	고객 품질 승인/일자	• 책임 있는 고객 공급자 품질 대표 승인을 획득 (필요하다면 해당 고객지정 요구사항 검토)	
14	기타 승인/일자	• 모든 다른 합의된 승인을 획득 (필요 시)	

① Proto Type ☐ Pre-Launch ☐ Production						담당자		연락처 ⑦		제정일자 ⑩		개정일자 ⑪
관리번호 ②						전문분야 협력팀 (MDT)			⑧	고객기술 승인/ 일자 (필요시)		⑫
부품번호 / 변경레벨 ③						공급자(공장) 승인/ 일자			⑨			
부품명/ 설명 ④						공급자(공장) 승인/ 일자			⑨	고객품질 승인/ 일자 (필요시)		⑬
공급자/ 공장 ⑤			공급자 코드 ⑥			기타 승인/ 일자 (필요시)				기타 승인/ 일자 (필요시)		⑭

부품/ 공정번호	공정명/ 작업내용	담당부서	설비/ 지공구	특성			특별 특성 클래스	관리방법					이상처리
				No.	제품	공정		규격/ 공차	평가/ 측정방법	Sampling ㉔		관리방법	
										수량	주기		
⑮	⑯	⑯	⑰	⑱	⑲	⑳	㉑	㉒	㉓			㉕	㉖

No.	관리 항목	Description	Guide
15	부품 / 공정번호	• 부품/공정 번호는 공정흐름도 참조 만약 많은 부품번호가 존재한다면 (조립품), 개별적인 품번 및 각 해당공정 열거	공정흐름도 PFMEA와 동일하게 기입
16	공정명 / 작업내용 / 담당부서	• 시스템, 하위시스템, 구성품 제조의 모든 단계는 공정 흐름도 상 기술 지정된 활동이 가장 잘 기술된 공정명/작업명 파악 • 각 공정별 담당부서 지정	
17	제조를 위한 기계, 장치, 지그, 공구	• 기술된 각 작업에 대해 제조를 위한 기계, 장치, 지그 또는 그 산출물(제품)의 대별되는 모양, 치수 또는 특성 적절한 경우 조건표(Visual aids) 사용	
18	번호	• 요구되는 경우, 이에 한정되지는 않지만 공정흐름도, 설계도면, FMEA 및 스케치 또는 기타 육안 표준과 같은 해당되는 모든 문서의 참고번호 기입	
19	제품특성	• 도면 또는 다른 주요 기술정보에 설명된 부품, 구성품 또는 조립품의 특성으로 공정작업 결과에 대한 검사 확인 사항 • MDT / CFT는 모든 자원으로부터 중요한 제품 특성을 취합한 특별 제품특성 파악	
20	공정특성	• 파악된 제품특성과 인과관계를 가지는 공정변수(입력변수)로 공정작업결과를 만족시키기 위한 공정 작업 조건 • MDT / CFT는 제품산포를 최소화하기 위해 관리되는 산포에 대한 특별 공정특성 파악	

No.	관리 항목	Description	Guide
21	특별특성 분류	• 특별특성의 유형을 나타내기 위해 적절한 분류방법을 사용 또는 다른 지정되지 않은 특성에 대해 공란 표기 • 고객의 안전, 법규의 준수, 기능, 조립성, 외관에 영향을 줄 수 있는 중요특성을 식별하기 위해 독특한 심벌 사용가능	
22	제품 규격/공차	• 제품 규격 : 도면,설계검토,재료표준,CAD 자료 및 기타 요구 사양서에 정의된 관리 Spec. • 공정 규격 : 도면 Spec을 만족하기 위해 공정에서 관리하는 작업조건의 관리치	직접적인 관리치를 기입 할 것
23	평가 / 측정방법	• 사용중인 측정시스템 파악 • 부품/공정/제조 장비를 측정하기 위해 요구되는 게이지, 픽스처, 도구 및/또는 시험장비 포함 • 측정시스템의 선형성, 재현성, 반복성, 안정성 및 정확성에 대한 분석은 개선이 이뤄지기 전에 수행	
24	샘플 수량 / 주기	• 샘플링이 요구될 때, 관련된 샘플 크기(수량) 및 주기 기재	Random Sampling
25	관리방법	• SPC, 검사, 계수치 자료, 실수방지(자동화공정/비자동화공정) 및 샘플링 계획에 의해 관리 • 제조 공정에서 수행되고 있는 계획 및 전략 반영, 복잡한 관리절차가 사용될 경우 문서화된 절차서의 제목 및 번호 반영 (문서화된 절차서 : 작업지침서, 체크시트, 일상점검표, 설비 점검표 등)	
26	이상처리(대응계획)	• 부적합 제품의 생산/관리범위 밖의 작업을 피하기 위해 필요한 시정조치 반영 (공정담당자 : 작업자, 조장, 감독자 책임) • 의심되는 제품 및 부적합제품은 명확히 식별되고 격리, 처분은 대응계획에 지정된 책임자에 의해 실시	

4) 설비품질 관리

(1) 개요 및 필요성

설비품질 관리는 제품 품질의 영향을 주는 설비특성을 설비 디자인에 반영하고, 선행 검토/검증하여 설비품질의 완성도를 확보하는 활동이다. 의도한 품질 수준이 구현 가능하도록 검증된 설비만이 생산 현장에 입고되어야 한다. 이는 과거 설비 Trouble 및 Setup 지연 등 다양한 사례에서 볼 수 있듯이 설비가 제품의 품질을 좌우하는 중요 요소이기 때문이다. 따라서 제품 품질에 영향을 주는 공정 특성을 도출하고, 이 공정 특성에 영향을 주는 설비 특성을 도출하여 근본 인자를 관리해야 한다. 설비 품질이 근본적으로 관리되지 않으면, 신규 설비 입고 혹은 설비 횡전개 시마다 제품 특성에 변동이 생기며, 이로 인한 제품불량 발생으로 품질 실패 비용이 증가하게 된다. 이렇듯 초기설비 디자인 리뷰에서부터 초도 Lot투입 및 검증 단계까지의 설비품질 관리를 통해 품질 사고의 미연방지가 반드시 필요하다.

(2) 과정 및 절차(그림 3-48, 그림 3-49)

① 설비 디자인 리뷰 단계에서는 고객 요구사항을 바탕으로 설비제작 사양 및 공통 사양이 만족될 때까지 설비 디자인 리뷰를 진행한다. 디자인 리뷰 진행 시에는 과거 유사설비의 Lessons Learned 및 설비 FMEA(보유 시 활용) 등을 활용해 설비품질 완성도를 높이기 위한 설계검토를 한다. 또한, 사외 및 사내 검수 시 달성도를 평가할 수 있도록 사전 리뷰를 통해 설비로부터 얻고자 하는 설비품질 Data 및 기준정보 등을 명확히 하고 이를 검수항목에 반영한다. 특히, 검수항목/방법/기준 등에 대해 공급사와 사전협의를 통해 확정하고 이를 설비 디자인에 반영하여 발주를 진행한다.

② 설비 자체검수 단계에서는 협력업체에서 설비에 대한 자체 검수를 진행하고 설비 제작 과정에서 발생한 문제점을 Lessons Learned에 기록한다.

③ 설비 사외검수 단계에서는 협력업체에 대한 사외 검수(설비 Capa, 설비 성능/기능, 설비 제작품질, 설비 내 검사성능, 청정도 등)를 점검한다. 점검 결과 이상이 없을 경우는 설비입고를 승인하고, 이상 발생 시에는 해당 문제에 대한 원인분석 및 개선대책을 수립하며, 협력업체에서 설비 제작 과정 상에 발생한 문제점의 개선여부 및 기존 유사 또는 동일 설비에서 발생한 Lessons Learned의 반영여부를 점검한다.

④ 설비 입고단계에서는 설비 공급사에서 포장 전 설비 청정도를 평가하고 설비 출하 후 사내로 입고되었을 때 설비 청정도를 재검증하여 합격 시에만 입고 검수를 진행한다.

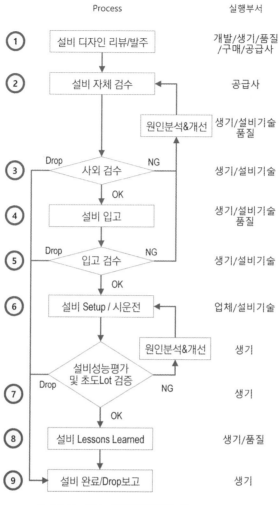

Process	실행부서
① 설비 디자인 리뷰/발주	개발/생기/품질/구매/공급사
② 설비 자체 검수	공급사
원인분석&개선	생기/설비기술 품질
③ 사외 검수 (Drop / NG)	생기/설비기술
④ 설비 입고 (OK)	생기/설비기술 품질
⑤ 입고 검수 (Drop / NG)	생기/설비기술
⑥ 설비 Setup / 시운전 (OK)	업체/설비기술
원인분석&개선	생기
⑦ 설비성능평가 및 초도Lot 검증 (Drop / NG)	생기
⑧ 설비 Lessons Learned (OK)	생기/품질
⑨ 설비 완료/Drop보고	생기

〈그림 3-48〉 설비품질관리 Process

⑤ 입고 검수단계에서는 설비 발주 시 공급사와 협의된 검수 점검항목을 활용해 설비사양 준수 여부를 확인하고 검교정 이력을 점검한다. 입고 검수에 문제가 없다면 설비 Setup을 승인하고, 문제발생 시에는 원인분석 및 개선대책을 수립하여, 해당 결과를 설비 Lessons Learned에 반영해 개선결과를 반드시 확인한다. 또한 원인분석을 통해 개선불가 사항이 발생할 경우에는

대책을 논의하고 설비 입고 불가를 공급사에 통보한다.

⑥ 설비 Setup/시운전 단계에서는 단동/연동 Test를 위해 설비의 기본 동작 성능을 점검할 수 있도록 설비 Layout, Utility, Hook up 등 Setup계획에 맞춰 실시한다. 설비 시운전 단계에서는 Dummy 샘플 등을 통해 설비 단동평가 외에도 설비 연속동작(Dry Running) 성능을 점검한다. 설비 Setup 후에는 설비 운전(Operation) 및 보전교육(Maintenance)을 진행한다.

⑦ 설비성능평가 및 초도 Lot 검증 단계에서는 설비 내 검사기능이 포함된 경우 한도샘플 검증을 통해 검출력 확보여부와 고객 요구사항을 만족하는지 확인한다. 설비 성능평가를 만족할 경우에는 양산을 위한 Lot 검증 준비를 실시하고, 성능평가를 미달한 경우에는 원인분석을 통해 개선대책을 수립한다. 또한, 초도 Lot 투입 및 검증 단계에서는 시운전이 완료된 설비에 품질 평가용 샘플을 투입하여 정상 제품의 구현능력을 평가하고, 생산된 제품에 대해 신뢰성을 검증한다. 기 입고된 설비에서 생산된 제품이 동일 성능을 갖는지 반드시 점검(Correlation)하고, 설비 호기별 제품 품질의 편차를 관리해야 하며, 검증결과에 대한 설비조건 등은 기록으로 남긴다.

⑧ 설비 Lessons Learned 단계에서는 설비디자인 단계에서부터 설비성능평가 및 초도 Lot 검증과정에서 발생한 문제점/이슈 등을 기록으로 남기고 차기 설비개발 시 검토될 수 있도록 한다.

⑨ 설비 완료보고 단계에서는 설비평가를 기준으로 설비투자에 대한 완료보고를 진행한다. 단, 설비의 사외/사내 입고검수, 설비성능평가 등 설비요구성능을 만족하지 못하는 경우 설비개발 Drop 보고를 실시한다.

다음은 설비품질 관리를 수행하기 위한 검토사항이다.
• 설비 검수 항목에 품질 특성 및 공정능력 평가를 수행할 수 있도록 반영한다.

- 설비 Lessons Learned 관리를 통해, 설비 개발과정 또는 기존설비에서 발생한 문제(H/W, S/W)가 개선에 반영되었는지 확인한다.
- 설비 성능을 대표할 수 있는 지표가 설정되었는지 확인한다.
- 설비 호기 전개에 따른 Recipe 관리가 이뤄지고 있는지 검토한다.

설비품질관리를 통해 최적의 공정 Recipe를 찾고, 모든 설비에 확대 적용해 균일한 제품을 지속 생산하는 것이 중요하다. 이를 통해 설비 UPH를 향상시키고, 제품의 수율을 달성하며, 품질이슈가 발생하지 않도록 하는 것이 설비품질 관리의 최종 목표이다.

(3) 현업 적용 문제점 및 해결 방안

실제 설비 품질을 높이기 위해 설비 제작사 현지 공장에서 사외 검수가 이뤄지고 있으나, 설비 부품 조립이 완료된 상태의 외관검사, H/W 위주의 조립상태 검사 및 동작 상태 이상 유무에 국한되어 검수가 진행되는 것이 보편적이다. 설비 업체로부터 검수된 설비는 사용회사에 입고되어 Setup 중에 여러 가지 설비 Trouble 및 제품 품질 이슈를 유발하고 있다. 또한 동일한 종류의 설비가 여러 대 순차적으로 입고되는 경우, 입고 후 현장 개조로 인한 설비 간 편차가 발생하게 되고 사용시 품질 산포가 발생되어 소위 품질 동질성 확보를 어렵게 하는 요인으로 작용하게 된다. 반복된 현장 설비 개조는 전체 Project의 Ramp up 일정을 지연시키기도 한다.

이를 개선하기 위해서는 **가장 기본적으로 설비 제작업체의 조직 역량향상과 설비제작의 전 과정에서 품질관리**가 체계적으로 준비되고 실행되어야 한다.

먼저, 설비 제작 업체의 기본 관리 역량을 향상하기 위해서는 대상업체의 **품질경영체계/설비개발관리/제작관리/품질관리/부품 협력사 관리**에 대한 상세한 조직 역량과 업무체계를 진단하고, 부족한 분야에 대해서는 설비 업체 경영진의 적극적인 개선의지와 전 구성원들의 품질관점의 인식을 제고하여 제작과정에 대한 업무 프로세스와 시스템을 체계적으로 잘 정립하여야 한다.

다음으로 설비 품질 역시 제작과정의 실행관리가 무엇보다 중요하다고 보아야 한다. 설비제작 과정의 품질관리를 위해서는

첫째, 설비 조립 전 단계인 부품 제작 단계에서부터 핵심 부품에 대한 품질관리 Spec을 명확히 하고 입고 부품에 대한 검수 및 품질 보증이 필요하며, 둘째는 제품 품질에 영향을 주는 모듈 단위의 핵심 설비 Units(품질특성 인자 또는 설비 가동율 영향인자 등)을 정의하고 핵심 Units에 대해서는 조립단계에서부터 철저한 품질관리를 선행하여 최종 설비 조립 품질을 확보하여야 한다. 셋째, 조립이 완료된 설비에 대해서는 적정시간의 Cold Run(무부하 공가동) 단계를 통해 설비 내구성을 철저히 검증하여야 한다. 넷째로 조립된 설비는 제품의 CTQ에 영향을 주는 핵심 Unit을 분류하고, 분류한 핵심 Units이 기구, 전장, 제어 관점에서 각각의 성능에 만족하는지를 확인해야 한다. 마지막으로 제품의 CTQ와 연관된 핵심 Units의 Parameter(CTP)를 정의하고, 정의된 Parameter는 설비 제어 시스템 내의 Parameter별 기준값(SV: Set Value)을 지정하고 설비 가동을 통해 얻어지는 Parameter별 실제 측정값(PV: Present Value)과 SV값을 자동 비교하여 PV가 허용된 SV 범위를 벗어날 경우 설비 Alarm이 즉각 발생하여 설비 기인 품질 불량을 사전에 예방할 수 있는지 점검하여야 한다. 필요 시 자동 보전이 되면 가장 이상적일 것이다. 뿐만 아니라 동일한 설비를 여러대 제작하는 경우 모든 설비들이 산포 없이 동일한 기능 수행 여부를 확인하는 Sameness 점검 과정을 거쳐야 한다. 기구부는 하드웨어가 동일 기능(동작범위, 동작속도, Resolution, 재질 등)이 구현 가능한지 점검하고, 전장/제어부는 전장품의 구성(컨트롤러, 센서류 등)과 제어 Logic/Profile이 동일하여 요구하는 생산속도 대응이 가능한지 확인하여야 한다.

또한 고객 전용라인과 혼용라인 생산에 대한 검토도 실시하여 필요에 따라 유

연한 생산 공장을 미리 만들 수 있다. 특히 경영진을 중심으로 한 설비 투자 의사 결정 단계부터 품질 검증 후 양산 투입까지의 일정관리가 철저히 이뤄져야 한다. 투자결정이 늦게 이뤄지면 그만큼 설비 품질은 바쁜 일정에 쫓기어 완성도가 떨어질 수밖에 없다.

(4) 연계성

설비품질 관리를 통해 호기별 최적 Recipe를 도출해 나가고, 그 과정에서 발생한 문제점은 Lessons Learned에 등록하여, 신규 모델 개발 시 Process 및 설비 FMEA에 검토되도록 연계해 간다.

또한, Process FMEA의 현 공정 설계 시 공정조건 최적화를 통해 관리한계를 설정하고, Control Plan에 반영되어 관리되도록 연계해야 한다. 그리고 공정별로 설비의 주요 관리인자(CTP)들은 작업지침서(작업지도서)에 반영되어 현장에서 활용될 수 있도록 한다.

제품 품질에 영향을 주는 설비의 주요 특성항목을 선행관리하고 의도한 품질 수준이 구현 가능한 설비만 생산현장에 입고될 수 있도록 설비품질 관리가 이뤄져야 한다. 또한, 설비품질 관리는 설비 설계에서부터 시작해서 초도 Lot 검증까지의 과정을 거쳐 가면서 설비품질의 완성도를 높여야 한다.

특히, 설비호기를 N배 전개함에 있어서도 동일한 검증을 통해 설비 Parameter 관리를 추진하고, 설비 변경점에 대한 관리도 지속 추진해야 한다.

뿐만 아니라, 설비 간 편차를 사전에 파악하여 Best routing을 사전에 인지해 놓을 수 있다면, 향후 고객 대응에 유용하게 활용할 수 있다.

궁극적으로는 설비제작 시 제품 CTQ에 영향을 주는 설비의 전체 Unit을 List-up 하여 기구/제어/전장 관점에서 동일 기능 구현이 가능하도록 설비 동질성(Sameness)

구현을 목표로 해야 한다. 설비동질성 확보에 대해서는 설비전문 부서의 역할이므로 여기서는 생략하도록 한다.

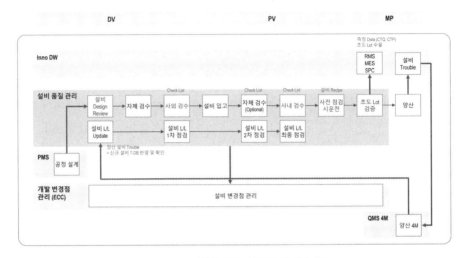

〈그림 3-49〉 개발단계 설비품질관리 Flow

5) 통계적 공정관리(SPC)

(1) 개요 및 필요성

통계적 공정관리는 통계분석 기법의 도구(공정능력, 관리도)를 활용하여 공정 변동이 크지 않은 안정된 공정에서 통계적으로 이상 현상을 사전에 감지하여 조치하기 위한 공정관리 방법이다.

통계적 공정관리는 생산 과정에서 공정 이상치를 사전에 감지하여, 대량 불량 발생을 예방하고 고객에게 불량 유출 방지 및 내부 손실을 최소화하는 데 목적이 있다.

이를 위하여, 개발단계에서는 관리하고자 하는 특성을 명확히 정의하고 관리에 대한 구체적인 방법을 사전에 계획해야 하며, 양산단계에서는 공정관리 계획에 따라 모니터링을 실시하여 안정된 공정을 유지해야 한다.

(2) 과정 및 절차(**그림 3-50**, **표 3-6**)

① 통계적 공정관리(공정능력, 관리도) 대상을 선정하여 관리에 대한 구체적인
방법과 기준에 대해 검토하고 통계적 공정관리 계획을 수립한다. 고객이 요
청한 항목과 내부에서 지정한 CTQ/CTP는 통계적 공정관리가 될 수 있도록
검토해야 한다.

※ 검토내용 : 관리항목, 규격, 측정/검사 방법(설비, 샘플링, 수량, 측정주기, 담당자, 기준), 이상조치 계획

② 수립된 통계적 공정관리 검토내용을 양산용 관리계획서에 반영한다.

③ 양산용 관리계획서를 기반으로 작업지도서, 검사기준서 제작 시 통계적 공
정관리 방법을 구체적으로 반영하여 작업자/검사자가 측정/검사 실행에 문
제가 없도록 한다.

④ 통계적 공정관리 항목, 관리 규격, 적용 관리도를 IT System에 등록하고 관
리될 수 있도록 한다. 만약 IT System이 없는 경우는 가용한 Tool(엑셀, 통
계 Tool등)을 제작하고, 타당성 검증 후 활용한다.

⑤ 관리계획에 따라 입고공정, 생산공정, 출하공정에서 통계적 공정관리 항목
에 대한 검사/측정을 실시하며, 측정/검사 결과는 IT System 또는 가용한
Tool에 등록한다.

⑥ 측정/검사 결과 Data를 기반으로 통계적 기법(공정능력분석 및 관리도)을
활용하여 분석을 실시한다. IT System의 경우 정해진 방법에 의해 통계분
석이 자동으로 실행되도록 한다.

⑦ 분석 결과에 대해 통계적으로 공정의 이상 발생 여부를 확인한다. 이상 감
지/발생 시에는 알람을 통해 담당자가 신속히 인지할 수 있도록 한다.

⑧ 공정 이상 발생 유형에 따라 정해진 계획에 맞춰 현장에서 신속히 조치를
취하고 필요시 유관부서와 함께 개선 활동을 실시하여 이슈공정이 안정화
될 수 있도록 한다.

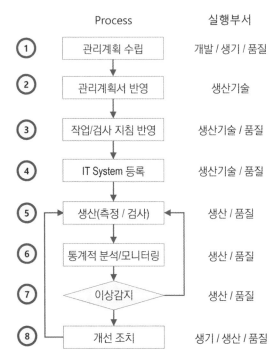

Process	실행부서
① 관리계획 수립	개발 / 생기 / 품질
② 관리계획서 반영	생산기술
③ 작업/검사 지침 반영	생산기술 / 품질
④ IT System 등록	생산기술 / 품질
⑤ 생산(측정 / 검사)	생산 / 품질
⑥ 통계적 분석/모니터링	생산 / 품질
⑦ 이상감지	생산 / 품질
⑧ 개선 조치	생기 / 생산 / 품질

〈그림 3-50〉 통계적 공정관리 Process

[표 3-6] 통계적 공정관리 주관부서

단계	수입공정	생산공정	출하공정
SPC 항목 선정	개발	개발, 생기	개발
SPC 계획 수립	IQA 엔지니어	생기(생산)	OQA 엔지니어
SPC 운영	IQA 현장	생산(생기)	OQA 현장

통계적 공정관리의 방법은 크게 공정능력관리 그림 3-51 과 관리도 그림 3-52 로 구분되며,

① 공정능력관리는 해당 공정의 관리규격과 측정되는 값의 산포를 확인하여 공정이 얼마나 안정화되어 있는지를 지표로 나타내는 분석 방법으로 Minitab, JMP 또는 자체개발 S/W 등을 활용할 수 있다. 공정능력지표는 대표적으로

Cp와 Cpk를 많이 활용하고 있으며, Cpk 2.0 이상의 의미는 SPEC 전체 범위 대비 50% 내에서 산포가 발생한다는 의미로 공정능력이 아주 우수하다고 할 수 있다. 공정능력 분석을 실행하는 시점은 짧은 생산기간 동안의 공정 능력을 평가하는 것보다는 양산공정에서 발생할 수 있는 부품/설비/작업자 등 모든 산포를 반영할 수 있도록 생산이 어느 정도 진행되고 나서 공정능력분석을 하는 것이 바람직하다. 공정능력이 목표 미달 시에는 공정 개선활동을 실시해야 한다.

② 관리도는 실시간으로 공정을 모니터링하기 위해 활용하는 도구이다. 우선 개발단계 및 초기 양산단계에서 발생한 산포를 기반으로 공정능력을 파악하여 공정이 안정화되었다고 판단되면 산포를 활용하여 해당 공정에서 통계적으로 발생할 수 있는 범위를 설정하게 되는데, 이를 관리한계선(UCL, LCL)이라고 한다. 공정에서 측정되는 Data가 관리한계선을 넘어가면 통계적으로 안정화 상태에서 벗어났다고 간주해야 하며, 이상공정 알람을 통한 사전 감지 및 확인/조치 활동이 수반되어야 한다.

(3) 현업 적용 문제점 및 해결 방안

현업에서 보면 크게 네 가지의 통계적 공정관리(관리도)의 문제점이 있다.

첫 번째는 그림 3-53 과 같이 신뢰성 없는 측정 Data이다. 아무리 뛰어난 SPC 관리 및 시스템을 갖고 있어도, 원천이 되는 측정 Data가 잘못되었다면, SPC 관리는 아무 의미가 없을 수 있다. 우측의 Case1은 xx 사업부의 xx 항목 측정의 경우이다. SPEC In 구간이 0.47~0.51이지만, 측정의 정밀도가 부족하여, 0.4675~0.4725 구간과 0.5075~0.5125 구간의 측정 Data는 신뢰할 수가 없게 된다.(양품과 불량을 판정할 수 없다.) 신뢰할 수 없는 Data로의 SPC 관리는 오히려 불필요한 업무가 될 수도 있다. 따라서, SPC 관리 이전에 측정 시스템의 정밀도와 정확성에 대한 관리가 우선 되어야 하겠다.

두 번째는 관리도에서 실제 공정 이상치가 아님에도 불구하고, 관리한계를 벗어나는 공정 이상이 다발하는 경우가 있다. 이는 공정 안정화가 되지 않은 상태에서 관리 한계선을 설정하였거나, 적절하지 않은 관리도를 적용한 경우이다. 현재 보편화되어 있는 관리도 기법은 약 100년 전의 생산 공정에서 사람이 직접 측정하여 관리하던 기법이다.

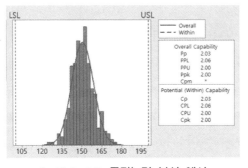
〈그림 3-51〉 공정능력 분석 예시

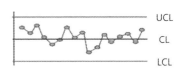
〈그림 3-52〉 관리도 형태

Case1) xx 사업부 xx 항목 : SPEC 0.47~0.51 (0.49±0.02)
측정 0.005 단위로 측정 (분해능 0.005 / 0.01 = 50%)

〈그림 3-53〉 측정 Data 신뢰성

그러나, 지금은 대부분 설비/검사기가 자동화되어 예전보다 정밀한 변동에 대한 이상을 감지하는 관리가 필요하다. 따라서 측정대상에 대한 특성이나, 장비/설비의 특성을 충분히 검토하여 군간 산포를 반영한 Xbar-R 차트, I-MR-R 차트, Levy-jennings 차트, 다변량 관리도 등 적합한 관리방법을 선정하여 실무에 적용해야 한다. 그림 3-54 의 Case2는 ×× 사업부의 ×× 항목이다. 항목 특성을 고려하지 않고, 군내 변동 기준의 3시그마로 관리를 하면서, 관리이탈이 30% 수준으로 발생하게 되어 이상변동에 대한 알람 기능은 사실상 상실하게 되었다. 이를 개선하고자 항목 특성을 고려한 군간 변동의 3시그마로 관리 기준을 변경하였고, 실제 확인이 되어야 하는 항목을 시스템에서 알람을 주게 되면서 해당 내용은 개선될 수 있었다. 따라서 생기/생산/품질 담당자는 SPC에 대한 이해도와 역량을 키워 지속적으로 적합한 관리방법을 선정하여 통계적 공정관리를 실시하여야 한다.

세 번째는 통계적 분석을 통해 관리한계선을 설정하지 않고 임의의 관리한계선을 설정하여 공정의 이상 알람이 발생하지 않는 경우이다. 그림 3-55 의 Case3 은 ×× 사업부 ×× 항목 사례로서, 중요 관리항목임에도 불구하고, 관리규격 범위의 80% 수준에서 임의의 관리한계선을 설정한 사례이다. 공정 이상 변동이 발생했음에도 불구하고, 이상치 감지가 되지 않았다. 이상치 감지를 위해서는 기존 측정 Data의 변동 또는 분포 분석을 통해 공정 관리한계선을 설정해야 한다.

네 번째는 공정이 매우 안정화되어 산포가 거의 발생하지 않아 관리한계선이 매우 좁게 설정되면 측정값이 조금만 벗어나도 공정 이상으로 인지하여 알람이 발생하는 경우가 있다.
이렇게 공정이 안정화된 경우는 불량이 발생되지 않는 근거를 바탕으로 일정한 범위를 관리한계선으로 설정하여 공정을 관리하는 것이 바람직하다.
예를 들어 공정 개선을 통해 공정 산포가 지속적으로 줄어드는 경우는 특정 시점을 기준으로 관리한계선을 더 좁히지 않고 유지하여, 정상 Lot이 이상치로 반복 감지되지 않도록 하여야 한다. 예를 들어, Cpk가 2.0 이상인 경우에는 SPEC 범위의 40% 로 관리한계선을 설정하는 것도 하나의 방법이 될 수 있다.

(4) 연계성

개발단계에서는 고객이 요청한 특별특성과 FMEA를 통해 도출한 CTQ/CTP를 검토하여, 통계적 공정관리 항목을 명확히 정의하고, 관리에 대한 구체적인 방법을 사전에 계획해야 한다.

그리고, 양산단계에서 공정관리 계획에 따라 통계적 공정관리를 실시하고, 공정 이상 감지 여부를 지속적으로 모니터링 및 개선하여 공정 안정화를 유지/관리해야 한다.

Case2) 관리도 개선 사례
(xx 사업부, xx 항목)

(변경 전)
군내 변동 3시그마 관리(관리이탈 30%)

(변경 후)
항목 특성 고려 군간 변동 3시그마 관리
(관리이탈 0.27%수준)

〈그림 3-54〉 관리도 Case 2

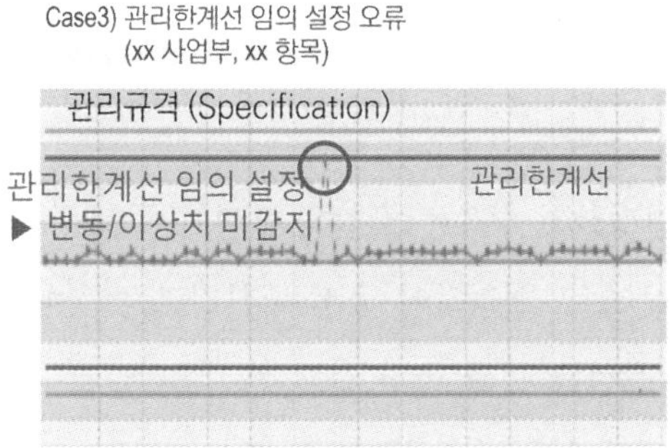

Case3) 관리한계선 임의 설정 오류
(xx 사업부, xx 항목)

관리규격 (Specification)

관리한계선 임의 설정
▶ 변동/이상치 미감지   관리한계선

〈그림 3-55〉 관리도 Case 3

Ⅲ. 양산/출하 품질

1. 초기 양산 안정화 관리

1) 개요 및 필요성

신모델 개발 프로세스에서 모든 품질 Risk가 노출되고 해결된 상태에서 양산 이관이 되는 게 이상적이나, 여러 가지 이유로 잠재 품질 Risk를 안고 양산 이관 되고 그에 따라 초도 양산 과정에서 품질사고가 발생하는 사례를 쉽지 않게 찾을 수 있다. 이러한 품질 Risk는 다음과 같은 현실적인 한계 및 제약으로 인해 유발 된다.

첫째, 신규 기술/재료/공법/기능 등의 적용으로 인해 발생하는 신규 품질 이슈 의 발생 가능성. 둘째, 개발에 투입되는 비용에는 제약이 있고 그에 따라 한정된 수량으로 개발 샘플 제작이 이뤄짐에 따라 제품 및 공정에 대한 품질 검증이 충분 치 못한 경우. 셋째, 고객의 사용 환경을 100% 재현하거나 알기 힘들어서 품질 검증이 미흡할 수 있다.

특히, 개발 샘플로 확인할 수 없었던 품질 Issue들이 양산이 이루어지면서 더 욱 드러날 가능성이 높아지는데 그 이유는 생산 수량의 증가, 부품 품질의 변동, 공정의 변동, 고객의 다양한 사용 환경의 영향을 받게 되기 때문이다. 즉 양산은 제한된 수량 및 조건에서 검증이 이루어지는 개발 샘플 Build 과정보다 더 다양한 품질 변동 Risk를 맞이하게 된다. 개발 과정에서의 품질 검증 미흡과 초도 양산의 다양한 변동성을 고려한다면 초기 양산 안정화 관리를 통해 민감하게 품질 Risk를 검출하고 Risk의 영향도와 파급력을 줄이려고 노력하는 활동은 양산 품질 안정화 를 위해 필수 요소라는 것을 알 수 있다.

그 외에, 양산 4M 변경품이 고객에게 인계되는 사례도 수준의 차이는 있을 수 있으나, 4M 변경 품질 검증 미흡 Risk와 4M 변경점에 대한 초도 양산 시 품질 변동 Risk를 동일하게 가지고 있기 때문에, 초기 양산 안정화 관리는 신모델에 국한하지 않고 4M 변경 제품 초도 출하 시에도 동일하게 적용되어야 할 것이다.

2) 초기 양산 안정화 관리 계획 수립

앞서 설명한 바와 같이 초기 양산 시기에는 많은 품질 Risk를 안고 있는 시기이며, 초기 양산 안정화의 의미는 이러한 잠재 품질 Risk를 민감하게 Sensing하고 조기에 노출된 문제를 해결할 수 있도록 하는 것이다. 궁극적으로는 고객 유출 불량 제로화를 추구하고 이를 달성할 수 있는 활동이어야 한다. 이런 목적을 달성하기 위해서는 전 품질 영역 및 관련 부서와의 긴밀한 협력과 실질적인 활동이 이루어져야 한다. 그 이유는 제품과 관련된 공정의 품질 관리의 실행은 개발/생기/생산 부서로부터 수행되고, 품질 부서는 이러한 수행 결과의 산출물들을 후행 관리하는 측면이 강하기 때문에 품질 부서만의 활동 강화로는 한계가 있으며 효과성이 떨어지게 된다. 즉 제조 공정 전반에 대한 품질 관리 활동을 통해 신규 제품이나 4M 변경 제품이 조기에 안정화된 품질 수준을 달성하여 고객 품질 Issue 발생을 제로화하는 것을 목표로 운영되어야 하는 것이다.

다음으로 초기 양산 안정화 계획 수립 시 아래의 사항들이 고려되고 포함되어야 초기 양산 안정화 관리 실행 시 효과성을 확보할 수 있을 것이다.

(1) 초기 양산 안정화 관리 계획 수립 시기

신모델 양산 이관의 경우에는 개발 PV(Product Verification) 단계 초기부터 관리 계획이 검토되어야 하고 품질 Gate 시에는 계획이 확정되어야 한다. 양산 4M에 대한 초기 양산 안정화 시에는 고객에게 4M 변경 제품이 인계되기 전에 계획을 수립하고 확정해야 한다.

(2) 팀 구성

품질 부서의 검사 강화나 Audit, Patrol 등의 활동을 통해서는 품질 Risk를 민감하게 감지하는 역할은 되겠지만 조기에 문제를 개선하는 데 한계가 있기 때문에, 초기 양산 안정화 계획 수립 시에는 개발/생산기술/제조/구매 부서와 같이 실제 제품/공정/부품에 대한 개선 활동을 수행할 수 있는 부서도 필수로 참여하여야 한다. 개발 품질 담당자는 관련 부서를 소집하여 전 부서 참여형 팀을 구성할 수 있어야 하고, 전 부문 기능을 활용한 활동이 전개될 수 있도록 계획을 수립하여야 할 것이다.

(3) 품질 목표 및 관리 기간 설정

팀 구성이 완성되면 초기 양산 안정화 관리의 성과를 측정할 수 있는 품질 항목 및 목표를 설정해야 한다. 목표 설정 기준은 고객 요구사항이 우선되어야 하고 기존 양산과 동등한 품질 수준, 내부 조직 목표를 반영한다. 목표 설정 시, 중요한 포인트는 달성 불가능한 혁신 목표 수립이 아닌 양산이 안정화되었는지 판단하는 근거로서 목표 수립이 이루어져야 한다.

초기 양산 안정화 관리 기간은 제품의 라이프 사이클 및 제조 Lead Time, 고객 요구를 반영하여 양산 안정화가 이루어졌는지 판단할 수 있는 기간으로 논의 및 내부 기준을 통해 결정된다. 일반적으로 전장 OEM 고객사의 경우 MP+3개월을 초기 양산 안정화 관리 기간으로 설정하는 게 일반적이다.

(4) 초기 양산 안정화 관리 활동 계획 수립

품질 목표 항목 및 Target 수준이 설정되었다면, 이를 달성하기 위해 일반적인 양산보다 강화된 세부 활동 계획을 수립해야 한다. 또한, 품질의 영역을 부품/공정

/출하/신뢰성으로 분류했을 때 전 영역에 품질 관리 업무에 대해서 강화된 활동 계획이 수립되어야 품질 Risk에 대한 감지 역량도 높일 수 있다.

품질 영역	부품 품질	공정품질	출하품질	신뢰성
품질 관리 업무	입고 검사/ 협력사 품질 관리	PQC 활동/ 공정 검사	OQC 검사	ORT/ 정기 신뢰성

강화 활동 유형	품질 강화 활동 상세	목적
검사 강화	검사 항목 추가	특정 이슈에 대한 개선 유효성 검증
	검사 샘플링 기준 강화	양산 초기 검출력 강화/품질 모니터링 강화
	판정 Spec 강화	양산 초기 검출력 강화/품질 모니터링 강화
품질 분석 강화	FACA 기준 강화	Critical 불량/공정 특이점 모니터링 강화
	양품 파괴 분석	고객에게 Critical 불량 유출 여부 점검
	품질 Data 추적 관리	특정 이슈에 대한 개선 유효성 검증
Issue 대응 L/T 단축	고객 Site CS인원 배치	고객측 품질 이슈 신속 대응
	협력사 전진 검사 배치	신규 Vendor/주요 Critical 부품 입고 품질 개선
	FACA 전담 인원 배정	FACA L/T 개선을 통한 Issue 조기 Escalation
	분석 인력 배치 및 강화	분석 L/T 개선을 통한 Issue 조기 Escalation
PQC Patrol /현장 Audit 강화	PQC Patrol 활동 강화	신규 공정/작업자 작업 시방 이상 여부 점검 설비/금형/치공구 적합여부 확인

(5) Risk 기반의 관리, 특별관리 계획 수립

우리의 모든 강화 활동은 사실 Resource를 투입하고 소모하게 되기 때문에, 최소의 Resource로 최대의 효과를 얻기 위해서는 예상되는 Risk를 도출하여 사전에 방지하거나, 해당 Risk를 감지하고 해결하는 활동이 중요하다. 초기 양산 안정화 관리 계획 수립 시, 신모델 개발 및 4M 변동 검증 과정에서 노출된 품질 이슈들 중 우선순위로 두고 중점적으로 관리해야 하는 이슈들이 있을 것이며 이에 대해서는 특별하게 더 보수적이고 강화된 조치를 시행해야 한다. 즉, 개발 과정에서 개선 완료된 품질 이슈라고 하더라도 실제 양산 과정에서 해당 조치 결과가 유효한지 재차 확인하는 활동들을 통해서 품질 이슈 재발을 원천적으로 방지할 수 있어야 한다. 이러한 특별관리 항목 도출 시, 검토되어야 하는 내용에는 다음과 같은 것들이 있다.

- 고객 유출 불량 검토(유사모델)
- 사업 특성 및 제품의 4新(재료/공법/기술/기능) Risk 반영
- 개발 과정의 부품/공정/신뢰성/고객 이슈 Risk 반영
- 개발 단계 4M 변경점 Risk 반영

(6) 초기 양산 안정화 관리 계획 합의, 승인, 배포

앞서 초기 양산 안정화 관리는 전 부서 참여가 중요함을 기술하였듯이, 초기 양산 안정화 관리의 활동 계획들은 관련된 부서로부터 합의와 승인 과정을 거쳐 충분히 Consensus가 되어야 한다. 특히나 계획된 활동을 수행하기 위해서 별도의 작업표준이나 관리계획서가 제정되어야 현장에서 발생할 수 있는 혼선을 방지하고 원활한 실시를 보장할 수 있기 때문에 활동의 실행 주체가 되는 부서들과 담당자들에게 실행 준비 사항과 실시 시점을 명확히 인지할 수 있도록 계획 수립 내용이 공유되고 배포되어야 할 것이다.

3) 초기 양산 안정화 관리 실행 및 실적 모니터링

초기 양산 안정화 관리는 계획 수립만큼 계획 승인 이후의 실행도 아주 중요하다. 계획 수립 시 지표로 삼았던 품질 목표에 대한 실적 현황과 각 품질 목표를 달성하기 위해 수립한 활동 사항들에 대한 실행 여부를 관련 부서와 주기적 실적을 Review하고 노출된 품질 Risk를 개선해 나가야 한다.

특히 이 활동의 목적이 Risk를 민감하게 감지하고 Open된 Issues를 조기에 개선하는 것이므로, 가장 중요한 부분은 품질 Risk나 문제점에 대해 노출하고, 이에 대해 관련 부서와 대응 방안을 수립하는 개선 활동이어야 한다. 여기에서 품질 Risk란 현실화된 품질 Issue가 아닌, 아직 현실화되지 않은 상태에서의 SPC의 관리한계선 이탈/공정능력 변동, PQC 지적사항, 공정/부품/고객변동 사항과 같은 선행관리 사항에 대한 내용이어야 미연 방지를 도모할 수 있을 것이다.

4) 초기 양산 안정화 관리 종료 및 연장

계획 수립 시 설정한 관리 기간 종료 후, 품질 목표 달성 여부나 품질 Issue 종결 여부를 Review하고 논의를 통해 관리를 종료하거나 연장할 수 있다. 초기 양산 안정화 관리 자체가 기존 양산 수준보다 강화된 활동이기에 많은 Resource가 투입되므로 단순히 목표 달성했는지 안 했는지, 품질 Issue 종결이 됐는지 안 됐는지 등의 단순 논리로 종료를 결정하기보다는 관련 부서 간 합리적인 논의 및 의사 결정을 통해 종료 및 연장되는 것이 바람직할 것이다.

2. 자공정 완결형 품질체계 확보

1) 개요 및 필요성

자공정(自工程)이란, 단어 그대로 자기 스스로의 공정을 가리키는 단어이며, 완결형이란 일의 마무리 즉, Completion을 의미하는 단어이다. 이를 합치면 "자기 스스로의 공정에서 마무리를 짓는다."라는 의미로 해석해 볼 수 있다. 이를 좀 더 이해하기 쉽게 설명한다면, 각 공정들이 스스로의 품질관리 업무에 완벽을 기함으로써, 다음 공정(후공정)이나 고객에 불량이 절대 유출되지 않게끔 하는 공정관리 형태나 방법을 자공정 완결형이라 한다.

자공정 완결형 품질체계를 갖췄다는 의미는 다음과 같은 그림 3-56 으로 보다 쉽게 설명할 수 있다.

<그림 3-56> 자공정 완결형 품질보증 체계

불량을 받지도 않고, 만들지도 않으며, 보내지도 않는다는 사상으로 각 공정을 운영하는 것이 자공정 완결형 품질체계이다.

불량을 받지 않는다는 의미는, 앞 공정이나 협력사 부품에서 내 공정으로 흘려 보낼 수 있는 불량을 미연에 방지하기 위해, 혹시 있을지 모를 품질의 변동이나 변경사항을 철저히 관리감독하여 불량유입을 차단한다는 의미이다. 불량을 만들지 않는다는 것은, 내 공정 품질의 완성도에 영향을 줄 수 있는 여러 요소들을 잘 모니터링하고 운영한다는 것으로, 예컨대 공정의 CTQ/CTP 항목에 대한 관리, 사용하는 설비 및 검사장비 등에 대한 정도(精度) 관리, 작업자에 대한 수준 관리, 만에 하나 공정 품질이상이 발생하였을 경우 이를 인지하고 조기에 조치하는 업무, 발생된 문제를 조기에 제대로 해결하기 위한 업무 절차 등이 모두 속하게 된다. 마지막으로 불량을 보내지 않는다는 의미는, 내 제품을 받아보는 후공정 및 고객의 눈높이에 맞춰서 제품에 대한 품질검사(평가)를 운영한다는 것이고, 그에 따라서 검사기준 확보, 운영하는 것을 의미한다.

지금부터, 불량을 받지도 않고, 만들지도 않으며, 보내지도 않는다는 사상에 입각하여, 입고, 공정 및 출하검사 등에서 진행할 주요 사항을 알아보겠다.

2) 자공정 완결형

(1) 불량을 받지 않기

자공정 완결형 품질체계 확보의 첫 단계는 일단 불량을 받지 않는 것에서부터 시작된다.

불량을 받지 않으려면, 내게 부품이나 재공품을 건네주는 협력사 또는 앞 공정이 내게 불량품을 보내지 않는 시스템을 구현하는 것이 답이다.

문제는 불량을 보내지 않는 시스템을 앞 공정이나 협력사가 잘 갖추었는지 아닌지를 내가 어떻게 알고, 관리할 것이냐 하는 것이다.

① 협력사 부품의 변경/변동관리

협력사로부터 납품받는 부품이 지정된 규격을 벗어나지 않는지 수입검사, 또는 협력사 출하 품질보증 과정을 통해 확인하는 데서 나아가, 이 부품에 다른 품질 변경사항은 없는지, 산포의 변동은 적정한 수준인지를 관리하는 것이 필요하다.

첫 번째, 품질 변경사항이라 함은, 부품의 설계변경이나 4M변경을 의미하는 것이다. 변경이 있다는 것은, 이 부품이 최초에 부품인정을 받을 때의 상황과는 다른 변경요소가 작용하였다는 것이고, 이로 인해 부품의 품질수준이 변화할 수도 있다는 것을 의미한다. 이런 경우, 부품의 변경으로 인한 품질영향을 면밀하게 확인하는 것이 필요하다. 변경사항에 대한 내용이 기능이나 성능에 영향을 주는지에 대한 사전 검토(FMEA, Design Review 등)가 필요하며, 그 후 충분한 수준의 시험과 평가, 그리고 필요한 경우 사내 양산성을 검증해 봄으로써, 이번 변경으로 인한 품질영향이 없음을 확인하는 절차를 거쳐야 한다.

많은 부품 품질이슈가 이런 변경단계 관리를 소홀히 하여 발생한다. 그 케이스는 다시 3가지로 나뉘는데, 첫째, 협력사 변경사항의 경우에 우리 사내 인원들이 갖는 전문성이 부족하다 보니, 협력사가 제출하는 자료나 데이터에 실수나 누락을 찾아내기가 쉽지 않음에서 기인한다. 이러한 실수를 막기 위해서는, 관련된 전문가들이 참여한 상태에서 변경점 Risk 검토 과정과, 시험, 평가를 통한 실증적인 확인을 실시하여 Risk들을 최소화하는 업무 체계를 구축/실행하여야 한다. 둘째, 협력사가 신고 자체를 하지 않는 데서 문제가 나온다. 협력사들은 절차의 번거로움이나 불편함 때문에 가급적 신고를 하지 않고 최소화하려고 한다. 우리는 그러한 변경점을 최대한 드러내게 하는 활동이 필요하다. 평상시 원칙과 기준을 중요시하는 품질 문화를 정착시키고, 문제점이 드러난 경우 강력히 제재하며, 데이터에 기반해서 의심점을 찾고 치밀하게 관리하는 모습을 보여주는 게 필요하다. 셋째, 2차, 3차 협력사의 변경사항 관리가 어렵고, 신고를 하지 않는 경우도 문제가 된다. 첫째, 둘째 사항을 보완하여 협력사를 통해 2차, 3차 협력사의 관리체계가 구축되도록 해야 한다.

두 번째, 부품이 갖는 고유의 산포 수준이, 우리가 허용하는 수준 이내인지를 관리하는 변동관리가 필요하다. 우리는 협력사가 측정하여 제출하는 데이터 또는 우리가 수입 검사에서 직접 측정한 데이터를 기반으로 하여 통계적 공정관리(SPC)를 수행한다. 관리이탈(Out of Control)을 보이는 표본그룹이 없는지, 장기적으로 공정능력을 보았을 때 우리가 기대하는 공정능력 이하의 수준을 보이는 경우가 없는지를 살펴

본다. 기존에는 잘 관리되어 왔는데, 갑자기 산포가 흔들리지는 않는지를 매 LOT 마다 모니터링하고, 문제를 발견하였을 경우 이를 Escalation 하고 적극적으로 해결하는 과정이 필요하다.

세 번째 부품이 만들어지는 공정의 핵심인자를 선행으로 관리하는 것이 필요하다. 제품의 특별특성 항목인 CTQ(Y), CTQ(y)와 연계하여 부품의 CTQ(s)를 명확히 정리하고 부품 공정의 CTP(s)까지 전개하여 Spec 정합화 및 관련 Data의 SPC관리를 시스템화하여 실시간 모니터링이 필요하다.

② 앞 공정에서의 변경/변동관리

보통 각 제조공정은 앞 공정에서 진행한 작업의 결과물인 재공품 또는 반제품에 부품을 조립하거나, 가공하는 등의 작업을 수행한다.

내가 작업하는 과정에는 문제가 없더라도, 앞 공정에서부터 넘어온 재공품 또는 반제품 자체의 품질을 믿을 수 없다면, 최종적인 내 작업품질을 신뢰할 수가 없게 된다. 따라서, 내 앞 공정 작업 결과물에 대한 품질변경 및 변동수준을 관리하여, 애초에 불량품 유입 가능성을 제어할 필요가 있다.

앞 공정의 품질변경이란, 앞 공정에서 이뤄진 공정 4M변경이 일반적이다. 작업조건, 방법, 순서, 사용하는 부품이나 설비, 치공구 등의 변경이 해당된다.

이러한 변경이 생기면 우리는 '양산 4M 변경관리' 절차에 따라서 변경점에 대해서 검토하고 승인하는 일을 진행하게 된다. 그런데 많은 경우에 해당 변경되는 공정에서의 문제점 여부와 최종적인 제품의 수율 또는 불량률에 대해서 확인 검토하고 승인을 하게 된다. 하지만 최종적인 제품 수율 또는 불량률만 살펴봐서는 안 되며, 이 변경으로 인해 영향을 받는 다음 공정에 대한 검토도 진행해야 한다.

다음 공정에 대한 검토를 진행하라는 의미는 "앞 공정의 변경 A가 내 공정에서 받아보는 반제품 B의 항목 C에 영향을 주는 것 아니냐. 그런데, 지금 최종 검사나 신뢰성 시험에서는 C의 변화율을 확인할 수가 없다. C의 변화율을 확인하는 평가나 시험이 추가로 필요하겠다." 바로 이러한 Risk를 드러내고 검증하여 문제가 없음을 확인하는 절차를 가져야 한다는 것이다. 이러한 변경검토를 소홀히 하여 나오는 문제가 소위 Side Effect라 할 수 있는데, 개선해보려고 앞 공정에서 진행한 변경점이 내 공정에서는 예기치 못한 문제를 가져오지는 않을지 살피고 확인하는 문화가 필요하다.

앞 공정의 품질변동이란, 그 산포 수준을 모니터링하는 것을 가리킨다. 예를 들어, 통계적공정관리(SPC) 항목으로 공정 A의 관리항목 A1, A2, A3를 모니터링하고 있었는데, 공정 A 담당자가 그 관리이탈 여부 확인 자체를 하지 않거나, 관리이탈이 발생하였는데도 관리자나 후공정인 B 담당자에게 알려주지 않는 경우는, 실효성 있게 관리되지 않고 있는 것이라고 판단할 수 있다.

즉, 산포를 모니터링할 수 있도록 공정에 관리항목을 설정했다면, 그 사실을 자공정에서도 알고 있어야 하며(이러한 사실은 관리계획서에 나와 있다.) 그 관리항목의 모니터링 결과 관리이탈이 발생하지 않았음을 실시간으로 자공정에서도 인지하게 해야 한다. 아울러, 만약 관리이탈이 발생하면 Alarm, Interlock, 불량 식별 등 즉각적인 공정조치와 함께, 그로 인해 후속공정 작업품질에 대한 영향이 있다고 판단된다면 적절한 조치가 후속공정에도 같이 이뤄지게끔 하여야 한다. 이러한 유기적인 Feedfoward 활동이 없으면, 후속공정에서는 앞 공정에 아무 문제도 없다고 생각하고 그냥 평소처럼 생산을 할 것이고, 그런 상태로 생산량이 쌓여서 나중에는 품질이슈가 발생하고, 막대한 양의 Holding 재고를 안게 되어 큰 규모의 품질실패비용(F-Cost)으로 이어질 수 있다.

전체를 바라보는 공정품질관리 담당자라면, 우리 공장의 각 공정별 통계적 공정관리(SPC) 체계가 위와 같은 문제를 방지할 수 있도록 Alarm, Interlock, 불량식별 등이 서로 유기적으로 연결되어서 관리되는지를 확인해 보아야 한다. 또한, 시스템은 갖춰져 있지만 실행이 이루어지고 있는지 여부도 같이 살펴보아야 한다.

③ 특채한 부품을 사용하는 경우

부품불량이 발생하였는데, 이 불량은 경계선에 걸친 불량현상으로 특별히 의사결정을 통해서 생산에 투입하는 경우가 있다. 일반적으로 불량의 심각성이나 발생확률, 검출 가능성 등을 검토하여 생산을 하는 것이 Risk 면에서 생산중단을 하는 것보다 이익이 크다면 이뤄진다.

이때, 품질부서에서는 **특채 결정으로 인한 Side Effect를 충분히 분석하고 면밀히 검증해야** 할 의무가 있다. 의사결정이 이뤄졌다고 해서 불량이 발생하지 않는 것은 아니기 때문이다. 불량이 발생할지도 모르는데, 그래도 감수하고 생산을 하겠다고 결정한 것이기에, 언제 불량이 나올지를 주시하여야 하며 이를 모니터링할 방법과 수단을 강구해두고 있어야 한다. 현장에서 보면 "의사결정 했으니 난 이제 모르겠다."라는 사고방식이 아니라 "나는 지금 불량품이나 마찬가지인 것을 흘려보내고 있다."라는 사고가 필요하다.

이를 위해 IQA는 협력사와 같이 검출력을 강화하는 등의 선제조치를 수행해야 한다. 뿐만 아니라 사내의 각 공정에서는 연관된 주요 CTQ/CTP 및 공정품질 현황에 대하여 모니터링을 강화해 진행하여야 한다. 즉, Risk가 있는 부품이 투입되고 있다는 것을 알았으면, 이 부품과 영향을 주고받는 공정 내의 여러 인자들에 대한 모니터링 수위를 강화하는 것이다. 불량을 받지 않는다는 관점에서, 아예 투입을 안 한다면 더 좋았겠지만, 부득이하게 투입을 해야 하는 상황이라면, 검출력이나 품질민감도를 강화하여 관리하는 것이 필요하다.

(2) 불량을 만들지 않기

자공정 완결형 품질체계 확보의 두 번째 단계는, 내 공정에서 불량을 만들지 않는 것이다. 내 공정에서 불량을 만들지 않기 위해서는 다음의 몇 가지 범주로 나눠서 점검이 이뤄져야 하는데, 각각에 대해서 하나씩 알아보도록 하자.

① 올바른 작업방법(표준)　　② 설비 및 검사장비
③ 작업자 교육/훈련　　④ 측정시스템
⑤ 작업환경　　⑥ 초 · 중 · 종물 품질확인
⑦ 수리/재작업 품질관리

① 올바른 작업방법(표준)

어떻게 만들어야 하는지에 대한 정확한 기준이 없는 상태에서 항상 좋은 품질의 제품을 기대하기란 쉽지 않다.

기준이 있긴 하지만 잘못된 기준이거나, 기준에 나와 있는 것과 실제 현실이 차이가 있다면, 결코 좋은 품질의 제품이 나올 수는 없다.

그러한 관점에서, 불량을 만들지 않기 위한 첫 번째 일은 올바른 작업방법 즉, 표준을 갖추는 것이다.

표준이란, A4 용지에 출력하여 현장에 게시해 놓은 작업지도서만을 의미하는 것이 아니다. 작업방법을 결정하고 영향을 주는 모든 것이 해당된다. 각 설비에 주입되는 Recipe, 검사나 동작을 하는 설비에 사용되는 Software/Program, 검사원이 OK/NG를 판단하는 데 쓰이는 비교척도(한도견본과 같은)들도 모두 작업표준에 해당된다. 우선, 표준의 범주에 대해서부터 명확히 이해하자.

첫 번째, 작업표준 관리를 올바르게 작성해서 문제가 없는 표준을 만드는 것이다.

작업표준을 작성할 때에는, 표준을 작업자가 읽고 그에 따라서 작업을 수행하게 되는데, 적절한 시험을 통해서 작업자가 표준에 나온 대로 하는지, 표준대로 하기에는 불합리한 부분이 없는지, 작업자들이 쉽게 가질 수 있는 잘못된 습관은 없는지 등을 확인해봐야 한다. 사실, 이러한 과정은 공정개발 단계에서 작업설계를 철저히 함으로써 수행해야 하는 부분이다. 그러므로 중요 공정은 CTQ공정으로 표시하고, 숙련된 작업자들을 배치하고 실명을 공정에 비치하여 경각심을 높이는 것이 필요하다.

두 번째, 정확한 작업표준 배포를 통해 현장, 설비에 누락이나 오류가 없게 만드는 것이다. 흔히 Patrol Audit를 하면 가장 흔하게 나오는 지적사항은 최신본이 아닌 작업표준이 현장에 있다는 문제점이다. 이를 원천적으로 해결하기 위해, 작업표준을 만드는 엔지니어의 의도를 중간에 가공/편집하는 과정 없이 현장에 그대로 전달하는 체계를 만드는 것이 필요하다.

즉, 엔지니어가 의도하는 공정규격을 전산 정보화하여 Unique한 단 하나의 정보만을 생성해두고, 필요한 모든 공정의 관리계획서나 작업지도서, Software 가 이를 가져가 사용하는 것이다. '불일치'의 원인이 되는 기술정보의 전달, 가공, 편집 및 재전달을 없애버리는 것이다. 전산시스템에 기반한 이러한 체계를 만들면 배포과정의 문제로 인한 누락이나 오적용이 없어질 뿐만 아니라, 일의 속도도 빨라지게 될 것이다.

② 설비 및 검사장비

현장에서는 수많은 제조설비 또는 검사장비를 이용하여 생산을 한다. 표준이 올바르고 사람이 똑바로 작업을 한다고 하더라도, 설비나 장비가 정상적인 상태로 동작하지 않으면 불량으로 이어질 수가 있다. 불량을 만들지 않기 위한 두 번째 일은 설비 및 검사장비를 잘 관리하는 것이다.

첫 번째, 과학적 기준에 따르는 예방/예지보전의 실행이 필요하다. 설비와 검사장비에 대해서는 최초에 개발될 때에 면밀한 Sign-Off 과정을 거쳐서 양산에 적합함을 확인하고 생산에 투입한다. 하지만, 사용을 하면서 흔들림이나 치우침이 있을 수 있고, 마모되거나 파손, 멸실되는 경우가 발생할 수 있다.

현장에서는 이러한 징후를 조기에 인식하여 품질문제로 이어지지 않게 하기 위한 관리를 수행하여야 한다. 이른바 예방보전(Preventive Maintenance), 예지보전(Predictive Maintenance)을 말한다. 합리적이고 과학적인 근거에 기반하여 관리가 필요한 항목과 기준을 선정한다. 그리고 기준에 따라서 각 항목들을 점검 또는 측정하여 이상 유무를 확인하는 것이며, 주기적으로 교체해줘야 하는 항목의 사용횟수, 마모 정도를 모니터링하고, 문제가 발생되기 이전에 미리 교체관리를 수행하는 것이 필요하다.

두 번째, 설비 이상의 감지 및 사용방지가 필요하다. 설비나 검사장비에 이상 징후가 발생되었는데, 이에 대해 제대로 조치를 취하지 않거나, 고의/실수로 방치한 상태로 생산하다가 품질사고로 이어진 사례가 많다. 이상 징후 자체를 몰라서 생기는 경우도 있지만, 이상 징후가 분명히 있었는데도 이를 간과하여 벌어지는 경우는 더 심각한 경우이다.

따라서, 회사의 시스템에서는, 이러한 이상징후들을 전산화하거나 Process화하고, 적절한 조치와 승인이 이뤄진 이후에 정상적으로 생산이 재개될 수 있도록 하여, 사람의 실수/누락에 의한 문제발생이 일어나지 않도록 일하는 방법을 고도화할 필요가 있다. 즉, 이상징후 모니터링 따로, 생산시스템 따로 운영하여 이상징후가 울리든 말든 생산은 쭉 진행할 수 있는 체계가 아니라, 이상징후 발생여부가 생산시스템에 연동하게 만들어서, 이상징후가 있거나 많이 발생하는 공정/설비는 지속적으로 Alert를 하거나 조업을 중단시킬 수 있는 체계를 만들어두는 것이 필요하다. 아울러, 장기 미사용 설비의 재사용, 오버홀이나 수리가 이뤄진 후에는 초기 생산 Lot 검증 후에 라인을 가동할 수 있도록 하는 인터락시스템도 필요하다.

세 번째, 조업 전 철저한 점검(Job Set-up 검증)이 이뤄져야 한다. 설비나 검사장비에 대해 표준시편이나 샘플(Master Sample 혹은 Golden Sample)을 이용하여 조업을 시작하기 이전(또는 중간)에 측정평가를 실시하고 성능적으로 문제가 없음을 확인한다. 이를 가리켜 Job Set-up 검증이라고 한다. 보통 고객이 요구를 했거나, 설비 관리조건을 세팅하면서 필요하다고 판단한 경우에 진행하며 관리계획서에 그런 내용을 수록하게 되어 있다. 물론, 설정만 해놓으면 안 되고 제대로 실행하고, 실행 과정에서 이상한 결과가 나왔다면 제대로 조치를 하는 것이 중요하다. 예를 들어, 조업시작 전에 작업자가 ID를 태깅하여 점검결과를 올려야만 작업이 진행되게 만들고, 측정결과 Data를 전산시스템에 바로 등록하여 OK/NG를 판단, 만약 NG라면 조업시작을 할 수 없도록 Interlock을 해놓은 시스템을 갖추는 게 필요하다.

네 번째, 모델체인지에 따른 검증과 평가를 철저히 진행하여야 한다. 생산현장에서는 여러 가지 모델을 혼류로 생산하는 경우가 많기 때문에, 하나의 모델을 생산하다가 이어서 다른 모델을 생산하기도 한다. 이때, 모델에 따라 달라지는 관리요소가 있는데, 이것이 제대로 변경되었는지, 올바르게 세팅되었는가를 확인하지 않고 생산을 하면 이로 인해 뒷공정에서 예기치 못한 문제가 나올 수도 있다. 따라서, 모델체인지를 전후하여 점검해야 할 항목을 나열하고, 적절한 점검방법 및 수단을 동원하여 새로 생산에 들어가는 모델에 맞춰 모든 설비, 검사장비가 올바르게 세팅되었는가를 확인하도록 해야 하겠다.

즉 FPI(First Product Inspection)를 철저히 수행하여 공정의 이상유무와 제품 안정성을 확인하는 것이 필요하다.

③ 작업자 교육/훈련

최근 제조현장의 작업은 작업자가 아닌 기계나 로봇에 의해 자동으로 이뤄지는 경우가 많다. 하지만, 아직 많은 공정과 특히 검사공정 일부는 여전히 작업자가 관여하는 부분이 많으며, 특히 작업자가 품질의 정도(합격, 불합격)를 따지는 결정적 역할을 하는 공정도 많다. 이러한 경우, 해당 작업자에 대한 적격성을 결정하고 이에 부합하는 작업자만을 배치하고, 또한 그러한 적격성을 충분히 잘 유지하고 있는지를 관리하는 방법을 적용해야 한다.

첫 번째, 작업자에게 필요한 역량을 정의한다. 작업자의 판별력이나 숙련수준에 영향을 받는 공정을 담당한다면, 엔지니어는 작업자가 해당 작업이나 검사를 성공적으로 수행하기 위해 어떤 역량(Competency)이나 능력(Ability)이 필요한지를 규정해야 한다.

두 번째, 역량을 확보하기 위한 프로그램을 제공한다. 프로그램이란 규정된 역량, 능력을 확보하기 위한 교육훈련 과정, 평가과정 및 방법론 등을 말한다. 요구사항을 충족하기 위해 어떤 교육 또는 훈련이 필요한지 정의하여 제공하고, 최종적으로 충족하였는지를 평가하여, 이 프로그램을 통과한 인원만 해당 공정의 작업자로 배치해야 한다.

이러한 프로그램이 필요한 대표적인 경우는, 작업자가 육안(肉眼)과 같은 오감(五感)을 활용해 판정을 내리는 경우이다. 작업자가 눈으로 보고(또는 일반 확대경을 사용하는 경우도 포함해서) 검사품 표면의 이물이나 오염을 판단하고, 형상의 틀어짐, 기울어짐 등의 문제점을 확인하는 검사가 대표적이다. 이런 검사는 사람마다의 편차로 인해 또는 검사할 때마다의 환경의 차이로 인해 결과가 달라질 수가 있다. 따라서 담당 엔지니어는 검사원들이 늘 동일한 판정을 내리는지, 사람과 사람 간에 판정의 차이는 없는지, 시간의 흐름에 따라서 판정의 결과가 달라지지는 않는지 등의 관점에서 프로그램을 준비하고 관리하는 것이 필요하다. 근본적이고 장기적인 관점에서는 자동검사기(Vision 검사기 등)를 도입하여 일관된 판정결과를 얻을 수 있도록 하는 것이 필요하다.

세 번째, **숙련도의 확보**가 필요하다. 프로그램은 본래 우선 적정 수준의 숙련도를 확보한 상태를 전제로 해야 한다. 엔지니어가 작업자 적격성 확보 프로그램을 준비하면서 많이 놓치는 부분 가운데 하나인데, 작업에 부여된 Tact Time을 무시하고 평가를 하는 것이다. 여기서 의미하는 숙련도란, 정해진 Tact Time을 준수하면서, 작업표준에 제시된 작업절차 및 방법을 준수하여 작업하느냐를 의미한다. 숙련도를 평가한다는 의미는, 이러한 작업을 여러 번 테스트해보았는데 정확하게 진행한 비율이 얼마나 되느냐를 합격선으로 정해 놓고 판가름하는 것을 의미한다.

네 번째, **적격성(판별력, 검출력)을 확보**한다. 앞서 숙련도를 확보한 인원을 대상으로 하여 판별력이나 검출력을 평가한다. 판별력이나 검출력은, 불량을 불량으로 볼 수 있게 하고, 불량을 양품으로 판정하거나 양품을 불량으로 판정하는 오류를 범하지는 않게 만드는 것을 말한다. 충분한 경험과 노하우가 담긴 교재, 시료, 사례를 갖고 반복적인 훈련을 실시하고, 애매한 경계선상의 문제점은 명확한 가이드라인을 만들어 숙지하거나 또는 쉽게 구분해낼 수 있도록 여건을 마련해 주는 것이 필요하다. 이러한 훈련을 통과한 후에는, 다음에서 기술할 측정시스템 분석(MSA)을 실시하여, 측정시스템의 정확도/정밀도(Gage R&R)를 평가하여 적합하다는 확인까지 거쳐, 비로소 검사원 적격성을 확보하게 할 수 있다. 또한 외관불량, 양품의 판단을 돕기 위해 한도 견본을 지정/보관하고 디지털화하여 비교 판단할 수 있도록 준비한다.

다섯 번째, 작업자 간의 편차를 파악하고 이를 줄이기 위한 활동을 수행한다. 똑같은 검사행위이더라도, 이를 수행하는 사람마다의 작업 노하우(Know-how) 또는 고벽 (痼癖) 등으로 인하여 기대와 다른 결과물을 가져오는 경우가 있다. 예를 들어, 검사원 본인도 의도치 않은 어떤 좋지 않은 작업습관으로 인하여 지속적으로 작업불량을 유발하거나 또는 검사결과에 그릇된 영향을 끼치는 경우가 있을 수 있다.

이를 막기 위해, 엔지니어들은 각 작업자들의 작업 결과에 편차가 있는지를 확인하여야 하며, 편차가 발견된 경우 이에 영향을 주는 작업자들 간의 차이점을 분석해 볼 필요가 있다. 분석 결과, 결과가 좋은 사람과 그렇지 못한 사람 간의 작업에 어떠한 차이가 있는지 모니터링하면서 차이점을 발견하고 그 과정에서 발견된 개선요소를 발굴, 수평 전개하여 다른 모든 작업자에게도 적용하게 하는 활동을 전개해야 하겠다. 나아가, 이러한 노하우들을 표준화하여 작업지도서 등에 반영하여 현장의 기반역량 수준을 한 단계씩 향상시켜 나가는 활동으로 발전시키는 것도 필요하다.

④ 측정시스템

측정시스템이란, 검사공정이나 CTQ/CTP 공정에서 치수를 비롯한 특성치를 측정하여 값을 구하는 체계를 가리킨다.

대부분의 고객들, 그리고 일반적인 회사가 따르고 있는 ISO9001 또는 IATF 16949 품질시스템에서는 이러한 모든 측정시스템에 대해서는 측정에 적합한지를 평가하여 적합성을 보장할 것을 요구한다. 이를 가리켜 우리는 측정시스템 분석

(MSA, Measurement System Analysis)이라 한다.

측정시스템 분석은 측정기(검사장비, 또는 검사원)가 측정에 필요한 능력치를 충분히 갖췄는가를 따지는 과정인데, 크게 정확도(Accuracy)와 정밀도(Precision)를 모두 만족해야 하는 것으로 알려져 있다. 정확도는 편의(Bias), 선형성(Linearity), 안정성(Stability)으로 구분되며 대부분의 기업에서는 이를 사용부서 엔지니어가 일일이 직접 하는 것이 아니라, 외부의 공인된 기관으로부터 측정기에 대한 교정(Calibration) 필증을 획득하고 있다면, 이를 대체할 수 있는 것으로 인식하고 있다. 하지만 교정기관에서 교정성적서를 발행하였다고 해서, 정확도가 확보되었다고 판단해서는 안 되며, 교정 성적서의 내용을 정독하여 사용가능한 측정기인지, 보정값을 반영하여 보정을 해야 하는 부분은 없는지를 반드시 확인하여야 한다.

대개 우리가 자주 접하고, 또 실행해야 하는 작업은 정밀도를 평가하는 것이다. 정밀도는 Gage R&R(Repeatability & Reproducibility)로 통용되는 반복성 및 재현성을 살펴보는 과정을 가리킨다. 정확도가 이미 확보된 측정시스템을 대상으로 하며, 생산 환경에서 기인하는 측정시스템 내부에서의 산포(반복성)와 측정시스템 사이의 산포(재현성)를 분석하여, 총 변동이 사용가능한 수준 이내인지를 확인해 보는 절차를 말하는 것이다.

반복성이란 동일한 작업자가 동일한 부품을 동일한 계측기로 반복 측정하였을 때에 얼마나 다른 변동치를 가지는지, 계측기간 변동을 따지는 것을 의미하며, 재현성이란 동일한 부품을 동일한 계측기로 여러 번 측정하였을 때에 작업자에 따라 발생하는 변동을 말한다. 회사별로 다소 다르지만, 보통 10~20% 이내의 %Variation일 경우에만 사용에 적합한 측정시스템으로 분류한다.

Gage R&R을 진행할 경우 주의사항으로, 보통은 대표모델과 부품을 선정하여 이를 기준으로 평가를 진행하는데, 전체를 충분히 대변할 수 있는 모델을 선정해야 하는 것이 첫째이다. 다양성이 너무 많다면, 굳이 1가지 모델로만 평가할 것이 아니라 복수의 평가도 고려해야 한다. 그리고, 올바른 평가를 위해 부품변동을 사전에 알고 있는 값으로 적절히 안배한 시료를 준비해야 하는데, 이를 Blind Test로 하여 측정시스템(검사원)이 인지하지 못하게 하는 것도 필요하다. 간혹, 좋은 평가 결과를 위하여 적절히 안배되지 않은 시료(너무 눈에 확 띄는 불량 1개 + 양품 9개)를 쓴다거나, 시료에 번호를 붙여 반복평가의 의미가 없게 한다든가 하는 실수를 저지르는 경우가 있으니 주의하자. 마지막으로, 검사원의 경우에 정밀도 평가를 적격성 평가로 대체 가능한 것으로 오해하는 경우가 있다. 정밀도 평가는 확보해야 하는 적격성 가운데 1가지일 뿐이다. 정밀도 평가 이전에 별도로 숙련도, 판별력, 검출력이 확보된 상태여야 한다. 실무에서 적용하는 데 있어서 혼용이나 오해가 없도록 주의하여야 한다.

⑤ 작업환경

생산현장에서 작업이나 검사를 수행함에 있어서 품질에 영향을 주는 주변 환경요소(Environmental Factor)가 있다.

예를 들어, 작업/검사장소의 주변 밝기(조도), 소음 수준, 청정도(이물이 얼마나 존재하고 있는지), 정전기로 인한 부품 소손 가능성은 없는지 등이 대표적인 공정 환경관리 요소라 볼 수 있다. 기본 중의 기본이지만, 소홀히 하면 큰 문제로 커질 수도 있다.

가장 먼저 각 요소별로 요구수준을 확인하고 제대로 셋업해야 한다. 새로이 적용되는 제품이나 공법이 있거나, 레이아웃이 바뀌어서 공간 구성에 변화가 발생했다면, 달라지거나 추가되는 요구수준은 없는지 확인하는 것이 첫 번째이다. 이러한 일련의 과정은 개발단계에서 고민하고 셋업하도록 되어 있다. 엄연히 공정개발 산출물 가운데 하나로, 심도 있게 고민하여 결정되어야 한다. 아울러, 결정된 관리수준은 양산으로 이관될 때에 공정시방, 관리계획서 및 검사기준 내지는 작업표준에 충실히 담아 전달되어야 한다. 양산 상황에서는 그렇게 정해진 기준에 따라 잘 운영하는 것이 필요하다.

양산단계에서 위 요소들을 관리하는 데 가장 좋은 것은, **내가 애쓰지 않아도 저절로 관리되게 만드는 시스템을 갖추는 것이다.** 실시간으로 모니터링되는 시스템을 만들어 관리수준을 벗어나는 경우 경고를 해주거나, 아니면 관리범위 이내로 들어오도록 저절로 조절이 이뤄지는 자동보정시스템이 필요하다. 이것이 어려우면, 주기적으로(예를 들어 매 Shift 교대 시, 매 휴식시간 종료 후) 실시하는 점검을 조업 전 점검(Job Set-up 점검)과 연계시켜서, 하지 않으면 안 되게 만드는 방법을 취하는 것이 좋다. 많은 사업장에서 이러한 항목 점검을 위해 별도로 Patrol Audit를 하거나, 현장에 Check Sheet 비치를 통해 감독자로 하여금 측정, 기록하게 만드는데 이것은 차선책이다. 이렇게 문제를 발견한다 해도, 그것은 이미 제품 품질에 영향을 준 이후이기 때문이다. 제품 품질에 영향을 주기 이전에 문제를 찾아내고 빠르게 조치할 수 있는 시스템을 구현하는 것이 필요하다.

⑥ 초·중·종물 품질확인

조업을 잠시 쉬었다가 생산을 하거나 생산하는 모델을 교체하여 생산하게 되는 경우, 공정은 직전까지 생산하던 상황과 다른 상황이기 때문에, 품질 상태에 문제가 없는지를 중도에 확인해주는 게 필요하다. 이를 가리켜 초·중·종물 품질확인이라고 한다. 제품 또는 공정상에 설정된 품질특성이나 CTP들을 점검하여, 관리계획서에서 정해놓은 규격을 만족하지 못하면 생산을 시작하지 않거나, 중단하는 등의 조치가 이뤄져야 한다.

이 업무를 하는 경우에 놓치면 안 되는 것이, 정해진 품질검증 절차를 임의로 생략하는 것이 불가능한 시스템을 만들어두는 것이다. 검증 프로세스를 내재화하여, 하지 않으면 안 되게 만드는 것이다. 예를 들어 초품에 대한 검증결과 FPI(First Product Inspection) 입력을 강제화하여, 이를 이행하여 OK 상태라는 것을 확인하지 않으면 생산의 착공 및 완공을 지속할 수 없게 만들어 강제력을 갖게 하는 방법이 있을 수 있다.

⑦ 수리/재작업 품질관리

원칙적으로 제품에 대해 임의로 수리하거나 재작업을 하여 양품으로 둔갑시키는 행위는 해서는 안 된다. 고객에 대한 신의를 위반하는 행위이며, 이러한 제품이 나중에 품질문제를 일으키는 경우 큰 후폭풍으로 돌아올 수 있기 때문이다. 따라서, 수리 · 재작업은 기본적으로 고객이 허용한 상태에서 명확한 범위와 대상에 한정하여 진행되도록 하여야 한다.

먼저 **재작업(再作業, Rework)**이란, 이미 지나온 공정 전체 또는 일부를 다시 진행하여, 부적합품을 양품으로 만드는 작업을 말한다. 예를 들어 불량을 유발시킨 부품을 제거하고, 새로운 부품을 다시 장착하는 것이 대표적인 재작업이다. 이때에 문제의 공정 이후를 전부 다시 할 수도 있고, 여건이 된다면 해당 공정만 재작업이 이뤄질 수도 있다. 물론, 모든 재작업 후에는 재검사를 거쳐서 양품임을 확인하는 절차가 필수로 따라붙어야 한다. 사실, 우리가 공장에서 부적합품을 되살리기 위해서 진행하는 대부분의 활동이 바로 "재작업"의 유형에 해당된다고 보면 된다.(일부 현장에서는 재작업을 가리켜 '수리'라 부르는 곳도 있던데, 의미를 정확히 알고 사용하도록 하자.)

반면 **수리(修理, Repair)**는, 위에서 말한 재작업과는 결과 측면에서 봤을 때 좀 의미가 다르다. 수리란, 작업의 결과로 양품을 만들어 내는 것이 아니다. 핸드폰에 외관에 흠집이 생겼을 때에, 외관 케이스를 교체하는 것이 재작업이라면, 수리는 흠집이 사용에 불편하지 않도록 흠집을 메우고, 도색을 새로 해서 새것과 크게 차이가 나지 않도록 만드는 것이라고 할 수 있다.

과정에서 차이가 나는 점에서도 느끼겠지만, 수리를 한 제품은 결코 '양품과 동일한 상태'가 되지는 않는다. 고객이 양해해 준다는 전제하에, '사용이 가능한 상태'로 만들어 내는 것이 곧 수리라고 이해하면 되겠다.

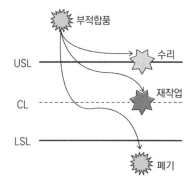

구분	식별	SPEC	사용여부	고객승인
수리		NG	가능	필요 (특채)
재작업		OK	가능	요구 시 필요
폐기		NG	불가	-

〈그림 3-57〉 폐기, 재작업, 수리의 구분(IATF 16949 부적합품의 관리)

때문에 운영 방식에도 차이가 조금 있는데, 재작업은 최초 고객에게 양산승인을 받을 때에 관리계획서에 추가를 해두었다면, 부적합품이 발생할 때마다 고객승인을 받을 필요 없이 자체적으로 수시로 진행할 수가 있다. 하지만 수리는 그런 방식이 허용되지 않으며, 수리를 해야 할 부적합품이 발생할 때마다 고객승인을 반드시 받아야 한다는 점이 다르다. 수리와 재작업의 목적과 운영방식의 차이점을 잘 이해해 두도록 하자.

재작업과 수리를 수행하기 위해서는 다음과 같은 관리가 필요하다.

첫째, 재작업 또는 수리를 위한 명확한 **별도의 작업절차**, 그리고 필요하다면(수작업이 들어가는 경우) **별도의 인증된 작업자들**이 수행하도록 통제가 이뤄져야 한다. 예컨대, 수납땜을 통한 전자제품 수리가 이뤄지는 경우, 고도의 숙련된 수리기사가 배정되는데 이들이 갖춰야 할 요건(경력, 경험연수, 실기 및 필기평가, 제품에 대한 이해 등)을 명확히 규정하고, 이를 충족하는 인원만이 배치되도록 하여야 한다.

둘째, **재작업 또는 수리 방법**은 과학적인 과정을 통해 도출되어야 한다. 재작업이나 수리 과정에서 이뤄지는 행위들로 인해 발생 가능한 Risk를 FMEA를 통해서 도출해 내고, Risk를 경감시킬 수 있는 작업방법, 작업 후 검증이나 시험방법 도출을 통해서 불량이 만들어질 수 있는 가능성을 최소화해야 한다. 보통, 많은 고객들은 재작업이나 수리된 제품을 받기를 꺼려한다. 왜 그럴까? 아무래도 품질이 더 나쁘지 않을까 하는 우려 때문이다. 그렇다면, 우리가 해야 할 일은 고객의 우려를 불식시키는 일이다. Data와 Fact에 기반하여 실증해보고, 충분한 시험을 통해서 우리가 고려하고 있는 재작업 또는 수리 절차가 제품 품질에 전혀 영향이 없다. 즉, 일반 양품과 동등 수준이다는 것을 증명해야 한다. 아울러, 우리 스스로가 그러한 관점에서 재작업 및 수리공정 설계와 운영을 할 수 있도록 생각의 전환도 필요할 것이며, 더 나아가 수리나 재작업 프로세스를 명확히 수립하고, 올바른 검증 체계를 수립/운영한다면 일반적인 생산품보다 더 완벽한 품질을 확보할 수 있다.

마지막으로, 재작업 또는 수리된 제품에 대해서는 위에서 도출된 Risk를 감안하여 **별도로 강화된 품질검사 및 시험**이 시행되어야 하며, 그 이력을 보존하고 문제가 없는 경우에만 후공정, 고객에게 인도될 수 있도록 하고, 고객사용 결과를 모니터링하는 체계를 갖춰야 하겠다.

(3) 불량을 보내지 않기

자공정 완결형 품질체계 확보의 세 번째 단계는, 내 공정에서 불량을 보내지 않는 활동이 필요하다.

불량을 보내지 않는 관점에서, 다음과 같은 절차로 나눠서 해야 할 일들을 알아보도록 하겠다.

① 검사기준 확립	② 검사실시/NG에 대한 조치
③ 유출불량 봉쇄	④ 지속적 모니터링 및 개선

① 검사기준 확립

〈출하검사〉

출하검사 기준에서 무엇보다 중요한 것은 "고객과 동일한 조건"으로 출하검사 요건을 갖춰 놓는 것이다. 출하검사라는 행위 자체가 고객에게 우리의 제품을 인도하기 이전에 실시하는 마지막 품질점검이다. 따라서 당연히 고객이 기대하는 눈높이대로 제품의 품질이 확보되었는가를 확인하는 것이 일의 목적이다. 이러한 목적에 부합하기 위해서는 철저하게 고객기준, 고객 눈높이가 우리 기준이 되도록 할 필요가 있다. 고객과의 기준은 우리가 고객에게 승인받은 검사협정(또는 일부에서는 승인원이라 칭함)에 기반한다. 이 문서에는 우리가 책임을 갖는 제품의 주요 품질보증 항목과 그것을 어떻게 평가해야 하는지를 담고 있다. 더 쉬운 말로, 검사해야 할 기본적인 항목과 측정주기, 샘플수, 측정방법 등이 포함된 것이다.

출하검사에서는 내가 어떻게 검사할 것이냐는 관심사항이 아니다. **고객이 어떤 항목을 얼마만 한 주기로 몇개씩, 어떤 설비나 환경에서 검사를 하는지가 관심사항이다.** 즉 고객 눈높이에 맞는 출하검사 기준을 마련하는 것이 중요하다. 학생이 시험법 위도 모르는 채 시험 준비를 할 수는 없지 않은가. 이를 확인하는 가장 쉬운 방법은 고객과 '상호 협의'된 검사기준인 '검사협정'을 확보하는 것이다. 여기에는 우리가 출하검사 할 항목과 고객이 확인해 볼 항목이 명시되어 있는 경우가 많기 때문이다. 물론, 현실은 이와 달라 고객사의 평가기준이 공개되지 않은 경우도 있으니 참고하도록 한다.

여기에 더해, 출하검사는 검사에 사용되는 검사기, Software(Program) 등이 고객이 사용하는 환경과 동일한지를 확인해야 한다. 예를 들어, 고객과 우리가 동일한 항목을 검사하는데, 사용하는 프로그램의 차이로 우리는 양품으로 판정하는데, 고객은 불량으로 판정하는 일이 발생한다. 미세한 프로그램의 버전 차이와, 동작 알고리즘 차이로 이러한 이슈는 충분히 발생할 수가 있다. 따라서, 작은 부분 하나라도 우리가 고객과 완전히 동일한 방식으로 검사하여 고객에게 출하하고 있는지를 점검하고 확인하는 과정이 필요하겠다.

〈제조 작업공정 및 검사공정〉
생산라인의 각 작업공정과 검사공정에서는, 자공정에서의 품질성과를 검사하여 양품만을 후공정으로 넘길 의무가 있다.

첫째, 각 작업공정에서는 **철저한 자주검사**를 통해서 품질에 문제가 있는 제품은 유출을 방지하는 활동을 해야 한다. 이를 위해, 엔지니어는 각 공정들을 설계하면서 품질 자주검사가 필요한 항목을 발굴하고, 검사방법과 문제점 발견 시에 조치하는 요령을 명확화해야 한다. 또한 중요한 것은, 이러한 일이 선택사항이 아닌 필수사항이어야 한다는 것이다. 이를 위해 그 결과를 기록하고, 문제가 있으면 완공처리가 되지 않게 하는 Error Proof 콘셉트도 필요하다.

둘째, 검사공정은 **후속하는 최종검사 및 출하검사**와의 검사 눈높이를 맞춰야 한다. 동일한 검사항목을 다루는데, 누락이 되거나 서로 다른 방법으로 검사하는 부분은 없는지, 같은 검사항목인데 사용하는 장비, 검사방법, 검사강도에 차이는 없는지를 확인하여야 한다. 예컨대, 동일한 메이커의 장비일지라도 편차가 존재하여 어느 한쪽에 치우침이 있을 수가 있다. 이를 보정해주는 Correlation 작업(동일 시료를 교차로 흘려보아 편차를 구해, 통계적으로 유의한 수준의 차이가 있다면 이를 조정하는 작업)이 필요한 경우이다. 이 작업은 사내 공정 내의 동일 장비 간, 사내공정 – 출하검사 – 고객검사 간에도 이뤄져야 한다.

〈수입검사〉

수입검사는 첫째, **부품 수입검사기준을 확립**하여야 한다. 협력사와 우리 회사 간에 동일한 부품을 검사하는 경우, 최소한 양쪽이 동일해야 하며, 가급적이면 협력사는 우리 회사보다 동등 우위 수준으로 검사를 하고 있어야 한다. 예를 들면 도면 상에서 치수를 측정하기로 한 지점의 개수와 수치, 공차 등이 모두 동일한지를 다시 한번 확인하여야 하며, 그 이외의 성능이나 기능을 검사하는 항목, 시험하는 항목 및 외관에 대한 검사항목 등에 있어서도 동일한 항목 정해진 빈도, 수량, 방법으로 검사하기로 되어 있는지를 점검하여야 한다.(무검사 항목이라면 협력사 제출 Data에 기반하거나, 정기검사를 통해 점검) 사용하는 검사장비에 대한 Correlation을 통해 정합성을 맞추는 것도 필요하다.

둘째, **후공정에서 발생되는 부품불량의 철저한 개선**을 통한 검출력 강화가 지속적으로 필요하다. 수입검사나 협력사 검사에서 놓치는 부분이 있었다면, 그것이 검사항목이 누락된 것인지, 검사방법이 잘못된 것인지, 아니면 양측의 검사 눈높이가 다른 것인지 등을 따져보고 수입검사 기준을 보완한다.

마지막으로, 실제 많은 부품이 무검사 항목으로 지정되고 협력사의 자체적인 검사 및 데이터 제출로 대체되고 있으므로 위와 같은 기준을 **협력사에도 동일하게**

검토하는 활동이 필요하다. 협력사가 검사하는 장비, 환경, 검사원 수준이나 역량 등을 현장에서 직접 확인해 보지도 않고 문서로 된 검사기준서만 확인하고 모두 문제가 없다는 출하검사 성적서만을 신뢰하다가, 예상치 못한 사내 혹은 고객 불량이 발생할 수 있다. 이를 예방하기 위해, "불량부품을 보내지 않을 수 있는 협력사 출하검사인가?"라는 관점에서 협력사 자공정완결형 체제를 갖추는 것이 필요하겠다.

협력사 자공정완결형 체계는 제품의 CTQ(Y,y)를 근거로 부품단계에서의 CTQ(s), CTP(s)를 도출하여 Spec을 정의하고, 제품과 부품의 MSA를 통해 Correlation을 확보하여야 한다. 협력사의 CTQ(s), CTP(s)는 가능하면 전수검사를 지향하고, 관리 기준을 협력사 Control Plan에 작성하여 실행해야 한다. 특히 협력사 공정 Data의 관리와 제품의 공정, 출하, 고객과의 Data 추적성을 확보하는 IT시스템을 구축하는 것이 기본이다.

② 검사실시/NG에 대한 조치
〈출하검사〉
기준에 따라서 LOT별로 출하검사를 진행한다. 그리고 NG가 발생되면 가장 먼저 할 일이 NG LOT이 출하되는 것을 막는 것이다.

먼저, 사용하는 전산 시스템상에서 해당 LOT에 'NG' 낙인을 하여, 특별한 조치가 이뤄지지 않는 한 전산상으로 출하를 할 수 없도록 보류하는 것이 일반적인 방법이다. 뿐만 아니라, 현물에 대해서도 눈으로 보는 관리를 위해 'NG'를 표시하고 식별관리 하는 것이 필요하다.

두 번째는 각 출하검사 NG 건에 대해서 부적합 통보서(Non-Conformity Report, NCR)를 발행하고 8D Report 등을 통한 유출경위와 개선대책을 묻는 '시정조치 요청'을 진행하여야 한다. 이 행위는 더 이상 불량품을 OQC로 보내지 말라는 주문이다. 따라서 개선대책이 접수되면 현물과 같이 검증을 실시하여, 유출방지 관점에서 효과성이 있는지를 확인하고 승인한다. 이때 제품만으로는 검증할 수 없다면 생산현장을 방문(또는 Patrol Audit를 활용)하여 확인하는 적극적인 자세가 필요하다. 특히 NCR 발행 후 8D Report 완료까지 Pending되는 사례가 없도록 일정 및 진행에 대한 관리를 철저히 점검해야 한다.

하지만, 일부 현장에서는 NG들이 너무 자주 발생하다 보니 위의 두 번째 활동을 등한시하는 경우가 있다. '생산이 우선이지, 개선은 나중에'라는 마인드로 접근하는 것인데, 이런 현장의 경우 나중에라도 제대로 개선이 되는 경우는 별로 없다. 이런 방식으로는 절대로 OQC에서 발생되는 NG가 줄어들 수가 없다. 빈도가 가장 잦은 라인, 제품, 불량코드부터 접근하는 것과 같은 합리적인 보완대책을 강구하여 개선 없이 방치되는 일이 없게끔 만들어야 한다. NCR 현황과 Lot 홀딩 현황은 정기적으로 생산/품질현황 회의 시 리뷰하고 그 결과는 보고되도록 해야 한다.

〈수입검사〉

수입검사 결과 NG가 발생하면 우선 해당하는 LOT은 우리 자재창고에 입고시킬 수가 없게 된다. 해당 부품을 협력사에 반품하고, 수입검사 NG로 인해 반품된다는 사실을 통보하게 된다. 이러한 행위로 불량부품을 사내로 보내지 않는다는 역할을 수행한 것이다.

이와 동시에 진행해야 하는 것이 "왜 우리회사에 불량품을 납품하였는지"를 소명하고 어떻게 재발을 방지할 것인가를 검토하여 제시할 것을 협력사에 요구하는 것이다. 왜냐하면, 협력사가 또 불량품을 납품할 수도 있기 때문이다. 부품 품질부서는 이를 위해서 NG 발생 시 "부적합 통보서"(Non-Conformity Report, NCR)를 발행하고, 협력사로 하여금 "시정조치 계획서"(Corrective Action Report, CAR)를 작성하여 회신케 하고 있다. 부품 품질부서는 NG에 대한 대책이 유효적절한지를 검토하여 승인하여야 한다. 협력사가 어떤 경위로 불량부품을 유출하게 되었는지를 분명하게 분석하였으며, 수립된 대책을 검증한 결과 확실히 유출차단이 가능한 방법인지를 기준으로 판단해야 한다. 또한, 부품 품질부서는 협력사가 제출한 대책에 이번 불량이 "왜 발생하였는가"에 대한 근본원인과 개선대책을 포함하고 있는가를 확인하여야 한다. 유출을 방지하기 위한 대책도 필요하지만, 보다 근본적으로는 발생을 예방하기 위한 대책이 우선되어야 하겠다.

아울러, 문제가 근본적으로 해결되었다고 판단될 때까지 집요하게 관리하는 노력이 필요하다. 승인은 서류상으로만 종료되어서는 안 된다. 협력사 현장에 대한 직접적인 확인검증과 개선조치 이후 입고된 부품에 대한 현물확인검증이 반드시 이루어져야 한다.

출하검사와 동일하게 NCR 관리를 위해 8D Report를 활용하면 일정 및 진행관리를 효과적으로 수행하는 데 도움이 될 수 있다.

③ 유출불량 봉쇄(Containment Action)

유출불량이 나왔을 때에 가장 먼저 취하는 행동은 정확한 현상파악과 파급범위를 파악하는 것이다. 그리고 그 결과에 따라서 신속하게 봉쇄대책을 실시한다. 봉쇄대책에는 여러 가지가 있을 수가 있다. 대표적인 봉쇄대책은 **검출력을 높이는 방법**이 주로 사용된다. 검출력을 높인다는 의미는 불량을 걸러낼 수 있는 확률을 높인다는 의미이다. 검출력 향상은 통상 샘플링 수량 증대(검사엄격도 강화) 또는 전수검사와 같은 형태를 가장 많이 취한다. 이러한 조치는 샘플링 수량이 전체를 대변하기에는 부족하여 소비자 Risk가 크다고 판단될 경우 취하며, 샘플링 수량을 늘리거나 아니면 필요에 따라 전수검사를 실시하여 극단적으로 검출력을 강화시키는 것이다.

하지만 어떠한 불량은 **검사방식 및 기준 자체의 문제**인 경우도 있다. 애초에 검사 기준 자체가 이 불량을 잡아내기에 필요충분하지 않아, 설사 전수 검사를 한다고 하여도 잡아낼 수가 없는 경우가 있다. 예를 들면, 검사기준이 현실과는 달라서 이론적으로 설정한 기준대로 현장에서 검사를 해낼 수가 없어서 결과적으로 유출 불량을 제어하지 못한 경우도 있다.

또한, 시간이 어느 정도 경과된 이후에만 불량이 발현된다든가, 특정한 사용조 건이나 보관, 운송 여건에 따라서 나타나는 불량이라면, 일상적인 검사 방법으로 는 이 불량을 탐지해내지 못할 가능성이 있다. 이러한 불량들에 대해서는 단순한 검출력 증가로는 대응할 수 없으며 특별검사항목 또는 특별검사기준을 취하여 대 응하여야 한다.

일정시간이 경과된 이후에 확인할 수 있는 경시성 불량이라면 불량이 발견될 수 있도록 적절한 시간이나 부하를 걸어서 유사한 여건을 형성한 상태에서 검사를 수행하는 방법이 사용될 수 있으며 보관, 운송 조건을 동일하게 한 상태에서 제품 에 스트레스를 주고 그 상태에서 검사나 시험을 실시하여 불량을 탐지해내는 방법 등이 사용될 수 있다.

〈출하검사〉

고객에서(고객사 IQC, 공정 또는 출하 이후 Field) 불량이 나왔을 때, 제대로 된 봉쇄조치를 위해서는 정확한 현상확인이 선행되어야 한다. 어떤 불량이 유출되 었는가, 그리고 왜 유출이 되었는가를 검토하고 그 결과에 걸맞은 봉쇄대책이 수 립되도록 하여야 한다. 이미 제품이 우리 회사를 떠나 고객의 손에 넘어간 상황이 기 때문에, 봉쇄대책은 우리 회사 바같에 나가 있는 제품들을 어떻게 할 것인가에 최우선으로 집중하게 된다.

문제의 현상을 확인했으면 최대한 Fact와 Data에 기반하여 "문제의 범위"를 확정 지어야 한다. 문제의 발생이나 유출경위를 짐작조차 못하는 상황이라면 범위를 확정지을 수가 없다. 때문에 현상확인이 제대로 되어야 한다. 근거 없이 설정한 문제의 범위로 인해 정작 잡아야 할 범위를 놓치고 엉뚱한 데 힘을 쓰는 일이 벌어지지 않도록 해야 하겠다. 문제의 범위를 쉽게 확정 짓기 위해서는 기록을 통한 추적성 확보를 평소에 해두어야 한다. 주요 변경점 이력, 생산이력을 통한 4M의 변동 이력을 추적할 수 있어야 범위 확정이 손쉽기 때문이다.

문제의 **범위는 즉시 고객과 소통**되어야 하는 것도 중요하다. 불량으로 인해 가장 피해를 입는 당사자는 다름 아닌 고객이다. 긴급히 확인하고 최대한 빠르게 고객의 불안을 종식시켜주는 것이 필요하다. 고객이 불안을 느끼는 부분은 무엇인가? 이번에 불량이 3개가 나왔는데, 이게 다인가? 또 추가로 계속 발생하는 것은 아닌가? 아니면 앞에 우리가 만들어서 이미 출하된 것들은 괜찮은건가? 바로 이 부분부터 시작된다. 명확한 문제 확인과 문제의 범위 확정이 그래서 필요하다. 이 과정을 통해서 고객을 안심시키고, 다음은 문제의 범위에 있는 제품들에 대한 처리를 검토해야 한다. 즉, 봉쇄조치의 필요성을 의미한다.

아울러 아직 **투입되지 않은 제품들에 대해서는 즉각적인 보완조치**를 하게 된다. 이번에 발견된 문제를 효과적으로 걸러낼 수 있는 테스트방법(검사의 보강, 추가검사의 실시, 추가신뢰성시험을 통한 검출 등)을 신속하게 진행하여 고객에게 품질 문제가 없는 제품을 안정적으로 투입되게 해야 한다.(물론 이 부분도 고객과의 소통과 승인이 필요하다.) 경우에 따라 출하의 일시적인 중단이 이뤄질 수도 있다.

봉쇄조치의 방법은 여러 가지 방법들이 사용될 수가 있다. 흔히 검사항목의 추가나 보강이 일반적으로 사용되며 필요한 경우 검사강도의 변화(검사수, 빈도, 샘플수, 검사차수 증가), 새로운 형태의 시험이나 검사의 시도, 검사 라인이나 설비에 대한 교환(Swap) 테스트, 선행되는 공정들에 대한 예비항목을 찾아 선제적인 검출력 강화 등을 하게 된다.

〈제조 작업공정 및 검사공정〉

제조 현장에서 유출불량이 나온 경우에도 우선 가용한 봉쇄대책을 최대한 빠르게 진행하는 것이 필요하다. 일반적으로 "공정품질 이상"이라고 부를 수 있는 상황에서 봉쇄 활동을 진행하기도 한다.(치명불량 유출, 반복적인 불량 유출, 또는 출하검사 LOT Reject 등)

가장 먼저 **발생된 불량에 대한 현상**을 확인한다. 어떤 불량이 유출되었는지를 확인하고, 이어서 왜 유출되었는지 검토해야 한다. 유출되었다고 무작정 검사를 강화하는 것이 아니라, 유출된 기초 원인을 탐색하고 그 결과에 기반하여 검출력을 강화하여야 한다는 것이다. 예를 들어, 간헐적 검사항목이었는데 유출되었다면 검사주기를 강화하거나 전수검사로 전환하면 되는 것이고, 미검사 항목이었다면 간이검사기준을 만들어 보완하는 것이 필요하다. 이러한 과정을 봉쇄조치라 하며 일반적으로 항목의 추가, 항목별 검사강도에 대한 상향(검사수 증가, 검사조건의 강화), 교차 검증수단 강구(검사하는 라인이나 설비 호기를 Swap 하여 다른 기기로 검사해보는 것) 등이 많이 검토된다.

일련의 과정들은 출하검사(OQC) 부서가 생산부서에 요구하는 유출불량(OQC NG) 시정조치계획서에 담기는 내용이다. 하지만 많은 현장에서 이런 경우 그렇게 대단한 자원을 투입하여 검토하거나, **근본적으로 개선하는 활동**을 하기란 쉽지 않다. 시정조치계획서도 빈칸 채우기 하듯 요식행위처럼 작성하는 경우도 존재한다. 아직 고객에게 나가서 불량이 난 것도 아니고 고객불량조차도 다발하여 여기에 신경 쓸 겨를이 없다는 게 많은 항변이다. 하지만, 그러한 현실을 인정해버리면 더 이상의 개선과 발전이 있을 수 없다.

따라서 이를 극복하기 위해 생산영역에서 출하검사 부서로 유출되는 불량들에 대해 꾸준히 조직 내에서 관심을 갖고 주의를 환기시켜야 하며 원칙적이고 도달 불가능한 목표가 아니라, 현실적이고 극복 가능한 대안을 같이 찾아나감으로써 중 장기적으로 유출불량을 개선하는 방법을 취하는 것이 옳다. 예컨대, 중점 불량 항목별 또는 라인/호기별 유출불량 수준을 데이터화하고 이를 심층적으로 분석하여 Top 3 항목을 주간·월간 단위로 품질회의에서 다루면서 개선해 나가는 방법이 있다.

〈수입검사〉

후공정에서 부품 불량이 발생했다면 즉시 해당 부품의 입고와 투입을 중단시키는 것이 첫 번째로 해야 할 일이다. 만약 입고되어 투입에 대기 중인 부품이 있다면 투입을 즉시 중단하고 이미 투입되어 재공품이나 제품에 조립이 되어버린 상태라 면 그 범위를 추적하여 관련부서에 통보하고 추적하거나 생산흐름을 보류(Hold) 시키는 행위가 먼저 이뤄져야 한다.

동시에, 유출된 불량에 대한 즉각적인 분석을 통해 유출된 원인을 따져본다. 협력사 와 우리 회사 모두 검사가 안 된 것인지, 잘못 검사한 것인지, 또는 검사설계 자체 에 누락된 것인지를 따져보고 각각에 맞는 봉쇄대책을 수립한다. 검사가 누락되었 다면 즉시 재진행해야 하며, 검사방법이 잘못된 것이라면 올바른 방법으로 즉시 시정하여야 한다. 애초에 설계에 없던 것이라면, 가용한 빠른 대안을 찾아 검사 보완을 진행하여야 한다. 이러한 일련의 조치를 봉쇄대책이라 하며, 봉쇄대책은 앞서 입고를 중단시킨 부품부터 입고하여 투입대기 중인 부품을 포함하여 실시하여야 한다. 이미 투입되어 재공품이나 제품에 조립이 되어버린 경우는 관련된 부서가 협업하여 추가적인 테스트와 검사를 실시하여 문제점은 없는지 충분히 검증하고 조치를 결정하여야 하겠다.

아울러, 불량이 유출된 원인이 자사의 수입검사뿐 아니라 협력사의 문제인 경우도 있다. 관리하는 부품의 가짓수가 굉장히 많은 경우, 현실적으로 자사 수입검사부서가 모든 부품의 모든 항목을 검사할 수는 없기 때문에 상당한 규모는 협력사에 위임되어 검사가 이뤄지기 때문이다. 이런 경우는 위의 조치가 **협력사에도 동일하게 이뤄지도록** 하여야 한다.

수입검사 봉쇄조치의 핵심은 부품으로 인한 **불량 파급범위를 최대한 빠른 시간 내에 확인**하고 동일한 영향 범주에 있는 부품이 얼마나 되며, 그 부품들이 어디까지 흘러가 있는지를 신속히 파악하고 조치를 취하는 데 있다. 조치란 생산이나 투입이 더 이상 진행되지 않도록 보류시키는 것이며, 불량을 현장에서 걸러낼 수 있는 효과적인 방법이 수립되기 이전에는 보류가 해지되지 않도록 하는 것이다. 일반적으로 보류의 해지에는 품질부서가 Interlocker 역할을 수행하여 Risk가 해결되지 않은 상태에서 생산이 이뤄지지 않도록 해야 할 책임이 있다.

④ 지속적인 모니터링 및 개선

수입검사, 공정검사, 출하검사에서 각각의 불량 Data들이 축적되면 데이터가 되고, 데이터들을 분석해 트렌드를 알 수 있다. 제품, 불량항목, 고객사, 생산지별로 얼마나 자주 나오는지, 늘고 있는지, 줄어드는지를 알 수 있다. 품질부서는 이 데이터를 분석하여 가장 열악한 영역에 집중하여 선제적인 관리를 할 필요가 있다. 특히, 층별된 형태의 데이터를 활용하는 것이 중요하다. 협력사, 모델, 라인/호기 등 생산이력별로 구분하여서 특별히 성과가 좋지 못한 곳을 찾아 개선역량을 집중하는 것이 필요하다. 해당 영역에는 개선을 요청하고, 품질부서는 그 개선활동에 같이 참여하며 개선성과에 대해서는 다음 달 검사결과 Data로 재확인하는 식으로 일을 한다. 우리가 이런 활동을 하는 것은 협력사·생산현장을 괴롭히려는 것이 아니라, 선제적인 활동을 통해 더 큰 품질문제 유출을 막고, 고객에게 제공하는 품질 수준을 현재보다 더 향상시키기 위한 목적으로 진행되는 것이다.

3) 현업 적용 및 해결방안

(1) 불량을 받지 않기

불량을 받지 않기 위한 첫 매듭은 우리 회사의 입고품질부서에서 시작된다. 하지만, 현실을 보면 부품의 가짓수가 너무 많거나, 품질을 확인할 수 있는 인프라가 부족하여 많은 부분이 무검사, 협력사 검사결과로 대체하여 진행하는 경우가 많다. 따라서, 현업에서는 **무검사 부품 품질을 최대한 확보**할 수 있는 대안을 마련하고 추진하는 것이 필요하다.

협력사 자주 품질보증체계가 구축되어야 하고, 협력사 공정 CTQ/CTP의 선행관리, 4M 변경관리 등이 핵심이 된다.

협력사로 하여금 명확한 검사기준(부품 검사협정서)을 합의하고, 그 결과물을 출하성적서 또는 데이터시트로 제출케 함으로써 시작한다. 이때 제출된 데이터를 정기, 비정기적으로 검토하여 이상이 없음을 확인하는 것이 좋다. 더 나아가 협력사가 제출하는 데이터를 사내의 통계적 공정관리 시스템에 연계시켜서 산포를 모니터링하고 예기치 않은 변동에 빠르게 대응할 수 있도록 인프라를 구축하는 것이 필요하다. 또한 정기검사를 계획적으로 충실하게 진행하여 임의 변경점과 같은 품질변화를 감지하는 체계 구축이 필요하다.

근본적으로는 협력사 생산공정의 CTQ/CTP, 변경/변동관리, SPC 및 이상 LOT

관리를 실시간으로 관리할 수 있는 협업체계와 시스템을 구축하는 것이 필요하다. 즉, 협력사와 사내 간의 데이터 모니터링 시스템을 통하여 Alarm, Interlock, Traceability를 구현하는 것을 최종 목표로 고려해야 한다.

(2) 불량을 만들지 않기

불량을 만들지 않기 위해 조직 내에서 꼭 필요한 것 중의 하나가, **품질문제의 빠른 Open을 통한 개선활동을 추진하는 것**이다. 우리가 현장에서 품질관리를 위해 설정해 놓은 많은 도구들을 운영하다 보면, 분명 수시로 많은 이슈나 문제점들이 발생할 수밖에 없는데, 이를 적극적으로 Open하고 조직 내에서 관련부서들과 같이 개선해 나가는 것이 필요하다.

문제점은 Realtime으로 보고 또는 Open되어야 하며, 전문가들이 참여하여 문제 발생의 근본적인 원인을 찾아 개선대책을 강구하여야 한다. 아울러 문제를 해결한 이후에는 발생 경위부터 해결까지 이르는 과정을 반추하여 Reflection을 실시하여 우리의 일하는 절차나 방법에 대한 부분까지 Process, System적인 개선안을 수립할 필요가 있다. 그리고 이번 경험을 기반으로 하여 차후 신모델을 개발할 때 참조하기 위해 재발방지 활동을 수행하고 유사한 메커니즘이나 프로세스를 가진 영역에 수평 전개하여 문제 발생을 미리 예방하는 활동이 이루어져야 한다.

또한 공정에서 취하는 신공정 설계, 품질문제 해결을 위한 공정개선 등을 수행하면서, 이 결과물이 과연 철저하게 Error Proof 콘셉트인가를 주지하면서 업무를 추진하는 것이 필요하다. 열심히 설계, 개선을 했지만 불량이 재발하거나 완전하게 해결되지 못하는 경우가 발생한다. 분석과 개선을 하는 과정에서 핵심 인자를 고려하지 못하였거나, 대책 자체가 Error Proof 하지 못했기 때문이다. 또한, 어느 특정부서에서만 검토하고 품질부서를 비롯한 관련부서가 집단지성으로 만들어낸 결과물이 아닌 경우라서 그렇기도 하다. 따라서, 충분한 사전 검증, 사후 모니터링을 통하여 보다 완벽한 설계와 개선안이 우리 공장에 적용될 수 있도록 품질의 검토수준을 높여 나가도록 하는 것이 필요하다. 때때로 장치산업의 경우, 설비 기인 원인의 고질/재발불량이 빈번하게 발생하므로 발생관점에서의 근본적인 개선 활동에 설비전문가의 참여를 적극적으로 검토하는 것이 큰 도움이 된다.

(3) 불량을 내보내지 않기

불량을 내보내지 않기 위한 활동 가운데 가장 많은 빈도를 차지하는 것은 '유출불량에 대한 처리'가 될 것이다. 이 경우에 주의해야 할 것은 문제의 범위를 확정하거나 근본원인, 개선대책을 수립하여 효과를 확인하는 과정에서 **성급한 Wishful Thinking을 절대로 해서는 안 된다**는 점이다.

이러한 사고방식은 고객의 불신 그리고 더 큰 품질실패비용을 가져오는 경우가 있다.

예컨대, 문제의 범위를 희망적으로 보아서 A에서 D라고 판단하여 이를 고객에게도 통보하였는데, 실제로는 검토 과정에서 "이건 해당되지 않을거야, 과거에도 그런 적 없고"라는 이유로 배제된 영역이 추가로 문제의 범위에 포함되는 경우가 많다. 이런 경우는 고객에게 큰 신뢰도 저하를 가져오게 만들고, 종국에는 제대로 개선을 한다 하더라도 이미 고객의 마음이 떠났을 수 있다.

문제의 범위뿐만 아니라 회사가 수행하는 봉쇄조치, 근본원인, 근본대책 등에 대해서도 충분히 과학적이고 합리적인 근거에 기반하지 않고 정성적이고 추정에 불과한 희망적 사고로 품질문제를 대응하는 경우, 대책은 실패하고 더 큰 대가를 치루는 경우가 발생할 수 있다.

따라서, 성급한 Wishful Thinking 하지 말고 Data를 중심으로 과학적 사고, 합리적 근거에 기반한 품질문제 해결 자세를 갖추도록 해야겠다.

(4) 자공정 완결형 요약

자공정 완결형으로 프로세스를 구축하고 운영하기 위해서는, 결정된 기본에 충실하게 검사 및 시험을 운영하는 것이 일단 시작이다.

그 과정에서 문제를 인지하게 되었다면 해당 문제점을 빠르게 Open하고 필요하다면 Escalation을 하는 문화가 필요하다. 매뉴얼에 따라 즉시 조치가 어려운 문제점이 드러났다면 혼자서 끙끙 앓거나 축소, 왜곡하려 애쓰지 말고 Open하여 빠르게 해결하는 것이 보다 현명한 방법이다.

문제를 해결해 나가는 과정에서는 반드시 Error Proof 콘셉트가 적용되어야 하며 재발방지, 미연방지 관점의 대안을 탐색해야 한다. 또한, 문제를 바라보고 심각도를 결정할 때에는 항상 고객의 관점에서 사고해야 한다. 내부적 관점에서 Wishful Thinking을 하지 않아야 한다. 그리고 제품에 영향을 주는 부품들에 대해서는, 협력사의 관리수준이 최대한 자사 관리수준이 될 수 있게끔 유도하여야 하며, 자사가 공정 간에 자공정 완결형을 추구하듯, 협력사도 협력사 자공정 완결형 품질체제를 갖출 수 있도록 이끌어야 하겠다.

3. 해외법인 품질수준

1) 개요 및 필요성

해외에 생산법인을 보유한 많은 회사에서 공통적으로 하고 있는 고민 가운데 하나가 "해외법인의 품질 수준을 어떻게 하면 국내와 동등한 수준으로 관리할 것이냐."다. 대부분의 경우에는 국내보다 상대적으로 떨어지는 품질 완성도, 잦은 고객품질이슈, 신모델이 런칭될 때마다 크고 작은 이슈가 발생되어 Trouble Shooting

으로 골머리를 앓는다.

　시장 다변화로 국내에서 생산하는 물량보다 해외법인이 감당하는 비중이 더 커지기 시작했으며 해외법인에서 생산한 제품이 국내의 사전 품질검증 없이 직납 형태로 납품되는 비중도 늘어가고 있다. 이제는 해외법인이 국내와 동등한 수준의 품질역량을 갖추지 않으면 안 되는 상황에 처하게 된 것이다. 지금부터 해외법인 품질수준 확보를 위한 방법을 단계/영역별로 알아보도록 하겠다.

　첫째는 해외법인 신모델 전개(양산이관) 단계, 둘째는 해외법인 양산단계 품질 관리 활동 6가지, 마지막으로 해외법인 품질을 잘 관리하기 위해 국내 사업장에서 지원해야 할 사항을 다루도록 하겠다.

　본론에 들어가기에 앞서, 해외법인 품질수준 확보를 위해 기본적으로 유념해야 할 사항이 있는데, 궁극적인 해외법인 관리의 지향점은 해외법인 스스로의 자생력을 키워 독자운영이 가능하게 한다는 점에 있다는 것이다. 하지만, 전체 해외법인을 대상으로 무조건적인 독립성을 강요하는 것은 적절하지는 않다. 법인의 수준을 고려하여 일정 수준에 오르기 전까지는 법인의 품질관리체계를 어느 정도 국내에서 Ownership을 가지고 지원하고 의사결정에 참여해야 한다. 법인이 담당하게 될 생산제품의 특성, 현지의 특화요소, 그리고 해당 국가의 문화와 인프라 수준까지 고려해서, 어느 시점에 자생력을 갖게 할 것인지, 그러기 위해서 어떠한 과정을 거쳐서 역량을 갖추게 만들 지에 대한 마스터플랜을 수립하여 지원하고 점검하도록 하는 것이 필요하다. 이러한 활동은 국내/해외 조직적으로 연계시키고, R&R 정립을 통해 그 역할과 책임을 명확히 해야 한다.

2) 관리중점

(1) 해외법인 신모델 전개(양산이관) 단계

첫 단추를 잘 꿰어야 모든 일이 잘 되듯, 해외법인도 신모델이 처음 전개될 때에 하는 일이 가장 중요하다. 해외법인에 신모델이 전개되는 경우의 수는 3가지 정도가 있는데 아래와 같이 나눌 수가 있다.

> ① 국내사업장 기존 생산모델의 해외법인 양산이관
> ② 국내-해외 신모델 동시 런칭
> ③ 국내생산 경험 없이 해외법인 단독 런칭

① 국내사업장 생산모델의 양산이관

첫 번째 케이스는 이미 국내에서 상당기간 양산하고 있던 모델이 해외법인으로 이관되어 생산이 이루어지는 경우이다.

국내 사업장에서 이미 양산하고 있던 경우에는, 국내에서의 경험과 지식을 온전하게 전수하는 것이 핵심이라고 할 수 있겠다. 이관을 준비하는 단계에서는 국내에서 생산하면서 쌓인 실패사례 습득교훈(Lessons Learned)을 포함한 **최신 기준문서 이관 준비**를 하여야 한다. 특히 이관을 해줄 대상이 해외법인이라는 점을 감안하여 모든 문서와 지침은 현지어로 번역이 이뤄져야 하는데, 번역을 한 결과물이 충분한 수준인지를 반드시 확인해야 한다.(보통은 외부용역을 사용하여 번역을 하는데, 외부용역 업체의 특성상 사내에서 사용되는 기술적인 용어나 전문용어에 취약하기 마련이다. 따라서 가급적이면 이러한 종류의 번역에 익숙한 외부용역 업체를 이용하거나, 아니면 번역 결과물 검수가 필요하다.)

문서만 준비되었다고 끝난 것은 아니다. **업무영역별로, 공정별로 국내와 법인 양측**

의 Counter Partner가 명확히 지정되는 것이 필요하다. 법인에서는 누가 해당 업무의 담당자인지, 반대로 해당 업무에 문제가 생긴 경우 한국의 누구에게 물어봐야 하는지를 서로 간에 명확히 알 수 있어야 한다.

이관작업 과정 중에, 부분적으로 ▷ Localization이 되는 항목에 대해서는 별도로 관리를 하여야 한다. 국내에서와 달리 특정 부품, 설비 등을 현지에 있는 다른 업체의 것을 조달하여 사용하기로 한 경우를 말하는데, 대부분 여기에서 품질 Gap이 발생하게 된다. 이러한 경우 해당 변경점들을 명확히 나열하고 하나하나 새로 개발한다는 마음가짐으로 검증하고 확인하는 절차가 반드시 필요하다. 비교 척도는 당연히 국내수준이다. 국내에서 생산하던 품질 수준을 갖추지 못한다면 Localization을 재검토하거나 보완 방안을 같이 마련해야 한다.

셋업이 모두 마무리되면 최종적인 양산준비점검(Mass-production Readiness Check, MRC)을 진행한다. "양산하던 모델이니 그대로 하면 되는 것 아니냐"라는 안일한 생각을 가장 경계하여야 한다. 그건 국내에서 해당 모델을 생산하던 사람 입장이고, 해외법인에서는 사실 그냥 신모델이다. 다만 국내의 공장에서 경험이 있으니 시행착오를 좀 줄일 수 있다는 점이 다른 것이다.

양산준비점검에서 주안점을 두어야 할 부분은 기본적인 신모델 양산준비점검 항목 외에 다음 요소를 추가로 고려한다.
- 우선 전체적인 완성품질이 국내와 동등수준인지를 확인
- 품질에 영향을 주는 다른 인자들 즉, 선행공정과 부품에서의 주요 공정능력치 또한 목표수준(국내수준)에 도달하였는지까지 확인
- 양산성을 확인하기에 충분한 수량과 차수(次數)를 검증
- 검증내용에 있어서도 최종 결과치(총합불량률/수율)뿐 아니라 과정 중의 지표(부품/공정의 공정능력치)까지 확인

- 이관 준비과정에서 노출된 문제점(Open Issue)이 모두 해결되었는가를 확인
- 양산할 수 있는 조직, 설비, 인원, Process, System 등 기준을 모두 갖추었는지 확인

이상의 과정들을 '해외법인 양산이관 프로세스'라는 이름으로 프로세스화하고 일이 진행됨에 있어서 놓치거나 누락되는 사항이 없도록 관리하는 것이 효율적이다. 각 부서별로 알아서 잘 준비하겠거니 했다가는 반드시 뭔가 누락되는 것이 발견되곤 한다.

예를 들어 치공구 가운데 일부가 현지 조달품으로 Localization이 되었는데, 국내에서 사용한 동일한 치공구 도면과 규격을 제공하였으므로 동일한 치공구 입고검사기준으로 들어서 점검하고 사용하면 된다고 판단하고 일이 진행된 적이 있었다. 그런데, 현지에서 동일한 치공구 입고검사 기준으로 검사를 수행해서 합격을 했는데도 나중에 이 치공구가 품질문제를 일으킨 사례가 있다. 그 이유는 치공구 입고검사 기준에 따른 올바른 검사를 현지에서 수행하지 못했고, 검사를 위해 필요한 장비, 인원 등에 대한 사전 확인과 검토가 부족했기 때문이었다. 자료전달과 담당부서 지정만 해놓은 국내 생산기술부서에서 일을 끝까지 치밀하게 챙기지 못해 발생한 케이스였다고 볼 수 있다. 따라서, 해외법인 양산이관 시에는 이러한 사소한 부분에 이르기까지 담당부서별로 R&R을 명확히 하고, 시점별로 완료여부를 챙겨서 누락이 없게 만드는 활동이 꼭 요구된다.

② 국내 개발하여 국내와 해외에서 동시 런칭

두 번째 케이스는 국내에서 먼저 신모델을 런칭해 보고 안정화가 되면 해외법인으로 이관시키는 일반적인 방법이 아니라, 국내와 해외법인에 동시에 새로운 신모델을 런칭하는 케이스이다. 사전 국내사업장 경험이 없는 상태에서 처음부터 국

내와 법인에 동시에 런칭하는 것이므로 2개의 서로 다른 생산지에 양산을 동시 런칭하는 것이다.

국내와 법인 간의 비용과 동선, 효율성을 생각하여 일부 부품, 일부 설비나 치공구는 현지화(Localization)를 하는 경우가 많고, 품질 인프라 측면의 공장 주변의 기후, 언어, 일하는 방식, 문화 등이 국내와 법인은 다르고 국내의 개발부서는 국내사업장에서의 양산 상황뿐 아니라 해외법인 양산 상황까지 고려한 설계를 처음부터 같이 해야 하는 복잡성이 존재하므로 철저한 사전 준비가 필요하다.

예를 들어, 개발부서에서 국내만을 고려하고 Master File을 만들어 양산 측에 제공을 했는데, 그 Master File대로 작업을 하기 위해 필요한 측정 장비가 국내와 법인이 서로 달라 법인에서는 일이 진행되지 않는 경우가 있고, 장비가 있더라도 측정방법과 절차에 주의가 필요한 어려운 작업인 경우 국내와 법인에서의 결과품질이 다르게 나오는 경우도 종종 있다. 아예 사용설비 제조업체(Maker)가 달라 생기는 문제는 두말할 필요가 없다.

따라서 위와 같은 문제를 미연에 방지하기 위해서는 개발 단계부터 국내-법인이 긴밀하게 협력하면서 업무를 진행하여 서로 간의 다른 점을 미리미리 확인하여 목록으로 작성해야 한다. 이 목록을 하나하나 점검하면서 나중에 문제로 발전할 여지를 제거해 나가는 것이다.

국내와 해외에서 동시에 런칭하는 모델을 개발할 때 자주하는 실수 가운데 하나는 국내 상황만 고려하여 일단 개발을 끝낸 후, 그 결과물을 활용하여 해외 사업장에 최적화해서 전개하면 된다고 생각하는 점이다. 하지만 나중에 가서 보면 돌이킬 수 없는 누락이나 문제점이 뒤늦게 발견되게 마련이다. 앞서 얘기한 바와 같이 국내와 해외는 애초에 사용하는 장비가 다를 수 있고 부품조차도 비용문제 등으로 일부는 현지에서 조달(Localization)하여 사용하기 때문이다. 심지어 동일한 설비임에도 불구하고 사용되는 프로그램 언어, 사용될 범용 치공구의 조달처(한국이냐 해외이냐)에 따라서 품질이 달라지기도 한다. 따라서 **처음부터 해외법인 양산 상황까지 고려하여 설계를 시작해야 한다는 점이 매우 중요하다.**

그러다 보니 개발과정에서 해외법인을 방관자로 만들지 않는 것이 매우 중요하다. 개발기간 내내 진행상황에 참여하지도 못한 채 손 놓고 있다가 양산에 임박하여 한 번에 자료와 할 일들을 넘기는 경우가 많은데, 이렇게 일을 하면 제대로 전달되기도 어렵고, 납기와 자원제약에 휘둘려 법인도 제대로 받아들이기가 어렵다. 영역별로 적절한 시점에 Involve가 되도록 하는 것이 필요하고 현지화 관점에서 해외법인이 스스로 주인의식을 갖고 일하게 하는 데에도 도움이 된다. 더구나, 현지에 맞지 않는 조건이라면 이러한 과정에서 피드백과 피드포워드를 진행해서 보완해나갈 수가 있으나 마지막 순간에 한 번에 전달하려 하면 이러한 과정이 없었기 때문에, 결국 양산에 들어간 이후에 뒤늦게 사후약방문을 하는 경우가 발생할 수가 있다.

③ 국내에서 개발하여 해외법인에만 단독 런칭되는 경우

마지막으로 국내의 생산경험이 아예 없는 신모델을 바로 해외법인에만 런칭하는 경우가 있다. 국내에 생산기반이 없어서 개발만 하고, 생산은 해외법인에서만 하는 구조이다. 그냥 개발하는 것과 차이가 없는 것 아니라고 할 수 있지만 국경과 언어라는 장벽은 생각보다 만만한 대상이 아니며, 평소에 같이 손발을 맞춰 일하는 사이가 아니다 보니 조금만 소홀해도 바로 이슈로 연결되는 경우가 많다.

설계자의 의도가 들어 있는 기술문서의 내용 전달이 원활하지 않은 것은 기본이며, 그것을 제대로 이해했는지, 현장에 제대로 셋업이 되었으며 의도대로 테스트한 결괏값이 맞는지 등 여러 가지 확인하고 점검해야 할 내용들이 다수 존재한다. 더군다나 이렇게 개발하는 대부분의 경우, 생산은 해외법인에서 하고 주요 신규부품의 평가승인과 구매권한, 신규 설비/치공구의 개발 및 발주 등은 국내에서 담당하고 해외에서는 그것을 받아서 양산준비를 해야 하는 상황이 많다. 법인에서 자주적으로 개발하고 고민하여 선정한 부분이 아니다 보니, 사전에 어떠한 문제점이 있는지 소통이나 전달이 잘 되지 않아 법인담당자가 인지하지 못한 경우가 많고, 반대로 법인이 발견한 문제점을 한국에 제때 이야기해주지 않아, 양산에 임박해서나 양산에 들어가서 이슈로 발전하는 경우도 발생한다.

이를 극복하기 위해서, **국내개발-법인생산이라는** 사업 운영 특성을 감안한 협업시스템이 필요하다. 그것도, "협업을 잘하자."라는 구호를 열심히 외치는 수준을 얘기하는 것이 아니라, 협업을 어떻게 하면 잘할 것이냐를 검토하여, 구체적인 기준과 방법을 Detail하게 설정해두는 게 필요하다.

예를 들어, 일할 때 쓰는 모든 업무서식에 한국어-현지어를 병기하거나 같이 쓸 수 있는 한 가지 언어(영어)로 통일하는 방법을 쓸 수 있다. 이 간단한 조치만으로도 한국에서 법인으로, 법인에서 한국으로 보내는 이메일 의사소통 과정, 화상회의로 자료를 띄워놓고 얘기하는 과정에서 기존보다 월등히 나아진 소통수준을 보일 수 있다.

두 번째는 선진적인 One Team 운영 문화를 정착시키는 것이다. 국내 개발자가 넘겨주면 그걸 받아서 어떻게든 생산할 수 있도록 끙끙대며 애쓰다가 도저히 안 되면 한국에 지원요청하고 이런 방식으로는 발전이 없다. 언어와 지역을 뛰어넘는 협업이 습성화되면, 제품을 개발하는 단계에서부터 같이 도면을 보며 이야기하고 FMEA에 참여하며, 설비/치공구/부품 신규개발 과정에서 법인 생산관점에서 우려되는 점을 같이 얘기해서 해결할 수가 있다. 법인의 한국인 주재원(FSE)이 대표로 참석해 간간이 의견을 얘기하는 수준이 아니라, 법인 담당자가 개발 과정에 참여해서 활발하게 업무하는 방식으로 변화가 필요하다.

(2) 해외법인 양산단계 품질관리 활동 6가지

다음은, 해외법인에 대한 품질관리 중점사항을 별도로 6가지 정도 정리하여 알아보도록 하겠다.

[관리측면]
① 해외법인 Local 협력사 역량향상 및 운영
② 작업표준/기준의 실시간 동시성 확보

[기술측면]
③ 국내동등 수준의 IT/품질관리 시스템
④ 설비/검사장비 Trouble Shooting 전문성

[일하는 문화]
⑤ 문제발생시 해외-국내 실시간보고 Network
⑥ 한국 본사에서의 법인품질에 대한 Control Tower

① 해외법인 Local 협력사 역량향상 및 운영

첫 번째, 해외법인이 보유하는 Local 협력사의 품질관리를 어떻게 할 것인가를 알아보자. 해외법인으로 생산기지를 전개하면서, 비용절감을 이유로 일부 부품들에 대해서는 기존 거래선이 아닌 현지 업체나, 기존 협력사의 현지 생산법인으로 변경하여 운영하는 일이 발생한다. Local 협력사 품질관리란, 바로 이러한 새로운 협력사들이 어떻게 하면 기존 국내 협력사들 동등 이상 수준으로 품질을 만들어내게 할 것인가를 다루는 일이다.

그러나 현실에서는 국내 대비 해외법인의 품질 수준차이가 나는 것이 당연하다는 생각이 내재화되어 있어 이를 문제로 인식하지 못하고 있다. 이러한 고정 관

넘을 타파하는 것이 해외 법인 품질관리의 시작점이 될 것이다.

우선 Local 협력사들을 층별하여 Key Parts에 해당하는 부품을 수급하게 될 협력사와 범용부품이나 부자재 등 품질 측면에서 Low Risk인 협력사로 나눠야 한다. Key Parts를 담당하게 되는 협력사에 대해서는 **기존 협력사 대비 현 수준**을 여러 가지 측면에서 점검을 해본다. 이 점검이란 재무제표 같은 서류를 점검하는 것을 의미하는 것은 아니다. 수율 부품/공정의 공정능력 수준, 보유 검사 장비, 검사원의 교육, 분석 및 문제해결 역량, 현장에서의 품질관리수준, 주재원의 역량 등 4M상의 각 항목을 기반으로 하여 Checklist를 만들어 점검하고 기존 협력사 대비 Gap이 어느 정도 수준인지를 초반에 명확히 하는 것이 가장 먼저 필요하다.

다음은 **Gap의 원인이 무엇인지를 밝혀야 한다.** 국내 협력사가 사용하던 장비의 차이인지, 공장 환경이나 제반 인프라의 차이인지, 그것도 아니면 운영하는 Manpower Skill 차이인지 등을 밝히고, 이를 해결하기 위한 **품질개선 Task 활동을 추진한다.** 가급적이면 본격적인 양산에 진입하기 이전인 개발단계나 Ramp-up 단계에 이뤄지는 것이 효과적이다. Task 활동에는 당연히 Local 협력사가 참여하여야 하며 만약 Local 협력사가 국내에서부터 납품하던 협력사의 현지생산법인 형태라면 국내 본사 협력사도 Task에 참여시켜 같이 관리역량을 끌어올리는 것이 필요하다.

이후 운영단계에서는 **국내 대비 해외 Local 협력사의 품질수준을 꾸준히 비교하여 관리하여야 한다.** 예를 들면 동일한 A라는 Key Parts를 국내 협력사 본사와 해외 Local 협력사가 납품한다면, 품질수준을 매월 단위로 비교하여 Gap의 수준, 주요 품질척도의 변화량 등을 모니터링하여 특정 수준을 벗어나는 경우 해당 협력사에 Warning하고 Worst한 협력사들을 대상으로 Catch-up Task를 진행하는 등으로 적극적인 관리활동을 진행하여야 한다. 이러한 활동없이 시간의 흐름에 따라 저절로 개선되고 국내수준에 도달하리라고 낙관적 기대를 하는 것은 금물이다.

② 작업표준/기준의 실시간 동시성 확보

동일한 제품을 같은 방식으로 생산하는 경우 현장에서 사용되는 작업표준이나 기준, 그리고 설비에 주입되는 Software 및 Program 등이 국내와 법인 양쪽에서 항상 동일함을 보장할 수 있는 체계를 구축해야 한다.

대부분의 경우 이러한 표준은 국내에서 생성 및 변경관리를 주도한다. 그리고 그 결과물을 해외법인에 전달하고 현지에서는 전달받은 표준을 번역하여 내부적으로 공유하며 Software나 Program은 현지 기술부서가 현지 장비에 Upload하는 방법으로 적용한다. 하지만 이러한 업무방식은 필연적으로 업무지연, 누락, 실수 등이 발생할 수밖에 없다. 때로는 잘못된 작업을 제때 감지하지 못하여 잘못된 방법으로 작업을 하거나 필수적인 업데이트 요소가 현장에 반영되지 않아 불량이나 문제로 이어지는 경우가 나오게 된다.

이를 보완하기 위한 방법은 양측이 동일한 수준의 전산화된 시스템을 갖추고 양방향으로 연결된 네트워크를 통해서 국내에서 의도하는 신규, 변경표준을 국내뿐 아니라 법인에도 동시에 적용시킬 수 있는 구조를 갖추는 것이다. 법인 현지에서 누군가가 인력이 투입되어 번역이나 변환하는 작업을 진행할 필요 없이, **국내의 담당자가 직접 업무를 전개시킬 수 있는 구조를 만드는 것이다.**

이 과정에서 장애가 되는 것이 네트워크의 부재, 그리고 언어의 차이, 장비버전의 차이 등이 드러나게 된다. 양측의 생산시스템이 서로 별개로 동작하다보니, 사람이 서로 연락하여 offline으로 자료를 전달하고 각자의 시스템에 자료를 등록하는 경우가 발생하고 작성된 자료의 언어나 형식이 달라 변환이 필요하기도 하다.

이를 극복하기 위해, 우선 표준을 생성해서 현장에 배포하는 시스템을 국내-법인이 일원화된 수단으로 활용하는 것이 필요하다. 국내에서 변경을 하는 경우 승인이 끝나고 전달하여 법인에서 한 번 더 작업하는 것이 아니라, 한 번에 처리되도록 해야 한다. 애초에 표준을 생성 및 변경하는 단계에서 국내-법인이 같이 작업을 하면 된다. 국내 책임자와 법인 책임자가 서로 Counter Partner가 되어서 문서를 함께 생성 또는 변경작업하여 그 결과물을 동시에 배포하도록 하는 것이다. 최근의 인프라는 온라인 공동편집, 협업을 지원할 수 있을 정도로 충분히 발전해 있는 상태이다.

언어적인 문제도 애초에 Common Language를 명기하여 작성하는 방법을 검토하면 좋다. 예를 들면 국내 근무자는 베트남어, 중국어는 잘 모르지만 영어는 사용이 가능하므로 국내 작성원안은 한국어-영어를 병기하고, 법인에서는 현지어-영어를 병기하여, 영어로 된 부분이 기준이 될 수 있는 체계를 만드는 것도 아이디어가 될 수 있다.

동일한 작업표준이나 기준을 사용하는 것만큼이나 중요한 것이 현지에서의 장비 운용, 검사원 스킬이나 역량, 디테일한 업무절차 등에 있어서도 국내의 Knowhow가 해외법인에도 동일하게 전개되는 것이 필요하다. 단순히 작업표준만으로는 전달되기 어려운 내용이 있다면 최대한 효과적으로 전달이 가능하도록 매뉴얼이나 교육훈련 자료를 보강하여 전개되게끔 해줘야 하고, 동영상 교육 자료나 인터넷 화상회의 등을 활용하여 국내와 해외가 같은 기준과 방법으로 실행까지 이뤄지도록 관리되어야 한다.

예를 들어 작업표준이 동일함에도 불구하고 동일한 제품의 유출불량률이 국내와 법인 간 차이가 발생한다면 표준에 담기지 못한 세밀한 부분에서 무슨 차이가 있는지를 비교를 해보는 게 필요하다. 비디오 촬영을 해서 엔지니어가 차이점을 찾아 개선하게 만드는 방법이 있고 사용되는 장비, 치공구, 소프트웨어, 전산 인프라 수준 등 생각지도 못한 부분에서 차이가 없는지를 점검해 보는 것도 도움이 될 것이다.

③ 국내동등 수준의 IT/품질관리 시스템 접목

해외법인 품질수준을 보다 철저하게 관리하는 데 있어서, **국내와 동등한 수준의 품질 전산관리 시스템** 및 일반적인 관리 절차가 요구됨은 당연하다. 국내에서 주요 공정의 중간 품질수준을 모니터링하는 도구가 있지만 해외에는 이것이 가용하지 않다면, 품질정보의 흐름이 중간에 끊기고 모니터링이 되지 않아 나중에 문제로 이어지는 경우가 나올 수 있기 때문이다. 이러한 투자를 부차적인 요소로 여기거나, 해외에서의 투자 대비 효용성을 극대화하기 위해 최소화, 또는 Down-Grade 형태로 접목하는 경우가 있으나 지양해야 할 부분이라고 봐야 한다. 현지에 Customization하는 것은 필요하지만 그 과정에서 꼭 필요한 기능이 제외되고 누락되는 일이 없도록 해야 한다.

동일 수준의 시스템을 적용해두는 것과 아울러 또 중요한 것이, **서로 호환성과 연결성**을 갖고 있어서 국내에서 원활하게 해외법인 품질현황을 모니터링할 수 있는 인프라를 제공할 수 있어야 한다는 것이다. 서로 Stand Alone이라서 상대측의 정보를 볼 수가 없고, 참고하거나 비교할 수 없다면 전산시스템을 통한 관리 효과성이 높다고 볼 수가 없다. 잘 갖춰놓고도 이러한 업무를 위해 Excel로 또 자료를 추출하고 메일로 업무를 추진해야 한다면 번거롭기도 할뿐더러 Timely한 업무대응이 될 수가 없기 때문이다. 따라서, 가급적 국내와 해외는 동일한 수준으로 시스템이 세팅되어야 하며, 아울러 국내에서 해외의 수준을 손쉽게 모니터링하고 비교할 수 있는 모니터링 툴이 같이 구비되어야 함을 상기하도록 하자.

가장 큰 전제가 되어야 할 사항은 IT/품질관리 시스템이 동일한 수준이 되려면 국내와 해외법인의 일하는 방법이나 절차(프로세스)가 동일해야 한다는 점이다. 출하검사, 수입검사와 같은 주요업무를 진행하는 절차와 방법이 동일해야 사용하는 IT/품질관리 시스템이 그 프로세스에 따라 동일하게 구축, 운영이 가능한 것이다.

따라서, 무조건적으로 동일한 IT 시스템 확보라는 결과에 매몰되지 말고, 우선 일하는 프로세스가 동일한가, 아니라면 어떤 부분에서 차이가 있는가를 규명하고, 프로세스부터 국내-법인이 서로 Cuncurrent하게 Align된 상태가 될 수 있게 만들어야 하겠다. 이러한 프로세스 바탕 위에서 서로 연결성을 갖는 IT 시스템을 세워나가면, 위에서 말한 '동등한 수준의 품질전산관리 시스템' 확보가 가능해진다. 이를 위해서는, 국내와 법인에서 사용하는 프로세스를 각각 구축하지 말고, 서로 연결된 상태로 관리할 수 있는 Tool 또는 관리체계가 필요하다. 국내의 기준 프로세스가 변하면 해외법인의 현지 프로세스가 기민하게 연동해서 같이 변화되거나, 아예 동일한 프로세스를 만들어 2개의 언어로 제공해 사실상 같은 프로세스를 쓰게만드는 등의 관리방법이 요구된다.

④ 설비/검사장비 Trouble Shooting 전문성 확보(국내전문가 연계)
해외법인에서 운용하는 설비, 검사장비에 대해서 국내에서와 같이 원활한 관리역량을 보유하는 것도 중요하다. 설비, 검사장비에 문제가 발생하였을 경우에 이를 인지하고, 적절하게 조치를 하는 Trouble Shooting 능력을 해외법인이 갖추는 것이 필요하다.

이를 위해서는 각 설비, 검사장비별로 Owner를 명확히 하고, 국내 측의 해당 영역 전문가인 Counter Partner를 명확히 정해두는 것이 필요하다. 이러한 체계를 구축함으로써 초기 셋업 당시에도 국내 전문가가 지원하고, 이후 운영단계에서도 원활하게 문제해결 과정을 짚어나갈 수 있기 때문이다. 이러한 체계가 없이 운영하다 보면 같은 설비, 검사장비임에도 불구하고 국내에서는 이미 충분히 쌓여 있어 문제가 되지 않은 Know-how 하나를 해외법인에서는 알 방법이 없어서 내부적으로 좌충우돌하면서 Trial & Error를 일삼는 경우가 많다. 일이 이렇게 흘러가는데도 해외법인은 이를 국내에 알리거나 도움을 구하려 하지 않거나, 국내에서도 별도로 깊이 있게 들여다보는 활동을 소홀히 하는 경우가 있다.

각 장비별로 명확한 국내 최고전문가 Map을 구성하고 생산지별로 Owner들은 문제발생 시 Counter Partner를 명확히 알고 있는 상태에서 매뉴얼에 따라서 조치, 연락 및 지원협조를 구하는 방식으로 Trouble Shooting이 이뤄지도록 해야 하겠다. 아울러, 양측에서 쌓이는 Know-how들은 지식 정보화하여서 관리매뉴얼이나 이상조치 프로세스에 심어놓고 이를 국내-해외에 동시에 적용관리를 함으로써 원활한 수평전개 관리가 될 수 있게끔 만드는 활동도 평소에 잘 이뤄져야 할 부분이다.

무엇보다 해외법인 현지에서의 설비/장비 전문가를 충분히 확보하여 해외법인에서도 현지인들이 설비/검사장비 문제에 원활하게 대응할 수 있도록 만드는 것이 궁극적으로 필요하다. 문제가 생겼을 때에 국내와 긴밀하게 협력하는 Network를 확보하는 것도 중요하지만, 이것은 지속가능한 방법이 아니므로 의존하는 정도를 단계적으로 줄여나가서 법인 현지에 내재화될 수 있도록 만드는 프로그램이 필요하다.

그리고, 자사 자체적으로 설비, 장비개발에 대한 역량을 소유하고, 우리의 요구사항을 중심으로 업체를 리딩할 수 있어야 한다. 어떤 설비의 경우에는 설비제작업체에 대한 의존성이 상당히 높은 경우가 있다. 해당 업체의 엔지니어 전문성에 의존하기 때문에, 문제가 생겼을 때에 해당 업체가 원활히 지원해주지 않으면 문제해결 속도가 늦어지고, 시행착오도 그만큼 많아지게 된다. 만약, 해외법인에 설치된 장비가 이러한 업체의 것이라면, 문제대응이 한국에서보다 훨씬 어렵게 될 수밖에 없다. 따라서, 한국에서는 이러한 업체들을 컨트롤할 수 있는 체계와 역량을 갖추고, 법인 현지에서도 원활히 지원이 가능하도록 하는 관리시스템을 갖추는 것이 요구된다.

또한, 동일한 기능을 수행하는 장비인데 라인셋업 때마다 서로 다른 업체가 들어오는 경우가 있다. 후발 장비업체를 정하면서 단가 등의 이유로 단기적인 이익을 좇아 업체를 바꾸었기 때문이다. 이로 인해 관리적인 운영상의 비용이 더 많이 발생하는 경우가 있다. 이러한 문제를 방지하기 위해서 필요한 것이 자사 스스로의 장비관리 역량을 확보하는 것이다. 우리가 장비에 대해 더 많이 알고 있으면 업체를 리딩하는 것이 가능하고, 자사가 주도적으로 장비 업체를 드라이브하면, 장비업체가 여러 곳이거나 중간에 바뀌더라도 스스로 Trouble Shooting을 할 때에 큰 걸림돌이 되지 않을 것이기 때문이다.

⑤ 문제발생 시 해외-국내 실시간 보고 Network 체계
해외법인 현장에 문제가 생겼을 때 문제가 국내로 신속하게 접수되고 보고되는 프로세스 확보가 필요하다.

품질이슈를 다루다 보면, 해외법인에서는 어떠한 문제가 발생했을 경우 문제가 일정 규모 이상으로 커지거나, 상황이 악화된 이후에야 본사에 문제를 오픈하는 경우가 많다. '법인 내부의 상황이니 국내에서는 잘 모를 것이다, 어느 정도 스

토리를 정리한 다음에 오픈해야 덜 번거로울 수 있다, 어차피 일찍 오픈해봐야 이래저래 귀찮게 물어보는 사람만 많지 해결에 도움을 주지는 않는다.' 이러한 배경에서 벌어지는 일일 것이다.

해외법인에서 문제 자체를 선택적으로 국내에 공유, 보고하는 절차 자체를 근본적으로 없애는 것이 필요하다. 모든 품질이슈는 국내와 해외법인이 각기 관리하다가 필요시 서로 공유하는 방식이 아니라 고객부터 사내, 부품에 이르는 품질이슈들을 하나의 그릇에 담아서 실시간으로 공유하는 일하는 방식이 필요하다. 이를 위해 품질이슈를 보고하는 전산화된 Network를 구축하고 현장에서 파악된 문제점들이 누락 없이 실시간으로 모두 IT시스템에 등록하게 하여야 하겠다. 일정 수준을 넘어서는 문제점은 즉시 국내에서도 인지할 수 있게 하고, 공동 해결을 하기 위한 국내 자원의 투입 및 지원을 검토할 수 있는 구조로 가도록 해야 하겠다.

실시간 보고 Network가 필요한 이유는 또 있다. 현지에서 자의적으로 경중을 따져 판단을 하게 되는 경우, 많은 경우에 문제가 이미 걷잡을 수 없이 커진 이후에야 오픈되어서, 애초에 적은 손실로 막을 수 있었던 이슈가 큰 손실이 추가로 발생하고 정리되는 경우가 있다. 법인자체로 해결할지, 국내의 도움을 받을지를 법인에서 고민하고 생각하게 하지 말고, 동일한 Network를 통해 공유하게 만드는 것이 필요하다. 이러한 IT시스템을 활용하여 법인이 스스로 해결할 수준의 문제는 스스로 해결하게 하고, 그렇지 않은 큰 문제는 국내가 Involve하여 빠르게 집단지성으로 문제를 해결해야 한다.

⑥ 한국 본사에서의 법인품질에 대한 Control Tower 역할
마지막 여섯 번째는, 국내 본사 품질부서는 해외법인의 품질수준에 대해 보다 적극적인 Ownership을 발휘해야 한다는 것이다. 고객의 관점에서 보아야 한다.

고객은 납품받은 제품이 국내 생산품이라서 품질이 안정적이고, 해외 생산품이라서 상대적으로 품질이 불안정하고 가끔씩은 돌발적인 품질이슈가 발생하는 상황을 결코 용납하지 않는다. 고객은 생산지에 관계없이 우리 회사 제품을 구매한 것이기 때문이다.

하지만, 일부 사업부의 경우 해외법인을 바라볼 때에 지극히 내부적인 관점에서 대응하는 모습을 보이곤 한다. 국내에 사람이 없어서, 국내도 바빠서 등의 이유를 들면서 하지 못하는 이유를 찾기에 바쁜 경우가 많다. 누구나 품질 책임자라면 해외법인 품질의 중요성을 인지하고 있지만, 정작 움직이는 모습에 있어서는 상대적으로 소극적인 경우가 많다. 이를 타파할 수 있는 일하는 습관이 필요하겠다.

무엇보다도 해외법인의 중요성을 인지한다면, 본사 품질에서는 이를 감안한 **적극적인 자원 확보, 업무계획 수립, 지원 대책 운영**이 필요하다. 아울러, 해외법인 품질 계획과 성과를 국내 품질의 중요한 업무영역 가운데 하나로 인지하고, KPI화하여 관리하고, 활동의 성과와 법인 품질성과를 연결지어 필요충분한 수준인지를 면밀히 살펴보고 운영해야 한다.

(3) 해외법인 역량향상을 지원하기 위해 국내에서 해야 할 일

해외법인이 독립적으로 자생력을 갖게 만들기 위해, 국내의 모사업장에서는 다음과 같은 활동을 진행해야 한다.

첫 번째, **국내와 해외법인을 면밀히 비교하여 수준의 차이를 드러내고**, 그를 통해 해외법인이 현재 갖고 있는 Weak Point를 목록화하여, 우선순위에 따른 계획을 수립하고 수준을 향상시켜 나가는 활동이 필요하다. 이러한 활동은 최초의 한 번으로 끝날 수는 없으며 주기적으로 재평가하여 수준의 차이 즉 Gap이 줄어들고 있는가를 확인하여야 하며, 이를 통해 법인을 지원하는 활동들이 현재 효과적으로 진행되는 것인지를 평가해야 한다.

두 번째, 위와 같은 활동을 하는 데 있어 필수적인 것이, 해당 역할을 **전담하는** **조직**이 갖춰져 있어야 한다. 해외법인에 대한 지원과 수준향상이 필요하다는 말은 누구나 할 수 있지만, 그 일을 누가 주도해서 이끌고 나갈 것인가 주인을 정해놓지 않으면 실제로 실행되기가 어렵다. 따라서, 해외법인에 대한 평가, 계획수립, 실질적인 지원 등을 보장하기 위한 R&R 설정 및 조직 구성이 필요하다.

세 번째로, 국내에서 구축되고 실행되는 **주요 품질과제들이 해외법인에도 수평전** 개되고 내재화될 수 있게 지원하는 활동이 추가되어야 한다. 이를 위해서는 관리를 전담하는 조직이 모두 수행할 수가 없으므로, 통계적 공정 관리(SPC), 양산 4M 변경점 관리, 공정품질이상 LOT 관리와 같은 주요 프로세스의 국내 전문가의 협조를 얻어서 해외법인에도 전개, 실행할 수 있도록 지원해야 하겠다. 나아가, 이렇게 추가되는 과제들이 있다면 첫 번째 언급한 수준 비교평가 활동에 평가 대상목록을 업데이트하여 지속적 발전이 이뤄지게 하는 것도 필요하다.

3) 현업 적용 및 해결방안

(1) 해외법인 신모델 전개(양산이관) 단계

해외법인에서 런칭되는 신모델의 안정적인 양산 진입을 위해, 유관 부문은 출장자를 통해 과정을 지원하는 경우가 많다.

이때, 단발적인 출장 지원보다는 One Team Task라는 이름을 붙여 로컬 즉 현지에서 One Team으로 멤버를 구성하여, 해당 프로젝트의 시작부터 마무리까지 참여하여 일을 추진하는 것이 필요하다. 처음에는 힘들겠지만 공동 작업을 통해 해외법인 구성원의 프로세스 이해도, 전문성, 경험을 축적하여 자생적인 역량을 기를 수 있다는 점을 생각하여 장기적인 관점에서 실력을 내재화하기 위한 수단으로 투자가 필요하다. 이는 법인에 대한 국내 본사 유관부문의 Ownership 차원에서도 필요하다.

아울러, 법인에서 법인으로 복제되는 경우도 존재한다. 이때, 부품부터 설비, 작업방법 등이 Global Operation 관점에서 **공용화/표준화**되어 있지 않아서, 마치 첫 번째 법인에 처음 전개할 때처럼 처음부터 모든 것을 다시 셋업하는 경우가 있다. 이를 미연에 방지하기 위하여, 성공/실패사례를 포함하여 공정관리 기준이 공용화, 표준화되어 있는 것이 좋다. 이를 자주 경험하는 제품군이라면 매뉴얼화하여 관리하는 것도 필요하다.

그리고 무엇보다 처음부터 국내와 해외법인의 관리체계를 동일하게 구축하고 운영하는 기반을 갖추는 것이 중요하다.

일하는 프로세스부터 일치화하고, 프로세스를 실행하는 IT 전산시스템을 동등한 수준으로 갖춰놓는 것이 시작이다. 그리고 양측에서 사용하는 검사장비와 설비, 작업표준 및 디테일한 작업방법 등에 이르기까지 방법과 수준을 동등하게 갖춰나가는 활동이 무엇보다 중요하다.

(2) 해외법인 양산단계 품질관리 중점

동일한 제품에 대한 국내와 법인 간의 품질 성과물 즉, 불량률이 서로 다르게 나온다면, 품질책임자들은 법인에서 과연 국내에서와 동일한 기준으로 작업이나 검사를 하고 있는 것인지를 우선 의심하게 된다. 의심한다는 것은 확신이 없다는 뜻이다.

따라서, 해외법인이 관리하는 **공정관리 수준을 투명하게 알 수 있는 시스템**을 갖춰야 한다. 앞서 기술한 동등한 수준의 IT 시스템, 표준류의 배포체계와 함께, 변경점을 통제하는 관점에서 동시 적용할 수 있는 효과적인 체계를 갖출 필요가 있다. 예를 들어, A라는 변경점이 발생된 된 경우에, 국내공장에 변경점이 적용되는 것과 동시에 해외법인에 적용이 가능하도록 변경점 적용범위를 처음부터 확정하여 동시에 전개되도록, 전산시스템을 효과적으로 구축하는 것이 필요하다. 전산시스템이 구축되어 있지 않다면, 해외법인의 적용 여부를 국내에서 피드백 받아 확인한 후 국내에서 처리 중인 변경점관리 업무를 Closing하는 방식으로 일의 완결관리를 추구하는 것이 필요하다.

아울러, 해외법인에 부족한 역량을 실질적으로 채워주는 활동이 필요하다. 예를 들어, 통상 1명만 배치되는 품질주재원을 보조하기 위해 단기적으로 국내 인원을 파견해 취약영역을 보조하여 Local 인원들의 역량을 끌어올리거나 시스템을 셋업하는 활동이 필요할 수 있다. 그리고 해외법인에 납품되는 부품들에 대한 동반진출 협력사들이 통제가 되지 않는다면, 국내 부품 품질부서에서 관여하여 해당 협력사의 대표이사에게 협력을 요청하여 개선이 이뤄질 수 있도록 촉진시키는 것도 하나의 지원 방법이 될 수 있다.

그리고 국내가 주도하여 국내-해외법인 간의 차이점을 비교분석하고 각 법인의 수준에 맞는 체계적이고 계획적인 지원방안을 수립하여 지원함으로써, 궁극적으로 해외법인 자생적으로 운영될 수 있도록 국내가 주도하여 리딩해주는 것이 필요하다.

국내 본사에서 전사품질을 책임진다는 오너십을 가지고 해외법인 품질관리의 Control tower 기능을 수행해야 한다.

4. 협력사 품질체계

1) 개요 및 필요성

우리가 만드는 제품과 서비스의 품질은 협력사가 우리에게 제공하는 부품 품질수준에서 시작된다. 따라서, 우리는 처음부터 우수한 협력사를 선정하는 것과 그렇게 선정된 협력사의 품질 수준을 안정적으로 모니터링하고 관리하는 활동이 필요할 수밖에 없다.

협력사 품질체계라는 영역에서는 (1) 협력사 선정단계 품질검토 요소와, (2) 개발단계에서의 품질확보, (3) 양산단계 협력사 품질 유지관리라는 세 가지 영역으로 나눠서 알아보겠다.

2) 관리중점

(1) 협력사 선정단계 품질검토

어떤 협력사를 처음으로 거래를 하려고 하는 경우, 회사가 정한 구매프로세스에 따라 신규협력사에 대한 품질검토를 진행하고 품질이 일정 수준에 미치지 못하면 거래를 할 수 없도록 하는 제동장치를 갖추고 있으며, 이러한 장치는 어느 회사나 갖추고 있는 기본 요소이다. 협력사 선정단계에서 품질이 검토해야 할 내용들을 확인해 보도록 하자.

① 협력사 품질방침, 품질조직 구성 충실도
② 품질검사, 시험(신뢰성), 측정 인프라 구축 수준
③ 기본 품질관리체계 구축
④ 개발 및 개발품질 역량
⑤ 품질실적 수준
⑥ 4M변경 관리체계
⑦ 품질계약 검토
⑧ 품질 Data 관리 인프라/국제인증규격 준수

① 협력사 품질방침, 품질조직 구성 충실도

기본적으로 확인해야 할 부분은 과연 우리가 거래하려는 협력사가 **품질에 대한 명확한 철학이 있는 회사인가** 하는 부분이다.

대표이사가 품질에 대해 분명한 철학이 있다면 협력사가 지향하는 품질방침 (Quality Policy)이 있을 것이고 그 방침을 이행하기 위한 품질조직을 구성, 운영하고 있을 것이므로 협력사를 점검할 때에 가장 먼저 확인해야 할 부분이 바로 이 부분이다.

단순히 품질매뉴얼에 첨부된 품질방침 품질조직 구성도와 같은 서류가 있는가, 없는가 확인하는 수준은 아니다. 대표이사가 품질에 대한 분명한 철학이 있고 고객에게 품질을 만족할 수 있는 부품을 공급하겠다는 의지가 있는지를 확인하여야 한다. 품질방침의 내용, 품질조직 구성수준 등을 확인했을 때에 협력사가 고객에게 신뢰를 줄 만한 부품을 생산, 공급할 수 있겠는가를 내용의 충실도 측면에서 확인해 보라는 의미이다. 방침은 뜬구름 잡는 내용이 아니라 현장/고객관점에서 의미 있는 구체적 내용으로 작성되어야 한다. 또한 품질정책을 실행해 나갈 품질조직은 내용과 깊이에 걸맞게 전문성과 독립성이 확보되고 품질리더와 구성원은 경험과 역량을 보유하고 있는지를 점검하여야 한다.

② 품질검사, 시험(신뢰성), 측정인프라 구축 수준

협력사가 우리 회사에 납품하는 부품들에 대해 내부적으로 실시하는 검사, 시험 및 측정을 위한 인프라가 어느 정도 수준인지도 확인해야 한다.

관리계획서 검사협정서에 기준하여 협력사가 정해진 검사와 시험을 진행해 결과 데이터를 자사에 송부하게 되므로 협력사 점검 과정에서는 검사, 시험 데이터를 신뢰할 수 있는지에 대한 기본적인 인프라 수준을 확인해야 한다.

보유하고 있는 검사, 시험 및 측정용 장비의 현황(수요, 제작업체, 성능 등)을 전반적으로 확인하고 자사가 요구하게 될 품질규격을 충족할 수 있는 데이터 출력물을 문제없이 제공 가능한지에 대해 전반적 검토를 수행하여야 한다.

거래를 시작하기 이전에 부족한 부분에 대한 보완이 이뤄짐을 보장받아야 하며 양산을 진행하기 이전에 실시하는 최종 점검(PPAP 등) 과정에서 해당 내용의 보완이 이뤄졌음을 확인한 후에 양산이 시작될 수 있도록 하는 치밀함이 필요하다.

검사, 시험을 수행하는 인원의 수준과 역량에 따라 협력사의 품질수준이 판가름 나는 품질특성이라면 해당 검사, 시험을 수행하는 인원에 대한 역량을 어떻게 확보하고 보증하는가를 확인하는 것이 필요하다. 검사, 시험인원에 대한 자격부여, 자격인증제도를 어떠한 기준으로 운영하는지 살펴보고 또 인원들의 지식을 함양하고 역량을 고양하기 위한 교육훈련 및 평가프로그램이 잘 갖춰져 있고 효과적인가를 확인해봐야겠다.

③ 기본 품질관리체계 구축(CTQ/CTP, 부적합, 이상LOT, 변동/변경관리)

협력사가 자공정 완결형 관점에서 기본적인 품질관리체계를 이해하고 있으며, 내재화가 되어 있는지를 점검한다. Audit를 하게 되면 주로 확인하는 부분이 바로 이런 내용일 것이다.

첫째, 제품(고객사 관점에서는 부품)과 제조공정에 대한 **CTQ 및 CTP 항목을 선정하고 잘 관리하는지 점검**한다. 고객품질에 영향을 주는(고객사 지정하는) 항목과 그것에 영향을 주는 선행인자들을 잘 개발하였는지, 그리고 인자들을 모니터링하기 위한 측정시스템을 확보하고 실제 모니터링을 실시하며 그 공정능력 수준을 주기적으로 확인하는지를 살펴본다.

CTQ 및 CTP 항목이 선정되는 과정에서 FMEA를 실시하여 고객사의 요구사항과 특별특성항목(CTQ Y, y)이 올바르게 반영하고 선정된 항목에 대해서는 과학적인 규명을 통하여 Spec 정합성이 확보되었는지 검증 결과를 확인해야 한다. 또한 CTQ(Y,y)를 통하여 CTQ(s)가 도출되었다면 CTQ(s)는 가능한 전수 검사체계를 갖추도록 요청하는 것이 필요하다.

둘째, 검사에서 **부적합품**이 발생하였을 때 이를 취급하는 과정(식별, 격리) 재작업, 수리 등에 대한 명확한 프로세스를 갖추고 있으며 절차에 따라 적합하게 실행되는지를 점검해야 한다. 특히 재작업, 수리는 고객이 허용하지 않으면 임의로 진행할 수 없어야 하며 허용하더라도 제한된 절차, 인원에 의해서 완벽한 추적관리가 가능한 상태에서 진행되고 재작업 완료 후 최종적인 품질 재확인이 이뤄지고 있는지를 살펴보아야 한다.

셋째, 공정에서 나타나는 **품질이상 Signal** 및 주요 항목의 산포를 SPC 도구를 이용해 **모니터링**하고 있으며 이상이 나타나는 경우 올바른 OCAP(Out-of-Control Corrective Action Procedure) 절차를 진행하고 있는지를 점검한다. 협력사 사내에서 발생되는 공정품질 이상 및 변동 이상을 적시에 내부적으로 관리감독 되는 구조인지를 확인하는 것이 핵심이다. 아울러, 주요 관리항목의 공정능력(Cpk 또는 Ppk)을 주기적으로 평가하고 고객이 요구하는 수준 이상으로 유지하기 위한 관리를 수행하는가도 확인해야 한다.

그리고 주요 품질이상 징후가 나타났을 때 사람이 그것을 자의적으로 Skip 해버릴 수 없도록 시스템상에서 Alarm이 이뤄지고 필요한 영역에 대해서는 임의로 해제가 불가능한 Interlock 시스템이 구축되어 있는가도 점검해야 하겠다. 또한, 발견된 품질이상 징후와 Risk를 정량적, 과학적으로 평가하고 High Risk에 대해서는 적절한 레벨로 Escalation하고 있는가도 확인해야 한다.

④ 개발 및 개발품질 역량

다음은 협력사의 자체적인 개발 및 개발품질 조직유무와 역량 수준을 확인하여야 한다. 우선, 고객의 **요구사항에 준하는 설계 및 개발 프로세스**를 갖추고 있는지를 점검한다. 자동차용 부품이라면 APQP를 이해하고 적용하고 있는지를 확인한다.

다음은 **개발 및 개발품질 조직의 충분성**을 검토한다. 특히, 자사가 전문성을 갖기 어려운 반도체(IC), 약품류의 경우에 전문성을 가진 협력사에 의존도가 더 높을 수밖에 없으므로 이러한 협력사의 경우 내부적으로 개발품질 조직을 갖추고 있는지, 어떠한 프로세스에 따라 움직이는지를 점검하여야 한다. 개발품질 조직을 보유하고 있어서, 협력사가 개발해 낸 새로운 제품(우리 입장에서는 부품)에 대해서 개발단계 및 최종 양산점검 단계에서 구조화된 점검절차, 기준을 갖추고 필요충분한 점검을 진행하여 품질이 보증된 제품만을 양산하는지를 확인하고자 하는 것이다.

행위를 했느냐의 여부에서만 머물게 아니라, 어떠한 수준의 **의미있는 절차와 기준을 갖추고, 또 잘 실행**하는가를 보는 것이 중요하다.

이를 통해서, 협력사의 신규부품 개발완성도를 신뢰할 수 있게 되며 필요한 경우 의사소통할 수 있는 창구를 마련하게 되는 것이다.

⑤ 품질실적 수준(경쟁업체 대비 이슈/사고/불량률/수율/품질비용 등)

협력사의 기존 품질실적 수준을 확인하여 충분한 경쟁력을 갖추고 있는지를 점검한다.

만약, 기존에 우리가 알고 있는 경쟁업체가 있다면 그 경쟁업체의 실적과 서로 비교하여 보는 것이 좋을 수 있다.

품질실적 수준이란 알려진 품질이슈나 사고가 있었는지, 있다면 얼마나 자주 생겼으며 어느 정도의 심각한 문제들이었는지를 확인한다. 확인 가능하다면 품질이슈나 사고가 발생한 이후에 사후개선이나 Reflection을 실시하여 지금은 나아지고 있는 추세인지 아니면 여전하거나 악화되는 추세인지도 확인한다. 후자의 경우라면 당연히 거래를 재고려해봐야 할 대상이라고 볼 수가 있겠다.

불량률이나 수율, 품질비용(F-Cost 및 A, P-Cost 항목별)을 점검해 보고 어느 정도 수준인지, 수준이 경쟁업체나 업계 수준에 대비해서 어느 정도 위치에 해당하는 수준인지를 확인해야 한다. 낮으면 낮을수록 좋겠지만, 지나치게 낮은 수준이라면 그 내용을 들여다볼 필요도 있다. 불량률이나 수율, 품질비용을 집계하는 로직이나 방법에 문제가 있는 것은 아닌지를 확인해 볼 필요가 있다.

아울러, 이러한 내용(품질이슈, 품질실적)들이 협력사의 경영진들에게 품질회의 등을 통해 보고되고 있으며 경영진이 이에 대해 적절한 조치를 취하고 그 조치가 이뤄졌는가를 관리하고 있는지, 실질적인 영향력 관점에서 실효성을 평가해 보는 것이 필요하다.

⑥ 4M변경 관리체계
협력사가 양산을 진행하다가 4M변경점이 발생하였을 때 어떻게 조치하는가를 알아봐야 한다.

첫째는, 협력사가 보유하고 있는 4M변경점 처리절차와 기준을 확인한다.

협력사 내에서 4M변경점이 발생하게 되면, 이를 내부적으로 누락 없이 인지하고 있으며 인지한 변경점에 대해 처리절차에 따라 리뷰하고 승인하는 방식을 취하는지를 확인하여야 한다. 변경점에 대해서는 항복 요소에 따라 관련부서 전문가들과 함께 리뷰하고 실증적인 방법(신뢰성시험, 양산성 수율 검증 등)에 따라 검증을 거친 이후 승인이 되어야 한다. 이러한 기본원칙을 지키고 있는지를 점검한다.

둘째는, 협력사 4M변경점 가운데 고객(우리 회사) 신고 대상을 어떻게 관리하는지를 점검한다.

협력사의 4M변경점 관리에 관심을 갖는 이유는 부품에서 생긴 변경점이 자사 공정과 제품의 품질에 영향을 줄 수도 있기 때문이다.

따라서 협력사 자체적인 변경프로세스가 명확하길 기대하며 중요 항목에 대해서는 사전에 자사에 신고하거나 승인을 받아야 한다.

이러한 기준은 각 사업부의 4M변경관리 표준내의 협력사 4M신고기준 문서에 포함되어 있다.

협력사 점검단계에서 확인할 부분은 고객 신고사항에 대해서는 어떻게 처리해야 하는지를 구성원이 이해하고 있는지, 고객신고 내지 승인이 이뤄지지 않으면 변경점 적용이 불가하도록 프로세스와 시스템을 갖추고 있는지를 점검해야 한다.

아울러, 협력사가 갖고 있는 4M 변경점 신고기준을 점검해 보고 내용이 합리적인지를 따져보아야 한다. 자사가 요구하는 수준과 비교하여 필수적으로 신고해야 할 항목들을 고객신고 항목으로 분류하고 있는지, 그러한 내용에 따라 실제 변경점 인식과 신고활동이 이뤄지고 있는지를 점검한다.

여기에는 협력사의 2차 협력사, 3차 협력사의 4M변경 신고 관리도 동일한 방식으로 신고와 승인 Process를 명확히 하여 엄격히 기준대로 관리할 수 있도록 체계화해야 한다.

⑦ 품질계약 검토

①에서 ⑥에 해당되는 내용들을 꼼꼼히 포함하여 협력사와 자사 간의 품질계약 내용을 검토한다.

불명확한 부분은 없는지, 협력사가 이행하여야 할 의무에 대해 누락된 부분은 없는지를 품질부서가 적극적으로 확인하여야 한다.

일반적으로 회사에는 표준계약형식이 있는데 평소에 이를 확인해두고, 업무적 측면에서 불합리한 부분이나 보완해야 할 요소가 있다면 수정해야 하며 특정 협력사와의 항목추가가 필요하다면 개발단계에서 공론화하여 적극 반영되도록 하는 노력이 필요하다.

선정이 이뤄지기 이전까지 손을 놓고 있다가, 뒤늦게 모든 것이 결정된 뒤에 다른 대안을 찾고자 하면, 훨씬 힘이 들 수밖에 없음을 숙지하자.

⑧ 품질 Data 관리 인프라/국제인증규격 준수

협력사 내부의 품질관리 IT 시스템들로부터 생성되는 품질 Data들이 유기적으로 취합정리가 되어, 필요시 해당 데이터들을 목적에 따라 분석할 수 있으며 추적 가능한 상태로 관리가 되는지 점검을 해야 한다. 서로 연결되지 않고 각기 움직이는 시스템들은 잘 갖춰져 있지만 데이터들이 각기 흩어져 있거나 설비 내에서만 Off Line으로 관리된다면, 필요한 상황에서 적절한 데이터들을 손쉽게 접근, 활용하기가 어려울 수 있다. 예를 들어, 출하검사 데이터와 해당 부품 LOT의 제조공정 이력, 품질이상 발생이력, 통계적공정관리(SPC) Out of Control 발생이력 등이 유기적으로 연계되어 한 번에 조회나 점검이 되지 않는다면 각각의 시스템들은 종합적인 품질관리 측면에서 의미 없게 움직이는 것이나 다름이 없다.

따라서 다양한 품질 Data들이 잘 연계되어 효율적으로 조회, 활용될 수 있는 시스템인지 주의 깊게 확인해야 한다.

마지막으로, 협력사가 차량부품 사업 등 특정 사업유형에 해당되는 경우, 해당 사업 유지를 위해 필요한 국제인증규격 즉 IATF 16949나 VDA 6.3과 같은 전문 규격들을 이해하고 이에 대응하는 프로세스와 관리 실행을 유지하고 있는가를 확인해 보아야겠다. 단순히 인증을 보유했느냐만 확인해 볼 것이 아니라, 해당 규격 이행수준을 점검할 수 있는 심사원 자격을 갖춘 인원(VDA6.3 심사원 자격) 등을 활용하여 차량부품 사업을 위한 품질보증 역량을 확보하였는지를 점검할 필요가 있다.

(2) 개발단계에서의 품질확보

개발단계에서 협력사와 새로운 부품을 개발하려고 하는 경우, 다음의 사항을 점검하고 품질이 확보되게끔 해야 한다.

첫째, 개발단계 전반적인 절차와 기준을 이해하고 준수하는지를 본다. 고객이 요구사항을 입수하여 이를 기술적으로 검토하여 부품에 대한 관리규격으로 전환하고, 관리규격에 대해 FMEA를 통해 Risk를 평가하고 관리방법을 도출해내는 등의 과정이 제대로 이행되는지를 본다. 기본적인 절차와 기준에 대한 이해만으로 끝나지 않고, 실제 이뤄지는 과정과 결과도 점검하여 내실 있게 잘 진행되었는가를 살펴보는 것이 필요하다.

둘째, 개발의 결과물로 **부품에 대한 검사기준, 체계, 검사시스템 셋업** 등이 제대로 이뤄지는가를 점검한다. 개발단계에서 논의되었던 품질관리 항목들에 대해서 각 단계별로 검사 및 시험을 점검한 후 문제가 없는 부품들만이 출하되도록 하여야 하는데, 이러한 항목들이 검사시스템에 제대로 반영되고 또 셋업이 되는가를 확인한다. 예컨대, 검사항목에 잘 부합하는 측정시스템(계측기)을 도입하고, 측정시스템 분석(MSA)을 통하여 유효한 측정 수단을 확보하였음을 보증해야 하겠다. 또한,

검사기준은 표준화하여 현장에서 제대로 적용되는지도 확인해야 한다.

셋째, **부품에 대한 추적성 관리기준**이 마련되고 현장에서까지 보장이 되는가를 점검한다. 원재료의 투입부터 공정의 진행, 검사와 시험 이력 등이 부품 하나의 LOT ID만 알면 처음부터 마지막 단계까지 추적 가능하도록 운영되는지를 확인한다. 간혹, 부품이 내 제품에 조립되었다가 불량이 나는 경우, 해당 부품의 품질문제가 어디서부터 어디까지 영향이 있는지, 파급범위(Affected Range)를 찾게 되는데, 많은 협력사에서 이와 같은 추적성 설계가 제대로 되어 있지 않아 파급범위를 특정하지 못해 많은 비용과 노력을 들여서 문제를 해결하는 경우가 있다. 따라서 의미 있는 수준으로 추적성 확보가 되어 있는가를 반드시 시스템상으로 확인해보도록 하자.

마지막으로, 부품이 초도양산에 들어가는 경우에 **초기유동관리**를 얼마만큼의 기간 동안, 어떠한 관리기준으로 운영하는가를 살펴보자.

예를 들어, 부품에 대해 3개월 동안 초기품질을 강화해서 모니터링하며, 품질의 목표를 설정해서 해당 품질수준을 넘어서지 못하면 출하를 하지 못하거나 2배검사 등 강화된 수준으로 품질관리를 진행하거나 하는 등의 내부적인 관리시스템이 존재하는지를 점검한다. 이는, 양산초기에 비교적 안정되지 못한 공정품질로 인해 문제가 되는 부품이 고객으로 유출되어 초기 품질문제를 일으키는 일을 예방할 수 있다.

(3) 양산단계 협력사 품질 유지관리

양산단계에서 협력사의 안정적인 품질 수준을 어떻게 유지할 것인가를 다음 요소들을 중심으로 알아보도록 하겠다.

① 협력사 대표-품질책임자 간 의사소통 정례화
② 품질수준에 대한 등급평가 운영(Incentive & Penalty 연계)
③ 부품 품질이슈 Realtime 관리
④ 협력사 자공정 완결형 운영
⑤ 협력사 해외법인 관리
⑥ 협력사 4M변경관리
⑦ 협력사 품질변동 관리
⑧ 부품 품질이슈의 개선, 재발방지

① 협력사 대표-자사 품질책임자 간 의사소통 정례화

협력사와 자사 간의 **정례화된 품질 의사소통 채널**을 만들고 운영해야 한다. 회사 간의 의사소통 채널은 분명히 필요하며, 그 채널이 정례화된 미팅 형태로 이뤄진다면 더 좋다.

의사소통 채널에서는 얻고자 하는 것을 명확히 하는 것이 좋다. 당연히 목적은 양산부품 품질의 확보가 된다. 그러면 현재 양산부품 품질에 무엇이 문제인가, 협력사가 무엇을 해주었으면 좋겠는가, 협력사에 무엇을 도와줘야 하는가 등이 의사소통 채널에서 논의해야 하는 부분이 될 것이다. 부품 품질담당자는 맹목적인 협력사 품질회의의 반복적인 운영에만 머물러서는 안 되며, 궁극적으로 사내 양산부품 품질수준을 어느 정도 레벨로 가져갈 것인가 하는 큰 그림 아래에서 의사소통 채널을 운영하는 것이 필요하다. 예를 들어, 협력사 조직의 근본적인 문제의 본질(조직, 프로세스, 시스템, 설비 및 장비, 인원들의 역량)에 대한 개선을 주제로 하여, 실질적인 협력사 품질을 끌어올리는 활동이 미팅에서 다뤄져야 한다.

② 품질수준에 대한 등급평가 운영(Incentive & Penalty 연계)

협력사들의 품질 데이터들을 정량화된 척도로 주기적으로 평가하고 평가결과를

Incentive와 Penalty로 연계시키는 활동이 필요하다. 등급평가 체계는 어느 협력사가 자사 양산품질 상황에 더 좋은 기여를 하고 있는가를 평가하는 것이다. 그런 관점에서 평가항목 요소들을 결정하고 검토해야겠다. 사내공정, 고객품질 담당자가 느끼는 협력사 품질수준을 잘 반영할 수 있는 구조여야 한다. 정말 문제가 있는 협력사와 그렇지 않은 협력사가 도매급으로 다 같이 좋게 혹은 나쁘게 평가되는 결과는 좋지 않은 예라고 할 수 있다.

평가 후에는 그 결과를 협력사들에 알려주고 잘한 협력사에는 격려를, 못한 협력사에는 개선활동을 요청한다. 더 나아가, 실제 어떤 물리적인 보상이나 손실로 이어지게 해야 한다. 적극적인 Incentive와 Penalty가 후속되어야 한다. 이를 위해 사내 관련부서(구매)와의 협업이 매우 중요하다. 또한 조치수준은 피부로 와 닿는 내용이어야 한다. 대표적으로 물동배분 조정(증가 또는 축소), 차기부품 신규개발 진입권한(우선 또는 박탈) 등이 있을 수 있다. 눈에 보이는 내용이 연동되어야 등급평가가 협력사의 지속적인 품질개선을 유도할 수 있는 매체가 될 수 있을 것이다.

③ 부품 품질이슈 Realtime 관리
협력사 귀책으로 인한 자사 부품 품질이슈에 대한 협력사의 대응정도를 관리하여야 한다.

우선, **부품과 관련된 품질이슈를** Realtime으로 협력사로 공유해주며, 협력사는 개선진척 상황을 자사에 피드백해 주는 시스템이 필요하다. 이러한 체계 또는 시스템이 구축된 이후에 협력사의 대응 스피드나 수준을 논의할 수가 있을 것이다. 이러한 체계는 자사에서 발생된 부품 품질이슈를 협력사로 전달해주는 채널임과 동시에, 협력사 기인으로 발생한 자사 품질문제 가운데, 고객사에 영향을 줄 수 있다고 판단된 문제를 통보해주는 채널이기도 하다.

다음은 협력사의 대책회신 수준이나 스피드를 지표화하여 앞서 언급한 품질등급평가에 반영해야 한다. 지표화의 진짜 목적은 실질적으로 협력사가 변화하는 모습을 갖도록 유도하는 데 있다. 대책회신 수준이 낮은 협력사에 대해서는 개선을 요구하여야 하며, 개선 요청에도 불구하고 대응수준이 전혀 개선되지 않는 협력사에는 불이익이 검토되도록 하는 절차가 필요하다.

④ 협력사 자공정 완결형 운영

부품의 입고품질이 자공정 완결형이 되도록 운영해야 한다. 기본적으로 자공정 완결형의 추진은 앞 부분에서 언급된 제3장. 품질체계의 "Ⅲ. 양산/출하품질, 2. 자공정 완결형 품질체계 확보" 부분을 참조하여 협력사에도 동일하게 추진함을 원칙으로 한다. 이 부분은 협력사 평가(Audit)와 지도지원 활동을 통해 점검 및 개선되도록 하여야 한다.

첫 단계는 개발단계에서 사내-협력사 간 검사협정을 통해 **협력사가 검사 및 관리해야 할 항목과 기준**을 명확히 정해놓는 것이 시작이다. 특히, 사내-협력사 간 동일한 검사항목/기준에 대해서는 동등 이상 수준으로 검사가 이뤄지고 있음을 보장해야 한다.

입고품질의 수준을 데이터로 확인하고, 성과를 주기적으로 협력사에 알려주고 미진한 협력사로 하여금 개선할 수 있도록 유도한다.

통상적으로 협력사들과 입고품질 수준에 대한 연간 단위의 품질목표를 수립하고 이를 주기적으로 점검하고 있다. 이를 통해 목표에 미달하거나, 이전대비 악화된 협력사 등을 대상으로 하여 개선활동을 요구하고 점검할 필요가 있다. 필요하다면, 협력사에 대한 점검(Audit) 계획에 연계하여 왜 이렇게 유출불량이 많은지, 왜 유출불량이 개선되지 않는지를 협력사 현장에서 점검하여 개선을 요청하여야 한다.

아울러, 모든 협력사로부터 입고되는 부품 LOT별로 성적서와 품질데이터를 제출받아 관리하고 검토하여야 한다. 검사협정에 약속된 대로 검사가 이뤄졌는지, 주요 공정능력에 부족한 부분은 없는지, 임의 변경점은 없는지 등을 확인하여야 한다. 가능하다면 이러한 과정을 전산화하여 차후에 LOT 간 유의차를 통계적으로 분석하고 개선하는 데 활용할 수도 있다.

협력사 자공정 완결형의 궁극적인 목표는 협력사 부품이 생산되는 공정을 근본적으로 관리하여 불량이 발생되지 않고 유출되지 않도록 체계를 만들고 선행관리를 하는 것이다. 고객의 특별특성 항목이 CTQ(Y,y)와 연계하여 부품의 CTQ(S), CTP(S)를 명확히 하고 Spec을 정합화하여야 한다. CTQ(S)는 전수검사를 기본으로 하고 측정시스템 분석(MSA)를 통하여 양사 간 측정시스템을 correlation한다. 뿐만 아니라 공정의 중요 Data들은 SPC관리를 실시하고 IT시스템화하여 실시간 모니터링을 하고 Alarm과 Interlock기능이 작동되도록 해야 한다.

주기적인 협력사 현장 점검을 통하여 자공정 완결형을 보장하기 위한 조건이 지켜지고 있는지를 확인해야 한다. 협력사 부품 관리계획서에 언급된 바와 동일하게 4M 관점에서 설정된 대로 작업이 이뤄지고 있는지를 주기적으로 관리계획서를 활용해 협력사 현장에 대한 주기적인 Process Audit를 수행하여야 한다. 그리고 공정에서 발생된 공정품질 이상치, SPC Rule Out 항목들에 대해 의미 있는 조치활동이 Process에 따라 수행되었는가를 실제 현장 Data 이력에 기반하여 평가해 보아야 한다. 표준에는 정해놓았지만 실행하지 않거나 미흡하게 조치하는 경우가 없어야 한다. 또한 이러한 개선활동이 이뤄질 때, 근시안적인 봉쇄에만 머무르는 것이 아니라 발생과 유출 관점에서 근본적인 원인과 대책이 수립되고 개선이 이뤄지는가를 살펴보도록 한다.

나아가 협력사의 발생불량, 유출불량을 지속적 개선 관점에서 점검하고 이를 개선하기 위한 Task, TDR 활동들이 전개되고 있어야 한다. 이러한 활동은 협력사의 유출불량을 담당하는 출하검사 영역뿐 아니라 공정, 입고품질에서도 같은 맥락에서 진행되고 있음을 확인해야 하겠다.

⑤ 협력사의 해외법인관리
협력사가 해외법인을 운영하여 생산, 납품하는 경우가 있다. 보통 자사의 해외법인과 동반 진출하여 해외 생산지에서 자사 해외법인이나 국내로 납품하는 경우도 있다. 가장 관심이 되는 사항은 **협력사의 국내생산 부품의 품질수준과 해외법인 생산품의 품질이 동등한 수준인지**이다.

첫 번째, **협력사 해외법인에서 새로운 부품 생산이 이뤄질 때의 프로세스**를 점검한다. 협력사의 국내공장에서 생산 중이던 부품이 해외로 이관될 때에 국내의 Know-how들이 제대로 옮겨지는지, 현지에서 Localization되는 소재, 장비 등에 따른 Risk Hedge를 어떻게 하는지를 확인하고, 이러한 과정이 프로세스화되고 R&R이 잘 정비되어 문제없이 원활히 이뤄지는 점검한다. 아울러 양산에 들어가기에 앞서 양산준비 점검(MRC, MP Readiness Check)이 절차화되어 진행되는지도 확인해야 한다.

새로운 부품을 개발하여 해외법인에서 생산하는 경우, 협력사의 국내본사와 해외법인이 유기적으로 협업하는지를 살펴본다. 부품 품질확보를 위해 One Team Task 형태로 팀을 만들어 활동해야 하며 R&R이 명확하여 국내와 해외법인 모두가 챙기지 않는 업무누락이 생길 가능성이 없도록 관리되어야 한다.

두 번째, 협력사 해외법인의 양산단계 품질관리 중점항목들을 설정하고 PDCA 사이클에 따라 주기적으로 점검하고 관리해야 한다.

해외법인 Local 인원들에 대한 역량향상 프로그램을 운영하고 동일한 모델에 대해 국내 – 해외법인이 실시간으로 동일한 작업방법, 기준을 사용하고 있는가에 대한 시스템을 확보하여야 한다. MES, QMS와 같은 IT Infra가 국내와 동등한 수준으로 해외법인에도 고객에 품질정보를 제공하는 데 문제가 없음을 보장하여야 한다.

해외법인에서 운영하는 설비/검사장비에 대해서 국내에서 설치를 해준 이후에 현지에서 독립적으로 운영할 수 있는지, Trouble Shooting 매뉴얼이나 인원 역량 확보가 체계적으로 이뤄지고 있는지도 확인해 보아야 할 항목이다. 아울러, 해외법인에서 발생된 품질문제들이 협력사 본사로 유기적으로 접수되고, 빠르게 해결하기 위한 문제해결 Network가 갖춰져 있는지도 점검하여야 한다. 마지막으로 이러한 일련의 과정들에 대해서 협력사 본사가 Ownership을 갖고서 주기적으로 해외법인을 점검하여, 취약한 부분을 드러내고 지속적 관점에서 개선해 나가고 있는가도 중요한 항목이다.

⑥ 협력사의 4M변경 관리

협력사는 사내 공정상의 주요 변경점(4M)이 발생한 경우 이를 자사에 통보하거나 또는 승인 후에 진행해야 할 의무가 있다.

이를 위해서는 첫 번째, 기준을 명확히 하여 협력사에 공유하여야 한다. 어떤 부분을 신고받을 것인지에 대해서 구체적이면서도 명료한 기준을 마련하여야 한다. 협력사의 어떤 변경점이 자사 제품에 중요하고 치명적인지를 알아야 신고사항으로 지정할 수 있기 때문에, 전문가의 도움을 받아서 효과적인 기준을 만들어 배포하는 것이 필요하다.

두 번째, 신고 기준을 협력사에 명확하게 인지시켜야 한다. 최초 거래뿐만 아니라 그리고 기준이 변경(개정)될 때마다 공지하여야 한다. 또한 변경이 발생되지 않았더라도 1회 주기로 재공지하여 협력사가 상기할 수 있도록 해야 한다. 필요하다면 사내의 4M 변경점 신고기준에 대해 설명회를 실시하여 보다 적극적으로 변경점 기준을 홍보하는 것도 필요하다. 더불어, 정기적인 4M 변경점 신고 독려 메일 발송, 4M 변경 미신고 시 사고사례 전파도 필요하다.

세 번째는, 가장 적극적인 4M 변경점 관리감독 활동으로 협력사가 신고없이 임의로 변경하였는지 여부를 점검하는 활동을 수행하여야 한다.

부품들의 완전검사 또는 시험을 정기적으로 실시하여 최초에 인정받은 부품의 품질특성치가 유의하게 변화하지 않았는가를 점검한다. 신규부품의 인정평가 수준으로 부품에 대한 All Dimension 검사 또는 완전분해검사를 실시하고 신뢰성평가를 수행하여 품질특성치의 변화량을 측정하는 방식으로 진행한다. 변화량이 유의하지 않은 수준이라면 의미있는 변경이 없다는 것이고, 허용 가능한 수준을 넘어서는 품질특성치가 발견되면 협력사에 통보하여 소명의 절차를 거쳐 임의 변경점을 차단하는 방식이다.

네 번째, 협력사 내부에서의 4M변경점 관리절차를 철저히 준수하도록 감독하여야 한다. 변경점이 발생하면 "변경심의위원회"를 소집하여 전문가들이 리뷰하고 품질 Risk를 점검하여야 한다. Risk는 FMEA 등을 통해 검토되어야 하며 신뢰성 시험,

양산성 검증 등의 실증을 통하여 문제가 없음을 확인하고 승인되어야 한다. 아울러, 고객신고 대상여부가 명확히 판단되고 그 절차에 따라 고객에 신고하여 승인을 득한 이후에만 변경점 적용이 이뤄지도록 관리되어야 한다. 또한 협력사 내부적으로 신고기준, 신고절차 등을 구성원이 명확히 이해하고 있어야 하며 4M변경점 절차가 잘 이행되고 있음을 확인할 수 있어야 하겠다. 그리고 협력사는 반드시 2차 협력사, 3차 협력사의 4M변경점 관리체계도 명확히 기준을 마련하고 실행하도록 확인해야 한다.

⑦ 협력사의 품질변동 관리

다음은 협력사의 품질변동 즉, 산포 수준을 관리한다. 품질변동 관리는 협력사 공정/출하검사 데이터, 자사 수입검사 데이터 등을 활용한다. 이 과정에서 필요한 것이 IT 시스템을 활용하는 것이다. 건별로 key-in할 수는 없으니, 협력사의 데이터를 자사의 시스템과 연동하여 통계적으로 해석해 줄 수 있는 인프라를 우선 확보해야 한다. 이를 통해 LOT 간 품질변동, 공정능력 변화와 수준을 모니터링하고 그 수준이 협력사와 자사가 합의한 기준 내에서 관리되는지를 점검한다.

반복적인 업무를 최소화하기 위해서는 협력사에서 측정되고 생성되는 데이터를 활용하는 것이 효율적이다. 그러기 위해서는, 데이터 교환이 가능하도록 협력사의 데이터구조나 자료형식이 자사 시스템 구조와 상호 호환되도록 하는 것이 필요하다. 데이터포맷, 자료형식 등을 통일하는 것이 중요하다. 필요하다면 협력사의 데이터를 업로드할 수 있도록 자사의 협력사 품질관리 시스템을 개방하여 활용하게 하는 것도 좋다. IT시스템 활용을 통해 실시간으로 협력사의 부품과 공정에 생긴 문제를 우리가 감지하여 시의 적절하게 대응하는 것이 가능해진다.

⑧ 부품 품질이슈의 개선, 재발방지

품질이슈가 발생하면 이를 협력사에 통보하여 개선하도록 요구한다. 이를 위해 기초적으로 갖춰야 하는 게 자사가 **정한 품질 문제해결 프로세스**이다. 보통 8D Report(8 Discipline)라 불리는 서식을 많이 택하며, 이 외에도 조직이 선택한 문제해결 서식이 있다면 그것을 활용하면 된다. 서식을 사전에 협력사에 공유하여 해당 서식을 활용하여 문제해결 과정과 결과를 피드백하도록 하여야겠다.

이어서 협력사의 문제해결 과정에서 해야 할 일에 대해 살펴보자.

첫째, 3현 주의에 입각한 정확한 이슈현황 문제점 확인부터 이뤄지는지를 주목한다. 그리고 부품 품질문제가 발생된 메커니즘과 발생관점, 그리고 유출관점의 근본원인이 규명될 수 있도록 해야 한다. 원인의 규명은 반드시 Data와 Fact에 기반한 것이어야 한다. 원인에 대해서 세워지는 대책은 협력사 현장에서 실수를 하고 싶어도 할 수 없게 만드는 수준의 Error Proof 대책 수립을 지향해야 한다. 발생과 유출을 제어하기 위한 적절한 Interlock 대책이 필요할 것이다. 대책수립 이후에는 해당 대책이 유효한지에 대해서 유효성 점검을 반드시 진행하도록 하여야 하고 결과를 피드백 받도록 프로세스화 하여야 한다.

문제해결 결과를 피드백 받으면 대책의 **타당성과 효과성을 검토**하여 승인한다. 이때 주목할 부분은 발생 및 유출된 원인이 정말 근본원인이 맞는 지이다. 근본원인을 찾기 위한 과학적 기법(5Why 등)을 사용하였는지, 그 과정이 논리적으로 전개되었는지를 확인한다. 다음은 찾아낸 근본원인에 대응하여 올바른 대책을 수립하였는가를 주목한다. 이른바 Error Proof 개선대책이 수립되었는가 하는 부분이다.

개선대책을 수립하여 시행했으면 그 결과가 만족스러운지를 확인하여야 한다.

유효성 확인이라고도 부르는데, 이 일의 실행은 기본적으로 협력사에서 진행하는 것이며, 보내오는 대책서에 그 일정 약속이 들어있는 상태여야 한다. 협력사가 이에 대해 피드백을 주면 우리는 필요한 경우 직접 현장을 방문하여 재확인하거나, 또는 입고되는 부품이나 성적서로 확인할 수 있는 부분은 우리 현장에서 확인하는 절차를 취하도록 한다.

하나의 품질이슈를 활용하여 **수평전개나 재발방지**를 수행하는 것도 중요하다. 수평전개란, 동일하거나 유사한 부품/협력사에 대해 파급하여 동일한 문제점이 나타날 여지를 미연에 방지하기 위한 활동이며, 재발방지란 부품 품질이슈로 인한 경험을 습득교훈(Lessons Learned)에 포함시켜 차기 신규 부품 개발을 진행 시에 반드시 참조하여 유사한 문제가 다시 일어나는 일을 구조적으로 예방하는 것을 말한다.

다음으로, 협력사의 자체 역량 수준이 상대적으로 부족하여 사내의 **품질지도나 지원**이 필요한 경우가 있다. 이들을 위해 품질부서는 선택적으로 문제해결을 위한 지도 및 지원을 시행하며, 가장 우려되는 협력사를 대상으로 고질불량을 잡기 위한 개선 Task를 공동으로 진행하여 문제를 해결한다.

3) 현업 적용 및 해결방안

(1) 협력사 선정단계 품질검토

협력사 선정단계에서 적합하지 않은 협력사가 파트너로 선정되는 경우, 이후 큰 낭패로 이어지는 경우가 실제로 많다. 협력사의 품질문제로 인해 사내의 제품 품질에 큰 영향을 주어 많은 손실을 초래하기도 하고 나아가 고객의 신뢰도 저하로 이어지기도 한다. 또한 많은 자원과 에너지를 투입해도 정상수준으로 되돌리기가 쉽지 않다. 공급 문제로 떠난 고객은 공급 이슈 해결 시 돌아오지만 품질 이슈로 신뢰가 문제되었을 경우는 고객이 돌아오는 데 경험상 3~5년이 기본적으로 필요하다. 따라서 새로운 협력사가 선정되는 단계에서는 초반에 집중해서 제대로 된 협력사를 선정하는 것이 필요하다. 이 과정에서 품질 중심으로 프로세스와 절차를 철저히 준수하여 기준에 부합하지 않는 협력사들이 절대 채택되지 않도록 하는 노력이 필요하겠다. 그러나 필요시 전략적인 관점에서 품질이 보증되지 않는 협력사를 선정하게 되는 경우에는 처음부터 사내의 유관부서와 협력사가 함께 CFT(Cross Functional Team)을 구성하여 단기간 품질 경쟁력을 확보하는 활동이 필요하다.

그리고 반도체와 같은 범용부품의 협력사에 품질문제가 발생하였을 때 자신들의 문제를 잘 인정하지 않는 경우가 많다. 협력사 귀책이 인정되더라도 배상에 소극적인 경우가 많으므로 이에 대한 사전준비가 필요하다. 필요시 품질계약 사항에 귀책에 대한 책임을 구체적으로 명시하는 것도 좋은 방법이다.

해당 부품의 품질변동 수준을 자사가 수시로 확인할 수 있다면 가장 좋겠지만, 현실적으로 어렵다면 부품이 자사 제품에 주는 영향인자들을 모니터링하여 변화를 감지하고 이를 데이터로써 증명하는 방법을 충실히 해야 한다. 데이터가 충실하고 객관적이라면 어떠한 품질문제가 생겼을 때 해당 협력사들이 어떻게든 책임으로부터 자유로울 수 없다는 증거와 논리가 되기 때문이다.

동일한 부품을 사용하고 있는 다른 동종업계, 계열사 및 외부전문기관 등을 활용하여 협력사의 필요한 내용들을 협업하여 증명해나가는 수단을 고려하는 것도 필요하다.

(2) 양산단계 협력사 품질 유지관리

협력사의 양산품질 관리에서 어려운 점은 4M 변경점에 대한 철저한 준수를 신뢰하기 어렵다는 점이다. 앞서 설명한 바와 같이, 명확한 기준을 만들어 활발하게 협력사에 홍보함으로써 4M 변경점 신고를 활성화하는 것이 필요하다. 또한 변경점 처리업무와 관련하여 협력사가 가지고 있는 어려운 점을 파악하여 보완하는 활동도 필요하다. 예컨대, 제출하는 자료 가운데 불요불급한 것이 있다면 효율화해 주고 업무처리 과정에서 Leadtime이 오래 걸리거나 너무 복잡한 부분이 있다면 개선하는 것도 필요하다. 의무만 얘기하지 말고 협력사가 4M을 신고해도 사업 운영에 지장이 없도록 부담을 줄여주고 지속적으로 개선한다면 협력사의 4M 신고문화가 보다 활성화될 수 있을 것이다.

또한 4M변경 신고를 해야 할 항목이라고 자사가 협력사에 전달하는 내용, 항목 기준에 대해서 제대로 검토하고 보완하여 협력사에 전달하는 것이 중요하다. 기준이 명확하지 않아서 협력사로 하여금 신고를 해야 하는 사항인지 아닌지를 헷갈리게 하거나 너무 포괄적으로 작성하여 협력사로 하여금 4M변경 신고가 너무 자주 일어나게 하는 기준은 아닌지를 검토하여야 한다. 자사제품의 품질에 영향을 주는 변경점이 어떤 항목인지를 면밀히 검토하여야 하며 신고기준표를 모든 협력사에 동일하게 적용하지 않고 업종/공정특성의 차이를 감안하여 서로 다른 항목을 구체화한 4M변경 신고기준표를 만드는 것도 의미있다. 그리고 반드시 2nd Vendor(Tier2), 3rd Vendor(Tier3)에 대한 4M 변경도 잊지말고 관리기준에 포함하여야 한다.

아울러 기본적인 품질관리 역량이 부족한 소규모 협력사에 대한 품질 지도/지원을 체계화할 필요가 있겠다. 일선에서 업무를 진행하다 보면, 어느 정도 대응이 되는 협력사 중심으로 우선 업무를 진행하고 대응이 안 되는 대형업체, 반대로 너무 영세한 업체는 부품 품질 관련 활동에서 우선순위가 뒤로 밀리는 경우가 있다. 이런 식으로 너무 대응수준으로만 품질 지도/지원의 파트너를 선정하고 운영할 경우, 기술적으로 중요하거나 품질 측면에서 Risk한 부품을 놓칠 수도 있으므로 주의하여야 한다. 이러한 실수가 발생하지 않도록 품질 Risk를 제거하고 완성도를 확보하는 과정에서 개선활동 대상을 선정하고 운영하는 전략이 필요하다.

나아가, 지도/지원이 필요한 영세한 협력사를 운영해야 하는 상황이 애초에 발생하지 않도록 자사의 요구사항을 명확히 이해하고 실행할 수 있는 역량을 갖춘 협력사를 파트너로 정하는 것이 가장 중요하다.

5. 공정품질 이상LOT 관리

1) 개요 및 필요성

공정품질 이상LOT 관리란, 현장에서 공정상 품질에 이상이 있다는 징후를 사전에 감지하고, 어느 기준을 벗어나면 생산을 잠시 멈추고 원인을 조사하여 조치를 하는 업무들을 가리킨다. 만약 이러한 조치를 하지 않고 무작정 생산하다가 나중에 커다란 품질문제로 발전해 대형 품질이슈가 터지거나 큰 실패비용으로 돌아오는 일을 예방하기 위함이다.

2) 관리중점

이상LOT 관리란 공정에서 나타나는 신호를 감지하여 공정품질에 특기사항이 발생하였음을 인지하고 생산을 중단하거나 개선조치 활동을 수행하는 것이다. 이를 통해 대규모 공정품질사고를 방지하고 후공정/고객으로의 유출을 차단하기 위함이다. 속담에, "호미로 막을 것을 가래로 막는다."라는 말이 있다. 바로 여기에 딱 들어맞는 표현이다. 이상LOT 관리의 업무흐름은 다음과 같이 이뤄진다.

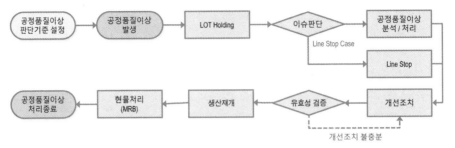

〈그림 3-58〉 이상LOT 관리 Process

(1) 관리기준 설정/IT 시스템 구축

"공정에 품질이상이 있다."라는 것을 정의하는 것은 쉬운 일이 아니다. 너무 엄격하게 규정하면 수시로 공정이상 상황이 발생되어 생산에 지장을 주게 될 것이고 그로 인해 내부 손실이 크게 늘어날 수가 있다. 반대로 너무 포괄적으로 규정하면 대부분의 문제를 놓치게 되기 때문에 고객 품질사고나 내부 품질이슈가 빈번하게 발생할 수도 있기 때문이다. 다음은 이상 Lot 관리 기준 설정과 운영 방법에 대해 알아 보도록 하자. 첫 번째는 기준은 **품질리스크를 최소화할 수 있는 가장 합리적인 수준**으로 정하는 것이 필요하며 무엇이 이상인지 명료하게 정의해 두어야 한다.

두 번째는 **객관적이고 정량적인 기준**이어야 한다는 점이 중요하다. 누구라도 이견이 없는 기준이어야 하며 신속하고 빠르게 판단 가능한 기준이어야 한다. 예를 들어서 기준이 정성적인 표현이라서, 사람에 따라 주관적으로 해석을 달리 할 여지가 있는 기준이라면 곤란하다. 공정품질이상 판단기준에 "치명적인 불량", "중대한 불량" 등과 같은 표현이 사용되는 경우가 있다. 하지만 이 문구만으로 현장에서는 이상 Lot 여부를 판단하기가 어렵다. 사람에 따라서 누군가는 심각하게 볼 수도 있고, 누군가는 별것 아니라고 볼 수도 있기 때문이다. 이런 일을 막기 위해서는 불량에 대한 코드화 및 데이터관리 전산화를 통하여, 누구도 이견을 제기하지 않는 기준을 마련하는 것이 필요하다. "불량코드 A~D는 치명불량이며 시스템 기준으로 연속된 1시간 이내에 00개의 불량이 다발하는 경우"와 같이 정량적이고 객관적인 기준이 요구된다.

또는 UCL(관리상한선)과 LCL(관리하한선)을 넘는 경우, 한계허용 불량률을 초과하는 경우 등 현업에서의 경험적 이상 상황을 구체적으로 정리하는 것이 필요하다.

세 번째, 기준은 명확하고 분명하되 **실제 품질수준에 연동**하여 움직여야 한다. 예를 들어, 어떤 사업부에서는 불량률이 상당히 높으며 주차별로 오르락내리락 변화가 큼에도 불구하고, 이상 판단기준은 상당히 Loose하게 설정되어 있어 공정품질이상 Lot이 전혀 발생하지 않는 상태인 경우가 있다. 공정품질이상 관리기준이 불량발생을 선제적으로 관리하기에 부족한 수준이기 때문이다. 그리고 현재 문제가 되고 있는 불량들을 효율적으로 제어하기 위해 그 불량에 영향을 주는 선행인자들을 대상으로 항목을 선정해야 한다. 선행인자들의 수준을 어느 정도로 통제해야 미리 Warning을 할 수 있는가를 검토하여 Warning의 효과성을 높여야 한다. 또한 한번 잘 만들었더라도 새로운 불량모드, 현상을 시기적절하게 업데이트해주는 것도 필요하다.

마지막으로, 이상의 기준을 **반드시 IT 시스템에 연계**시켜야 한다. 불량발생현황, 불량률, 각종 계수/계량 측정치 등을 자동으로 집계/분석하고 그 결과가 설정된 공정이상 발생기준에 부합되는 경우 즉시 Alert하고 공정이상 처리절차를 강제하게 만드는 IT 시스템이 필요하다. 기준은 만들어져 있으나, 그것을 사람이 수작업에 기반해서 데이터를 별도로 확인하고, 필요시 조치를 취하는 방식으로는 결코 100% 통제될 수가 없다. 또한, 시스템을 구축하였더라도, 그것을 우회하거나 Skip하여 무용지물로 만드는 상황도 경계하여야 한다.

공정이상의 한 범주로 통계적 공정관리(SPC)를 진행하여 산포가 관리범위를 벗어난(OOC, Out of Control) 경우 OCAP(OOC Corrective Action Procedure)를 진행하는 활동도 있다. 부분은 교재 제3장. 품질체계에서 "II. 개발품질, 3. 양산 준비를 위한 개발단계 필수 활동, 5) 통계적 공정관리"를 참조하도록 한다.

(2) 공정품질 이상 발생 및 LOT Holding

기준을 잘 설정하고, IT 시스템을 기반으로 셋업해 두면 실제 공정품질이상이 발생해서 Warning을 하기 시작할 것이다.

공정품질이상이 발생하였을 때에는 먼저 **해당 상황이 관련 담당자와 책임자에게 통보되어야 하며,** 이상이 발생된 현물은 자동으로 진행보류 즉, **Holding되는 조치가** 취해지도록 하여야 한다. IT 시스템에 기반하여 내가 어떤 조치를 취하지 않아도 자동으로 Interlock되게 만들어야 한다. 사람이 확인한 후에 처리[가성(假性)일지도 모르니 내가 확인하고 진짜만 등록, 가짜는 통과하도록 설정하는 경우도 있으나 가성이더라도 일단 모두 등록해 놓고 판별해야 한다. 가성이 많아서 생산로스가 많다면, 가성으로 판단하는 기준 설정의 문제이므로 기준을 개선해야 하는 것이지, 프로세스 자체를 왜곡해서 운영하는 것이 해답이 될 수는 없다.

아울러, 현물에 대한 진행보류 또한 통보와 연동하여 해당 LOT ID를 기준으로 **전체 시스템에서 Interlock함으로써** 다음 공정 투입을 원천적으로 차단하고, Holding Stack List에 자동 등록함으로써 관리대상 목록에 포함시킨다. 또한 동일한 Risk를 갖는 범위를 자동으로 분류하여 동일한 조치를 취하는 절차를 시스템적으로 구현하여야 한다.

(3) 공정품질이상 분석/처리

다음은 발생된 공정품질이상 건에 대해서 현상파악과 원인분석을 진행한다.

건별로 또는 생산조(Shift)/일일(Daily) 단위로 모아서 각 공정품질이상 건들을 리뷰한다. 리뷰에서는 문제의 현상을 확인하고, 원인을 분석하여 개선할 귀책처를 결정하는 게 첫 번째 일이다.

귀책부서는 문제의 원인 규명 결과와 그에 따른 개선조치 방안을 제시하고 여러 관련부서들이 모인 가운데 원인과 대책의 적절성을 검토하는 과정을 거치게 된다. 이 부분을 검토하는 과정을 온라인에서 전산시스템을 통해서 처리하는 경우도 있으나 이 경우에도 최소한 여러 전문부서들이 공동으로 협업하는 구조가 지켜질 수 있도록 하여야 한다.(Self 등록, Self 승인하면 안 된다는 뜻)

(4) 생산중단

공정품질이상 판단 기준 가운데 일부는 생산중단(Line Stop)이라는 조치를 취하는 경우가 있다. 생산중단이란, Risk 범주에 있는 설비, 라인 또는 공장동 전체의 생산 가동을 중단하고 문제가 해결될 때까지 생산을 멈추는 것을 말한다. 단발성 불량이 아닌 연속으로 동일한 이상이 동시다발로 발생하거나 한 번 조치한 문제들이 쉽게 개선되지 않고 확대되는 경우에 선택한다. 중요한 것은, 이러한 조치가 품질책임자의 통제에 따라 필요시 실제로 집행될 수 있어야 한다는 것이다. 따라서, 품질에서는 이를 의사결정 할 수 있는 책임과 권한 기준을 명확히 하고 라인 Stop 운영기준을 설정하여 실행하는 것이 필요하다.

(5) 개선조치, 유효성검증 및 생산재개

논의한 결과에 따라 개선조치를 수행하고, 개선이 완료되면 공정품질이상으로 생산 중단된 상황을 해제할 수 있다. 그리고, 사안에 따라서 유효성검증을 통하여 정말로 개선이 잘 되었는지를 점검하여야 하며, 결과까지 확인한 이후에 생산을 재개한다. 현장에서는 개선대책 방향만 제시하고 실제 개선완료 여부나 개선의 효과성 등을 확인하지 않은 채로 상황해제, 생산을 재개하는 경우가 있다. 바쁘니까 일단 재개하고 나서 Patrol Audit 같은 것으로 확인하겠다는 의도이다. 하지만 품질부서에서는 개선조치에 대한 현장확인과 유효성 점검이 이뤄졌는지 반드시 점검하여야 한다.

또한, 개선대책이 효과적이지 않은데도 승인되거나 근본적인 대책을 찾지 않은 채 흐지부지 종결되는 경우도 있다. 현재 공정이 갖고 있는 성능, 산포, 알 수 없는 원인 등에 의해서 개선이 불가한 경우에 특히 그렇다. 이러한 현상들에 대해서 중장기적인 근본적인 개선활동조차 하지 않고서 무의미한 조치, 조치기록 후 승인 등을 반복하면 안 된다는 것이다. 아울러 불량 현상이 시간의 흐름에 따라 진행성의 경향을 보인다면 품질부서는 반드시 신뢰성시험을 통해 경시성 불량 여부를 검증해야 한다. 별것 아니겠지 하던 문제가 큰 이슈로 확대되는 경우는 시간이 지나면서 불량이 발생하는 사례들이 대부분이다. 통상적으로 Line Stop 이후 공정의 품질 유효성을 확인하기 위해 FPI(First Product Inspection)을 실시하여 품질 이상 유무를 확인하는 절차를 거친다.

(6) 현물처리(MRB)

상황 해제 이후에는 생산보류했던 LOT에 대한 현물처리가 연동되어서 논의가 되어야 한다. 문제가 되었던 LOT을 재작업하여 다시 출하할 것인지 아니면 전량 폐기할 것인지에 대한 결정이 필요하다. 이를 위해 주관 부서에서는 MRB(Material Review Board)라는 협의체를 통하여 여러 부서 간 협의를 통해 결정을 하게 되어 있다.

현물처리 방안으로 수리 또는 재작업이 필요한 경우는 수리/재작업 품질관리를 참조하기 바란다.

적절한 처리방안을 결정하고 처리방안에 따른 후속 관리방안을 같이 수립하여 진행해야 하는데, 후속 관리방안이란 재작업 또는 수리가 이뤄진 경우 사후 품질관리를 강화할 필요가 있는 경우에 수립되는 내용이다. 기본적인 식별 및 추적관리 방안, 최종검사 내지는 출하검사에서 강화해서 확인해야 하는 검사항목 등이 해당될 수 있다.

(7) Error Proof를 통한 수평전개 및 재발방지

마지막으로, 공정이상 상황의 발생부터 조치에 대한 주요 이력은 모두 자사의 경험적인 자산이므로, 습득교훈(Lessons Learned)에 등록되어, 새로운 프로젝트를 진행할 때 공정을 설계하거나 셋업할 때에 쓰일 수 있도록 해야 한다. 예를 들어 과정에서 알게 된 지식이, 공정에서 A라는 설비를 운용할 때에는 B라는 치공구에 수명관리가 필요하다는 것을 알게 되었다면, 이를 다음 유사설비 개발 시 설비시방에 포함하고, 설비검수 및 양산성 검증(MBO, Machine Buy-Off) 시 누락 없이 체크가 되도록 해당 서식과 Checklist를 미리 수정해 두는 작업을 진행해야 한다. 아울러 양산 중인 유사설비, 라인, 다른 해외법인 등에 대한 수평전개 여부도 체크하여 실행하도록 한다.

이 과정에서 우리가 반드시 유념하고 실행해야 할 부분은, Error Proof 관점에서의 재발방지 조치를 수립/적용해야 한다는 점이다. 이러한 공정이상이 발생한 적이 있었으니, 여러분도 다음부터 조심하라고 경고하고 끝내는 수준으로는 되지 않는다. 설계기준, 요건, 프로세스 시스템에 반영하여 다음부터 비슷한 상황이 벌어졌을 때에, "개선안을 지키지 않을 수 없도록" 하는 형태의 개선이 이뤄져야, 제대로 재발방지가 이뤄졌다고 할 수 있다. 여러분 주변에서 이뤄지는 수평전개 및 재발방지 활동이 있다면, 혹시 Error Proof 관점인지 아니면 공유와 알림조치 수준인지를 살펴보도록 하자.

3) 현업 적용 및 해결방안

공정품질이상 기준을 설정하고 운영하다보면 실제 실행하기에 어려움을 겪는 경우가 종종 있다.

첫 번째 경우는 **공정품질이상 이슈가 너무 많이 발생**하여 근본적인 해결을 하지 못하는 경우와 그 반대로 기준은 설정되어 있으나 **실제로 발생되는 이슈가 거의 없는 경우**가 있다. 기준이 잘못 설정되어 하루에만 수십, 수백 건의 공정품질이상 Alarm 이 발생하는 현장이 있었는데, 너무 많다보니 하나하나 들여다볼 수가 없었다. 그 래도 조치는 해야 하니 허위로 '확인했더니 별일 아니더라'라는 식으로 처리를 하고 있었다. 그런데 발생된 Alarm들 가운데 정말로 중요한 문제도 포함되어 있었고 결국은 시스템이 갖춰져 있음에도 불구하고 중요한 품질문제를 놓쳐 나중에 사고로 이어지는 경우가 발생하였다.

이런 경우에는 Alarm 발생 현상을 공정품질, 고객품질 수준과 비교하여 확인/검토해 보아야 한다. 실제 공정품질 및 고객품질 관점에서 현상이 배치되지는 않는지 확인을 해봐야 한다. 최종적인 품질수준이 좋은데 이상발생이 많다면 '너무 엄격한 기준'을 적용하는 건 아닌지 검토가 필요하고, 품질수준이 안 좋은데 사내에서의 이상발생이 드러나지 않는다면 '너무 느슨한(Loose) 기준'을 사용하는 것일지도 모른다.

공정품질이상을 관리하는 이유는 최종 공정품질이나 고객품질에서 큰 문제로 발전할 소지가 있는 품질문제들을 LOT 단위로 잘게 쪼개어 앞 단계에서 미리미리 관리함으로써 조기 대응과 품질비용 최소화하는 데 목적이 있다. 따라서 이 목적에 부합하지 않는 기준은 다시 살펴보고 현실화, 합리화를 진행하도록 해야 한다. 너무 교범에 나온 듯한 기준들을 강조하면서 경직된 사고를 할 필요는 없다.

두 번째 경우는 이슈가 드러나 있지만 개선을 하지 못하고 방치하는 경우이다. 원천적으로 공정에서 발생되는 이상모드에 대해 명확하게 CTP 및 선행 인자들이 규명이 된 경우라면 문제가 안 되겠지만, 아쉽게도 많은 경우 일의 결괏값인 Y에 대해서 영향을 준 X인자들이 철저하게 밝혀지지 못한 경우가 많다. 개발단계에서 놓치고 넘어온 경우라 할 수 있다.

하지만, 이를 개발 탓을 하며 양산단계에서도 손 놓고 있는 것은 곤란하다. 모든 것을 할 수 없다면, 이 가운데 큰 것들을 우선 추려서 전체에 공론화하고 협업을 통해 하나씩 해결해 나가는 과정이 필요하다. 아울러, 현재 개발 중인 차기 모델과 공정에 대해서도 대입하여 이런 부분들이 개발과정에서 최대한 해결될 수 있도록 만들어야 한다. 모니터링을 통해서 품질 측면에서 취약한 요소를 발견했는데, 이를 해결하지 않고 방치하는 것은 옳지 않다.

간혹 공정품질이상 관리 자체의 실행력이 부족하다는 질책이 두려워 이를 축소하거나, 은폐하려는 생각을 갖기도 하는데, 이것은 잘못된 생각이다. 실력이 부족해 하지 못하는 부분을 여과없이 드러내고, 개선함으로써 성장하는 기회로 삼는 것이 필요하다.

6. 양산 4M 변경관리

1) 개요 및 필요성

심혈을 기울여 개발한 새로운 제품을 가급적이면 처음 설계한 그대로 생산을 이어갈 수 있다면 사실 그것만큼 편한 일은 없을 것이다.

하지만 현실은 품질 개선을 목적으로, 비용 절감이나 생산물량 대응을 위해서, 고객의 요구사항이 발생함으로 인해 이미 양산 중인 모델에 대한 4M 변경이라는 작업을 진행해야 하는 경우가 발생하게 된다. 4M 변경이란 Man, Machine, Material, Method 가운데 일부가 변경된다는 의미이다.

그림 3-59 의 4M 변경관리 업무란, 위와 같은 변경점이 발생하는 것과 관련하여, "품질보증 수준이 이전과 달라지지 않는가"를 합리적인 절차와 방법을 통해 검증하는 절차를 가리킨다. 변경이 발생하면 애초에 설계한 의도를 제대로 달성하지 못할 수도 있고, 예기치 못한 부작용으로 인하여 수율이나 신뢰성에 영향이 있을 수도 있으므로, 이러한 문제점을 검토하여 선제적인 조치 또는 변경점 적용자체에 대한 재검토 등을 목적으로 진행하는 업무 절차이다. 이를 통해 변경에 따른 사내 및 고객 품질이슈를 예방하고, 안정적인 양산품질 상황을 이어나가기 위함을 목표로 한다.

Man
공정을 수행하는 작업자, 관리하는
감독자에 대한 변경사항
- 산출물 (제품, 반제품) 에 영향을 주는
  주요 공정작업 인원의 변경
- 품질책임자 (감독자) 에 대한 변경

Method
공정의 작업방법, 조건의 변경
- 작업 (검사/시험) 방법, 절차, 내용의 변경
- 작업조건 (Recipe)의 변경
- S/W (생산용, 검사, 시험용 등) 의 변경
- 공정환경 관리기준의 변경
  (이물, 온습도 및 ESD 등)

Material
공정에 투입되는 원부자재의 변경
- 원부자재의 설계변경 (Spec, 재질 등)
- 원부자재의 납품처, 생산지변경 등

Machine
설비, 툴링 (금형, 지그 등) 의 변경
- 설비, 툴링의 신규제작 또는 동일품의 증작
- 측정시스템의 변경 (장비, 검사지그 등)
- 설비, 툴링에 대한 개조, 개선 또는 부분품의 변경
- 생산라인의 변경 (이전), 증설 등

이 변경이 산출물에
주는 영향에 대한 검토
- FMEA 를 통한 공정 및
  후속공정/고객 품질 Risk 평가
  (필요시 MDT 활동 필요)
- 신뢰성에 대한 영향

산출물

불량률 (수율) 의 변화
CTQ/CTP 수준 (산포) 의 변화
신뢰성 (수명, 고장률) 의 변화

* MDT = Multi-Disciplinary Team, 전문분야협력팀

〈그림 3-59〉 4M 변경 관리 업무

2) 관리중점

양산단계 4M 변경관리의 절차는 그림 3-60 과 같이 이뤄진다.

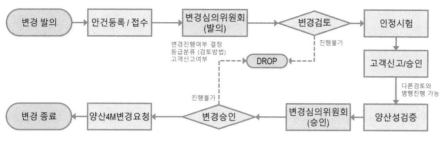

〈그림 3-60〉 양산단계 4M 변경 관리 절차

(1) 변경점기준 확립(고객/사내, 협력사)

가장 먼저 필요한 것은 **무엇이 '양산4M 변경점'이냐**를 정해두는 것이다. 미리 정해두지 않으면 발생될 때마다 논의를 해야 하기 때문에 비효율적인 상황이 벌어지거나, 기준이 없기 때문에 아예 변경점 자체가 드러나지 않는 상황이 벌어질 수도 있다. 따라서 명확한 변경점 기준을 미리 논의해서 결정하고 이를 문서화해두는 것이 필요하다.

변경점의 기준은 사업의 특성에 따라 다양할 수 있다. 특히 변경점의 영향이 상당하다고 생각되는 영역이라면 가급적 디테일하게 기준을 분류하는 것이 필요하다. 가장 중요한 원칙은 MECE(Mutually Exclusive Collectively Exhaustive, 상호배제와 전체포괄) 개념에 맞춰서 중복이나 누락이 없게 구성하는 것이다. 동시에 너무 포괄적이거나 느슨하여 자의적 해석의 여지를 주는 기준이 되지 않도록 해야 한다. 사람에 따라 "이건 안 해도 되는 거 아니야?" 또는 "이건 A등급이 아니라 C등급으로 해도 되는 것"과 같이 **자의적 해석이 이뤄지면 안 된다**는 점이 중요하다.

또한 각각의 변경점에 대해 **"고객신고 대상여부"**를 알 수 있게 식별해야 한다.

일반적으로 고객들은 자사가 고객사에 신고해야 할 항목을 4M 변경기준으로 사전에 알려준다. 그 기준에 따라 사내표준에 반영하면 된다. 이를 자의적으로 해석하거나 참고용으로만 활용하는 것은, 옳지 않은 일이다. 실제로, 일부 사업부 현장에서 고객사에 신고해야 할 4M 변경 기준을 준수하지 않아 품질이슈가 발생하고, 그것이 고객에게 노출되어 품질이슈에 따른 재정적 손실이 크게 발생하였을 뿐만 아니라, 고객에 대한 신뢰 훼손이라는 더 큰 손해를 가져오는 경우가 있었다. 고객신고 대상항목에는 예외 없이 Rule대로 적용하는 원칙이 필요하다.

그리고 사내/고객 신고기준에 맞춰서 **협력사가 우리에게 신고를 해야 하는 항목** 즉 우리가 관리감독해야 하는 협력사 변경점도 도표화하여 협력사에 주기적으로 제공하고 문서화해두는 것이 필요하다.

기준을 한 번 만드는 것보다 더 중요한 것은, 이 **기준을 적절한 주기로 수정하고 보완해 나가는 것이다.**
사업이란 살아있는 생물처럼 끊임없이 변화한다. 따라서 고객의 요구사항도 수시로 바뀌고 공정 구성의 변화나 사용하는 설비와 부품류에도 변화가 생기게 마련이다. 아울러 운용하면서 발견되는 미흡한 점이나 새로운 개선 포인트도 반영이 필요하게 되는 법이다. 따라서 양산품질부서는 위의 변경점 기준을 수시로 들여다보고 미흡한 부분이 없는지 꾸준히 보완하고 새로운 기준은 조직 내에 공유하고 이해시켜야겠다.

(2) 변경점 발생(안건등록/접수)

변경점 관련 업무처리의 첫 번째는 변경점이 발생하여 내부적으로 안건을 등록하고 접수하는 일이다.
양산품질부서는 구성원들이 어떻게 하면 4M 신고를 잘하게 만들까를 평소에 고민해야 한다. 구성원들이 평소 업무를 하면서 발생되는 여러 가지 상황 중에서 어떤 내용이 4M 신고 대상이라는 것을 잘 인지하고 문제없이 신고할 수 있는 여건을 만들어줘야 한다. 이를 위해, 평소 4M 변경점 기준에 대한 직원 교육과 품질회의를 활용한 홍보와 안내를 수시로 해야 한다. 또한 오적용 사례를 전파하고 최근에 변경된 기준에 대한 회람/교육을 활발하게 진행하여 **조직 내부에 "4M 신고 문화를 활성화"**하는 노력이 필요하다. 가장 중요한 것은 구성원들에게 자주 노출시키는 것이다.

동시에 변경점 처리를 위한 업무를 하려는 당사자가 **쉽게 접근할 수 있도록 효율적인 전산시스템**과 같은 편의를 제공하여야 한다. 변경신고를 하고 싶은 당사자가 어디서 누구에게 접촉해야 할지 몰라 시간을 허비하거나 불편을 겪지 않도록 해야 한다. 예를 들면 사업부 내에서 4M 전문가를 명확히 정의하여 그 명단을 공유하고 직관적으로 잘 만들어진 전산시스템을 제공하는 것이 필요하다.

또한, **전산시스템** 안에서도 최초 신고업무를 진행할 때 불필요한 중복 등록이나 작업이 일어나지 않게 배려해야 한다. 예를 들어, 최근에 신규부품으로 승인이 완료된 부품이나 증작 금형을 양산라인에 적용하는 4M 진행을 추진할 경우 이미 다른 시스템에 승인/평가 결과가 있는데 그 자료들을 다시 4M 시스템에다가 업로드한다든가, 기재하게 만드는 것은 사용자의 큰 불편사항 가운데 하나이다. 그런 불필요한 작업이 없도록 시스템 간에 유기적으로 연결되도록 설계/개선하는 것이 필요하겠다.

더불어, 전산시스템 안에서 공정기준정보를 열람하여 변경하려는 Parameter를 고르면 해당 항목이 신고대상인지 아닌지, 변경등급이 어떻게 되는지, 관련된 관리계획서, 모델, SOP 등을 친절하게 알려주게 된다면 사용자도 편리해질 뿐만 아니라, 어떤 검토대상 항목을 빠뜨려서 문제가 되는 상황도 최소화할 수 있을 것이다.

4M을 전체적으로 관장하는 부서는 품질부서이다. 품질부서는 여러 부서들로부터 변경 발의를 접수한다. 이때 업무 효율화를 위해 **표준화된 4M 변경 제안서**를 만들어 사용하는 것이 필요하다. 다른 관련부서에서 쉽게 이해하고 검토할 수 있도록 잘 정리된 양식이 필요하다. 회의 시간에 불필요하게 내용을 이해하기 위한 의논을 하지 않아도 되기 때문이다. 품질부서가 변경 발의를 접수하면 어떤 변경인지, 왜 하려는지, 품질에 어떤 영향이 있을지를 확인하게 되므로 표준화되어 있지 않다면 내용을 검토하고 보완하는 데 많은 시간이 소요될 것이다.

(3) 변경심의위원회

모든 변경사항은 100% 오픈하여 변경심의 위원회(Change Review Committee)라는 회의체를 소집하여 검토한다.

심의위원회는 발의내용을 검토하여 변경점의 내용을 이해하고 이로 인한 **품질적인 Risk를 각 부서 전문가가 검토해 보고 집단으로 토론함으로써** 변경점의 영향을 판단하고 변경 실시여부를 결정한다.

아울러 심의위원회에서는 **변경점이 고객신고 대상인지를 확인한다.** 기본적으로, 사업부별 변경점 기준표에 결정해 놓은 고객신고여부 기준을 기반으로 한다. 변경점 기준표에 없는 경우는 고객지원부서(CS, Customer Service)의 의견을 우선 참고하여 위원회에서 고객신고 대상여부를 확정한다. 고객신고 업무 진행절차를 확인하고 그에 따라 후속업무 진행일정과 담당을 논의하는 일도 진행한다.

고객사에 따라, 사전승인을 요하는 변경점과 사후신고만 진행하면 되는 변경점이 있다. 승인을 요하는 경우에도 변경검토를 시작하기 이전에 사전 정보공유 (통상 Horizon Report라 부른다)를 진행하고 동의를 얻어 본격적인 변경검토를 해야 하는 경우도 있다. 모든 기준은 각 고객사들이 사내에 배포한 4M 변경(또는 PCN, Process Change Notification) 기준에 근거한다.

마지막으로 이번 변경점에 대한 **변경검토계획을 확정하고 마무리** 짓는다. 통상적으로, 변경점에 따른 Risk를 실증적으로 검토하는 업무는 서류만으로 검토가 종료되는 수준(C등급), 시험 생산을 통해 양산성 검증을 해봐야 하는 수준(B등급), 양산성 검증에 더해서 신뢰성 검증까지 해봐야 하는 수준(A등급)의 3가지 등급으로 나눌 수 있다.

변경 검토계획은 양산성 검증, 신뢰성 검증의 2가지 항목에 대한 구체화를 말한다. **양산성 검증**의 경우, 검증 규모와 범위를 특정하여야 한다. 규모란 검증을 목적으로 한 시험생산 수량(개수 또는 LOT 수)을, 범위는 검증 작업을 수행할 라인 또는 호기 등을 지정하는 것을 말하며 앞서 논의된 검토의 목적에 부합하는 검증방법인지를 확인하는 것이 중요하겠다. **신뢰성 검증**은 시험규모와 시험항목 및 방법을 결정하여야 한다. 통상적으로 사전에 계획된 인정평가용 시험계획을 그대로 적용할지, 일부를 선택적으로 적용할지, 또는 거기에 없는 추가적인 사항을 시험할지를 FMEA를 통하여 도출된 Risk를 기반으로 신뢰성 전문가의 의견을 반영하여 시험계획으로 수립하면 된다.

(4) 변경검토(신뢰성 인정시험, 고객신고/승인, 양산성 검증)

변경심의위원회를 마치고, 각각의 변경검토를 전문부서가 맡아서 진행하게 된다.

[신뢰성 인정시험]

신뢰성부서는 심의위원회에서 결정된 사항에 따라서, **시험항목(조건), 시험차수, 시험규모(수량)** 등의 정보를 확인하고 시험을 진행한다.

기존의 동일하거나 유사한 시험결과를 인용하여 인정시험을 완료처리하는 경우, 신뢰성전문가는 인용하는 시험결과가 이번에 변경되는 내용으로 인한 Risk를 100% 검증하는 시험결과인지를 확실하게 확인하고 진행하여야 한다.

[고객신고/승인]

고객에게 변경점 승인을 득해야 하는 변경점(또는 신고만 하는 경우 포함)의 경우 **고객사별로 결정되어 있는 신고 및 승인 업무절차에 따라** 진행한다.

원활한 진행을 위해 고객지원부서(CS팀)는 고객사별 특기사항을 심의위원회에서 사전에 공유되도록 하여야 한다. 고객지원부서는 내부의 검토 진행결과 및 고객과 약속된 일정에 따라 사전신고(공유), 최종신고 및 승인 절차를 진행한다. 고객사별로 프로세스는 상이하다. 일부 고객은 사전공유까지 요구하고, 일부 고객은 내부의 모든 승인절차 마무리 후 사후신고(승인) 하는 방식을 요구하기도 한다. 이러한 특이사항이 없다면 고객신고 및 승인은 양산성검증, 인정시험 결과까지 확인하여 내부 변경점 최종승인 직전에 진행하는 것이 일반적이다.

[양산성 검증]

각 변경점에 대해서 기본적인 양산성 검증 Guideline을 따르되 변경심의위원회에서 **최종적인 양산성 검증 계획(수량, 범위, 차수 등)을 결정**한다.

결정된 검증 계획을 생산부서에 전달하고 협조요청을 통해 검증용 생산을 진행한다. 이를 "임시 4M변경 요청"이라고 한다. 검증용 임시 4M 변경요청 내용에는 변경심의위원회에서 결정한 적용대상(모델, 공정, 라인 및 호기 등), Run 규모(LOT 수), 일시/반복실시 차수 등의 추가정보를 포함하여 작성하며 이러한 과정과 정보가 전산화되어 생산관리 시스템에 자동으로 주입되어 업무처리가 가능하게 만들어야 한다.

생산부서는 요청받은 임시 4M 변경요청을 근거로 검증 생산을 진행하고 그 결과를 설정된 수신처에 통보한다. 발의부서는 검증 생산 결과를 확인하고 검증하기로 한 내역이 모두 확인되었는지, 검증과정 및 수단 등에 계획과 다른 점은 없었는지, 검증결과(수율, 불량률, 공정능력 등)가 요구수준을 만족하고 있는지 등을 확인한다. 부적합이 발견된 경우는 즉시 심의위원회(4M전문가)에 통보하여 후속 대책을 차기 심의위원회에서 논의한다.

(5) 변경점 승인 및 적용

변경점에 대한 검토가 모두 완료되면, 심의위원회를 다시 한번 소집하여 **변경점에 대한 최종승인 절차를 밟는다.**(경우에 따라 온라인으로 승인이 이뤄질 수도 있다.) 이 회의에서는 계획한 모든 검토결과를 확인하여 문제가 없는지를 점검한다. 뿐만 아니라, 앞서 심의위원회에서 확인하거나 보완하기로 한 사항들(서류적인 보완이나, 추가 제출자료 등)이 완료되었는지도 확인한다.

변경점 승인은 회사가 정한 결재선을 따라서 승인절차를 밟는다. 그 결과물에는 현업부서가 적용을 원활히 하게 만들기 위해 다음과 같은 사항들을 반드시 포함하도록 해야 한다.

- 변경점 내역, 적용범위(라인/호기), 적용개시 일시
- 변경 전 재공/재고의 처리(해당될 경우)
- 변경 전후 식별대책(초품관리방안)
- 작업표준 변경(해당될 경우)
- 생산현장 주지사항(공급자의 경우 접수부서 주지사항)

생산부서는 위 결재를 수신하여 비로소 양산에 적용하게 되는 것이다.

생산부서는 양산4M 변경 요청을 접수한 후, 변경에 따른 적용요청 내역을 다시 한번 확인하고, **작업표준, Software/설비 프로그램 등 변경 적용에 필요한 기술자료**들이 문제없이 배포되었는지를 점검하고 현장작업자 교육, 현장 공정조건의 Setting 및 점검 등을 진행하게 된다. 생산부서 및 품질부서는 변경점 적용에 따라 만들어진 변경전품/변경후품의 식별관리 및 변경초품 관리에 대한 기준을 미리 정해두고(필요하면 심의위원회 최종승인에 포함) 이에 따라 관리한다. 재고운영 또는 납품일정과 관련하여 불가피하게 변경 전/후품이 현장에서 혼재되는 경우가 발생하는 경우 사전에 관리 방법을 설정하고 잘 운영하도록 해야 한다. 변경초품에 대한 품질변동을 일정기간 모니터링해야 하는 경우도 있다. 기간과 방법을 결정하고 그에 따라 진행한다. 양산 4M 변경 초기의 1~3개월 정도 모니터링하여 특이사

항 발생여부를 관리하도록 해야 하겠다.

3) 현업 적용 및 해결방안

양산4M 변경을 운영하다 보면, 몇 가지 어려운 점에 부딪힌다.

첫 번째, 표준이나 프로세스를 정립하였다고 하더라도, **현장에서 고의 또는 실수** 로 4M신고 없이 변경을 적용하는 사례가 발생하면 어떻게 할 것이냐 하는 고민이 있게 된다. 실제로 많은 품질사고가 이러한 변경점 관리가 제대로 되지 않아 일어나고 있다.

이를 해결하기 위해, 표준이나 프로세스를 사람이 인지하지 않아도 지킬 수밖에 없게 만드는, Error Proof 체계를 구성하는 것이 필요하다.

예를 들어, 공정의 작업조건을 하나 바꾸려고 해도 반드시 전산시스템을 경유하게 만들고 전산시스템상의 관리조건을 변경하려면 4M 변경 관리시스템으로 자동 이관되도록 시스템을 구축한다면 변경행위 자체가 4M 검토 없이 이뤄지는 것을 막을 수 있다. 부품의 경우에도 신규부품, 신규금형이 양산에서 사용하려면 해당 모델·라인을 대상으로 한 4M 검토가 이뤄졌는지 정보를 Check하여, 그렇지 않다면 양산용 투입이 차단되도록 하는 Interlock 시스테 구축 등의 방법을 강구해야 한다.

표준이나 프로세스가 완벽해도 사람이 실수를 할 수 있으므로 이런 부분까지도 시스템화하여 완결성을 높이는 노력이 필요하다.

둘째, 고객승인이 필요한 4M의 경우 고객이 이를 잘 받아주려 하지 않거나, 고객에게 접수되면 처리되는 데 시간이 너무 오래 걸려서 On-Time 변경점 적용이 어려워 주저하거나 신고를 회피하는 경우가 있다.

원칙적으로 고객의 프로세스는 무조건 따라야 한다. 이는 의사결정이나 선택의 문제가 아니다. 고객의 절차를 따르되, 고객이 사내의 4M 변경 이슈들에 대해 갖고 있는 우려나 불편함을 파악하여 조치하는 것이 필요하다. 예를 들어, 사전 공유 없이 갑자기 고객에게 4M 승인을 요청한다든지 하는 일을 줄여야 한다. 변경점이란 고객으로 하여금 신경 쓰게 만드는 것이고 사내 제품 품질에 Risk 가 생길지도 모른다는 우려를 제공하는 것이다. 따라서 고객과의 정기적인 회의체 · Consensus 수단 등을 동원해 계획을 사전 공유하고 협조를 구하는 자세가 필요하다.

그리고 중요한 부품의 협력사가 일거에 변경되는 경우 여러 아이템, 생산지에서 중구난방으로 고객에게 신청하지 말고, 중앙에서 통합 진행하여 고객이 쉽게 받아들이고 고객으로 하여금 불필요한 업무에 신경을 덜 쓰게 만들어주는 등의 노력이 필요하다. 고객의 프로세스가 엄중하다는 문제점만 따질 것이 아니라, 고객이 제시한 프로세스를 일단 최대한 준수하면서, 고객의 불편사항을 먼저 해결하고 비효율적이거나 의미가 별로 없다고 판단되는 항목들을 줄여나가는 방법을 택하는 것이 좋겠다.

뿐만 아니라 고객 신고 · 승인에 대한 세부적인 기준 · 항목을 명확화, 구체화하여 중요도가 낮은 변경 항목의 경우 자사의 검토로 위임하거나 고객 신고만으로 종결할 수 있도록 하는 등 고객과의 적극적인 협의 활동도 매우 중요하다.

7. 품질이슈 대책 Error Proof 및 재발방지

1) 개요 및 필요성

양산품질 보증활동을 하면서 항상 발생할 수 있는 품질문제, 이슈들에 대한 개선 프로세스를 알아보도록 하겠다.

올바른 개선활동은 회사의 경험을 쌓고 실력을 키워나가는 기회가 될 수도 있고, 고객에게는 신뢰를 줄 수 있다. 하지만, 메커니즘, 원인규명 그리고 개선대책이 제대로 수립되지 않으면 괜히 자원만 낭비한 것이 될 수가 있고, 고객에게는 불신만 쌓아주는 일이 될 수도 있다. 지금부터 품질문제, 이슈 개선활동 프로세스를 아래 절차 **그림 3-61** 을 따라 알아보도록 하겠다.

2) 문제해결 절차

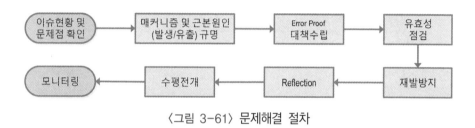

〈그림 3-61〉 문제해결 절차

(1) 이슈현황 및 문제점 확인

가장 먼저 할 일은 이슈의 내용을 살피고, 정확하게 어떤 문제가 발생하였는가를 알아내는 것이다.

의사가 환자를 만나 진찰도 하지 않고 진단과 처방을 내릴 수 없듯, 품질문제 해결의 첫 단계는 정확한 진단이다.

서류나 메일상으로 전달받거나 전해 들은 사실만으로 문제점 확인을 마무리할 수는 없다. 현장에서 현물을 관찰하고 현실을 인식한 이후에 문제 해결 방법을 찾아야 한다는 **3현(現)주의에 입각한 문제점 확인**이 이뤄져야 한다.

문제와 관련된 현물(고품, 불량품), 현장 확인은 필수이다. 그리고 현상파악과 Risk 범위 확인 등은 Fact와 Detail에 원칙을 두고 이뤄져야 한다. 이를 통해 정확한 문제현상, 규모, 파급범위, 문제가 주는 사내와 고객에 대한 영향의 심각도 등이 정리된다. 이때 주의할 점은 희망적인 생각(Wishful Thinking)으로 문제를 축소하거나 범위를 줄이거나 하는 실책을 저지르지 않는 것이다.

(2) 메커니즘 및 근본원인(발생/유출) 규명

다음은 문제가 발생하고 유출된 메커니즘을 밝히고 거기에 작용한 근본원인을 규명하는 것이 필요하다. 우리가 흔히 알고 있는 **5WHY 사고방식**을 통한 철저한 원인 밝히기가 필요하다.

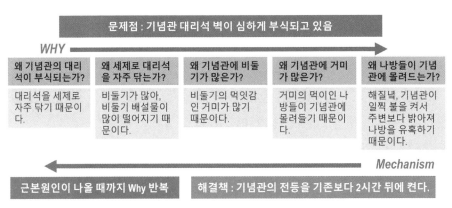

〈그림 3-62〉 5WHY, 문제해결 사례와 사고방식의 변화

그림 3-62 의 사례에서 보는 바와 같이 진짜 근본적인 원인을 쫓아가다보면 전혀 생각지도 못한 것이 근본원인으로 드러나게 된다.

왜를 5번 반복하지 않고 1번이나 2번에서 멈췄다면 엉뚱한 대책이 나왔을지도 모른다. 세제를 좀 더 순한 것으로 바꿔야 한다거나, 비둘기를 쫓아내기 위해 인력과 시간을 들여 애를 써야 한다든가 하는, 효과성도 더 낮고 비용도 더 많이 드는 대책이 등장했을지도 모르는 일이다.

잘 생각해보면 우리 현장에서도 비슷한 사례들이 충분히 발생할 수 있음을 쉽게 짐작할 수가 있다.

정확한 원인과 메커니즘을 규명하기 위해서는 사고방식의 변화에 더해서, Data와 Fact에 **기반한 분석**이 같이 필요하다.

머릿속에서 생각한 메커니즘이 있다면 그것을 증명하기 위해서는 실험적인 Data 또는 Fact가 따라와야만 한다. 이런 확인 절차 없이 가상의 논리만으로 메커니즘을 확정했다가는 더 심각한 오류를 범할 수 있으므로 필수적인 일이다.

메커니즘 및 근본원인을 증명하기 위한 실험적인 Data나 Fact(Fact는 경험이나 기존에 축적된 지식을 의미한다.)를 충분히 갖추고 있는가를 검토해야 한다.

하고자 하는 마음은 굴뚝같은데 실증할 만한 여건(시험실, 전문역량, 기존의 경험, 시간, 자원 등)이 부족해 못 하고 있지는 않은지, 시간에 쫓겨 깊이가 부족한 근본원인 및 메커니즘 분석을 한 적은 없는지 등을 반성해보고 보완이 필요하겠다.

(3) Error Proof 대책수립

메커니즘과 근본원인을 규명하였다면 이를 소거하거나 제어하기 위한 근본대책을 수립하여 적용해야 한다. 근본대책은 Error Proof 대책이어야 한다.

Error Proof 대책이란, **실수를 하고 싶어도 할 수 없도록** 원천적으로 차단할 수 있는 개선방법을 가리킨다. 경우에 따라, Error Proof 또는 포카요케 등의 용어를 사용하는 경우도 있으나, 같은 방향의 목적이므로 유사한 의미로 해석해도 무방하다. 어렵게 찾아낸 근본원인을 아예 뿌리 뽑을 수 있는 개선안의 마련이 필요하다. 예를 들어 공정 현장에서의 품질문제점 가운데 상당수는 다음의 기본원칙을 참고하여 아이디어를 마련할 수 있다.

※ 설비품질 담당자와 함께 Error Proof 관점의 설비문제 해결 방안이 유효하다.
- Error 발생 시 Alert(잘못된 조립, 작업을 하거나 하려 하는 경우 경고하여 작업 중지)
- Counting을 통해서 일정 한도 도달 시 자동차단 되는 시스템 또는 기계장치
- Limit Switch/Stopper를 활용한 오작업 차단(한도 이상으로 내려오거나 힘을 가하지 못하도록 멈춤쇠를 설정하는 것)
- 잘못된 조립을 하면 진행이 되지 않도록 Error Proof Pin 설정 (방향/버전별로 Pin 설계를 달리하여, 잘못된 방향/버전으로는 애초에 조립이 안 됨)

업무프로세스나 절차의 경우 해당 업무 프로세스나 절차를 회피할 수 없도록 구조화하거나 회피할 수밖에 없도록 구조화한다.

예를 들어 전산화된 업무시스템에서 Interlock을 걸어서 임의로 변경 또는 회피할 수 없게 하는 것이 대표적이다.

원인분석을 잘 해놓고도 대책 수립 단계에서 Error Proof 콘셉트가 아닌 대책으로 아쉬움을 만들어내는 경우가 많다. 근본원인을 규명하였다면 최고의 대책은 그 원인계 치명인자를 제거하는 것이다. 발생과정의 근본 대책이 없는 경우에 한해, 문제로 발전하지 않도록 입고단계에서 또는 작업 중에 검출해 낼 수 있는 효과적인 대안을 마련하여 해당 원인을 통제하여야 한다.

즉 발생관점, 검출관점의 2가지 모두 고려하여 대책을 수립하도록 해야 한다.

(4) 대책의 유효성 점검

원인분석 및 개선대책을 수립, 현장에 적용하면 모든 것이 끝나는 것은 아니다. 품질부서는 각 문제의 현장에서 개선을 하겠다고 한 부분이 실제로 실행되었는지, 그리고 그 효과성이 충분한지를 확인하는 절차가 남아있다. 이를 위해 유효성 점검이라는 활동을 진행하여야 한다.

품질부서는 내부 심사(Internal Audit) 또는 PQC/Patrol 활동과 연계해서 개선 결과에 대한 철저한 점검을 진행한다. 첫 번째가 개선대책이 누락 없이 제대로 적용되었는가를 확인한다. 두 번째는 개선대책을 적용함으로 인하여 애초에 문제시 되었던 상황이 완전히 종료되었는가를 Data를 기반으로 확인하는 절차가 필요하다. 장기적인 능력이 확보되었다고 판단될 만한 충분한 기간/수효를 대상으로 하여 실제로 수치, 현상 등이 의도한 목표수준대로 개선되었는지를 확인하여야 한다.

(5) 재발방지

우리는 문제를 해결하는 과정에서 습득교훈(Lessons Learned)이라는 것을 얻게 되므로 이것을 조직 내에 내재화하여 다음번에 유사한 다른 제품을 개발할 때에는 시행착오를 겪지 않도록 하는 활동이 필요하다. 이를 재발방지라고 한다.

지금까지 발생한 품질문제에 대해, 문제의 현상으로부터 원인, 대책 및 유효성 확인 결과를 하나의 기록으로 관리할 필요가 있다. 그리고 실패로부터 쌓인 경험치들을 주기적으로 리뷰하여 습득교훈 즉, 배울 점을 뽑아내는 과정을 진행한다. 회사에서는 이 과정을 정기적으로 진행하는 운영조직을 "재발방지 심의위원회"라고 칭한다. 재발방지 심의위원회는 개발부서부터 품질부서에 이르는 각 부서의 전문가들이 모여서, 새롭게 등장한 품질이슈들을 살펴보며, 차기 개발 시 적용할 습득교훈을 정리하여 도출해 낸다.

예를 들어 A라는 신규부품을 양산에 적용하면서 품질문제가 발생하였다면, 재발을 방지하기 위해 부품 도면을 확인할 때에 검토해야 할 사항, 회피해야 하는 설계특징, 검사할 때 반드시 포함해야 하는 요소 등을 정리하여 "신규부품 설계 요구사항"에 반영하는 것이 결과물이 되어야 한다. 그냥 다 같이 모여 앉아서 "아, 이런 일이 있었구나 다음부터 조심해야지." 정도로 다짐하고 마치는 수준이면 안 된다. 업무적으로 확실하게 재발을 막을 수 있는 조치까지 이뤄져야 일이 마무리 되는 것이다. A 신규부품의 경우 문제가 된 부분에 대해 설계 가이드라인을 문서로 만들고 이를 신규부품 개발 프로세스에 포함시켜 **차기 개발 시 반드시 반영될 수밖에 없도록 만드는** 조치까지 이뤄져야 한다.

"구슬이 서말이라도 꿰어야 보배다."라는 말이 있다. 실패경험이 아무리 많아도 거기서 교훈을 얻지 못하거나 교훈을 실컷 정리해놓아도 그것이 신모델이나 신규부품을 개발할 때 실질적으로 반영되기 어려운 구조라면 곤란하다. 실패경험이 습득교훈으로 회사 내의 프로세스와 IT 시스템에 확실하게 내재화가 될 수 있도록 관련된 업무를 진행하는 것이 필요하겠다.

(6) Reflection

품질문제의 발생은 단순히 기술적인 누락이나 실수에서만 비롯되는 것이 아니다. 많은 품질문제는 일하는 방식, 방법이 원인을 제공하기도 한다. 이를 개선하기 위해 문제의 발생과 관련된 전체 History를 다시 조망하면서 반성해야 할 점을 드러내는 단계를 거치게 된다. 이를 Reflection이라 한다.

Reflection이란 제품이나 부품, 공정에 대한 설계적인 관점에서의 실패사례 활용을 넘어서서 **조직의 일하는 방법, 프로세스, 시스템, 조직구성, 조직문화** 등의 관점까지 포함해서 반성점을 찾는 것을 말한다. 즉, 단순히 기술적인 누락이나 업무 과오를 따지는 수준을 조직이 이러한 방식으로 일을 하고 있었기 때문에 품질문제가 발생한 것이고, 그것을 근본적으로 예방하고 조직의 체질을 강화하기 위해 어떤 일하는 방법, 프로세스와 시스템에 대한 변화가 필요한 것인지 찾는다.

(7) 수평전개

　　하나의 품질문제를 갖고, 이와 유사한 현상이 다른 업무영역, 프로세스, 장소에서도 발행하지 않는지를 검토해야 한다. 이 부분은 많은 경영자가 공통적으로 우려하고 있는 부분이기도 하다.

　　수평전개 대상은 품질이슈를 개선하는 과정에서 드러난 **근본원인, 메커니즘에 기반하여 탐색**한다. 이 단계에서 주의할 점은 '적용을 할 수 있느냐 없느냐'라는 판단이 아직 들어가면 안 되는 것이다. 동일한 원인계를 가졌고, 같은 메커니즘을 보유하고 있어서 살펴볼 필요가 있는 대상을 찾는 것이지, '여기도 문제가 있다!' 라는 결론을 먼저 내고 들어가면, 아무래도 소극적인 대상 찾기가 될 수 있기 때문이다.

　　대상을 나열하고 수평전개 필요성 검토, **목표일정 및 담당을 결정하여 수평전개를 추진**하게 된다. 많은 사업에서 수평전개를 부차적인 업무로 치부하면서 그 완료여부를 관리하지 않거나 심지어는 실행을 하지 않는 경우도 있다. 하지만 경영자 입장에서 돌이켜보면, 분명히 문제를 잘 해결했고 이와 유사한 부분이 예상되는 곳에도 모두 수평전개 하겠다고 약속한 걸 지키지 않은 것과 마찬가지가 된다. 따라서 품질부서는 수평전개를 하면 좋은 부차적인 업무가 아니라, 반드시 해야 하는 업무로 그 순위를 올려 잡고 임하는 것이 필요하겠다.

　　수평전개 또한, 앞서 살펴본 **개선대책 유효성 점검**에서 진행한 것과 마찬가지로 수평전개 완료여부를 철저하게 현장에서 검증하고 완료 여부를 관리하는 것이 필요하다. 이를 소홀히 하여 대상 부서의 자체적인 관리로 맡기거나 계획만 보고받고 종결한다면 실행력이 부족해질 수 있다.
　　수평전개는 전담자를 지정하여 관리하고, 정기회의체 등을 통해 현황 및 이슈 보고/관리하는 것을 권장한다.

(8) 모니터링

마지막 모니터링 단계는 앞선 모든 단계에서 이행한 상황들에 대한 안정화를 확인하는 단계이다.

근본대책 적용 이후 유효성 점검을 통해 합당함을 확인하였더라도 그것이 유지관리 되는지 재발방지 방안을 적용하지 않고 있거나 또는 잘못 적용된 것은 아닌지, Reflection을 통해 셋업된 선행관리체계가 실효성 있게 진행되지 못하고 있는 것은 아닌지, 수평전개 적용이 미흡하게 마무리되지는 않았는지 등에 대하여 의구심을 갖고, 지속 **모니터링**이 가능하도록 업무에 반영하여 확인하는 절차를 거쳐야 한다.

손쉬운 방법으로는 현장에서 일상적으로 진행하는 Patrol Audit 개발품질과 양산품질 내부심사에 반영하는 것이다.

Audit Checklist나 점검항목에 반영함으로써 차기에 재차 확인하고, 의도된 대로 지켜지고 유지되고 있는지를 확인하는 것은 문제를 집요하게 끝까지 확인해 마무리하는 품질구성원의 기본적인 품질 DNA라 할수 있다.

3) 현업 적용 및 해결방안

품질문제가 발생하여 해결하는 과정 가운데 문제의 **파급범위(Affect Range)**를 **설정하는 데 있어서 그릇된 판단을 내리는 경우가** 종종 있다. 흔히 Wishful Thinking 이라고 희망적인 방향으로 의사결정, 판단을 내리는 실수를 말한다.

현장에서 경계해야 할 부분이므로 이러한 실수를 하는 배경을 이해하고 기반 시스템을 더욱 보강할 필요가 있다. 일반적으로 갖고 있는 정보의 깊이나 정확함이 부족한 데서 기인한다. Yes/No라고 정확하게 판단하기 어려운 데이터 수준으로 추정하거나 미루어 판단해야 하는 상황에 처했을 때 이런 결정을 하기 때문이다. 따라서, 파급범위, 원인 등을 정확하게 확인할 수 있도록 기반시스템(MES, QMS, 통합분석시스템 등)의 데이터 관리수준을 높이고, 원재료, 부품, 공정반제품, 제품의 추적성을 강화할 필요가 있다. 평소 문제가 발생하여 이런 부분에서 아쉬움을 느꼈다면 이를 IT 관리부서와 협업하여 기회가 될 때마다 개선을 소홀히 하지 않는 자세가 필요하다.

또한 대개 계획으로만 머물고 실제 일이 다 마무리되었는가를 제대로 확인하지 **않는 문화를 경계해야** 한다는 점이다.

대책을 수립하여 보고하고 재발방지 계획과 수평전개 계획을 보고하고 하나의 품질이슈를 마무리 짓고 나면, 여기서 언급된 계획들에 대하여 누락 없이 끝까지 챙기는 부분에서 아쉬움을 드러내는 경우가 많다. 문제해결 과정이 조직 전체 차원에서 이뤄지지 않았기 때문에 벌어진 일이다.

개선대책을 작성하고 수립한 부서는 일종의 의견을 낸 것이고 관련부서는 그것을 반드시 해야 할 일로 받아들이지 않음으로써 누락이나 실행 부족이라는 상황이 벌어지는 것이다. 이를 보완하기 위해, 문제해결 과정은 반드시 조직 전체(관련부서)가 참여하는 전원참여 형태로 이뤄져야 한다. 그래야 실행까지 이어질 수 있는 대책이 나오게 된다.

또한 품질부서는 제3자 입장에서 **점검하고 내재화할 수 있도록** 체계화를 하여야 한다. 재발방지, 수평전개가 이뤄지기로 한 영역에서 실제로 잘 이뤄졌는지를 사후 관리하고, 미흡한 부분을 조직 내에 공론화하여야 한다. 이를 통해 실행력이 부족한 조직에는 경각심을 일깨워주고 실제로 개선활동이 제대로 마무리될 수 있는 품질문화를 갖춰 나가야 하겠다.

Ⅳ. 고객품질

요구한 제품의 기능/성능/품질/가격/일정에 대해 어떠한 이슈도 발생하지 않을 때 고객은 해당 제품에 대해 만족을 느끼며, 더 나아가 기대하지 않은 사항에 대해 경쟁사 대비 차별화를 갖추고 있을 때 고객은 감동을 받을 것이다.

따라서 고객의 품질 만족을 위해 앞에서 이야기한 개발과정 관리, 품질 보증 평가, 대량생산 준비를 완벽히 실시하여 개발품질 완성도를 높이고 양산단계의 철저한 품질관리로 선순환 품질을 위한 Closed Loop 품질체계를 구축하여 고객에게 어떠한 품질 이슈도 발생하지 않도록 해야 하며, 나아가 고객 감동을 위해서는 지속적으로 고객의 니즈(needs)와 경쟁사 동향에 대한 모니터링을 실시하여 우리의 품질 조직과 체계가 경쟁사 대비 품질경쟁력을 갖추고 있으며, 고객에게 충분한 서비스를 제공하고 있는지 확인하는 것이 중요하다.

이번 장에서는 고객관점에서 품질을 만족하고 감동까지 제공할 수 있는 품질 체계에 대해 알아보도록 하겠다.

고객품질을 위해 가장 먼저 고려해야 하는 부분은 고객의 품질 관리를 위한 전문 조직을 구성하여 고객과의 긴밀한 네트워크가 형성되도록 해야 한다.
① 현장에서 고객과 직접 소통하며 품질을 관리하는 조직(고객품질부서, CS) 등 고객접점 부서
② 발생한 고객불량 이슈에 대한 해결 과정을 관리하고 실행하는 조직(품질 보증 부서 및 설계, 기술 개선 부서)
③ 고객품질 이슈에 대한 전체 이력과 정보를 분석하여 품질개선 계획을 수립 하는 조직(품질경영/기획 부서)을 구성하여 전사적 관점에서 고객품질에 대

한 내용이 경영층에 신속히 보고될 수 있도록 하고, 고객의 품질 이슈 대응이 체계적으로 진행될 수 있도록 해야 한다.

또한 고객품질 이슈 접수, 문제해결, 고객협의를 위한 업무 Process는 System으로 구축하여 고객품질 대응에 있어 동등한 품질서비스를 제공하고, 고객접점 부서의 인원들은 고객품질 대응에 부족함이 없도록 고객소통에 필요한 언어, 제품설계 및 공정의 이해도, 품질이슈 해결 등과 같은 전반적인 품질역량 확보가 필요하다.

이번 단원에서는
1. 발생한 고객품질 이슈를 접수하고 내용을 파악하여 문제를 해결하는 체계 (고객품질 이슈 대응체계)
2. 고객품질 이슈가 발생하지 않도록 미연에 예방하는 체계(고객품질 이슈 예방체계)
에 대해서 소개하고자 한다.

1. 고객품질 이슈 대응체계

1) 개요 및 필요성

고객에서 품질이슈가 발생한 경우, 신속하고 완전한 Trouble Shooting 프로세스가 필요하다.

내부적으로는 효율화된 프로세스를 갖추고 이행함으로써 품질문제로 인한 내부의 유무형적인 손실(품질실패비용 및 보이지 않는 Loss)을 최소화하는 것이고, 고객에게는 빠르고 철저하게 해결하는 모습을 보임으로써, 불안을 종식시키고 나아가 약해진 고객신뢰를 회복할 수 있는 기회를 줄 수 있기 때문이다.

고객품질이슈 발생 시에 따라야 할 절차를 아래와 같이 13단계로 나누어 보았다. 다음부터 단계별로 의미와 주의사항을 다시 한번 정리해보도록 하겠다.

고객품질 이슈는 접수부터 초동보고, 수평전개까지 전 과정을 관리하는 IT시스템을 구축하고 국내/외 모든 유관부서에게 실시간 정보가 공유될 수 있도록 관리해야 한다.

1. 초동보고(1+1 품질이슈 보고)   2. 이슈내용 파악/문제범위 확인
3. 유출원인/유출방지(봉쇄조치)   4. 근본원인/메커니즘 규명
5. 재현시험   6. 근본대책
7. 고객소통   8. 재작업/선별/재검사
9. 손실비용관리   10. 등급분류/보고(중간/최종)
11. 재발방지   12. Reflection
13. 수평전개

자동차 업무 Business 분야는 고객요청, 사내의 이슈관리를 위한 8D 문제해결 Process를 따라 이슈 해결을 진행하는 경우가 대부분이다. 8D 문제해결 Process는 정형화되어 있으므로 따로 설명하지 않을 것이며, 또한 7장 품질이슈 대책 Error Proof 및 재발방지를 참조하기 바란다.

2) 고객품질이슈 Trouble Shooting 프로세스

(1) 초동보고(1+1 품질이슈 보고)

고객품질이슈를 인지하였으면, 지체하지 말고 초동파악을 실시하여 보고해야 한다. 1+1 품질이슈 보고의 의미는 1일 즉 24hr 내에 이슈개요 파악, 추가 1일 48hr 이내에 이슈현황 보고가 되어야 한다는 의미이다.

일반적으로 확인된 사실관계 정보에 기반하여 정리를 해야 한다. 어느 고객사의 어느 공장, 어느 라인 또는 설비인지부터 시작하여, 현상은 무엇이고, 몇 개가

투입되어 몇 개가 발생된 것인지, 그리고 고객 생산중단에 대한 영향과 문제의 심각도 등을 종합하여 가능한 범위에 대한 초동파악을 실시해야 한다.

하지만, 초기에는 접수되는 정보가 지엽적인 정보에 국한되는 경우가 많아, 구체적인 추가정보까지 취득하는 게 용이하지 않은 경우가 많다.

이때, 제한되는 정보를 좀 더 조사하겠다는 이유로 시간을 흘려보내고 보고 타이밍을 놓치는 경우가 종종 있다. 그러나, 고객품질이슈과 관련하여 가장 우선시되어야 할 것은 보고내용의 충실함보다도, 우선 **보고가 제때 이뤄져야 한다**는 점이다.

따라서, 사내정보 대비 부족한 수준으로 작성된 품질정보라 할지라도 적시 보고를 우선시하고, 필요한 부분은 보완하여 추가 보고하는 방식을 취하는 것이 훨씬 더 이롭다. 조사한다고 시간을 허비하여 늦게 보고가 된 경우, 보고 내용이 아무리 충실하고 구체적이더라도 의사결정권자가 뭔가 조치를 취할 여지가 없는 상황이라면 아무 의미없는 일을 한 것이 될 수 있기 때문이다.

(2) 이슈내용 파악/문제범위 확인

초동보고와 함께 이뤄져야 할 부분으로, **명확한 이슈내용 파악 및 문제범위 확인**이 필요하다.

초기에 정확하지 않은 이슈내용 파악과 문제범위(Affected Range) 설정은 자칫, 나중에 고객에게 거짓말을 하는 상황으로 이어질 수도 있을뿐더러 설사 거짓말이 아니라 하더라도 고객신뢰 저하와 내부적으로는 추가적인 비용손실을 초래할 수 있게 된다.

따라서 축소 또는 낙관적 기대에 의존하여 이슈 내용 파악을 부실하게 하거나 문제범위를 가급적 좁게 가져가려 하는 활동은 절대 지양하여야겠다.

특히 동일한 부품이 다른 고객사에 나가는 경우와, 같은 고객에게 나가는 유사한 제품의 경우 문제범위를 특정하는 데 있어서 놓치기 쉬운 부분이므로 주의를 기울여야 한다. 문제범위를 검토할 때 반드시 같이 검토하고, 해당한다면 어렵더라도 오픈하고 같이 해결해 나가는 것이 필요하다.

(3) 유출원인/유출방지(봉쇄조치)

이어서 직접적인 후속조치 활동에 들어가게 되는데, 첫 번째로는 자사 사내에서 걸러지지 않고 유출된 경위를 따져보고, 더 이상 유출되지 않게 만드는 조치를 찾아서 진행해야 한다. 이러한 조치를 봉쇄조치(Containment Action) 또는 임시조치라고도 한다.

유출된 원인은 현장에서 Fact 기반으로 확인되어야 한다. '되고 있을 것이다' 또는 '당연히 하고 있는 부분이다'라는 선입견을 가지지 않고 Zero Base에서 원인을 찾아야 한다. 당연히 잘 되고 있을 것이라는 영역에서도 발생할 수 있다.

일반적으로 검사항목 차이(자사는 무검사, 고객은 유검사), 검사방법 차이(같은 검사인데 자사는 못 찾고, 고객은 찾고), 지정 검사항목이 아님(고객도 검사하는 항목은 아니지만 후공정에서 발견), 신뢰성관련 항목(사용 및 시간의 흐름이 경과된 후에 발생), 검출력의 차이(샘플링검사의 한계) 등이 불량유출의 원인들로 많이 지목된다. Fact에 기반하여 확인하고, 차이가 있다면 Detail한 비교분석이 필요하겠다.

유출 원인을 찾았다면, 각 원인에 맞는 대책을 찾아 유출방지 대책으로 적용하여야 한다.

　　마냥 검출력(샘플링을 전수검사로)을 높인다고 모든 불량유출이 해결되는 것은 아니므로 유출을 촉발시킨 핵심적인 이유에 접근해서 대책을 적용하여야 한다.

　　특히, Detail하게 일하는 방법 차이(예를 들면 검사하는 검사원의 눈높이나 검사업무기법, 측정설비의 정도(精度) 등)까지 확인하여, 정확한 불량유출 원인을 찾아내고 그에 대응하는 대책이 적용될 수 있도록 하여야 한다.

　　물론, Data와 Fact에 의한 실증과 검증을 거치는 과정은 기본적으로 포함되어야 한다.

(4) 근본원인/메커니즘 규명

　　봉쇄조치와 함께, 불량이 발생하게 된 근본적인 원인과 메커니즘을 규명한다.

　　진부한 얘기처럼 들릴지 모르지만 원인을 밝히는 데에는 '왜'를 다섯 번 이상 반복하라는 "5Why"를 습관화하는 것이 필요하다.

　　또한, 개인적 경험에 기초한 편향된 사고를 물리치기 위해 기본에 충실하게 접근하는 것도 필요하다. 예컨대, 현상을 5M+1E 관점에서 Fish-bone Diagram을 다시 작성한다든가, Logic Tree화하여 레벨을 낮춰가며 세세하게 짚으면서 가능성이 있는 것, 없는 것을 정리하는 식으로 기본에 충실한 업무 접근방식이 필요하다는 것이다.

　　경험이 많은 조직일수록 이러한 도구를 사용하는 것에 인색할 수 있다. 현장에서나 쓰는 것 아니냐고 폄훼하기도 한다.

　　하지만, 기본에 충실하지 않고서는 어떠한 품질문제도 해결해 낼 수가 없음을 결코 잊어서는 안 되겠다.

(5) 재현시험

　　찾아낸 원인과 메커니즘은 Data와 Fact에 의해 실증하여야 한다.

필요하다면 동일한 상황과 부하(Load)를 인가한 상태에서 재현하는 시험을 실시하여 내 생각이 맞다는 것을 확인하는 절차를 거쳐야 한다.

특히 사용시간 경과, 특정 사용조건, 수명 등의 특성이 연계된 경우 반드시 검토되어야 한다.

섣부른 판단이 나중에 예기치 못한 문제로 이어 나오는 경우가 많기 때문이다.

시간이 여의치 않다면 Plan B의 개념으로라도 반드시 짚고 넘어가, 최종 이슈 Closing 이전에 확인되도록 해야 하겠다.

(6) 근본대책

재현시험을 통한 확인까지 거쳤으면 **불량의 발생을 원천적으로 통제할 수 있는 근본대책**을 준비한다.

원칙은 간단하다. 발견된 핵심원인/메커니즘을 제거하거나 대체해버리는 방식이 최선이다. 다른 부품, 설비, 방법 등을 적용하는 것이다.

하지만, 여건상 정작 열심히 찾아놓은 근본원인 및 메커니즘을 우회하는 대책을 선택할 수도 있다.(추가비용 발생, 시간 부족 등)

회사의 손익도 고려하고, 고객대응도 해야 하므로, 이러한 의사결정 자체를 뭐라 할 수는 없는 것이다. 다만, 품질부서라면 이런 근본원인을 우회하는 대책이 수립되었을 경우에 예상되는 다른 Side Effect을 걱정해야 한다는 것을 말하고 싶다.

핵심원인을 깔끔하게 마무리하지 못한 상황이므로 이를 보완하기 위한 추가검토나 후속하는 시험, 검증 등이 뒷받침되어야 한다는 것이다.

이것이 부실하면 대책에 누수가 생기고 급기야 Patch 덧붙이기 방식으로 누더기 대책이 나오는 원인이 될 수 있다.

(7) 고객소통

고객품질 담당부서는 고객품질이슈 Trouble Shooting 절차 전반에 걸쳐서, 고객과의 소통을 더욱 철저히 하여야 한다.

고객과의 소통 목적은 고객이 느끼고 있는 자사 품질문제에 대한 불안, 불만을 불식시키고 안심시키는 데 목적을 두어야 한다.

품질이슈가 생겼을 때에 고객이 불안이나 불만을 갖는 부분은 불량이 발생했다는 사실 그 자체보다도 그에 따른 후속 Action에서 기인한다.

부품을 공급하는 입장에서는 불량이 자사 귀책이 맞는 것인지에 관심을 우선한다. 하지만 고객은 그렇지 않다.

불량이 이번 Lot에 한정된 것인지, 다음 Lot들은 안심하고 투입해도 되는 건지, 이미 투입된 재공이나 제품은 안전한지가 관심사항이다.

부품불량은 발생할 수 있는 것이다. 하지만 부품불량으로 인한 불안이나 찜찜함은 남아있어서는 안 되는데, 공급사가 이를 깔끔하게 확신시켜주지 못하면 고객의 불안, 불만이 사라질 수는 없는 것이다.

따라서 초기단계, 봉쇄대책 단계에서는 이러한 고객 기대사항을 해결해주는 데 우선하여야겠다.

그리고 품질이슈를 해결하는 과정 중에 불량이 재발하거나 재유출되어 고객에게 신뢰를 주지 못하는 경우가 종종 발생한다. 핵심요인을 잡지 못하고 비껴가기 대책으로 누수가 나온 경우이다. 이러면 재발에 대해서 2차 대책을 수립하는 등 하지 않아도 될 후속작업을 또 해야 하게 된다. 자사 내부적으로는 추가비용이 발생하고 고객에게는 믿을 수 없는 협력사구나, 괘씸하다 이런 부정평가를 이끌어오는 가장 큰 이유가 될 수 있다.

따라서, 확실하지 않은 부분이나 고객에게 미리 통지해야 할 부분에 대해서는 분명하게 Communication을 하여 차후 문제가 되지 않도록 해야 하며, 할 수 있다면 핵심요인을 제대로 개선하여 늦더라도 확실한 개선대책을 고객에게 선사하는 것이 더 좋겠다.

(8) 재작업/선별/재검사

많은 봉쇄대책 가운데 하나로 재작업이나 선별을 통해서 해당 문제점이 없는 것을 확인하고 나서 투입하는 조치가 주로 이뤄진다.

이러한 조치에서 주의할 점은 재작업 및 선별이 충분히 효과적인지 검증해봐야 한다는 것이다. 재작업이나 선별을 한다는 것은 자사 회사가 생산하는 부품에 품질문제가 있음을 인정하고 고객사 투입 전에 검출력을 높여서 적어도 불량품 투입은 안 되게 만들어주겠다는 약속이다.

그런데 재작업, 선별절차에 문제가 있어 유출이 되거나 Side Effect로 2차 불량이 발생하게 된다면 고객신뢰는 다시금 추락하게 된다.

따라서 적용하고자 하는 재작업이나 선별방법을 객관적으로 검증해보는 과정이 필요하며, 이 방법이 기술적으로 한계가 있는 부분이 있다면 해당 내용도 고객에 소통하여 차후에 Arguement가 없도록 선조치하는 것이 필요하다. 아울러, 모든 재작업품에 대해서는 추가적인 재검사를 실시하여 출하품의 품질을 보증하는 데 차질이 없도록 해야 하겠다.

(9) 손실비용관리

일련의 고객품질이슈 Trouble Shooting을 하게 되면, 이 과정에서 필연적으로 추가비용이 발생하게 된다.

불량품에 대한 직접적인 폐기 비용뿐만 아니라, 재작업이나 선별을 하는 데 들어간 용역비용이나 인건비, 납기지연을 막기 위해 긴급 수송하면서 들어간 Air

Freight 비용, 고객이 Line Stop 등의 내부손실에 대해 청구한 Claim 비용 등이 해당될 수 있다.

모두 실패비용(Failure-Cost)이며 회사에서는 원칙적으로 발생해서는 안 되는 비용일 것이다.

고객품질이슈 담당자는 각 이슈별로 발생된 위와 같은 손실비용을 집계해 보아야 하며, 부서 관리지표로 설정하고 최소화하기 위한 활동을 해야 한다.

(10) 등급분류/보고(중간/최종)

고객품질이슈 해결절차가 어느 정도 마무리가 되면, 손실비용이나 고객 Impact에 기반하여 이슈등급(A, B, C, D, E 등)을 결정하고, 각 등급별 재량권자 (예를 들면 B등급 CEO, C등급 이하 사업부장 등 기준 제정)에게 중간 및 최종보고를 진행한다.

최종보고에는 뒤이어 나올 Reflection을 포함하여, 문제의 발생경위부터 해결과정, 최종 결과 등을 위주로 보고한다.

품질이슈 발생 관련 최종보고를 받는 경영자 입장에서는 본 문제의 정확하고 근본적인 원인이 파악되었는지, 다음부터 이런 품질이슈는 절대 나오지 않을 것인지, 그렇게 하기 위해 Process와 시스템으로 근본 개선이 적용되었지, 아울러 유사한 다른 고객, 제품군, 사업장에도 수평전개를 하여 잠재적인 피해를 미연에 방지하였는지를 기대할 것이다.

즉, 1번의 실패로 10개의 배움을 얻기를 기대하는 것이 경영자의 마음이다.

조직을 경영하는 입장에서는 이미 벌어진 실패에 대해 귀책이 누구인지, 누구의 잘못이 가장 클 것인지, 어쩔 수 없었다는 변명을 듣고자 하는 것이 아니라, 이번 품질이슈를 통해 자사의 부족한 점을 정확하게 파악하였고, 이를 계기로 이러저러한 보강조치를 취해서 회사의 품질 역량이 한 단계 상승했고 품질마인드가 훨씬 건강해졌다는 식의 보다 건설적인 답변과 계획을 원한다는 것을 꼭 염두에 두도록 하자.

(11) 재발방지

근본대책 적용까지 이뤄지고, 고객사에 대책서도 송부하게 되면, 이슈는 Closing 수순에 들어가게 된다.

하지만, 개선활동이 모두 끝난 것은 아니다. 발생된 **문제를 해결하는 과정에서 우리는 습득교훈(Lessons Learned)**이라는 것을 얻게 되므로, 이것을 조직 내에 내재화하여 유사한 다른 제품을 개발할 때에는 시행착오를 겪지 않도록 하는 활동이 아직 남아있기 때문이다.

습득교훈이란 A라는 부품을 개발하여 양산에 적용하면서 놓쳐서 문제가 되었던 점, 부품 도면을 확인할 때 눈여겨볼 사항, 회피해야 하는 설계특징, 검사할 때 꼭 집어넣어야 하는 요소 등을 정리하여 다음 부품설계 또는 공정에 반영하게 만드는 것을 말한다. 이러기 위해서, 모여 앉아서 "아, 이런 일이 있었구나 다음부터 조심해야지." 이 정도로 각오를 다지고 마치는 걸 바라고 얘기하는 것이 아니다.

다음 개발이나 생산에 확실하게 반영하지 않으면 안 되게 만드는 것이 필요하다. 예를 들어, A라는 부품의 설계 가이드라인을 문서로 만들고, 그 자리에서 업데이트를 진행하는 것이다. 아울러, 차기 부품 설계 시에는 가이드라인 문서가 적용되지 않으면 부품 승인이 되지 않도록, IT 시스템과 업무 프로세스에 반영하고, 강제화를 하는 등 Error Proof Process를 만들어 두는 수준까지가 필요하다.

(12) Reflection

　기술적인 분야에 대한 습득교훈(Lessons Learned)을 차기모델 설계 시 반영하도록 하는 조치를 취한 다음, 문제의 발생과 관련된 전체 History를 다시 조망하면서 반성해야 할 점을 드러내는 단계를 거치게 된다. 이를 Reflection이라 한다.("7. 품질이슈 대책 Error Proof 및 재발방지, (6) Reflection" 참조)

　Reflection이란 제품이나 부품, 공정에 대한 설계적인 관점에서의 실패사례 활용을 넘어서서 조직의 일하는 방법, 프로세스 등의 관점까지 포함해서 반성점을 찾는 과정을 가리킨다. 즉, 단순히 기술적인 누락이나 업무 과오를 따지는 수준을 넘어서서, 조직이 이러한 방식으로 일을 하고 있었기 때문에 품질문제가 발생한 것이고, 그것을 근본적으로 개선하고 조직의 품질체질을 강화하기 위해서는 **어떤 일하는 방법, 프로세스, 시스템, 조직문화에 대한 체질변화**가 필요한 것인지를 검토하고 개선점을 도출하는 것이 "Reflection"의 목적이다.

　Reflection을 통해 찾아낸 문제점에 대해 선행관리체계를 셋업하여 적용하여야 한다.

　즉, 앞서 드러낸 조직의 일하는 방법, 프로세스 등의 관점에 대한 근본적인 개선대책을 말하며 프로세스적으로 선행 관리할 수 있는 Tool을 조직의 품질시스템에 이식하고 운영하는 단계를 말한다.

　예를 들어, 개발단계에서 A라는 업무를 수행함에 있어서 어떤 미흡한 사항이 있어 품질이슈가 발생했었더라면, 다음부터는 미흡한 사항이 걸러지지 않고 양산으로 들어가지 않도록 A라는 업무를 수행하는 단계에 프로세스적으로 강화하여 보완하는 것이다.

　전산시스템에 등록하는 산출물을 강제화한다든가, 산출물의 템플릿에 필요로 하는 요소를 필수 입력항목으로 지정하는 등의 방법이 사용될 수 있다.

선행관리체계란 이러한 조치들의 진척상황 및 완료 여부, 적용 이후 안정화 수준 모니터링 등을 포함하여 세팅할 수도 있다.

(13) 수평전개

품질이슈가 발생하면, 이와 유사한 문제가 현재 운영 중인 다른 현장에도 나타나는 건 아닐지 걱정을 해야 하며 이 부분은 많은 경영자가 공통적으로 우려하고 있는 부분 가운데 하나이다. 품질부서는 품질이슈를 개선한 이후에 이 문제를 확대하여 유사한 문제가 나타날 수 있는 다른 현장에도 접목하여 심도있게 검토를 해보고 선제조치를 취할 필요가 있다.("7. 품질이슈 대책 Error Proof 및 재발방지, (7) 수평전개" 참조)

2. 고객품질 이슈 예방체계

1) 개요 및 필요성

지금까지는 고객품질 이슈가 발생하면 사후 관리를 통해 문제를 해결해 왔지만, 기본적으로 고객품질 이슈는 발생하기 전에 예방하는 것이 최선이다.

그러기 위해서는 개발 완성도가 확보되어야 하며 개발단계의 물리적 한계에 따른 품질 Risk와 생산 공정에서 드러나지 않은 불량 유출 Risk에 대해 정기적으로 재점검하여 고객 불량이 발생되지 않도록 내부적인 개선 활동이 필요하다.

외부적으로는 고객의 품질 우려사항을 정기적으로 확인하여 고객품질 이슈가 발생되지 않도록 선행해서 관리해 나가야 한다.

이를 위해서는 반드시 고객품질 업무를 전담하는 조직과 개선 활동을 위한 체계가 필요하다.

또한 고객의 요구사항 만족에 그치지 않고 고객의 품질 감동까지 이끌어 내기 위해서는 경쟁사 비교분석을 통해 경쟁사가 따라올 수 없는 품질을 달성할 수 있도록 고객품질 이슈 예방 체계를 고도화해 나가야 한다.

1. 잠재적 품질 Risk 정보 조사(Company)
2. 고객의 품질 우려사항 입수(Customer)
3. 경쟁사 품질동향 파악(Competitor)
4. 수집정보 3C 분석 및 과제 우선순위 선정
5. 근본원인/메커니즘 규명/근본대책 수립
6. 유효성 점검(고객 만족도 포함)
7. 수평/확대 전개

(1) 잠재적 품질 Risk 정보 조사

한 번도 생산해 보지 않은 새로운 모델, 새로운 재료, 새로운 기술, 새로운 공법이 적용되는 경우, 개발기간 동안 모든 품질 Risk를 Hedge한다는 것이 쉬운 일은 아니기 때문에 품질 이슈를 내부적으로 검출하지 못하고, 고객 또는 필드까지 유출되는 상황이 발생할 수도 있다.

이러한 경험들을 통해 우리는 고객품질을 예측하여 예방 활동을 실시해야 한다. 발생한 고객 품질이슈에 대해 되짚어 보고, 분석과 Reflection을 통해 이슈를 해결하고 확산되지 않도록 조치해야 하며, 이러한 경험을 토대로 품질 Risk에 대한 Signal을 지속적으로 관찰하고 모니터링하여 재발 방지에 힘써야 한다. 특히 신뢰성 시험이나 양산 초기 단계에서 잠재적인 품질 Risk가 감지되면 가볍게 넘기지 말고 고객의 눈높이로 점검하여 고객품질 이슈의 불씨를 없애도록 해야 하며, 향후 잠재적 Risk가 애초에 발생되지 않도록 Process와 System 관점에서 예방 조치해야 한다.

하지만, 이러한 정보는 현장에서 실무를 하는 담당자가 아니면 발견하기 힘든 경우가 많다. 따라서 실무담당자가 자발적으로 Risk를 공유할 수 있는 문화를 지속적으로 만들어 나가야 하며, 고객품질 전담부서에서는 이슈 정보 파악을 위한 활동을 전개해 나가야 한다.

① 신뢰성 시험 기준을 통과하였지만, 고객 사용 환경 관점에서 정상적인 기능 구현에 Risk는 없는지 확인

② 현재 검사 공정 체계로 고객에게 불량이 유출되지 않을 만큼 높은 검출력을 확보하고 있는지 확인(고객 입고검사체계와 비교 분석하여 Align 활동 전개 필요)

③ 생산 공정에서 진행성 불량 Risk 또는 불량과 직접적 연관은 없지만 기준 부재로 임의 판정하는 품질 Risk는 없는지 확인

(2) 고객의 품질 우려사항 입수

품질의 입장에서 협력사를 보면 협력사에서 개선해 주었으면 하는 많은 항목들이 있을 것이다. 마찬가지로 고객도 자사에 많은 바람과 우려, 불만사항이 존재할 것이다. 품질은 이러한 고객의 생각을 정확하게 파악하여 고객이 생각하는 품질의 우려사항이 발생하지 않도록 품질 개선활동에 매진해야 한다. 하지만 고객에게서 정보를 입수하기란 현실적으로 상당히 어렵기 때문에 관계를 잘 형성하고 자주 방문하여 소통을 지속적으로 이어 나가는 것이 중요하다. 품질 이슈가 발생한 이후에 고객과의 미팅은 품질 이슈 해결에 대화가 집중되어 전반적인 제품 품질에 대한 진정한 고객 우려사항과 만족도에 대한 정보를 들을 수가 없을 것이다.

따라서 품질 이슈가 발생하지 않더라도 고객품질 전담 조직에서는 고객과 정기적인 미팅을 추진하고, 고객과의 대화를 흘려 듣지 말고 경청하여 고객의 VOC가 Data로 관리될 수 있도록 해야 한다. 이렇게 수집된 VOC는 불만의 빈도, 우려사항의 타당성, 내부 품질분석 결과, 경영과 품질의 전략 등 종합적인 분석과 해석을 통해 품질경영 관점에서 개선활동이 추진되어야 하므로 고객전담부서에서는 가능한 고객의 목소리를 객관화하여 정보 수집 및 관리가 될 수 있도록 해야 한다.

(3) 경쟁사 품질동향 파악

지피지기 백전백승이라고 하였다. 고객 입장에서는 우수한 제품과 부품을 공급사로부터 제공받기를 희망한다. 고객에게 품질 경쟁력이 있는 제품 또는 부품을 공급하기 위해서는 반드시 경쟁사의 품질 수준을 파악하여 보다 우수한 품질의 제품과 부품을 고객에게 공급해야 한다.

고객이 요구한 품질을 모두 만족하면서도 경쟁사는 제공하지 않거나, 제공할 수 없는 고객의 잠재적 기대를 발굴하여 고객에게 제공한다면 고객은 반드시 감동을 느끼게 될 것이다.

그러므로 끊임없이 경쟁사의 제품과 비교하여 강점과 약점에 대해 분석하고, 선의의 경쟁을 통해 강점은 부각하고 약점은 극복하여 고객으로부터 지속적으로 인정받아 최고의 파트너가 되도록 해야 한다.

고객품질 전담부서에서는 고객을 승자로 만드는 파트너사가 되기 위해 합법적인 방법을 통해 경쟁관계에 있는 주요 회사들의 동향과 제품 특성을 지속적으로 모니터링하고, 분석을 실시하여 경영층과의 논의를 통해 차별화된 고객가치를 제공할 수 있도록 품질혁신 활동을 추진해 나가야 한다.

(4) 수집 정보 3C 분석 및 과제 우선순위 선정

내부의 잠재적 품질 Risk, 고객 품질 우려사항, 경쟁사 품질 동향에 대한 정보를 입수하면 고객품질 전담부서에서는 정보를 바탕으로 3C분석을 실시하여 내부의 전체적인 Business Supply Chain의 Process와 System, 그리고 설비와 Human Resource 등 종합적인 관점에서 고객가치를 제공할 수 있는 개선 필요사항을 발굴하고 단기/중기/장기적인 전략과 연계하여 유의미한 시사점들을 도출해야 한다. 다시 말해 수집된 Data를 분류 및 층별하여 종합적으로 분석하고 경영층과 정기적인 소통을 Channel을 통해 정보와 분석결과가 공유되고 관련부서에게 개선 과제가 부여되어 체계적으로 고객품질 개선 활동이 추진될 수 있도록 해야 한다. 이때 고려해야 하는 사항은 ① 잠재적인 품질 Risk의 심각도 ② 고객의 중요도 ③ 내부 자원 ④ 품질경영 전략을 고려하여 적절히 선정해야 한다.

이렇게 품질개선 과제가 선정되면 고객품질 조직에서는 개선과제 실행 부서를 지원하여 과제가 성공적으로 추진될 수 있도록 관리해야 한다.

(5) 근본 원인/메커니즘 규명/근본대책 수립

다음은 과제의 목표를 달성하기 위해 잠재적 Risk 또는 미흡점의 원인을 도출하기 위해 메커니즘 분석을 실시하여 근본원인을 도출하고 대책을 수립하는 절차이다. 이러한 과정은 앞에서 수차례 소개하였으니 생략하도록 하겠다.

여기서는 판단과 판정의 기준은 내부기준이 아니라, 고객의 기준이 되어야 한다는 것을 명심해야 한다.

내부 모든 기준이 양품이라고 해도 고객에서 만족하지 않는 제품은 불량으로 간주할 수 있기 때문에 반드시 고객의 눈높이에 맞춘 대책을 수립해야 고객가치를 제공할 수 있다.

(6) 유효성 점검(고객만족도 포함)

고객전담 부서에서는 고객품질 개선 과제가 완료되면 반드시 고객품질의 개선 효과에 대해 확인하고, 지속적으로 효과가 유지되는지 모니터링해야 한다.

① 과제 목표와 달성 여부를 점검하여 개선 완료에 대한 적절성 평가를 실시하고, 잠재적 Risk가 Process 관점에서 조치되었는지 확인한다.

② 필요하다면 고객에게 개선사항 또는 차별화 Point에 대해 공유하여 고객의 반응 및 의견을 수집하여 향후 개선 활동의 자료로 활용한다.

(7) 수평/확대 전개

특정 고객에게 가치를 제공하기 위해 시작한 과제라고 할지라도 차별화 Point 를 발굴한 경우는 모든 고객에게 확대 제공하는 것을 검토해봐야 한다.

고객전담 부서에서는 발굴한 가치가 다른 고객의 제품에도 유효한지 검토를 실시하여 확대될 수 있도록 해야 하며, 해당 정보는 다른 사업부 및 해외 생산 법 인까지 공유하여 수평전개가 될 수 있도록 한다.

그렇게 제공한 가치를 통해 고객이 승자가 되도록 하여야 하며 이런 활동을 통해, 고객이 신뢰하는 최고의 파트너 자리를 지속적으로 유지할 수 있을 것이다.

제 **4** 장

Quality 4.0

고객감동
품질경영솔루션

Quality 4.0

Ⅰ. 품질의 변화

1. 4차 산업혁명의 특징

2016년 알파고와 이세돌 9단의 바둑대결을 기억하고 있을 것이다.

알파고는 엄청난 양의 Data를 인공지능으로 학습하여 최적의 방안을 찾아 실행하도록 설계되었고, 결국 넘지 못할 인간의 무한한 한계의 영역을 벗어나 승리를 거두었다. 그리고 1년 후, 새롭게 개발된 알파고 제로가 등장하였고 인간의 기보를 사전에 학습하지 않은 상태에서 알파고와 70시간의 대전을 통해 강화학습을 하였고 이후 100차례 대국에서 알파고를 상대로 한 차례도 패배하지 않았다.

이처럼 AI, Big Data, ICT 등 4차 산업혁명의 기반인 디지털 기술은 빠르게 발전하고 있으며, 디지털 기술 활용이 산업에도 큰 변화를 가져오고 있다.

이러한 큰 변화의 특징을 품질관점에서 바라보면 그림 4-1 과 같이 나누어 생각해 볼 수 있다.

과거에는 고객이 요청한 규격과 품질을 맞춰 기업에서 제작하여 고객에게 제공하였다면, 앞으로는 고객이 제품 개발단계부터 참여하여 함께 품질을 만드는 개념으로 변화해 갈 것이다.

또한 기존에는 산업의 변화 속도가 완만하여 변화에 발맞추어 대응을 해도 늦지 않았지만, 디지털 기술 발전 속도와 함께 산업의 변화의 속도는 점점 빨라져 변화를 체감할 때 대응하면 품질 경쟁력을 잃게 될 수도 있다.

그리고 디지털 기술을 활용한 Data 기반 업무가 지속적으로 늘어나면서 후행 중심의 업무 Process에서 예측을 통한 선행과 복합적인 업무 Process로 변화하여 빠르게 고객품질을 만족시키는 방향으로 전개되며 품질관리 방법도 입고/공정/출하의 샘플링 검사방법에서 전수검사 형태로 바뀌고 Big Data, AI, ICT 기술을 활용하여 제품/공정설계, 부품, 생산과정 등에서 생성된 모든 Data를 기반으로 추적성을 확보하여 실시간으로 특성변화를 분석하고 품질을 관리하는 모습으로 변화해 나갈 것이다.

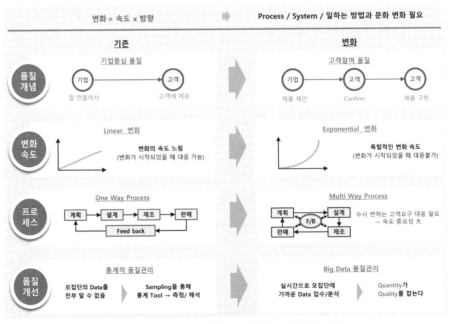

〈그림 4-1〉 4차 산업혁명과 일하는 방식의 변화

디지털 기술에 기반한 4차 산업혁명은 이미 시작되었고, 많은 기업에서 비용을 줄이고 성능과 품질은 높여 Time to Market으로 고객에게 가치를 제공하기 위한 스마트 팩토리 구축을 목표로 디지털 기술을 도입하거나 준비 중에 있다.

스마트 팩토리란 모든 Analog 업무를 Digital로 변경하여 설계 및 개발, 제조 및 유통 등 생산에 필요한 전체 과정에 디지털 자동화 솔루션이 결합된 정보통신 기술을 적용하여 생산성, 품질, 고객만족도를 향상시키는 지능형 생산 공장으로 공장 내 설비와 기계에 사물인터넷을 설치하여 공정 데이터를 실시간으로 수집하고 이를 분석해 스스로 제어할 수 있게 만든 미래의 공장을 의미한다.(위키백과)

독일 남부에 위치한 지멘스 암베르크 공장은 현재까지 가장 진화한 스마트 팩토리이다.

암베르크 공장에서는 엔지니어링에서 발생된 Data가 실시간으로 생산라인으로 전달되고 생산라인에서 생성된 Data는 실시간으로 엔지니어링으로 전달되면서 제품의 개발과 공정을 동시에 최적화하기 위해 1000개 이상의 센서와 스캐너를 이용하여 이상과 불량을 실시간으로 감지 · 조치하는 스마트 팩토리를 구축하면서 30년 전보다 불량률이 20분의 1로 줄게 되었다.(500ppm → 10ppm)

지멘스 암베르크의 스마트 팩토리에 활용된 주요 기술은 디지털 트윈 기술이다.

디지털 트윈은 쉽게 이야기하면, 물리적 실체를 컴퓨터 속 가상의 복제품으로 만들어 현실에서 발생할 수 있는 환경을 동일하게 가상현실에서 구현하여 시뮬레이션을 통해 결과를 예측을 하는 기술이다.(그림 4-2)

디지털 트윈 기술을 제조 산업에 활용하면 제품 및 공정설계 단계에서 실제 샘플을 만들어 보지 않고 시뮬레이션을 통해 가상설계를 할 수도 있으며, 생산 공정에서도 이상 변화를 빠르게 감지하여 조치할 수 있다. 여기에 인공지능 기술이 더해지면, 스스로 판단하여 제어하는 지능형 자동화 시스템을 구축할 수 있게 되는 것이다.

이렇게 4차 산업의 디지털 기술은 이미 기업 제조생산까지 깊숙이 들어와 있으며 품질은 앞으로 급격하게 변하는 산업의 환경에서 품질경쟁력을 갖추기 위해서 지금부터 대비를 해야 한다.

그럼 앞에서 살펴 본 산업 환경의 변화와 디지털 기술의 발전에 따라 품질은 어떻게 변화될지 살펴보자.

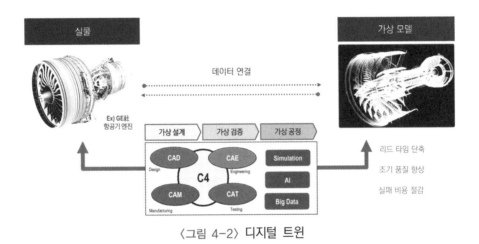

〈그림 4-2〉 디지털 트윈

2. 품질의 변화

우선 품질경영의 변화 Trend는 전 구성원이 참여하여 품질 중심의 업무를 하는 종합품질경영(TQM) 체계에서 모든 Data와 시스템이 품질 중심으로 프로세싱되는 디지털 품질경영(DQM) 체계로 변화해 나갈 것이다.

이에 따라 Data 품질을 위한 Measurability, 시스템 간의 연결을 위한 Connectivity,

그리고 Data의 추적을 확보하기 위한 Traceability를 중심으로, 생산 모든 과정에서의 Data와 정보가 공유되고 철저히 Data로 운영되는 품질전략을 수립해야 하며 제품의 설계에서부터 양산, 그리고 고객 대응까지 품질경영의 IT 시스템을 기반으로 Analog to Digital을 통해 가상설계 Simulation과 생산 자동/무인화 구축으로 Total Defect Zero, 즉 무결점 제품을 달성하여 고객 가치를 제공해야 한다.

이것이 Quality 4.0, 즉 4차 산업 품질의 방향이라 생각한다.

Quality 4.0을 달성하기 위해 품질관리의 모습도 많이 바뀌게 될 것이다. (그림 4-3 참조)

개발품질관리의 경우 개발자에 따라 제품설계의 품질수준이 결정될 정도로 개발자 역량에 대한 의존도가 높았다. 설계에 대한 전문지식과 품질 Risk 관리를 철저히 하는 개발자가 개발하면 제품 품질수준이 높은 반면에 설계역량이 부족하거나, 과정 관리에 실패하여 일정에 쫓겨 개발 완성도가 낮아지면 품질수준도 따라서 낮을 수밖에 없었다.

하지만 과거와는 달리 앞으로는 설계 Platform이 구축되고 가상설계 및 Simulation 분석 기술이 고도화됨에 따라 명확한 절차에 따라 설계를 하면 누가 설계를 하든지 품질이 확보되도록 변화할 것이다.

또한 다양한 설계 Simulation 분석을 통해 품질 Risk를 사전에 검증하므로 샘플을 제작하여 평가하는 시간과 시행착오를 상당히 줄일 수 있어서 전체 개발일정을 획기적으로 앞당길 수 있을 것이다.

뿐만 아니라 협력사의 부품 Data와 고객의 완제품 Data가 함께 연동/분석되어 제품의 품질을 더욱 정밀하게 검토하여 설계에 반영함으로써 보다 강건한 설계를 통한 개발의 완성도가 높아지게 될 것이다.

〈그림 4-3〉 Quality 4.0

 또한 품질에 대한 검사 및 Data 처리방법에도 많은 변화가 있을 것이다. 그림 4-4
 자공정 완결을 위한 입고/공정/출하검사는 불량 검출과 유출 관점에서 검사방
법과 기준을 수립하여 통상 샘플링으로 실시해 왔으나, 샘플링 검사의 한계로 불
량 유출이 발생할 수밖에 없으며 검사원 역량의 편차로 Human Error로 부터 자유
로울 수 없었다.
 하지만 샘플링 검사를 수행하던 과거와는 다르게 전수검사 체계가 구축되고
Big Data와 정보통신기술 등 디지털 기술의 발달로 협력사를 포함한 전체 공정
과정에서 생성된 Data를 분석하여 검사공정의 이상을 사전에 감지하고 수집된 정
보에 따라 인공지능이 스스로 판정하여 품질을 검증하게 되며, 이를 통해 공정에
불량부품이나 자재가 투입되는 것을 사전에 방지하고, 실시간으로 공정이상에 대
한 모니터링 및 자동 제어를 실시하여 공정품질을 유지하며 혹여나 불량이 발생
한 경우는 System적으로 절대 출하되지 않도록 하는 무인 자동화에 기반한 선행

검사 품질체계가 구축될 것이다.

나아가 전체 공정 설비에 IoT/센서를 적용하여 전 공정이 통합되고 실시간으로 모니터링되며 이상발생에 대한 예측과 원인이 유기적으로 추적되어 선공정과 후공정에 정보를 전달하여 사전에 설비를 실시간으로 제어하면서 **생산되므로** 품질 수준을 지속적으로 유지하게 될 것이다.

이렇게 되면 별도 품질검사를 굳이 하지 않더라도 공정의 과정에서 생성된 Data를 분석하여 결과를 예측하는 가상측정으로 품질을 검증할 수도 있게 된다.

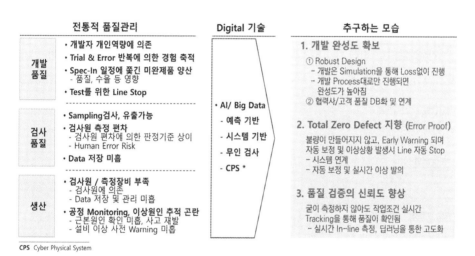

CPS Cyber Physical System

〈그림 4-4〉 Digital 기술을 활용한 품질예측

3. 품질업무의 변화

4차 산업의 환경변화와 디지털 기술의 발전에 따라 품질경영과 품질관리의 모습이 변화하고 있으므로 품질부서 업무도 디지털 기술과 접목하여 Process, System, 일하는 방법과 문화를 모두 변경해야 하며 지속적으로 고도화해 나가야 한다.

그림 4-5 와 같이 품질영역별로 업무 변화 방향에 대해 살펴보면 우선 **개발품질**에서는 개발 Project의 과정 관리를 통해 개발 완성도를 검증하던 Analog 업무 중심에서 C4(CAD, CAE, CAM, CAT)를 기반한 디지털 기술을 활용하여 가상으로 제품을 설계/해석하고, 가상으로 검증하여 가상 공정까지 이어지는 새로운 기법과 Platform을 이해해야 한다.

자동설계 기술의 발전에 따라 품질도 자동으로 Simulation 검증을 할 수밖에 없으며 고객 요구품질과 품질 Risk를 어떻게 검증할 것인지에 대한 가상검증의 명확한 방안과 가이드를 준비해야 한다.

또한 C4 중심의 Platform 구축에도 반드시 참여하여 향후 System 활용에 따른 품질 Risk가 발생하지 않도록 철저히 검토하여 검토사항을 반영해야 한다.

만약 디지털 Process, System의 품질체계가 갖춰진다면 샘플제작 업무의 필요성이 사라져 개발 일정이 단축되고 비용은 축소될 것이며 품질의 완성도는 더욱 높아질 것이다.

품질 영역	As Was	As Is	To Be
개발	▪ 경험과 수작업에 의한 개발 완성도 검증(FMEA*, 신뢰성 평가)	▪ 시스템 기반의 개발 완성도 검증 ▪ FMEA* 등 DB화 적용 확대 ▪ 기존 시험법 및 판정기준 재정립	▪ 가상 검증 및 예측 시뮬레이션 활동 검증과 가이드
부품/원자재	▪ 수입검사에 의한 원자재/부품 품질 보증, 업체 Audit	▪ 시스템 기반의 원자재/부품 품질보증 : 업체 MES*와 iQC* data 연계, Audit DB화	▪ 협력업체 Data 연계, 무검사化 품질 보증
공정/생산	▪ 샘플링 검사에 의한 제조 균일 품질 관리 ▪ 변경점 관리, Patrol, 품질 이슈 대응	▪ 전수 자동측정 및 검사 전개활동 검증 ▪ 변경 영향 검증, 합부 판정 정량화, Data의 DB화 ▪ 측정/검사 장비의 시스템 연계 및 Data 신뢰도 확보	▪ 전수 자동 측정 및 검사를 통한 이상 검증 및 개선 ▪ AI/ 빅데이터 신뢰도 확보 및 이를 활용한 품질 예측
출하	▪ 샘플링 검사/보증 시험에 의한 합부 판정	▪ 시스템 기반의 Data 모니터링 및 분석, 검증 관리	▪ 출하 검사 최소화 ▪ 보증시험/시뮬레이션 강화
고객 (시장)	▪ 고객/시장 품질이슈 사후 대응 및 분석	▪ 시스템 기반의 추적 관리 체계 (개발~양산~고객) ▪ 온라인데이터/빅데이터 활용 품질 이슈 조기 대응	▪ 빅데이터 분석 활용 → 고객/시장 품질이슈 예측 → 신제품 개발 반영

〈그림 4-5〉 시스템에 의한 자동화 및 AI/Big Data를
활용한 사전 예지로 품질 업무 고도화

부품 품질은 협력사와 사내 시스템의 연동 및 연동하여 Data 연계를 통해 협력사 출하품질과 사내 입고품질이 동시에 보증되는 체계를 구축하도록 해야 하며 이

를 통해 별도 검사원에 의한 입고검사를 하지 않아도 공정에 투입되는 부품/원자재에 대한 품질이 검증될 수 있도록 업무를 변경해야 한다.

공정/생산 품질에서는 제품 제작공정과 검사공정의 무인 자동화를 위해 설비 In-line화를 추진하여 샘플 측정을 하던 검사방식이 전수 자동측정의 개념으로 변경될 것이다. 또한 생성된 Data를 모니터링/분석하여 이상 감지가 발생하면 실시간으로 알람이 가고 Feed forwarding을 통해 이상 감지에 대한 정보가 후공정으로 공유되어 인공지능 및 Big Data로 품질을 예측하여 사전에 예방할 수 있는 품질체계를 만들어야 할 것이다.

출하품질은 실제 제품을 평가하기보다는 제품의 생산이력 Data를 통해 품질을 예측하고 인공지능 기술을 이용하여 합부 판정을 실시하는 검증체계를 만들어야 한다.

고객품질의 경우 발생된 고객 이슈 Data를 모두 수집하여 Big Data 분석으로 고객공정과 시장에서 불량 발생에 대한 예측을 통해 선제적 조치를 실시하는 Process를 수립하고 고객과의 정기적인 소통을 위한 Data 수집 Channel을 확대하여 고객의 Pain Point를 실시간 감지하고 대응하는 시스템을 구축해야 할 것이다.

앞으로는 개발품질부터 양산, 고객품질까지 전체가 디지털 기술을 활용한 Data 분석을 기반한 Simulation, 예측 중심의 품질체계로 업무가 변화하며 점점 더 고도화될 것이다.

그렇다면 디지털 품질체계에서 활용될 Data 품질 확보가 그 무엇보다 중요한 업무 중 하나가 될 것이다.

Data 품질이란 Data 활용 목적에 맞게 수집기준에 따라 정확히 측정된 값을 누락 없이 확보하는 것을 뜻하며 확보되어야 하는 Data 품질수준에 따라 예측, 의사결정, 작업이 다른 방향으로 갈 수 있기 때문에 품질에서는 Data 사용 목적에 맞게 정확히 측정/활용될 수 있는 품질수준을 확보해야 한다.(　표 4-1　 참고)

[표 4-1] Data 품질 미확보에 따른 영향

Data 수집 오류	영향	분석 결과	예시
측정 신뢰도 저하	검증 정확도 저하	예측 모형과 실제 검증 값의 차이 발생	① 불량 → 양품 ② 0.5 → 0.6
등록 누락/오 기입	검증 정확도 저하		① 0.5 → N/A ② 0.5 → 0.05
입력 정보 불일치	활용 가능 Data 부족		① 두께 ≠ Thickness
측정분해능 저하	Data 중복		① 0.16, 0.19 → 0.2

품질의 업무 대부분이 Data 분석을 기반으로 한 업무로 변경될 것으로 예상되지만, 대부분 기업은 품질업무 고도화를 위한 Data 생성/수집/관리/분석/적용에 대한 운용 수준이 아직까지는 미흡한 수준이다.

　그림 4-6　 은 Data 품질관리의 필요성을 설명하고 있으며 CTQ는 고객품질을 위해 반드시 관리되어야 하는 항목이지만 관리 방법을 살펴보면 작업자가 매뉴얼로 여러 번 측정하여 PC에 일부의 결과만을 저장하고 저장된 결과를 관리시스템에 재입력하는 형태의 미흡한 관리가 만연해 있다.

이러한 경우 관리시스템에 등록된 측정값에 대한 신뢰가 낮을뿐더러 작업자 실수가 그대로 반영될 수 있는 취약한 Data 수집 구조이며, 실시간으로 모니터링/관리되기도 힘들다.

또한 Big Data 분석을 통해 최적의 솔루션을 도출하거나 생산공정의 자동 보정/

제어 기술을 위해 인공지능을 도입한다 하더라도 분석을 위한 Data와 학습을 위한 Data에 문제가 있다면 부정확한 예측으로 결과를 신뢰할 수 없을 것이다.

하지만 실무에서는 설비간 측정 정합성에 대한 검증을 하지 않고 교정에 대한 보정관리는 형식적으로 실시하며 계측기/검사기 Gage R&R 검증은 항상 우선순위에서 제외되는 것이 현실이다.

앞으로의 측정업무는 모두 무인 자동설비로 변화될 것이며 검사업무는 인공지능검사 설비로 대체될 것이다.

그러므로 분석을 위한 Data와 학습을 위한 Data의 신뢰도를 확보하는 것이 무엇보다도 중요하다.

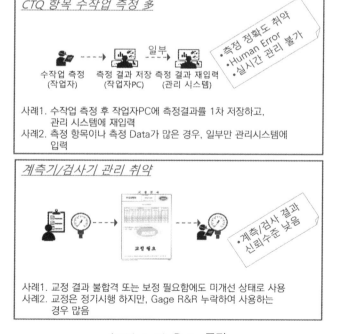

〈그림 4-6〉 Data 품질

Data 품질 확보를 위해서는 우선 Data를 수집하고자 하는 대상을 명확히 정의해야 하며 Data 수집을 위한 계측기/검사기/센서에 대해 정확하고 정밀하게 측정하는지를 반드시 검증하고 지속적으로 유지되는지를 주기적으로 확인해야 한다.

항후에는 Data 품질확보가 품질업무의 가장 중요한 업무 중에 하나가 될 것이다.

생산 현장 점검 시 대표적인 지적사항 중의 하나가 고객에게 제출한 승인원의 관리항목 규격과 사내 관리계획서에 기재된 규격, 현장 작업지도서에 기재된 규격이 서로 불일치하는 사항이었다.

그림 4-7 은 Data의 추적과 연계성에 대한 것으로 품질관리항목에 대한 정보를 각 부서가 활용하는 시스템에 등록하다 보니 등록 이력관리가 제대로 되지 않아 Human Error가 발생한 것이다.

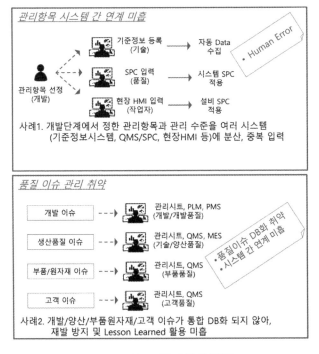

〈그림 4-7〉 Data의 추적/연계성

또한 하나의 통합 시스템이 아닌 여러 시스템에 Data를 등록/관리를 하다 보니 Data가 서로 연결되지 않고 분산/중복 저장 관리가 되는 한계가 있다.

따라서 품질은 각 Process에서 생성되는 Data의 추적/연결성을 확보하기 위해 기본정보에 의한 추적/연계성을 마련하여 등록에 대한 Human Error를 줄이고 공정의 자동화와 무인화를 위한 기반을 마련해야 한다.

마지막으로 개발에서 발생한 품질 이슈, 생산에서 발생된 품질 이슈, 협력사에서 발생된 품질 이슈, 고객공정에서 발생된 이슈 제품사용 환경에서 발생된 이슈들이 통합하여 저장/관리되지 않고 이슈에 대한 책임부서에서 활용하는 시스템에 제각기 등록하고 있다.

이런 경우 Lessons Learned만을 활용한 원인분석이 이뤄지므로 확실한 재발방지 대책이 수립되기도 힘들다.

특정 조건에서 만들어진 제품이 어떤 문제가 발생하는지에 대한 Data 분석을 실시하면 결과 예측이 보다 정확하고 조건 제어를 통해 높은 품질 수준을 확보할 수 있기 때문에 Data 활용 측면에서 실제 발생한 이슈는 소중한 자산이다.

따라서 품질이슈에 대한 Data는 반드시 통합 관리될 수 있는 DB 시스템을 확보하여 이슈 간 Data 연계 분석을 통해 Data 학습에 대해 Lessons Learned 및 재발방지가 될 수 있도록 해야 한다.

공정 품질관리와 Big Data 분석을 통한 예측력 향상을 위해서는 "Data 품질" 확보가 필수적이다.

Data 품질

□ Data 품질 정의 < 출처 : 한국데이터 진흥원 >

- 분석 및 의사결정을 위해 사용되는 Data 수준

  Data를 활용 목적에 맞게 정확한 수집기준에 따라
  올바르게 측정된 값을 누락없이 확보함을 의미함

□ Data 품질 구성요소

- Data 품질은 1) 유효성 2) 활용성으로 구분
- Data 품질 판단 기준은 총 6개 상세 항목 구성

구분	품질기준	판단기준
유효성	✓ 정확성	• Data 측정 / 판단 기준 정확성
	✓ 일관성	• System(표준)간의 Data값 / 기준 동일
활용성	✓ 유용성	• 분석 대상의 필요한 Data값이 존재
	접근성	• 사용자가 Data 이용 편의성
	적시성	• 분석 대상 Data의 최신성
	보안성	• 외부 / 내부 요인으로부터 Data 보호

  ✓ Data 측정결과 및 의사결정에 가장 큰 영향을 주는 요소는
    1) 정확성 2) 일관성 3) 유용성

Data 품질 유형

□ Data 품질 유형 및 영향

측정 결과 부정확 및 의사결정 오판단

➢ Data 품질 미보장 시 공정 품질 관리 및
  Big Data를 통한 예측 분석 신뢰도 저하

〈그림 4-8〉 Data 품질 유형

앞으로 4차 산업에 따른 디지털 기술의 변화로 인해 종합 품질경영에서 Data와 System 기반의 디지털 품질경영으로 점점 빠르게 변화해 갈 것이며 개발품질은 제품개발 완성도를 확보하기 위해서 Data 품질을 확보하고 Big Data와 정보통신 기술 기반의 설계 Simulation 구축과 검증 방안 수립의 방향으로 업무를 추진하고 양산품질은 무결점을 위한 Data 관리 시스템 연계, 자동 제작/검사 공정 구축, 그리고 생성된 Data 분석/관리, 인공지능기반의 무인/자동화 공정 제어 방향의 디지털 품질체계로 업무가 변화해 나갈 것이다.

또한 내부품질체계 뿐만 아니라 고객과 실시간으로 정보와 Data를 공유하여 고객가치를 극대화하는 Quality 4.0을 추구해야 한다.

다음 그림 4-9 는 Quality 4.0의 추진에 대한 개념을 도식화하여 이해를 돕고자 한다.

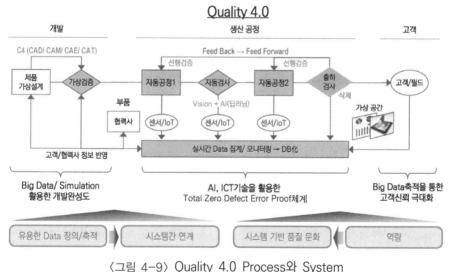

〈그림 4-9〉 Quality 4.0 Process와 System

개발단계에서 Big Data, Simulation 기술을 활용한 C4기반의 가상설계/해석/검증/공정으로 개발 완성도를 높이고 생산공정에서는 AI, ICT 기술 등을 활용하여 Feed Forward의 선행품질 예방으로 Total Zero Defect를 달성하기 위한 Error Proof 시스템 체계를 구축해야 하며 축적된 Data를 기반으로 고객에게 신뢰를 줄 수 있는 디지털 품질체계, 즉 Quality 4.0을 구축해야 한다.

따라서 품질부서는 Quality 4.0에 맞춰 Process, System, 일하는 방법과 문화를 변화시켜 궁극적으로 아래 표 4-2 와 같은 모습으로 품질체계가 구축될 수 있도록 업무를 추진해 나가야 하겠다.

[표 4-2] Quality 4.0 품질관리역할

구분	과제	활동	품질의 역할
개발 완성도 확보	가상화(CPS, CAE)를 활용한 개발 및 품질	가상 검증	• 기존 시험법/판정기준 재정립 • 인정시험 대체를 위한 가상검증 적용 전략 수립 및 실행 : CAT팀 또는 Task 구성
	협력사 ↔ 사내 ↔ 고객/시장 Data의 Big Data 및 연계분석	Big Data 및 연계	• 품질 Data Control Tower • Big Data 활용한 품질 개선영역 확장(양산 → 개발)
Total Defect Zero (Error Proof)	제조공정 IoT/센서를 활용한 Error Proof 공정 구축	IoT 활용 Error Proof	• Gage R&R을 통한 검사기와 측정기의 신뢰도 검증 • IoT의 센서의 교정관리 방안 수립 • 항목별 관리방법 정립
	공정 이력 DB화를 통한 분석	공정이력 DB화	• Data 기준정보 가이드 • Data Control Tower
	작업 자동화를 통한 균일품질 확보	공정조건 자동보정	• 자동 측정에 대한 데이터 신뢰도 확보(Gage R&R)

구분	과제	활동	품질의 역할
		로봇기술 활용 공정자동화	• 중요 품질 특성 도출 → 공정 자동화 先 적용
	CPS(Digital Twin)를 통한 공정 모니터링 및 실시간 Data추적	Digital Twin 구성	• 공정 품질관리항목 연계 가이드
	협력사 ↔ 사내 ↔ 고객/시장 Data의 실시간 연계	협력사~사내 연계 시스템	• 협력사 품질관리항목 운영 가이드 • 능동적 고객 대응 방안 마련
		사내~고객 연계 시스템	
품질 검증 신뢰도 확보	검사 자동화를 통한 전수 검사 체계 구축	자동 Vision 검사기 도입	• Vision 검사기 합/부 판정 정확도 • 관능검사 기준(Spec) 명확화 • 개발단계부터 적용방안 수립 • 불량품 자동 배출
	검사 In-line화 및 선행 검증 확보	In-line 자동검사 시스템 구축	• 검사간 Correlation 확보 • 반제품(공정검사)으로 완제품(출하검사) 대체할 수 있는 검사항목 개발 • 관능검사의 양불 판정 기준 명확화, 판정 사례 DB화

Ⅱ. 변하지 않는 품질 가치

아무리 디지털 기술이 급속도로 발전하여 산업에 엄청난 영향을 끼쳐, 품질의 업무 Process와 System이 대대적으로 변경되고 품질의 일하는 방법과 문화가 변경되더라도 품질에는 변하지 않는 고유의 가치가 있다.

바로, **품질 사상**이다.

첫째, 가치 창출을 통한 고객품질 만족이다.

제1장 제일 처음 이야기한 **품질에 대한 정의는 고객이 요청한 제품 관점이 아니라, 고객이 사용하는 관점에서 품질을 만족해야 한다**고 하였다.

여기서 생각해 봐야 하는 것은 고객이 요구한 사항은 물론이고, 고객이 제품을 사용하는 환경과 제품 만족도에 대한 고객의 마음을 이해하는 것이 품질이라는 의미가 된다.

따라서 고객이 요구한 사항만을 위한 품질보증과 품질관리를 뛰어넘어 더욱 넓은 범위에서 사내/경쟁사/고객의 분석을 통해 설정하여 Quality 4.0이 구축되도록 품질부서의 역할을 다해야 한다.

앞서 여러 번 이야기했지만 타 부문에서는 위와 같은 고민과 생각을 하기에는 역부족이다.

당장 고객이 요구하는 목소리에만 집중할 것이며 고객요청 사항을 달성하기 위해 각자 최선을 다할 것이다.

그래서 품질부서는 고객의 요청사항 이외에 잠재적 Pain Point를 포함한 고객품질 만족까지 검토될 수 있도록 리더십을 발휘하여 상하조직 간, 유관부서 간 소통을 통해 올바른 방향으로 Quality 4.0이 전개되어 나갈 수 있도록 유도하고 이끌어 나가야 한다.

기업마다 품질이 무엇이고 본질적으로 어떻게 생각하느냐에 따라 4차 산업의 Quality 4.0 추진 방향이 달라질 수 있을 것이다.

하지만 품질은 반드시 고객이 요청한 사항이 전부가 아니라는 것을 명심하고 고객가치 창출을 위해 무엇을 해야 하는지 정의하고 Quality 4.0을 준비해야 한다.

두 번째로 변하지 말아야 할 품질사상은 **Zero Defect를 추구하는 지향점**이다.

품질부서의 존재 이유는 개발단계의 과정을 관리하여 품질을 보증하고 양산단계에서는 품질검사를 통해 공정의 변동을 관리하여 고객에게 제공하는 상품에 어떠한 품질이슈도 발생하지 않도록 예방하고 조치하는 것이다. 무결점의 사상은 과거에서부터 지금까지 변하지 않고 이어지고 있으며 미래의 어떤 환경으로 변하더라도 변할 수 없는 고유한 가치이다.

따라서 산업의 환경이 변화하더라도 불량을 만들지도, 생산하지도, 보내지도 않는 완벽한 품질체계를 토대로 품질 비용이 최소화될 수 있는 최적점을 찾아 디지털 기술과 융합된 새로운 Quality 4.0 품질체계가 구축될 수 있도록 역할을 다해야 할 것이다.

세 번째로 변하지 말아야 할 품질사상은 **원칙과 기준을 만들고 준수하는 것**이다.

Quality 4.0이 실현된다면 대부분의 업무가 무인/자동화될 것이다.

하지만 아무리 스마트 팩토리를 구축한다고 하더라도 사람이 하는 업무가 사라질 수는 없다.

정해진 업무의 틀 안에서는 무인/자동화가 가능하겠지만 제품의 Concept 변경, 고객 요구사항 변경, 제품사용 환경 변경, 설비 변경, 생산 Site 이동 등 정해지지 않은 모든 업무에 대해서는 사람이 나서서 진행해야 하는 업무인 것이다. 또한 정해진 틀의 원칙과 기준을 정하는 것도 결국 사람이 해야 한다.

따라서 각 부문의 변화하는 업무에 대한 원칙과 기준을 명확히 세우고 구성원들이 정해진 원칙과 기준을 준수하여 기업의 품질이 지속적으로 유지될 수 있는 문화를 만들어 나가야 할 것이다.

　마지막으로 변하지 않는 품질사상은 선행 중심의 품질관리 방법이다.

　불량이 발생하면 후속조치를 하는 업무 방법론에서 사전관리를 통해 불량이 발생하지 않도록 예방하는 방법론으로 품질체계가 변화되어 왔으며 앞으로는 디지털 기술을 활용한 품질예측을 통해 보다 완벽히 품질을 예방하는 방법론으로 품질체계가 구축될 것이다.

　개발단계에서는 고객요구 및 새로운 환경에 대한 Data를 수집하여 Simulation을 통한 가상설계/해석/제조/검증 중심으로 품질 Risk를 관리하고 예방하는 활동 중심으로 전개될 것이며 양산단계에서는 공정에서 생성되는 모든 Data를 실시간 분석하여 이상 징후 포착 시 자동제어를 통해 품질 이슈가 발생하지 않도록 사전 조치하고 예방하는 활동으로 품질체계가 구축될 것이다.

　위와 같이 최소 4가지 ① 고객품질 만족, ② 무결점, ③ 원칙과 기준 준수, ④ 선행 품질관리의 품질사상은 아무리 시대가 변하더라도 바뀌지 않는 품질의 고유 가치인 것이다.

　향후에는 Resource 구조의 변화로 품질부서는 이름이 변경되거나 타 부문에 통합될 수도 있을 것이다.

　하지만 위에서 정의한 품질의 사상과 업무는 결코 사라지지 않을 것이며 누군가는 반드시 해야만 하는 업무이다.

　원칙과 기준을 준수하고 선행품질 관리 관점으로 이슈를 예방하며 무결점 제품을 통해 고객품질을 만족한다면, 어떤 세상이 오더라도 고객과의 신뢰를 쌓아 품질이 사업의 기반이 되고 고객에게 감동을 주는 일등품질을 실현할 수 있을 것이다.

APQP(Advanced Product Quality Planning): 고객 요구사항 만족을 위해 제품 제조 Process를 계획/모니터링/보고/실행하는 구조적인 활동(차량 Business에서 주로 사용)

ART(Advanced/Accelerated Reliability Test): 제품 성능의 한계를 확인하기 위한 가속신뢰성 시험

Boundary Test: Spec의 상/하한을 확인하기 위하여, 기능이 구현될 수 있는 끝단의 샘플을 제작하여 진행하는 Test(Corner Test와 유사어)

Blind Test: Gage R&R 진행 시 작업자가 샘플의 순서나 조합 등을 알지 못한 상태로 랜덤하게 진행하는 Test

BOM(Bill of materials): 제품을 구성하는 부품 및 자재 리스트

CAD(Computer Aided Design): 개발단계 설계 시 사용하는 Software program뿐만 아니라 컴퓨터에 기억되어 있는 설계 정보를 그래픽 디스플레이 장치로 추출하여 화면을 보면서 설계하는 것(출처: 패션전문 자료사전)

CAE(Computer Aided Engineering): 컴퓨터 내부에 작성된 모델을 이용하여 각종 시뮬레이션, 기술해석 등 공학적인 검토를 하는 것뿐만 아니라, 컴퓨터를 사용하여 제품을 제조하기 위하여 필요한 정보를 통합적으로 처리하여 제품성능, 제조 공정들의 엔지니어링에 활용하는 것(출처: 도해 기계용어사전)

CAM(Computer Aided Manufacturing): 컴퓨터를 이용하여 3D 형상을 결정하고 3D 좌표계를 인출하여 CNC 머신을 사용하여 형상을 만드는 것 혹은 그에 필요한 컴퓨터용 응용 프로그램(출처: 나무위키)

CAR(Corrective Action Report): 부적합 발생 시 작성하는 시정조치 계획서

CAT(Computer Aided Test): 제품 개발 과정에서 부품이나 제품의 각종 특성을 확인하기 위해 시험 시 컴퓨터를 사용하는 시스템 또는 제조 공정에서 제품 검사 시 컴퓨터를 이용하는 시스템(출처: 정보통신용어사전)

Corner Test: 검증을 위한 Test에서 Spec의 상 or 하한 값을 확인할 수 있도록 샘플을 제작하여 진행하는 Test(Boundary Test와 유사어)

CP(Control Plan): 제품 제조 공정의 주요 관리 내용들을 정의해 놓은 계획서로, 일반적으로 단위 공정별 공정의 명칭과 중요한 점검 항목(CTQ/CTP)과 측정 방법(연계된 작업지서 번호 등) 및 조치 내용들을 기록한 계획서

CPS(Cyber Physical System): 사이버 물리시스템으로 디지털 트윈의 일환으로 제품을 만들지 않고 Data를 활용하여 제품의 예측하는 시스템

CTP(Critical To Process): 품질에 결정적인 영향을 미치는 요소를 결정하는 데 크게 기여하는 프로세스상의 관리 항목

CTQ(Critical To Quality): 고객 요구 항목 및 품질 보증을 위해 관리 대상으로 자체 설정한 품질에 결정적인 영향을 미치는 요소

Digital Twin: 현실세계의 기계나 장비 등을 가상세계에 구현하는 것으로, 이 책에서는 제품을 직접 만들지 않고, 가상에서 제품과 동일하게 시뮬레이션하여 필요한 정보를 예측하는 것

DQM(Digital Quality Management): 모든 데이터와 시스템이 품질 중심으로 프로세싱되는 품질 경영

DV(Design Verification): 개발단계를 구성하는 Step 중 하나로 디자인을 검증(주로 성능구현)하는 단계

EC(Engineering Change) Table: 주요 변경점들을 List up하고, 필수 또는 선택적으로 검증해야 할 신뢰성 시험항목을 정의해 놓은 table

ECO(Engineer Change Order): 기술적으로 변경이 필요한 부분에 대해 변경점 검토를 완료한 후 변경점을 승인하는 행위

ERRC(Eliminate, Raise, Reduce, Create): Idea 발상법의 Tool 중 하나로, 각 요소들의 제거, 감소, 강화, 추가 관점에서 검토를 실시하는 방법

FACA(Failure Analysis and Corrective Action): 불량분석 및 개선방안

FBD(Function Block Diagram): 개발단계 제품의 기능을 세분화하여 Block Diagram으로 도식화한 것

Feed Forward: Feedback의 반대 개념으로, 현재 알게 된 정보를 앞 공정에 공유하여, 앞 공정의 조건 조절을 통해 결과물을 최적화할 수 있도록 운영하는 기법

FMEA(Failure Mode and Effect Analysis): 어떤 시스템의 고장모드를 예측하고, 그 영향을 평가 분석하는 기법(Design-FMEA, Process-FMEA, Machine-FMEA 등으로 구분)

Error Proof: 관리 방법 중 하나로 언제 누가 작업을 해도 동일한 결과가 나올 수 있도록 미연 방지 조치를 사전에 적용하는 것(유사어 Error Proof)

FPI(First Product Inspection): 초도 생산품 검증(변경 이후 초기 생산하는 제품의 품질의 적합성을 검증하는 것)

Gage R&R(Gage Repeatability & Reproducibility): 측정시스템의 반복 및 재현성을 확인하는 것

IoT(Internet of Things): 사물인터넷

IQA(Income Quality Assurance): 수급된 자재의 품질보증

Lessons Learned: 이미 발생한 실패 사례들을 통해서 얻을 수 있는 교훈

LSL(Lower Spec Limit): Spec의 하한(USL: Spec 상한)

MES(Manufacturing Execution System): 제조업에서 사용되는 컴퓨터 기반의 시스템으로 생산공정을 효율적으로 모니터링하고 관리하는 IT시스템

MP Readiness(Mass Product Readiness): 개발단계에서 양산 준비 상태에 대한 완성도를 점검하기 위한 활동으로 주로 Check Sheet를 사전에 제작하여 점검 실시

MRB(Material Review Board): 양산단계에서 보류 혹은 홀딩된 제품들의 처리를 위한 협의체 중 하나로, 적절한 처리 방안을 논의하고 후속 관리 방안들을 결정하는 것

MRC(Mass Production Readiness Check): 대량생산을 실행하기 위한 여러 분야의 준비 상태를 점검하는 것

MSA(Measurement System Analysis): 측정시스템 분석(사람과 측정기를 포함하여 정밀도와 정확도와 같은 측정시스템 자체의 신뢰성을 확인하는 것)

NCR(Non Conformance Report): 품질 표준을 지키지 못하거나 충족하지 못한 내용에 대한 부적합 보고서

OIL(Open Issue List): 발생된 이슈들 중 아직 원인분석을 통한 종료되지 않은 항목으로 근본원인 분석 및 개선이 필요한 대상

OJT(On the Job Training): 기업의 구성원 훈련방법의 하나로, 피교육자인 구성원은 직무에 종사하면서 지도 교육을 받는 것으로 업무 수행을 진행하면서 교육도 같이 병행하는 훈련방법

One Team Task: 개발단계에서 각 Function 조직의 구성원들이 원팀으로 모여, 상호 협력하고 시너지를 극대화하여 개발의 완성도를 높일 수 있는 Cross Function한 Task 활동

OoC(Out of Control): 정해진 관리 수준의 범위를 이탈하는 경우(관리이탈)

ORT(On-going Reliability Test): 제품의 품질이 처음 생산 시와 동일한 사양을 유지하는지 확인하기 위한 Test

PCN(Process Change Notification): Process의 변경 내용에 대해 고객사 혹은 사내에 변경 내용에 대한 정보를 공유하는 행위

PDCA(Plan, Do, Check, Act) cycle: 개선 활동의 일반적은 절차(계획-실행-확인-개선)

PLM(Product Lifecycle Management): 제품 생애 주기의 주요 산출물을 저장하는 IT 시스템

PMS(Project Management System): 개발단계 과제 관리를 위한 체계 혹은 시스템

PQC(Process Quality Control) Patrol: 공정품질을 관리하기 위한 점검 활동

PV(Process Validation): 개발단계를 구성하는 Step 중 하나로 제품의 양산성까지 검증하는 단계

QCD(Quality, Cost, Delivery): 제품개발 단계에서 고객 요구사항을 확인하고 대응하기 위한 대표적인 3가지 항목 품질, 비용, 납기

Q-Cost(Quality Cost): 품질에 관한 모든 활동에 소요되는 비용으로 F-cost(Failure cost), A-cost(Appraisal cost), P-cost(Prevention cost)로 구성됨

Q-gate(Quality gate): 개발단계에서 품질의 완성도를 확인하기 위한 점검이 실시되는 Gate

QMS(Quality Management System): 양산단계 제품의 품질을 관리하기 위한 체계 혹은 시스템

Reflection: 이슈발생 시 근본원인에 대해 메커니즘을 분석하고 5Why 관점에서 검토하여, 프로세스와 시스템, 일하는 방법과 내용의 개선점을 도출하여 확대 전개함으로써 유사한 이슈가 재발되지 않게 하기 위한 분석활동

RFI(Requirement for Information): 시장조사 및 공급업체를 선택하기 위해 진행되는 필요한 것이나 원하는 기능 사양들에 대한 정보

RFP(Requirement for Proposal): 제안 요청서

RFQ(Requirement for Quotation): 요청된 제안에 따라 제출하는 견적서

RMS(Recipe Management System): 설비의 recipe를 서버로부터 자동으로 다운받고 모니터링하는 IT시스템

RSS(Root Sum Squares): 통계적 공차분석 방법의 한 가지로 선형/비선형 관계에 따라 Min-Max, RSS 혹은 Monte Carlo Simulation 등을 사용

SDM(Standard Document Management): 표준문서 관리 시스템

Smart Factory: 지능형 생산공장으로 공정 데이터를 실시간으로 수집하고 분석해 스스로 제어할 수 있게 만든 미래의 공장(출처: 위치백과)

SOP(Standard Operation Procedure): 각 공정의 작업 내용을 기술한 작업 표준 절차서

SPC(Statistical Process Control): 공정능력분석, 관리도 등과 같은 통계적 공정관리

SPM(Standard Process Management): IT시스템 등을 활용하여 여러 Process를 관리하는 Tool

SQA(Supplier Quality Assurance): 부품이나 원부소재를 공급하는 협력사의 품질보증

USL(Upper Spec Limit): Spec의 상한(Spec 하한: LSL)

WI(Work Instruction): 작업 지침서(SOP: Standard Operation Procedure와 유사한 개념)

1종 오류(α-Risk): 생산자 위험이라고도 부르며, 양품을 불량으로 잘못 판단하는 경우

2종 오류(β-Risk): 소비자 위험이라고도 부르며, 불량을 양품으로 잘못 판단하는 경우

3C 분석: 기업 경영에 영향을 미치는 미시환경을 Customer, Competitor, Company 관점에서 분석하고 적용하는 경영분석 기법

3현 주의: 현장에서 현물을 관찰하고 현실을 인식한 후 문제해결 방안을 찾아야 한다는 경영원칙

4C(CAD, CAE, CAM, CAT): 디지털 기술로 가상으로 제품을 설계/해석하고, 검증하여 가상 공정까지 이어지는 데 활용되는 새로운 Platform

4M(Man, Machine, Method, Material): 일반적으로 공정의 변경점들을 논의할 때 검토가 필요한 4가지 대상(사람, 설비, 공법, 자재)

4M 변경 심의위원회: 4M 변경 사유 발생 시, 유관부문이 같이 모여 변경의 내용에 따른 Risk 사항들을 논의하고 의사결정하는 회의체

8D Report: 일반적으로 자동차 업계에서 활용하고 있는 품질이슈의 원인 및 대책을 찾아 재발 방지하기 위해 일반화된 품질개선 조치 Process(1. Problem solving Team, 2. Problem description, 3. Containment actions, 4. Root cause analysis, 5. Selection of action, 6. Realization of failure, 7. Prevention of failure 8. Completion)

변경/변동관리: 의도적인 목적을 가지고 변경과 산포 발생에 따라 자연스럽게 발생하는 변동을 구분하여 관리하는 체계

설비 호기 전개: 개발단계 생산성을 확인한 후 대량 생산을 위해 설비를 추가하고 설비별 관리 조건을 셋업하는 과정

층별: 품질의 산포나 불량원인들에 대해 4M 관점 등으로 각각의 자료를 요인별로 모아 몇 개의 층으로 나누어 해석하는 분석기법(출처: 도해 기계용어 사전)

저자약력

이득중

- 아주대학교 산업공학과 박사
- 대한산업공학회 부회장 역임
- 2024 한국신뢰성대상 수상
- LG에너지솔루션 품질경영센터장/전무
- LG이노텍 품질경영센터장/전무
- LG디스플레이 품질센터장/전무
- 금성사, LG전자
- e-mail: dukel1961@naver.com

고객감동 품질경영솔루션

2025년 3월 1일 초판 1쇄 인쇄
2025년 3월 8일 초판 1쇄 발행

대표저자 이득중
저　자 은상호 · 류지수
펴낸이 진욱상
펴낸곳 백산출판사
교　정 박시내
본문디자인 이문희
표지디자인 오정은

저자와의
합의하에
인지첩부
생략

등　록 1974년 1월 9일 제406-1974-000001호
주　소 경기도 파주시 회동길 370(백산빌딩 3층)
전　화 02-914-1621(代)
팩　스 031-955-9911
이메일 edit@ibaeksan.kr
홈페이지 www.ibaeksan.kr

ISBN 979-11-6639-507-9 13320
값 25,000원